EVERS

Privatsphäre

Privatsphäre und Ämter für Verfassungsschutz

von

Dr. jur. Hans-Ulrich Evers

Privatdozent in Marburg an der Lahn

Berlin 1960

Walter de Gruyter & Co.

vorm. G. J. Göschen'sche Verlagshandlung / J. Guttentag, Verlagsbuchhandlung / Georg Reimer / Karl J. Trübner / Veit & Comp.

Archiv-Nr. 27 30 60
Satz und Druck: Otto von Holten, Kunst- und Buchdruckerei GmbH, Berlin W 35

INHALTSVERZEICHNIS

Abschnitt III:

Die Schutzbereiche der Privatsphäre

B. DIE MASSNAHMEN DER ÄMTER FÜR VERFASSUNGSSCHUTZ

Abschnitt IV:

Die den Ämtern für Verfassungsschutz übertragene Ermächtigung

Abschnitt V:

Das Sammeln von Nachrichten

Abschnitt VI:

Das Sammeln von Nachrichten im gesteigerten Schutzbereich der Privatsphäre und bei besonderen Geheimnisträgern

Abschnitt VII:

Das Auswerten von Nachrichten

C. RECHTSSCHUTZ GEGEN MASSNAHMEN DER ÄMTER FÜR VERFASSUNGSSCHUTZ

ABKÜRZUNGSVERZEICHNIS

AcP	=	Archiv für die civilistische Praxis
AfBR	=	Archiv für Bürgerliches Recht
AfV	=	(Bundes oder Landes-) Amt für Verfassungsschutz; das Bundesamt für Verfassungsschutz und die Landesämter für Verfassungsschutz
AöR	=	Archiv des öffentlichen Rechts
BB	=	Der Betriebs-Berater
BfV	=	Bundesamt für Verfassungsschutz
BK	=	Bonner Kommentar
BVerfG	=	Bundesverfassungsgericht
BVerfGE	=	Entscheidungen des Bundesverfassungsgerichts
BVerfSchG	=	Gesetz über die Zusammenarbeit des Bundes und der Länder in Angelegenheiten des Verfassungsschutzes vom 27. 9. 1950, BGBl. S. 682
BVerwG	=	Bundesverwaltungsgericht
BVerwGE	=	Entscheidungen des Bundesverwaltungsgerichts
DRZ	=	Deutsche Rechts-Zeitschrift
DRiZ	=	Deutsche Richterzeitung
GoldA	=	Archiv für Strafrecht und Strafprozeß, begr. v. Goltdammer
GS	=	Der Gerichtssaal
LfV	=	Landesamt für Verfassungsschutz
LK	=	Leipziger Kommentar
LM	=	Nachschlagewerk des Bundesgerichtshofs, hrsg. v. Lindenmaier, Möhring
VwGO	=	Verwaltungsgerichtsordnung v. 21. 1. 1960, BGBl. S. 17
ZStRW	=	Zeitschrift für die gesamte Strafrechtswissenschaft
ZStW	=	Zeitschrift für die gesamte Staatswissenschaft

Der Menschheit Würde ist in Eure Hand gegeben.
Bewahret sie!
Sie steht mit Euch! Mit Euch wird sie sich erheben!
(Schiller)

EINLEITUNG

Zwei verfassungspolitische Entwicklungslinien sind es, in deren Schnittpunkt die Probleme dieser Arbeit liegen. Das Grundgesetz beschränkt sich nicht darauf, die elementaren Freiheitsrechte, die körperliche Existenz und das Eigentum zu gewährleisten und staatlichen Zwang, der diese Rechte beeinträchtigen könnte, besonderen materiellen und formellen Bedingungen zu unterwerfen. Das Grundgesetz geht weit darüber hinaus und stellt auch die höheren Schichten menschlichen Seins unter seinen ausdrücklichen Schutz. Es erklärt – den herkömmlichen Umfang der Freiheitsgewährleistungen verlassend – die Würde des Menschen für unantastbar und sichert jedem das Recht auf freie Entfaltung der Persönlichkeit zu (Art. 1 Abs. 1, Art. 2 Abs. 1 GG). Wenn diese Normen mehr als Vorspruch und Proklamation sein sollen, dann müssen sie alle Beziehungen zwischen dem Einzelnen und dem Staat durchdringen und auch Freiheit zu politischem Handeln gewährleisten.

Andererseits hat das Grundgesetz den Grundsatz des Relativismus und der Toleranz gegenüber jeder politischen Richtung aufgegeben und die freiheitliche demokratische Grundordnung zu einem Höchstwert erklärt, der dem Streit der Meinung entzogen sein soll (Art. 20, 28, 79 GG). Besondere Vorschriften richten sich gegen jene Bestrebungen, die diese Grundordnung gefährden (Art. 9, 18, 21, 87 Abs. 1 Satz 2). Da der freiheitliche demokratische Staat nunmehr Mittel in der Hand hat, Bestrebungen, die sich gegen diese Ordnung richten, abzuwehren, nennt man den Staat des Grundgesetzes die Ordnung einer streitbaren Demokratie[1]).

Beide verfassungspolitische Entscheidungen sind auf ein gemeinsames Anliegen zurückzuführen, die Freiheit des Einzelnen zu sichern. Zugleich aber wird der Freiheitsbegriff eingeschränkt. Er kann weder als schrankenlose individuelle Freiheit noch als Freiheit in verantwortungsgebundener Selbstbestimmung gedacht werden. Das Grundgesetz gewährleistet Freiheit nur in einer bestimmten Herrschaftsform, nämlich der freiheitlichen demokratischen

[1]) BVerfGE KP-Urteil, Sonderdruck Karlsruhe 1956, Bd. III, S. 611; Scheuner, Pol.Betätigung, S. 67: „wachsame Demokratie".

Grundordnung. Darunter ist, der Begriffsbestimmung des BVerfG folgend, eine rechtsstaatliche Herrschaftsordnung zu verstehen, die auf der Grundlage der Selbstbestimmung des Volkes, der Freiheit und Gleichheit beruht und jegliche Gewalt- und Willkürherrschaft ausschließt. Zu ihren grundlegenden Prinzipien gehören: Achtung vor den Menschenrechten, Volkssouveränität und Gewaltenteilung, Verantwortlichkeit der Regierung, Gesetzmäßigkeit der Verwaltung, Unabhängigkeit der Gerichte und schließlich das Mehrparteienprinzip, das allen politischen Parteien gleiche Chancen und das Recht auf verfassungsmäßige Ausübung und Duldung der Opposition gibt[2]).

Um zu verhindern, daß diese Grundsätze und damit die von ihnen geschützten Werte durch politische Kräfte unter Ausnutzung demokratischer Freiheiten mit den Mitteln der Unterhöhlung des Staates und der Zersetzung seiner Ordnung beseitigt werden, ist das System des Verfassungsschutzes eingerichtet worden. Es läßt sich in drei Normenkomplexe aufgliedern. Neben die in der Verfassung vorgesehenen Sanktionen, die das BVerfG gegen Einzelne (Art. 18 GG) und gegen Parteien (Art. 21, Abs. 2 GG) verhängen kann, tritt ein ausgedehnter strafrechtlicher Schutz. Durch die Novelle vom 30. 8. 1951[3]) wurden in den §§ 80 ff. StGB nicht nur die herkömmlichen Erscheinungsformen des Hochverrats, sondern auch die entferntesten Vorbereitungshandlungen mit Strafe bedroht[4]). Dazu kommen die Aufgaben, die der Verwaltung übertragen sind: die polizeilichen Vereins- und Versammlungsverbote, Art. 8 und 9 GG, §§ 5 und 13 Versammlungsgesetz vom 24. Juli 1953[5]), § 129a StGB[6]), die präventive Verbrechensbekämpfung und die Aufgaben der Verfassungsschutzämter. Damit hat sich der Staat Handhaben geschaffen, verfassungsfeindliche Bestrebungen zu bekämpfen, solange er noch in der Lage ist, sie zu beherrschen. Er will nicht, wie es in der Weimarer Zeit der Fall war, sich passiv verhalten, den liberalen Theorien folgend, die besagten, die Freiheit politischer Betätigung müsse sich auf alle Richtungen erstrecken[7]).

[2]) BVerfGE 2, 1 (13 f.); KP-Urteil Sonderdruck Karlsruhe 1956, Bd. III S. 612; zur Abgrenzung vom Begriff der verfassungsmäßigen Ordnung vergl. BVerfGE 1, 184 (186) und BVerfG 16. 1. 57, BVerfGE 6, 32 (40).

[3]) BGBl. I, S. 739.

[4]) Heinitz, Staatsschutz, S. 19.

[5]) BGBl. I, S. 684.

[6]) BVerwG 16. 7. 1954, BVerwGE 1, 184 sieht in § 128a Abs. 3 StGB in Verb. m. § 9 Abs. 1 BVerwGG die Grundlage für das von ihm durchzuführende Verfahren.

[7]) Radbruch, Rechtsphilosophie, 5. Aufl. S. 162; auch jetzt noch Heinitz, Staatsschutz S. 115; für die früheren Verhältnisse in den Vereinigten Staaten vergl. Loewenstein, S. 53.

Diese Verteidigungsmaßnahmen führen notwendig zu Eingriffen in die individuelle Freiheitssphäre der Bürger[8]). Die nach den Gesetzen zulässigen Maßnahmen hindern den Betroffenen nicht nur, seine Freiheit zum Kampf gegen die Grundordnung des Grundgesetzes zu gebrauchen. Vielmehr können sie auch jeden anderweitigen Gebrauch der Freiheit auf das empfindlichste beeinträchtigen. Denn im praktischen Vollzug der Abwehrmaßnahmen ist nur begrenzt eine Unterscheidung zwischen den einzelnen Freiheitsbereichen, aber auch zwischen Feinden der Freiheit und loyalen Bürgern möglich. Die Vollstreckung einer gegen den Verfassungsgegner verhängten Strafe, soweit sie spezialpräventiv wirken soll, hindert nicht nur den Gebrauch der politischen Betätigungsfreiheit. Der Gefangene verliert auch die Freiheit der körperlichen Bewegung und muß, der Anstaltsgewalt des Gefängnisses oder Zuchthauses unterworfen, weitere Eingriffe erdulden. Die Untersuchungshaft gegen einen Bürger, dessen Unschuld sich später herausstellt, mag als weiteres Beispiel genannt sein. Vollends unvermeidlich wird der Übergriff in andere Freiheitsrechte und in die Freiheitssphäre unbeteiligter Personen, wenn es darum geht, Sachverhalte aufzuklären, Auskünfte, Nachrichten und sonstige Unterlagen zu sammeln.

Mit diesen Maßnahmen, die den Ämtern für Verfassungsschutz (AfV) übertragen sind, greift der Staat gerade in jenen Freiheitsbereich des Einzelnen ein, der durch das Grundgesetz in weiterem Umfange als herkömmlich gesichert werden sollte. Dadurch sind Fragen aufgetaucht, deren Lösung in Rechtsprechung und Lehre der Weimarer Zeit nicht zu finden ist. Nach einer Lösung zu suchen ist notwendig, weil die Demokratie auch dann in Gefahr gerät, wenn sie sich zur Bekämpfung ihrer Gegner undemokratischer Mittel bedient[9]). Der Verfassungsschutz darf daher nicht die wesentlichen Grundzüge eines demokratischen Staatssystems aufheben oder verfälschen[10]) und er darf sich nicht Mittel totalitärer Herrschaftsformen, auch nicht aus der Abwehr, aufdrängen lassen[11]).

Die Untersuchung beschränkt sich auf einen Ausschnitt der in Frage stehenden Probleme, der aber nicht zufällig ist. Wohl sind die Vorstellungen von einer rechtlich geschützten Privatsphäre und die Eigentümlichkeiten der Aufgaben der AfV kein Neuland, sie sind aber in dieser besonderen Ausprägung bisher nicht hervorgetreten. Dagegen kann für die Beurteilung der den

[8]) Fechner, Soz. Grenzen, S. 16.
[9]) Heinitz, Staatsschutz, S. 115.
[10]) Scheuner, Verfassungsschutz, S. 316.
[11]) H. v. Weber, Verh. d. Dt. Juristentages 1950 Bd. 38 E, S. 5.

anderen Verwaltungszweigen und der Rechtspflege zugewachsenen Aufgaben des Verfassungsschutzes in vieler Hinsicht an die bisherige Rechtsentwicklung angeknüpft werden.

Die Auseinandersetzung zwischen Ost und West, die den Aufgabenkreis der AfV bestimmt, hat eine Vielzahl von geheimen Nachrichtendiensten ins Leben gerufen, deren Methoden sich ähneln, wenn auch die rechtlichen Grundlagen ihrer Tätigkeit durchaus voneinander abweichen. Die Bundesrepublik verfügt neben dem Bundesamt für Verfassungsschutz (BfV) noch über den Bundesnachrichtendienst und die Abwehrstelle der Bundeswehr. Im Gegensatz zu den AfV fehlen für diese Nachrichtendienste spezielle gesetzliche Grundlagen, denn sie sind beide im Bundesgesetzblatt nur an einer Stelle erwähnt, dem Haushaltsplan, der ihnen die finanziellen Mittel zur Erfüllung ihrer Aufgaben zuweist. Da die Einrichtung einer Behörde auf Grund der Organisationsgewalt der Bundesregierung und die Zuweisung von Mitteln durch den Haushaltsplan nicht Rechte und Pflichten Dritter begründen kann (§ 24 der Reichshaushaltsordnung vom 31. 12. 1922, RGBl. 1923, II S. 17), haben diese Nachrichtendienste keine Exekutivbefugnisse, auch nicht die eigentümlichen Befugnisse des BfV, die noch darzulegen sein werden. Als Exekutivorgan steht dem Bund schließlich die Sicherungsgruppe des Bundeskriminalamtes in Bad Godesberg zur Verfügung. Ihre Aufgabe ist der Schutz der leitenden Persönlichkeiten. Ferner wird sie als Hilfsorgan des Generalbundesanwaltes bei der Aufdeckung hoch- und landesverräterischer Unternehmungen tätig. Darüber hinaus unterhalten verschiedene westliche und östliche Staaten ihre Agentennetze in der Bundesrepublik, sei es zur Ausspähung von Geheimnissen, sei es zur Abwehr gegnerischer Nachrichtendienste. Man spricht von insgesamt 17 bis 18 Nachrichtendiensten[12]), in deren oft unheilvolle Tätigkeit die AfV hineingezogen werden.

Wie das seit je üblich, überwachen und bekämpfen sich die Nachrichtendienste gegenseitig und binden dabei einen erheblichen Teil der ihnen zur Verfügung stehenden Kräfte. Der Kampf spielt sich im Verborgenen ab, sorgfältig wird der Schleier des Geheimen über alles gebreitet, was mit Nachrichtendienst zu tun hat. Nur selten erhält die Öffentlichkeit von diesen Vorgängen Kunde. Sickert etwas hindurch, dann erfährt man oft von derart robusten Praktiken, daß die Frage, ob sie mit der Rechtsordnung vereinbar sind, müßig erscheint. Der Rechtsbruch ist offenbar.

[12]) v. Merkatz, 37. Sitzung des 2. Dt. Bundestages 8. Juli 1954, Sten. Prot. S. 1734.

Das gespaltene Deutschland ist für jene Nachrichtendienste besonders anziehend. In ihre Machenschaften werden deutsche Menschen verwickelt und fallen in Schuld. Meist sind es nicht Meisterspione und gewissenlose Abenteuerer. Die Apparate der Nachrichtendienste und der verfassungsfeindlichen Organisationen bedienen sich für ihre Zwecke des schlichten Bürgers, des kleinen Mannes als Werkzeug. Dieser aber besitzt oft nicht die materiellen und geistigen Mittel, um die für ihn unübersehbaren und gefährlichen Lebenslagen, in die er hineingeraten kann, zu meistern. Seinem Schutz sollte die Rechtswissenschaft ihre besondere Aufmerksamkeit zuwenden.

Das rechte Maß zu finden, das aus der inneren Bezogenheit von Zwang und Freiheit[13]) für den Staat des Grundgesetzes folgt, soll diese Untersuchung beitragen. Ihr Anliegen ist ein zweifaches: Teil A dient dem Versuch, den Begriff der Privatsphäre, ihren Inhalt und den durch sie geschaffenen Schutzbereich für das öffentliche Recht methodisch zu klären und die Grundsätze zu entwickeln, die für *jeden* staatlichen Eingriff in dieses Individualrecht gelten. Dieser Teil, der mit der Erörterung des polizeilichen Eingriffs in die Privatsphäre schließt, wurde daher absichtlich nicht mit der besonderen Problematik, die sich an die Maßnahmen der AfV knüpft, belastet.

Der Teil B zeigt dann am Beispiel der Maßnahmen der AfV die praktischen Folgerungen auf, die sich aus dem im ersten Teil entwickelten Begriff der Privatsphäre ergeben. In Teil B sollen ferner — und das ist das zweite Anliegen der Untersuchung — diejenigen Prinzipien entwickelt werden, die für staatliche Ermittlungstätigkeit mit nachrichtendienstlichen Methoden zu gelten haben, eingeschränkt jedoch auf die rechtlichen Beziehungen zwischen Bürger und AfV. Teil C beschäftigt sich mit dem Rechtsschutz gegen Maßnahmen der AfV.

Der Verfasser empfindet es selbst als einen Mangel, aus der Rechtsvergleichung keine Anregung beibringen zu können, sich vielmehr auf einige Hinweise in den Anmerkungen beschränken zu müssen. Auch wird der Praktiker, der mit der Arbeit der AfV vertraut ist, das eine oder andere Beispiel der in Frage stehenden Eingriffe als wirklichkeitsfern erkennen und die Erörterung anderer Fragen vermissen. Beide Mängel beruhen wesentlich auf der Zurückhaltung, mit der die rechtlichen Probleme des Verfassungsschutzes und der Verwendung nachrichtendienstlicher Methoden überall behandelt werden. Die Geheimhaltungsvorschriften behindern die Publikation im In- und Auslande. Daher müssen die zur Verfügung stehenden Quellen lückenhaft, ja spärlich bleiben, wenn man einen kritischen Maßstab anlegt.

[13]) Fechner, Freiheit und Zwang, S. 16.

A. DIE PRIVATSPHÄRE UND IHR SCHUTZ

Abschnitt I: Einführung

§ 1

Der Begriff der Privatsphäre

a) Staatliche Ausforschung beschäftigt sich mit dem Menschen. Sie versucht, seine Handlungen in Vergangenheit und Gegenwart, seine Gedanken und Gesinnungen zu erkunden, seine Pläne und Absichten aufzudecken. Sie nimmt Einblick in sein Eigentum und begehrt Auskünfte. Der Einzelne fühlt sich durch die Ausforschung, je nach ihrem Maß, belästigt, bedrängt oder in seinen Rechten verletzt. Er beansprucht einen Bereich des Fürsichseins, der von staatlicher Ausforschung frei sein soll. Soweit dem Interesse an einem solchen Bereich ein rechtlicher Schutz, gleich welchen Umfanges, zuteil wird, soll von Privatsphäre gesprochen werden. Formal läßt sich daher der Begriff der Privatsphäre bestimmen als die Summe der Lebensäußerungen des Einzelnen, die gegen unbefugte staatliche Kenntnisnahme geschützt sind.

Die inhaltliche Bestimmung des Begriffs stößt auf Schwierigkeiten. Die Privatsphäre kann nicht als einheitliches Gebilde gedacht werden, sie tritt nur in einzelnen Ausstrahlungen in Erscheinung, findet ihren Niederschlag in Verkörperungen und genießt als Geheimsphäre teilweise einen erhöhten Schutz. Sie gehört dem geistigen Bereich der Werte an. Daher ist sie exakter Erkenntnis nur schwer zugänglich. Aber auch ihre Verletzung vollzieht sich in einer unkörperlichen Weise. Wir haben es daher mit einer Materie zu tun, die keine völlig sichere und jedermann einleuchtende Grenzziehung zuläßt.

Die in dem Privatrecht entwickelten Begriffe der Privatsphäre weichen bereits in der Namensgebung voneinander ab. Neumann-Duesberg spricht von der „Indiskretionspersönlichkeit“[1]), Reinhardt von dem „Fürsichsein“ des Menschen[2]), Fechner vom „Eigenraum“[3]), während hier der Terminologie Hubmanns[4]) gefolgt wird, der ebenfalls von Privatsphäre spricht. Im schwei-

[1]) JR 1957, 324.
[2]) AcP 153, 558.
[3]) Recht, Staat und Wirtschaft III, S. 31.
[4]) S. 228 ff.; so auch Bussmann, S. 8, 37 ff.

zerischen Rechtskreis wird im Zusammenhang mit Art. 28 Schweiz. ZGB der Begriff der Geheimsphäre verwendet[5]), während hier, wiederum Hubmann folgend, die Geheimsphäre als Ausschnitt der Privatsphäre gedacht wird. Man könnte auch mit dem Ausdruck „Intimsphäre" die in Frage stehenden Gedanken umschreiben. Doch scheint dieser Begriff von der Psychologie her mit der Vorstellung des Sexuellen belastet zu sein[6]).

Der Kreis der persönlichen Angelegenheiten, die von dem Begriff der Privatsphäre erfaßt werden, ist weit. Anknüpfungspunkt kann jede individuelle Äußerung des Einzelnen sein, die nicht von vornherein für beliebige Dritte oder die Allgemeinheit bestimmt ist[7]). Eine genauere Zuordnung kann erst im Vollzug dieser Untersuchung geschehen. Vorläufig sollen die Erkenntnisse des Privatrechts übernommen werden. Im bürgerlichen Recht wird zur Privatsphäre gerechnet: das äußere Erscheinungsbild, das Lebensbild, das Charakterbild; die mündliche oder schriftliche Gedankenäußerung, das Gefühlsleben; das häusliche Leben, der Freundes- und Bekanntenkreis[8]). Diese Gegenstände der Privatsphäre ließen sich weiter aufgliedern, etwa dürften zu dem Lebensbild die Vergangenheit, die beruflichen Kenntnisse, die Liebhabereien und auch die gesundheitlichen und wirtschaftlichen Verhältnisse des Einzelnen zu zählen sein. Aber auch eine weitere Aufsplitterung könnte nicht erschöpfend sein. Die ganze Fülle der denkbaren Lebensäußerungen läßt sich nur andeutend umschreiben, nicht im einzelnen beschreiben. Denn die Privatsphäre hat in dem geheimnisvollen Wesen der Persönlichkeit ihren Grund. Auch werden mit der Fortentwicklung des Persönlichkeitsbewußtseins immer neue Seiten der Persönlichkeit erkannt werden, die schutzwürdig sind[9]). Ausgenommen werden können zwar jene Lebensäußerungen, denen der Bezug auf das Persönliche abgeht, weil sie sich entweder in der Öffentlichkeit vollziehen oder aber ihren Grund in dem staatlichen Bereich haben. Aber auch hier ist eine reinliche Scheidung nicht möglich. Handlungen, an denen nur noch eine beschränkte Öffentlichkeit teilhat[10]) und den Motiven des Handelns im staatlichen Bereich wird je nach Lage des Falles der rechtliche Schutz nicht versagt.

[5]) Z. B. Gisker, S. 1; Egger, Art. 28 Ziff. 39; aber auch Süß, S. 199; Coing, SJZ 1947, 644.

[6]) So aber Coing, WT S. 36; vgl. z. B. Friedeburg, L., Die Umfrage in der Intimsphäre, Beitr. z. Sexualforschung, Heft 4, Stuttgart 1953.

[7]) Reinhardt, AcP 153, 558.

[8]) Hubmann, JZ 1957, 524; Bussmann, S. 59, stellt weitere Versuche der Inhaltsbestimmung zusammen.

[9]) Hubmann, JZ 1957, 524.

[10]) Für das Privatrecht: Bussmann, S. 25; Hubmann, JZ 1957, 524.

Die Geheimsphäre bildet einen Ausschnitt aus dem Bereich der Privatsphäre. Sie ist jener Teil des persönlichen Lebens, persönlicher Gedanken und persönlichen Handelns, von dem niemand oder nur ein begrenzter Kreis von Vertrauten Kenntnis nehmen soll[11]). Die Geheimsphäre ist für unsere Untersuchung insofern von besonderer Bedeutung, weil einige ihrer Gegenstände durch ausdrückliche gesetzliche Regelungen einen gesteigerten Schutz erfahren haben.

Im Privatrecht ergeben sich weitere Unterschiede nach den denkbaren Arten der Verletzung. Die Privatsphäre, die der Kenntnisnahme anderer nicht völlig verschlossen werden kann, wird nur verletzt, wenn ihre Angelegenheiten der Öffentlichkeit zugänglich gemacht werden. Dagegen ist die Geheimsphäre bereits verletzt, wenn ein Unberufener von einem ihrer Gegenstände Kenntnis nimmt[12]). Dieser Unterschied tritt für die vorliegende Untersuchung zurück. Denn schon die unbefugte Kenntnisnahme durch staatliche Organe verletzt die Privatsphäre, ohne daß es auf eine Veröffentlichung ankäme. Will man die Parallele zum bürgerlichen Recht fortführen, müßte man sagen, wenn eine Angelegenheit der Privatsphäre zur Kenntnisnahme eines staatlichen Organs gelangt, ist sie einer — beschränkten— Öffentlichkeit bekanntgegeben worden. Zu beachten bleibt aber die unterschiedliche Intensität, mit der die Privatsphäre verletzt werden kann. Nicht jede Beschäftigung mit den ihr zugehörenden Angelegenheiten braucht rechtlich erheblich zu sein, nicht jeder Weg, der zu ihrer Durchleuchtung führt, zulässig. Es werden sich Unterschiede ergeben, einmal nach dem Umfang der Kenntnisnahme, zum anderen nach den Mitteln, die von der Verwaltung verwendet werden. Die nähere Abgrenzung ist allerdings erst bei der Erörterung der in Betracht kommenden Fallgruppen möglich.

b) Um die Grenzen aufzuzeigen, die staatlicher Ausforschung gesteckt sind, ist zunächst zu erörtern, welcher rechtliche Schutz der Privatsphäre zukommt. Dabei wird, wenn man von den Rechten des Einzelnen ausgeht, zu prüfen sein, ob die Privatsphäre Bestandteil eines Grundrechtes ist, das

[11]) Gisker, S. 1; ähnlich Hubmann, S. 228; das RG versteht unter einem Geheimnis eine Tatsache oder Angelegenheit, deren Kenntnis objektiv nicht über einen geschlossenen Personenkreis hinausgehe, wobei die Zahl der Mitwisser allerdings nicht bestimmbar zu sein brauche, wenn die Mitwisser nur innerhalb des beteiligten Kreises stünden, RGSt. 74, 111.
Zu dem Streit, ob das Geheimnis durch den Willen oder durch das Interesse des Geheimnisträgers bestimmt wird, vgl. die zusammenfassende Darstellung bei Maurach, Bes. Teil, § 22 I B, S. 150 und das dort angef. Schrifttum.

[12]) Hubmann, S. 228.

staatlichen Eingriffen einen Riegel vorschiebt. Falls ein grundrechtlicher Schutz nicht gegeben ist, kann die Privatsphäre immer noch ein Recht des Einzelnen sein, in das der Staat, weil er Rechtsstaat ist, nur auf Grund eines Gesetzes eingreifen darf. Schließlich ist es einer Behörde verwehrt, bei der Ausforschung von Sachverhalten andere Rechte des Einzelnen zu verletzen, etwas das Hausrecht oder das Post- und Fernmeldegeheimnis, es sei denn, ihr stehe eine gesetzliche Ermächtigung zu derartigen Eingriffen zur Seite.

Auch vom Staat her gesehen ergeben sich Beschränkungen seiner Handlungsfreiheit, selbst wenn die obigen Voraussetzungen nicht zutreffen. Die Verwaltung ist an Gesetz und Recht gebunden (Art. 20 Abs. 3 GG). Auch wenn es sich nicht um „Eingriffsverwaltung" im herkömmlichen Sinne handelt, ist der Staat „vom Recht durchwaltet" und bedarf daher zu seinem Handeln einer Legitimation[13]). Das kann Beschränkungen sowohl des Ziels und Umfangs als auch der Wahl der Mittel der Ausforschung zur Folge haben.

Zum besseren Verständnis des jetzigen Rechtszustandes ist es erforderlich, in knappen Zügen zu umreißen, welche Ansatzpunkte sich unter der Geltung der RV zum Schutz der Privatsphäre anboten. Zugleich muß auch die Entwicklung des Privatrechts beachtet werden, weil dort gerade in den letzten Jahren aus dem umfassenden System des allgemeinen Persönlichkeitsrechts auch der Schutz der Privatsphäre abgeleitet worden ist.

§ 2

Der gesetzliche Schutz der Privatsphäre bis zum Erlaß des Grundgesetzes

a) Ein umfassender und ausdrücklicher gesetzlicher Schutz gegen staatliche Ausforschung fehlte der Privatsphäre und selbst der Geheimsphäre. Auch im Privatrecht und im Strafrecht war die ganze Materie nur bruchstückhaft geregelt. Der Gesetzgeber knüpfte nicht an dem immateriellen Gut an, sondern suchte äußerliche Anknüpfungspunkte, z. B. das Briefgeheimnis, das später auch auf das Fernmeldegeheimnis ausgedehnt wurde. Im übrigen beschränkte sich die Rechtsordnung darauf, bestimmten Mitwissern des Geheimnisses ein Schweigegebot aufzuerlegen (§ 300 StGB) und das Berufs- und Amtsgeheimnis im Verhältnis zwischen dem Anvertrauenden und der Person seines Ver-

[13]) Forsthoff, § 1 S. 4; Hamann, NJW 1957, 1423; Radbruch, Rechtsphilosophie, S. 289.

trauens zu schützen[1]). § 22 KunsturhG verbietet zwar die Verbreitung oder öffentliche Ausstellung von Bildnissen ohne Einwilligung des Abgebildeten und schützt damit das Erscheinungsbild des Einzelnen vor der Öffentlichkeit. Aber das Verbot gilt nicht für den Staat, wenn die Verbreitung für Zwecke der Rechtspflege und der öffentlichen Sicherheit erfolgt (§ 24 aaO).

Dagegen konnte man in den Strafgesetzbüchern des Partikularrechts des 19. Jahrhunderts im sächsischen Raum eine Bestimmung finden, nach der das „Eindringen in fremde Geheimnisse auf unerlaubte Weise" strafbar war[2]). Art. 28 des Schweiz. ZGB enthält eine Generalklausel, die auch die Privatsphäre schützt: „Wer in seinen persönlichen Verhältnissen unbefugterweise verletzt wird, kann auf Beseitigung der Störung klagen"[3]). Art. 12 der Allgemeinen Erklärung der Menschenrechte, verkündet von der Generalversammlung der Vereinten Nationen am 10. Dezember 1948, versucht, das Privatleben vor willkürlichen Eingriffen zu bewahren: Niemand darf willkürlichen Eingriffen in sein Privatleben, sein Heim oder seinen Briefwechsel ausgesetzt werden. Jeder Mensch hat Anspruch auf rechtlichen Schutz gegen derartige Eingriffe oder Anschläge. Erwähnt werden muß hier auch Art. 4 der bill of rights der Verfassung der Vereinigten Staaten. Danach darf das Recht des Volkes auf Sicherheit der Person, des Hauses und der Habe vor ungerechtfertigter Nachsuchung (unreasonable searches) nicht verletzt werden.

b) Der liberalen Forderung nach einem ausreichenden Schutz des Fürsichbereichs vor staatlichen Nachforschungen ist der Gesetzgeber nur wenig nachgekommen. Im Gegenteil, er schuf eine Fülle von Ermittlungsbefugnissen, die weitreichende Kontrollen ermöglichen und den Einzelnen darüber hinaus auch noch verpflichten, umfassende Auskünfte zu erteilen. Besonders deutlich wird diese Entwicklung auf *wirtschaftlichem Gebiet.* Es gelang dem Staat, in jahrzehntelangem Kampf gegen die Vertreter der liberalistischen Staatsauffassung die gesetzlichen Grundlagen für eine nahezu vollständige Durchleuchtung der Vermögens- und Einkommensverhältnisse durchzuset-

[1]) Zusammenfassend mit zahlr. Schrifttumshinweisen Kohlhaas, Strafrechtliche Schweigepflicht und prozessuales Schweigegebot, GoldA 58, 65 ff; § 17 ff. UWG, § 61 BBG, § 7 der VO gegen Bestechung u. Geheimnisverrat beamteter Personen i. d. F. v. 22. 5. 43, RGBl. I, 351. Die versch. Entwürfe zur Änderung des StGB sehen einen erweiterten Schutz der Privatsphäre vor der Öffentlichkeit vor, vgl. dazu unten § 37, Fußn. 8 u. 10.

[2]) Art. 324 des StGB für Sachsen von 1838, vgl. Finger, S. 338, auch für die entsprechenden Bestimmungen in anderen Partikulargesetzbüchern.

[3]) Vgl. dazu Eggers, Art. 28, Anm. 39 ff.

zen[4]). Die der Verwaltung im ersten Weltkrieg zugewachsenen neuen Aufgaben – insbesondere für die Zwecke der Kriegswirtschaft und der Versorgung der Bevölkerung die Güterverteilung selbst zu regeln – gaben Anlaß, von dem Bürger Auskünfte der verschiedensten Art zu verlangen und der Verwaltung entsprechende Vollmachten zu geben. Diese Entwicklung setzte sich in der Weimarer Zeit und der Zeit der nationalsozialistischen Herrschaft fort[5]). Nunmehr ist der Eingriff in die wirtschaftliche Individualsphäre des Einzelnen durch Auskunftsrechte die Regel; eine Freiheit besteht kaum noch[6]).

§ 3

Die Schutzbedürftigkeit des Fürsichbereichs

a) Als Ausgleich für die weitgreifenden Auskunftsrechte sicherte der Staat allerdings häufig Verschwiegenheit zu, am klarsten § 22 AO: „Das Steuergeheimnis ist unverletzlich." Das geschah aber in erster Linie nicht, um das Interesse des Einzelnen an einem Fürsichbereich zu schützen, sondern um den Einzelnen vor wirtschaftlichen Schäden zu bewahren. Auch die psychologische Erwägung, der Einzelne werde bereitwilliger Auskunft geben, wenn er wisse, daß die Auskunft vertraulich behandelt werde, spielte eine wesentliche Rolle[1]).

Auch wenn der Staat im Wege der Verwaltungsanordnung sich selbst Beschränkungen auferlegte, traten zweckbestimmte Erwägungen in den Vordergrund. Zum Beispiel ordnete ein Erlaß der Verwaltung für Finanzen des Vereinigten Wirtschaftsgebietes vom 2. 8. 1949 erhebliche Einschränkungen für die Auskunftseinholung der Finanzämter bei den Banken an. Zur Begründung wurde in dem Erlaß ausgeführt, jede Maßnahme, die das Vertrauensverhältnis zwischen Kreditinstitut und Kundschaft störe, könne auf den Kapitalmarkt und den Geldumlauf nachteilig einwirken[2]).

Es ist in der Tat schwer, wenn es um höchst rationale Dinge geht, um die Höhe eines Bankkontos, eines Einkommens oder des Ertragswertes eines Un-

[4]) Riewald Teil II, vor §§ 160—227, Anm. 2 schildert diese stockende Entwicklung eingehend.

[5]) Die mit der Notverordnung vom 13. 7. 1923 in Kraft gesetzte Verordnung über die Auskunftspflicht (RGBl. 1923, I, S. 723), ist noch gültig. Auf sie wird selbst in den neueren Gesetzen, die weitere Auskunftspflichten begründen, Bezug genommen; vgl. BGHSt. 5. 3. 1953, NJW 53, 711; Thomä, S. 21. Zur geschichtlichen Entwicklung vgl. Thomä, S. 18—22.

[6]) Thomä, S. 82.

[1]) Vgl. Thomä, S. 35.

[2]) III S. 1171 — 23/49 zit. Sichtermann, I S. 20.

ternehmens, die staatliche Nachforschung als Eingriff in den Fürsichbereich der Person zu verstehen. Hier scheinen wirtschaftliche Interessen bestimmend zu sein. Nur selten hat man gesehen, daß es selbst hier um den Schutz eines immateriellen Gutes geht. Es ist kein homo oeconomicus in Funktion, den man beliebig analysieren könnte. Es denkt und handelt ein Mensch, dessen Interesse an der Wahrung des Fürsichbereichs empfindlich verletzt werden kann, wenn staatliche Nachforschung ihr Maß verliert. Richtig führt daher der RFH aus: „Das Leben, es handele sich um wirtschaftliches, staatliches oder rein geistiges Leben, kann eine beliebige und dauernde Offenlegung seiner inneren Tatsachen und Vorgänge ohne Schädigung oder Verkümmerung nicht vertragen“[3]).

Selbst bei Normen, die unmittelbar das Individualinteresse am Schutz des Geheimnisses zu erfassen scheinen, werden andere Interessen geltend gemacht. Etwa betont E. Schmidt, die Schweigepflicht des Arztes diene dem öffentlichen Interesse an einer geordneten Gesundheitspflege[4]). In Wahrheit ist das Interesse des Einzelnen an der Wahrung des Fürsichbereichs nicht mit diesen rationalen Erwägungen zu fassen, weil es mit dem Menschen als Person unlösbar verkünpft ist. Der Mensch, der irrt so lang er strebt, braucht zum Schutze der von Natur aus empfindsamen Seele und als Träger eines Willens, der über sich selbst bestimmt, einen Bereich, in dem er sich vor allen anderen verschließen kann. Mitleid, Vertrauen, falsch verstandene Nächstenliebe, staatliche und private Neugier will er abwehren können, wenn sie zudringlich sind. Schamgefühl und Freiheitsbewußtsein werden betroffen, wenn der Mensch zur Offenbarung gezwungen wird, oder, was gleich gilt, wenn jemand gegen seinen Willen in diesen privaten Bereich eindringt.

Gegen die Enthüllung dieses Bereichs ist der Mensch wehrlos, wenn die Entfernung zum Anderen mißachtet wird. Bereits dann ist die Person in ihrer intimen Sphäre nicht mehr unbehelligt. Darum ist, wie Nicolai Hartmann formuliert: „Alles Nahekommen ... eben im Grunde schon ein Eingreifen“[5]).

Aber die Forderung nach einem privaten Bereich, der staatlicher Ausforschung unzugänglich ist, kann nicht unbegrenzt bestehen. Der Mensch als Glied der Gesellschaft ist immer nur zugleich als isolierter und verbundener Mensch vorstellbar[6]). Daraus folgen Wunsch und Pflicht zur Offenheit, die

[3]) RFH Urt. 2. 7. 29, Bank-Archiv 29, 389.
[4]) Brennende Fragen, S. 17; älteres Schrifttum zit. bei Sauter, S. 26.
[5]) Ethik, 1926, S. 434.
[6]) Hoelscher, Emil Erich, Sittliche Rechtslehre, München 1928, S. 320.

nichts vor dem anderen verbirgt. Heimlichkeit hat etwas Unheimliches[7]). Sie steht dem Sicherheitsbedürfnis des Staates entgegen und kann die Erfüllung staatlicher Ordnungsaufgaben empfindlich erschweren.

b) Das ältere Schrifttum zeigt weitgehend eine Zurückhaltung, die der des Gesetzgebers entspricht. Sie hat ihren Grund in der Besorgnis, durch Schutz der nur schwer definierbaren Privatsphäre staatliches und privates Leben zu sehr einzuengen. Auch glaubte man, daß die Geheimnisse bei den Geheimnisträgern am wirksamsten geschützt seien, so daß es besonderer Schutznormen nicht bedürfe[8]). Das mag für frühere Zeiten, als der Ausforschung noch nicht die Technik zur Hilfe kam und der Staat seine Nachforschungen in Grenzen hielt, im gewissen Umfange auch zutreffend gewesen sein.

Dennoch gab es zu Beginn des 20. Jahrhunderts eine Reihe wertvoller Veröffentlichungen, die sich mit der Privatsphäre und ihrem Schutz beschäftigten, allerdings meist eingeschränkt auf besondere Geheimnisse oder Schweigepflichten bestimmter Personenkreise. Das zeigt, daß auch die Rechtslehre an äußeren Tatbeständen und materiellen, leichter faßbaren Eingriffen anknüpfte und der vergeistigten Vorstellung der Privatsphäre aus dem Wege ging. Soweit die Autoren der Privatsphäre umfassenden Schutz zukommen lassen wollten, fanden sie keine Gefolgschaft. Zu nennen wäre die Züricher Dissertation von Gisker, dann Adolf Lobe, Ausschlußrecht und Persönlichkeitsrecht[9]). 1893 stellte Kohler die Wahrung des Seelenfriedens als „heilige Pflicht des Rechts" hin, denn jeder Mensch habe ein Innenleben, das die Keimstätte erhabenster Gedanken sei, die Stätte, wo er noch er selber sei, mit all den Eigenheiten seiner Natur, die man Stärken und Schwächen nennen könne[10]). Und 20 Jahre später forderte Paul Eltzbacher in seiner Rektoratsrede „Schutz vor der Öffentlichkeit"[11]).

Einzelfragen wenden sich Finger in seiner rechtsvergleichenden Darstellung „Verletzung der Geheimsphäre", Sauter „Berufsgeheimnis und sein strafrechtlicher Schutz" und Walter Jellinek in seiner preisgekrönten Schrift über die Verschwiegenheitspflicht des Arztes zu[12]). Während Eberhard Schmidt den Wert der Privatsphäre im Bereich der Persönlichkeit und ihrer

[7]) Radbruch, Geschichte des Verbrechens, 1951, S. 252.
[8]) Hubmann mit weiteren Nachweisen, S. 236.
[9]) Kohler-Festgabe, Berlin 1909, S. 3 ff.
[10]) AfBR 7, 105.
[11]) Rektoratsrede, Berlin 1913.
[12]) Monatsschrift für Kriminalpsychologie und Strafrechtsreform 3, 356 mit weiteren reichen Schrifttumsangaben.

Eigenheit findet[13]), knüpft Ebermayer die Schweigepflicht wesentlich an das Vertrauen zwischen Arzt und Patient an[14]). Auch Scheer[15]) begründet die Schweigepflicht des Bankiers auf Vertrauen und Vertrag, während Sichtermann ein Gewohnheitsrecht annimmt, das die Geheimsphäre schütze[16]).

§ 4

Der Schutz der Privatsphäre im Bürgerlichen Recht

a) Im Privatrecht wäre die Herausarbeitung eines allgemeinen Persönlichkeitsrechts ein Anknüpfungspunkt auch für den generellen Schutz der Privatsphäre gewesen. Aber Gierkes Gedanken[1]) haben sich nicht durchgesetzt. Noch in der 1954 erschienenen 14. Bearbeitung des Lehrbuchs des Schuldrechts von Enneccerus-Lehmann hieß es, ein allgemeiner Schutz der Persönlichkeitssphäre nach § 823 Abs. 1 als sonstiges Recht sei eine „Erschleichung" weiteren Normenschutzes durch willkürliche Einreihung beschränkt geschützter Rechtslagen unter den Begriff des sonstigen Rechts[2]). Lehmanns Ansicht entsprach der bis 1945 herrschenden Meinung, die — von der vereinzelt gebliebenen Entscheidung des RG vom 28. 2. 1898, die bereits ein allgemeines Persönlichkeitsrecht als selbstverständlich bejahte[3]), abgesehen — mit der Rechtsprechung des RG übereinstimmte[4]). Nur in einzelnen Fällen, vor allem gegen das Hervorzerren privater Angelegenheiten in die Öffentlichkeit, gewährte die Rechtsprechung in entsprechender Anwendung der §§ 22—24 KunsturhG Schutz. Auch § 12 BGB wurde herangezogen[5]). In Fällen vorsätzlicher und sittenwidriger Schadenszufügung half § 826 BGB[6]).

b) Nunmehr scheinen wir vor einer grundlegend gewandelten Situation zu stehen. Es hat sich weitgehend der Satz durchgesetzt, es gebe über die in

[13]) Der Arzt im Strafrecht, 1939, S. 24; vgl. dagegen aber Brennende Fragen, S. 17.

[14]) Der Arzt im Strafrecht, 1930, S. 43.

[15]) Das Bankgeheimnis, Leipzig 1931, S. 9 und 30.

[16]) II, S. 24 und 36.

[1]) Deutsches Privatrecht, 1895, S. 703.

[2]) § 233, 2; Lehmann läßt jedoch nunmehr die Analogie zu den absolut geschützten Rechten zu; vgl. auch Reinhardt, Persönlichkeitsrecht in der geltenden Rechtsordnung, 1931.

[3]) RGZ 41, 43 (50).

[4]) RGZ AkDR 38, 444; RGZ 69, 401; RGZ 123, 320; RGZ 139, 88; weiteres Schrifttum bei Hubmann, S. 2.

[5]) RGZ JW 39, 153.

§ 823 Abs. 1 BGB aufgezählten Rechte Leben, Freiheit, Unversehrtheit des Körpers und des Eigentums hinaus ein allgemeines Persönlichkeitsrecht, das die „wertvollen, nicht verselbständigten Interessen der Persönlichkeit" als sonstiges Recht des § 823 Abs. 1 BGB umfasse. Der in den persönlichen Interessen enthaltene Wert fordere von den anderen Achtung und Unterlassung von Störungen und Verletzungen[7]).

Die Begründung für die den Wortlaut des § 823 Abs. 1 BGB und seine systematische Stellung im Recht der unerlaubten Handlungen anscheinend sprengende Generalklausel findet man neben der Ableitung aus dem allgemeinen Rechtsbewußtsein[8]) im Grundgesetz: Da die Würde des Menschen und die Entfaltung seiner Persönlichkeit ein integrierender Bestandteil des allgemeinen Persönlichkeitsrechts sei, werde dieses nunmehr durch das Grundgesetz als subjektives Recht gewährleistet[9]). Es sei mithin in der Terminologie des § 823 Abs. 1 BGB ein sonstiges Recht. Für die uns hier beschäftigende Frage kann auch Art. 8 der Europäischen Konvention zum Schutze der Menschenrechte und Grundfreiheiten herangezogen werden, nach dem jedermann Anspruch auf Achtung seines Privat- und Familienlebens und seines Briefverkehrs hat[10]).

c) Wenn auch das Persönlichkeitsrecht als absolutes subjektives Privatrecht angesehen wird, ist es jedenfalls in dreifacher Hinsicht unbestimmt: bezüglich der Art der geschützten persönlichen Interessen, der Art der verbotenen Beeinträchtigung und der Begrenzung durch Gegeninteressen[11]). Der Inhalt der Generalklausel vom allgemeinen Persönlichkeitsrecht steht daher nicht fest. Hubmann hält es für unmöglich, ihn genau abzugrenzen: „Die Persönlichkeit mit ihrer Dynamik und ihrem faustischen Drang ins Unendliche kann nicht in ein enges Schema gepreßt werden, zumal sie in allen ihren Seiten noch gar nicht erkannt ist und auch wohl von den fernsten Geschlech-

[6]) Reinhardt, S. 5 ff; OLG Kiel JW 30, 78; RGZ 115, 416; 162, 7; Hubmann, S. 232 und JZ 57, 521.

[7]) Hubmann, S. 125; Bussmann, S. 67, der S. 8 bis 37 die Rechtsentwicklung ausführlich darstellt.

[8]) Hubmann, S. 5; wesentlich knüpft Hubmann aber an die Freiheit des Einzelnen an, S. 141.

[9]) Nipperdey in Enneccerus-Nipperdey, Allgem. Teil I, § 78, I 2, § 100, VI; Hubmann, S. 104; Siebert, Zur allgemeinen Problematik des Persönlichkeitsrechts, NJW 58, 1369 ff.; BGHZ 15, 249 (258) m. Anm. v. Ulmer, JZ 1955, 215; BGHZ 13, 334 (338) m. Anm. v. Coing, JZ 1954, 700; BGHSt 8. 2. 57, BGHSt 10, 202.

[10]) BGBl. 1952, II S. 686; so Nipperdey, 42. Dt. Jur. Tag, Bericht NJW 1957, 1510.

[11]) Hubmann, JZ 1957, 522.

tern der Zukunft nicht erkannt werden wird. Alle Versuche, den Inhalt des Persönlichkeitsrechts positiv abzugrenzen, müssen daher am geheimnisvollen Wesen der Persönlichkeit scheitern“[12]). Nach dem jeweiligen Stande des Kultur- und Rechtsbewußtseins werden daher immer neue Seiten des Persönlichkeitsrechts auftauchen.

Relativ ist aber auch der Schutz, der den einzelnen bereits erkannten und als Inhalt des Persönlichkeitsrechts geschützten Interessen zuteil wird. Aus den Erfordernissen des Gemeinschaftslebens und aus der sittlichen Wertordnung ergäben sich Beschränkungen eines jeden absoluten Rechtes. Das seien einmal die sich aus der Kulturauffassung ergebenden, den Rechten innewohnenden Schranken[13]), zum anderen die Gegenrechte, die von der Rechtsordnung ausgebildet seien. Daher gäbe es Handlungen, die der „Natur der Sache“ nach das Privatrecht nicht verletzten[14]). Darum müsse aber auch die Persönlichkeit im Einzelfalle hinter höheren Werten anderer zurücktreten[15]). Die Lösung der Konflikte, die Bestimmung der Grenze im Einzelfalle, ergebe sich aus der Interessenabwägung, der die Persönlichkeitsrechte bei der Abgrenzung ihres Schutzbereiches in besonderem Maße unterlägen[16]).

d) Diese Unbestimmtheit und Relativität des Persönlichkeitsrechts läßt immer wieder die Frage aufkommen, ob die Anerkennung eines allgemeinen Persönlichkeitsrechts für die Rechtsentwicklung fruchtbar und sinnvoll ist[17]). Aber auch die Gegenstimmen gelten einem Schutz der Persönlichkeit, der über den Wortlaut der §§ 823, 826 BGB hinausgeht. Da auch nach der Lehre von dem allgemeinen Persönlichkeitsrecht in jedem Einzelfalle in ständiger Interessenabwägung der Tatbestand der Rechtswidrigkeit erst begründet werden müsse, befürworten sie, nicht von dem Begriff des allgemeinen Persönlichkeitsrechts, sondern von konkreten einzelnen Persönlichkeitsrechten auszugehen und ohne Bindung an § 823 BGB[18]) oder in Analogie zu § 823 BGB[19]) die Schutzbereiche zu bestimmen.

[12]) Hubmann, S. 121.

[13]) Nipperdey verweist auf die Grenzen des Art. 2 Abs. 1 GG: Enneccerus-Nipperdey, § 78 I 2.

[14]) Hubmann, JZ 1957, 523.

[15]) Hubmann, S. 135.

[16]) Hubmann, S. 133 ff.; ders. JZ 1957, 522; Enneccerus-Nipperdey, § 78 I 2; Coing, JZ 1954, 700; BGHZ 13, 334 (338); BGHZ 10. 5. 57, BGHZ 24, 200.

[17]) Für die ältere Kritik vgl. Hubmann, S. 129 ff.

[18]) Reinhardt, AcP 153, 559.

[19]) Larenz, NJW 1955, 525; ihm zustimmend Koebel, Allgem. Persönlichkeitsrecht und Unterlassungsanspruch, NJW 1955, 1337; Neumann-Duesberg, NJW 1957, 1343.

Daher zeigen sich in den Ergebnissen weitgehende Übereinstimmungen. Insbesondere wird unterschiedslos anerkannt, daß die Privat- und Geheimsphäre des Einzelnen gegen Eingriffe geschützt ist[20]). Die Abgrenzung des Schutzumfangs bereitet Schwierigkeiten. Welche Erkenntnisse gewonnen wurden, kann hier im einzelnen nicht erörtert werden. Soweit die Erkenntnisse für unsere Untersuchung wesentlich erscheinen, wird noch darauf zurückzukommen sein. *Wir dürfen als Ergebnis der bisherigen Untersuchung festhalten, daß die Geheim- und Privatsphäre im Bürgerlichen Recht gegen Eingriffe Dritter durch eine Generalklausel allgemein geschützt ist*[21]).

Abschnitt II:
Die Privatsphäre im öffentlichen Recht

§ 5

Der status negativus als umfassendes allgemeines Freiheitsrecht

Im öffentlichen Recht boten sich dagegen eher Ansatzpunkte, einen allgemeinen Schutz gegen Eingriffe in den Bereich des Fürsichseins über die gesetzlich geregelten Einzelfälle hinaus zu gewähren. Der Einzelne begehrt mit dem Anspruch, in seinem Privatleben unbehelligt zu bleiben, Freiheit vom Staat, eine staatsfreie, das Imperium zurückweisende Sphäre. Das ist für das öffentliche Recht keine ungewohnte Vorstellung. Der status negativus des Bürgers wurde als umfassendes Persönlichkeitsrecht gedacht, das ein Recht auf Unterlassung jeden gesetzwidrigen Zwanges zum Inhalt hat[1]). Der Grundsatz der Gesetzmäßigkeit der Verwaltung, der diesem allgemeinen Persönlichkeitsrecht zugrunde liegt, bereits von Montesquieu ausgesprochen, geht auf den Begriff des Rechtsstaates zurück, wie ihn Stahl formuliert hat: „Er soll die Bahnen und Grenzen seiner Wirksamkeit wie die freie Sphäre

[20]) Hubmann, JZ 1957, 521 ff.; Süß, S. 195; Reinhardt, AcP 153, 558; Koebel, NJW 1955, 1339; Frh. v. Gamm, Zur praktischen Anwendung des allgemeinen Persönlichkeitsrechts, NJW 1955, 1826.

[21]) Auch in dem Privatrecht des anglo-amerikanischen Rechtskreises wird der Schutz der Privatsphäre erweitert, ohne daß bisher eine klare Definition des Rechts auf Privatsphäre gewonnen werden konnte, Prosser, William L., Das Recht auf die Privatsphäre in Amerika, Rabels Z. 1956, 401 (403).

[1]) Anschütz, Holtz, § 17; Georg Jellinek, System, S. 108; Walter Jellinek, S. 24; Bühler, Die subjektiven Rechte, S. 130; Thoma, Grundrechte, S. 185; ders. Jur. Bedeutung, S. 16.

seiner Bürger in der Weise des Rechts genau bestimmen und unverbrüchlich sichern"[2]). Dieser Begriff ist von Rechtsprechung und Lehre als Satz des geltenden Rechts schon lange anerkannt[3]).

a) Der Bereich des Fürsichseins war auch denkbarer Inhalt dieses als einheitliches Recht gedachten[4]) allgemeinen Persönlichkeitsrechts. Denn die Staatsrechtslehre ging von der Vorstellung einer die ganze Persönlichkeit umfassende Freiheitssphäre aus. Eine gesetzliche und ausdrückliche Anerkennung der einzelnen Betätigungen der Freiheit war nicht erforderlich. Nur soweit das Recht es anordnete, sollte der Einzelne staatlicher Gewalt unterworfen sein: „Was nach Abzug der rechtlichen Einschränkungen für den Einzelnen an Möglichkeiten individueller Betätigung übrig bleibt, bildet seine Freiheitssphäre"[5]). Da aber zur Freiheit des Einzelnen die Entscheidung gehört, ob und wie weit er Dritten Einblick in seine privaten Angelegenheiten gewährt, ist jedes Eindringen des Staates gegen den Willen des Betroffenen ein Eingriff in die Freiheit, der einer gesetzlichen Grundlage bedarf.

Dieser Schluß wurde allerdings nicht gezogen. Es blieb überhaupt eine merkwürdige Unklarheit, was der Inhalt des allgemeinen Freiheitsrechtes im einzelnen sein solle und durch welche Maßnahmen der Verwaltung es verletzt werde. Offen blieb auch, ob noch weitere, als die in den Verfassungen ausdrücklich anerkannten Freiheitsrechte von dem Grundsatz der Gesetzmäßigkeit der Verwaltung erfaßt würden. Zwar betont Anschütz, zu den „Rechten der Preußen" gehörten nicht nur die verfassungsmäßigen Grundrechte, „sondern schlechthin alle Betätigungsmöglichkeiten der persönlichen Freiheit"[6]) und Thoma wollte die Begriffe Freiheit und Eigentum „im weitesten Sinne" verstanden wissen[7]). Aber wenn es um die Erörterung konkre-

[2]) Friedrich Stahl, Philosophie des Rechts, 5. Aufl., Tübingen und Leipzig 1878, II 2 S. 137.

[3]) W. Jellinek bringt in AöR 32, 585 in der Bespr. zu Bühler, Die subjektiven Rechte, eine geraffte Darstellung des Werdegangs dieses Begriffs in der Auseinandersetzung mit den abweichenden Thesen Bühlers (S. 77 ff.), der Laband und dem Pr. OVG das Verdienst beilegt, dem Grundsatz zur Geltung verholfen zu haben; vgl. auch Wackernagel, S. 244.

[4]) G. Jellinek, System, S. 108.

[5]) Georg Jellinek, Allg. Staatslehre, S. 419.

[6]) Verfassungsurkunde f. d. Preuß. Staat, Berlin 1912, S. 97.

[7]) Vorbehalt der Legislative und das Prinzip von Verwaltung und Rechtsprechung, Hdbch. d. dt. Staatsrechts, 2. Bd. 1932, S. 221 (223); ähnl. Carl Schmitt, Inhalt und Bedeutung des zweiten Hauptteils der RV, Hdbch. d. dt. Staatsrechts, 2. Bd. S. 572 (591).

ter Einzelfragen ging, beschränkte man sich auf die Darlegung der elementaren Freiheitsrechte. Daher stimmten diese Autoren im Ergebnis, wenn auch nicht in der Argumentation, mit Otto Mayer überein. Dieser ging nicht von der Person aus, die grundsätzlich von staatlicher Gewalt frei gedacht wurde, sondern von dem Staat, dessen Allgewalt durch den Vorbehalt des Gesetzes eine Schranke errichtet werde. Der vom Vorbehalt des Gesetzes erfaßte Rechtskreis ergibt sich bei Mayer dann ebenfalls aus den Grundrechten der Verfassung, ergänzt „durch bestimmte Anschauungen von dem, was nach ‚allgemeinem konstitutionellen Staatsrecht' zu dem so umhegten Rechtskreis gehören soll"[8]).

Die Großzügigkeit, mit der jene Fragen behandelt wurden, ist verständlich, wenn man von einem Freiheitsbegriff ausgeht, der nur die jedermann erkennbaren Betätigungsformen der Freiheit beinhaltet und sich auch den Eingriff materiell vorstellt, etwa wie Laband, der den Rechtsstaat als den Staat definiert, der „von seinen Angehörigen keine Leistungen und keine Unterlassungen fordern, ihnen nichts befehlen und nichts verbieten kann, als auf Grund eines Rechtssatzes"[9]). Denn erschöpft sich der Grundsatz der Gesetzmäßigkeit der Verwaltung im Verbot materiell faßbarer Eingriffe, dann bedarf es keiner weiteren Erörterung der Begriffe Freiheit und Eingriff.

b) So einfach liegen aber die Dinge nicht. Bereits die herkömmlichen Grundrechte erfassen geistige Bereiche, zum Beispiel die Glaubens- und Gewissensfreiheit, das Recht der freien Meinungsäußerung, das Briefgeheimnis. Auch andere Güter, wie die Ehre, sind immaterieller Art. Sobald es um die Abwehr von staatlichen Maßnahmen geht, die mit der materiellen Vorstellung des Eingriffs nicht mehr ohne weiteres vereinbar sind, mußten sich in der Praxis Schwierigkeiten ergeben. Das zeigen zwei Urteile des Preuß. OVG: Das OVG war der Ansicht, die Verfügung, die über einen „notorischen Trunkenbold" das Wirtshausverbot verhänge, greife in die Rechtssphäre des Betroffenen ein, „insofern der Beschwerdeführer sämtlichen Wirten seines Ortes als notorischer Trunkenbold bezeichnet" und dadurch in seiner Ehre gekränkt werde. Das geschehe gegen seinen Willen und daher zwangsweise[10]). Dagegen greift nach dem anderen Urteil die Überwachung

[8]) I, S. 71; vgl. auch O. Mayer, Bespr. von Adolf Arndt, Das selbst. Verordnungsrecht, AöR 18, 96 ff. (99).

[9]) I, S 684.

[10]) Pr. OVG 1, 330; auch die Notwendigkeit, Zivilklage erheben zu müssen, sei ein Eingriff in die Rechtssphäre, Pr. OVG 7, 314; ebenso der Zwang, eine Belehrung oder Warnung entgegennehmen zu müssen, Pr. OVG 87, 284.

eines Verdächtigen nicht in dessen Rechte ein. Die Polizei hatte in jenem Falle allmonatlich bei bestimmten Dritten nachgefragt, ob der Betroffene „gemeingefährlich geisteskrank" sei[11]).

Die Fälle zeigen, daß *das Pr. OVG zwar die Ehre als immaterielles Rechtsgut erkannt hat, aber noch nicht die Privatsphäre.* Dennoch hat es in ständiger Rechtsprechung eine allgemeine Auskunftspflicht des Bürgers gegenüber der Verwaltung verneint und die *Auskunftspflicht* von den Voraussetzungen des § 10 II 17 ALR abhängig gemacht[12]). Das braucht nicht zu verwundern, weil auch hier der Eingriff, der den Einzelnen zu konkreten Leistungen veranlaßt, materiellen Gehalt aufweist.

Die Wertung der bloßen Kenntnisnahme von Angelegenheiten der Privatsphäre als Eingriff setzt eine *Vergeistigung* der Vorstellungen von Freiheit und Eingriff voraus. Diesen Schritt hat Walter Jellinek vollzogen. Er rechnet alle Nachforschungen und Beobachtungen „bei verfeinerten Anschauungen über die Grenzen der persönlichen Rechtssphäre" zu den Eingriffen, die vor dem Verwaltungsgericht anfechtbar seien[13]). Der unterschiedlichen Intensität der einzelnen denkbaren Maßnahmen der Polizei: Einziehung von Erkundigungen, Beobachtung, Überwachung, „passive Assistenz"[14]), gewaltsames Eindringen in eine Wohnung kämen zwar Gradunterschiede zu. In jedem Falle aber liege ein polizeilicher Eingriff vor. Alle diese Maßnahmen seien geeignet, in die Rechtssphäre des Einzelnen einzugreifen[15]).

c) Die von dem Grundsatz der Gesetzmäßigkeit der Verwaltung umfaßte Freiheitssphäre, deren denkbarer Gegenstand das Recht auf Wahrung der Privatsphäre war, genoß keinen Schutz als Grundrecht. Nur zur näheren Bestimmung des geschützten Rechtskreises pflegte man auf die Grundrechte zurückzugreifen[16]). Wohl sahen Thoma[17]) und Anschütz[18]) das Recht auf Unterlassung gesetzwidrigen Zwanges als Grundrecht an. In Wahrheit kann

[11]) Pr. OVG 67, 321; ähnl. OVG 66, 316 ff.

[12]) Pr. OVG 15, 423; 37, 428; 48, 431; 56, 295; vgl. auch Forsthoff, § 15, S. 274; Hatschek, § 26; Drews — Lasser, § 17.

[13]) S. 258, vgl. auch S. 24.

[14]) Vom Pr. OVG als polizeiliche Verfügung anerkannt: Pr. OVG 58, 264.

[15]) Gesetz usw. S. 205; Carl Schmitt, Inhalt und Bedeutung des 2. Hauptteils der RV, Hdbch. d. dt. Staatsrechts, 2. Bd. S. 572 (591, Fußn. 73) zählt das Recht auf Auskunftsverweigerung und Geheimhaltung gegenüber staatlichen Behörden zum allgemeinen Persönlichkeitsrecht.

[16]) Besonders deutlich: Otto Mayer, I. S. 71.

[17]) Jur. Bedeutung S. 18.

[18]) RV, Art. 109 ff. Vorbem. 5 b, S. 511; Anschütz, Holtz IV § 1.

man jedoch hier allenfalls nur von einem Grundrecht in weiterem Sinne sprechen. Denn Grundrechte richten sich als verfassungsrechtliche Zusicherungen subjektiver Rechte und Freiheiten des Einzelnen nicht nur gegen die Verwaltung, sondern auch gegen die Gesetzgebung[19]). Sie bedürfen daher der ausdrücklichen Zusicherung in der Verfassung. Das traf für den Grundsatz der Gesetzmäßigkeit der Verwaltung nicht zu. Er richtete sich nur gegen die Verwaltung und stand zur Disposition des Gesetzgebers. Hier sind vielmehr zwei geistesgeschichtlich allerdings verflochtene Entwicklungslinien zu sehen, die den Schutz des Einzelnen bewirken wollen: einmal der Rechtsstaatsgedanke mit dem *Grundsatz der Gesetzmäßigkeit der Verwaltung*, der vom Schutz der allgemeinen Freiheit ausgeht und nur der Verwaltung gegenüber wirksam werden kann, und zum anderen die *verfasungsmäßig gewährleisteten einzelnen Grundrechte*, die von bestimmten Betätigungsformen der Freiheit ausgehen und ihnen nicht nur gegenüber der Verwaltung, sondern auch gegenüber dem Gesetzgeber einen — wenn auch oft unvollkommenen — Schutz verleihen[20]).

Diese prinzipielle Unterscheidung erst ermöglicht eine klare Trennung der Begriffe des subjektiven Rechtes und des Grundrechtes, auch wenn es immer wieder zu Überschneidungen beider Linien kommen muß. Thoma spricht in solchen Fällen zu Recht von „grundrechtlicher Verstärkung" des allgemeinen Freiheitsrechts[21]), die allerdings so sehr der Disposition des Gesetzgebers unterworfen sein kann, daß nur noch ein „leerlaufendes Grundrecht" bleibt[22]).

Eine solche grundrechtliche Verstärkung sah Anschütz in dem Satz des Art. 114 RV „die Freiheit der Person ist unverletzlich". Damit sei die persönliche Freiheit gewährleistet, d. h. „die rechtliche Möglichkeit, alles tun zu dürfen, was das Gesetz nicht verbietet"[23]). Wenn auch Anschütz diese Ansicht, die der herrschenden Lehre widerspricht, nach der durch Art. 114 RV nur die körperliche Bewegungsfreiheit gewährleistet ist, nicht begründet, so dürfte er doch hier von dem Prinzip der Gesetzmäßigkeit der Verwaltung ausgegangen sein. Aus diesem Grunde auch sieht er sein Abweichen von der überwiegenden Lehre als belanglos an[24]).

In der Tat wird man aus den Einschränkungsmöglichkeiten, die in

[19]) Thoma, Grundrechte, S. 9.
[20]) Bühler, Die subjektiven Rechte, S. 130.
[21]) Thoma, Grundrechte, S. 185.
[22]) Anschütz, Reichsverfassung, Art. 114 Anm. 7; Thoma, Grundrechte, S. 190.
[23]) Anschütz, Reichsverfassung, Art. 114 Anm. 1.
[24]) Fußn. 1 bei Art. 114.

Artikel 114, Absatz 2 RV vorgesehen waren, und aus der geschichtlichen Entwicklung dieses Freiheitsrechtes, das Sicherheit gegen willkürliche Verhaftung gewähren sollte[25]), schließen müssen, daß nur die körperliche Bewegungsfreiheit als Grundrecht geschützt war. *Dann aber lag weder für das allgemeine Freiheitsrecht, noch für seinen denkbaren Inhalt, das Recht auf Wahrung einer Privatsphäre, ein grundrechtlicher Schutz vor.*

§ 6

Das allgemeine Freiheitsrecht als Grundrecht

Das ist für das Bonner Grundgesetz erneut in Frage zu stellen. Erst wenn geklärt ist, ob und in welcher Weise die Privatsphäre grundrechtlich geschützt ist, können Aussagen darüber gemacht werden, welche rechtlichen Befugnisse staatlichen Organen, insbesondere den AfV zum Eingriff in dieses Individualrecht zur Verfügung stehen. Wohl sieht die Lehre des bürgerlichen Rechts ihre wesentliche Stütze für die Begründung eines allgemeinen Persönlichkeitsrechts in den Artikeln 1 und 2 GG[1]). Das erlaubt aber noch nicht, dieses Ergebnis ohne weiteres zu übernehmen.

Als denkbare Grundrechte, denen das Recht auf Wahrung einer Privatsphäre zugeordnet werden kann, scheiden Art. 2 Abs. 2 Satz 2 und Art. 10 GG aus. Art. 2 Abs. 2 Satz 2 GG erklärt, wie Art. 114 RV: die Freiheit der Person ist unverletzlich. Aber auch hier wird nur die körperliche Bewegungsfreiheit erfaßt[2]). Art. 10 GG schützt zwar das Brief-, Post- und Fernmeldegeheimnis, ist aber mit seiner Wirkung auf diese Erscheinungsformen schutzbedürftiger Mitteilungen an Dritte beschränkt und einer Aus-

[25]) Für die Pr. Verfassung vgl. Hubrich, Wie verhält sich nach preußischem Staatsrecht der Gegenwart der Freiheits- und Eigentumsbegriff zum Gesetzesbegriff? AfRWP 2, 10 (17); für die RV Hofacker, Grundrechte und Grundpflichten der Deutschen, Stuttgart 1926, S. 23; Köttgen, Art. 114, 115, S. 349; Apelt sieht die Unversehrtheit und die körperliche Bewegungsfreiheit als Kern der Freiheitsrechte an, Geschichte der Weimarer Verfassung, München 1946, S. 311 und leitet aus der Geschichte dieses Grundrechts ab, daß damit die Verfügung über das eigene Ich, insbesondere über den eigenen Körper einschließlich der Bewegungsfreiheit gemeint sei, S. 312.

[1]) Vgl. oben § 4 a.

[2]) Mangoldt-Klein, Art. 2 Anm. VI; Dürig, AÖR 79, 60, Fußn. 9; E. Kern, Grundrechte, S. 70; Hans Peters, Auslegung der Grundrechte aus der Geschichte, Historisches Jahrbuch Bd. 72 (1953), S. 457 (467); BVerwG 22. 5. 58, NJW 58, 1249; a. A. Wernicke, BK, Art. 2 Anm. II 2 d.

weitung in dem hier erforderlichen Umfange nicht zugänglich[3]). Der Grundrechtsschutz kann daher nur aus Art. 1 Abs. 1 und Art. 2 Abs. 1 GG abgeleitet werden.

Aus dem Wortlaut des Art. 1 Abs. 3 GG: „die nachfolgenden Grundrechte binden Gesetzgebung, Verwaltung und Rechtsprechung als unmittelbar geltendes Recht" scheint mit Sicherheit zu folgen, daß die vorhergehende Bestimmung in Art. 1 Abs. 1: „die Würde des Menschen ist unantastbar" kein Grundrecht verbürge, zumal Art. 79 Abs. 3 GG, der auf Art. 1 Bezug nimmt, nur von „Grundsätzen" spricht. Ebenso scheint daraus der Grundrechtscharakter des Art. 2 Abs. 1: „jeder hat das Recht auf freie Entfaltung seiner Persönlichkeit" zu folgen. Dennoch wird vielfach die Ansicht vertreten, auch Art. 1 enthalte ein Grundrecht[4]), andere wieder sprechen beiden Artikeln die Grundrechtseigenschaft ab[5]).

Es zeigen sich Schwierigkeiten, diese beiden Bestimmungen in das herkömmliche System der Grundrechte einzuordnen. In den Grundrechten der Verfassungen früherer Zeiten und auch in den Grundrechten der Art. 3 ff. GG ist entweder negativ dem Staat ein bestimmter Eingriff verboten — etwa Art. 5: „eine Zensur findet nicht statt", Art. 13: „die Wohnung ist unverletzlich" — oder positiv im einzelnen ausdrücklich gestattet, bestimmte Handlungen oder Handlungen in einer ganz bestimmten Richtung vorzunehmen — etwa sich friedlich und ohne Waffen zu versammeln, Art. 8 GG, seine Meinung zu äußern, Art. 5 GG. In der Sache ist der Unterschied der Formulierung unerheblich, weil der positiven und der negativen Formulierung das — anscheinend — absolut an den Staat gerichtete Verbot gemeinsam ist, den Einzelnen in der Ausübung dieser Rechte zu behindern. Diesen Verboten standen und stehen in den Art. 4 ff. GG Vorbehalte gegenüber, die unter bestimmten Voraussetzungen einen Eingriff gestatten. Auch die

[3]) Scupin, DÖV 57, 552 im Hinblick auf heimliche Schallaufnahmen; einen eigenen Weg geht Heinrich Scholler, Die Freiheit des Gewissens, Berlin 1958, S. 131 ff., der den Schutz der Geheimsphäre als vergeistigten und erweiterten Bereich des Rechts auf Hausandacht aus dem Grundrecht der Gewissensfreiheit ableitet, ohne den Schutz der weitergreifenden Privatsphäre begründen zu können.

[4]) Nipperdey, Grundrechte, S. 11 ff. m. weit. Nachweisen S. 12, Fußn. 22; Hamann, Art. 1 Anm. B.

[5]) Mangoldt-Klein, Art. 1 Anm. III 2; Art. 2 III 5 b und 7; Maunz-Dürig, Art. 1 Abs. 1, Anm. 4; Wolff, Hans, S. 130; Haas, DÖV 54, 70; kritisch gegenüber dem Hauptgrundrecht als überflüssige Wiederholung des Rechtsstaatsprinzips auch Ulrich Scheuner, Institutionelle Garantien des Grundgesetzes, Recht, Staat und Wirtschaft, Bd. 4, Düsseldorf 1953, S. 88 (98); Wertenbruch, Grundgesetz und Menschenwürde, 1958, S. 87; ders., Der Grundrechtsbegriff und Art. 2 Abs. 1 GG, DVBl. 58, 14.

Vorbehalte sind kasuistisch umrissen. Das ermöglicht es, die Grundrechte systematisch nach ihrer Geltungskraft einzuteilen[6]).

Das alles trifft für Art. 1 und 2 nicht zu. In Art. 1 wird der Wert der Menschenwürde als unantastbar postuliert[7]). Art. 2 hat eine umfassende Generalklausel zum Inhalt. Art. 1 kennt keine Möglichkeit einer Einschränkung, nicht einmal die verfassungsändernde Gewalt ist in der Lage, diese Bestimmung zu ändern, Art. 79 Abs. 3 GG. Dem Recht auf freie Entfaltung der Persönlichkeit sind zwar Schranken gesetzt, aber nicht als Gegenrechte des Staates, sondern als dem Recht bereits innewohnende Schranken.

Da der parlamentarische Rat auch an dieser Stelle des Grundgesetzes der Idee und der Konstruktion nach mithin andere Wege beschritten hat als die früheren Verfassungsgeber, wird man sich von den herkömmlichen Vorstellungen weitgehend freimachen müssen. Das Vorhaben des GG, die Freiheit des Bürgers mit einer möglichst wirksamen Sicherung zu umkleiden, zwingt zu der Prüfung, ob es sich, ungeachtet dieser Unterschiede, noch um Grundrechte handelt. Damit aber der Begriff des Grundrechts sich nicht im Uferlosen verliere und durch die Grenzenlosigkeit seine Wirksamkeit als Verbürgung der Freiheit einbüße, bleibt weiter zu fragen, ob durch diese Bestimmung dem Einzelnen eine Willensmacht in seinem Interesse verliehen worden ist und ob dies verfassungsmäßig verbürgt ist[8]). Nur dann kann von einem Grundrecht gesprochen werden.

a) Für Art. 1 Abs. 1 GG trifft das nicht zu. Der erhabene Satz „Die Würde des Menschen ist unantastbar" erschließt sich nur schwer der juristischen Interpretation, denn es ist zu untersuchen, was die Würde des Menschen sei und worin ihre Verletzung liege. Die Suche nach einer Begriffsbestimmung der Menschenwürde führt uns mitten hinein in die Grundlagen der Naturrechtslehren. Pufendort hat — worauf Welzel hinweist — als erster den Gedanken der Würde des Menschen als sittlich freiem Wesen zum Angelpunkt des Naturrechtssystems gemacht. Diese Vorstellung vom Menschen wurde zur Grundlage der Freiheitsrechte[9]) und wie ein roter Faden zieht sich durch alle Erörterungen über die Würde der Person die Vorstellung,

[6]) Thoma, Jur. Bedeutung, S. 33; W. Jellinek, § 9 IV 3, S. 204ff.

[7]) Mangoldt-Klein, Art. 2 Anm. III 4.

[8]) Vgl. W. Jellinek, § 9 IV 4c, S. 208; und für den Begriff des subjektiven Rechts G. Jellinek, System, S. 74: Die Fähigkeit, Rechtsnormen des öffentlichen Rechts in seinem Interesse in Bewegung zu setzen.

[9]) In ipso quippe hominis vocabulo judicatur inesse aliqua dignatio, Pufendorf, De jure naturae II cap III, 1, zit. Welzel, Mat. Gerechtigkeit, S. 155, 156.

daß dem Menschen Würde zukomme, weil er die Fähigkeit zur sittlichen Entscheidung habe[10]). Für Kant ist die „Autonomie der Grund der Würde der menschlichen und jeder vernünftigen Natur", die nur dem Gesetz gehorcht, das sie sich zugleich selbst gibt[11]).

Hartmann sieht den Persönlichkeitswert „ganz eindeutig als Erfüllung des intelligiblen Charakters in der empirischen Person"[12]). Im Bereich des katholischen Naturrechtes ist es der Gedanke, daß der Mensch als Abbild Gottes teilhabe an der göttlichen Vernunft. Das erlaube ihm, gut und böse zu erkennen. Das verleihe dem Menschen, der mit einer unsterblichen Seele begabt sei, Würde[13]). Einschränkend will Thomas von Aquin allerdings die Würde nicht dem sündigen Menschen, sondern nur dem tugendhaften zuerkennen[14]).

Diese Gedanken kehren in den Erläuterungen zu Art. 1 Abs. 1 GG wieder[15]). Unter Würde ist daher ein Wert zu verstehen, der zur Achtung des Menschen als sittlichem, sich selbst bestimmenden Wesen verpflichtet.

Die Würde wird verletzt, wenn die Achtung in Mißachtung umschlägt und der Mensch nicht mehr als Selbstzweck aufgefaßt wird. Ein Eingriff in die Autonomie des Menschen selbst ist nicht vorstellbar, verletzt werden kann immer nur der empirische Mensch. „Nur die Person selbst vermag die ‚Menschheit in ihr selbst', ihre sittliche Autonomie zu zerstören"[16]). Ebenso erscheint es eine unvollziehbare Aufgabe, die Autonomie zu schützen. So

[10]) Die geistesgeschichtliche Gestalt der Begriffe Freiheit und Würde entwickelt Ernst Wolf, S. 27 ff.

[11]) Grundlegung zur Metaphysik der Sitten, 2. Abschnitt, Cass. Bd. IV, S. 294; vgl. auch Schiller, Über Anmut und Würde, Phil. Schriften, S. 136, 142: „Beherrschung der Triebe durch die moralische Kraft ist Geistesfreiheit und Würde heißt ihr Ausdruck"; auch neuerdings Reiner, S. 27: in der Vernunft und freien Selbstbestimmung lägen Eigenschaften des Menschen, die Achtung forderten und daher eine eigentümliche Würde des Menschen ausmachten; vgl. auch Messner, S. 303, der es auf die dem Menschen gebührende Ehrfurcht abstellt.

[12]) S. 465; über sein von Kant abweichendes Verständnis des intelligiblen Charakters vgl. daselbst.

[13]) Cathrein, I, S. 36, S. 215 ff.

[14]) Summa II 2 qu 64, Art. 2 ad tertium: Et ideo quamvis hominem in sua dignitate manentem occidere sit secundum se malum, tamen hominem peccatorem occidere potest esse bonum, sicut occidere bestiam: peioer enim est malus homo bestia, et plus nocet, ut philosophus dicit.

[15]) Coing, Grundzüge, S. 170 (aber zu Naturrecht); Dürig, AöR 81, 125; Hamann, Art. 1 Anm. C; Henrichs, Wilhelm, Freispruch und Menschenwürde, MDR 1956, 196; Bohne, Gotthold, Menschenwürde und Strafrecht, Recht, Staat und Wirtschaft, Bd. III, Düsseldorf 1951, S. 20 (26); Boehmer, I, 16; Niese, ZStRW 63, 225; Wintrich, Apelt-Festschrift, S. 2.

[16]) Welzel, Mat. Gerechtigkeit, S. 170; Reiner, S. 91 ff.; Evers, S. 91 ff.

sagt Hartmann: „Denn aller Rechtsschutz erstreckt sich nur auf die Person als solche, als Individuum, nicht als Individualität, also nicht auf die Persönlichkeit. Diese ist ebenso rechtlos als das Recht unpersönlich ist“[17]).

Wenn es auch eine Verletzung der im Menschen selber ruhenden inneren Würde nicht gibt, bleiben doch Verletzungen der äußeren Würde möglich, nämlich wenn dem Menschen innerhalb der sozialen Gemeinschaft die Anerkennung seiner Würde versagt wird[18]). Das ist der Fall, wenn der Mensch nicht mehr als Selbstzweck geachtet, sondern nur als Mittel zu einem Zweck benutzt wird[19]), insbes. wenn er in seiner Lebensführung so behandelt wird, als sei er nicht zu sittlicher Entscheidung aufgerufen, sondern nur Gegenstand eines staatlichen Verfahrens. Zu diesen Mißachtungen der Menschenwürde sind vor allem zu rechnen Verschleppung, Brandmarkung, Ächtung, Zwangsarbeit, Versklavung, Terror, Massenmord[20]). Aber auch andere Eingriffe, die den Kernbereich der Persönlichkeit verletzen, können so schwerwiegend sein, daß sie als Mißachtung des Selbstwertes der Person erscheinen. Dazu gehören Erniedrigung, Verfolgung, Grausamkeiten oder zu harte Strafen[21]).

Der naheliegende Satz, dem Einzelnen sei durch Art. 1 GG ein Anspruch auf Wahrung seiner Menschenwürde gegeben, es handele sich also um ein Grundrecht, erweist sich als bedenklich. Er kann auch aus dem Bekenntnis zu den überstaatlichen Menschenrechten in Art. 1 Abs. 2 GG nicht abgeleitet werden. Denn es bleibt zu prüfen, in welchem Umfange und mit welchen gesetzestechnischen Mitteln die naturrechtlichen Forderungen aktualisiert sind. Wie aus Worlaut und System des GG folgt, ist der in der Praxis nur schwer vollziehbare Anspruch auf Achtung der Menschenwürde in Abs. 2 in einzelne Menschenrechte aufgelöst, die nach Maßgabe der Art. 2 ff. als Grundrechte gestaltet sind. Dürig hat die Lückenlosigkeit dieses Systems nachgewiesen und zu Recht daraus den Schluß gezogen, daß für Art. 1 Abs. 1 als subjektives Recht keine eigene Aufgabe mehr bleibt[22]). Daher besteht kein Anlaß, im Widerspruch zum Wortlaut des Grundgesetzes in Art. 1 Abs. 1 ein Grundrecht zu erblicken. Damit ist aber der Satz „Die

[17]) Ethik, 1926, S. 475.

[18]) Vgl. Dennewitz, BK, Art. 1 Anm. II 1 a.

[19]) Bochenski, JM, Die kommunistische Ideologie und die Würde, Freiheit und Gleichheit der Menschheit, Gutachten im KP-Prozeß, KP-Prozeß Karlsruhe 1956 Bd. 3, S. 509 (518).

[20]) BVerfGE 1, 97 (104); Maunz, § 14 II.

[21]) BVerfGE 1, 332 (348).

[22]) AÖR 81, 119 ff.; passim Apelt, JZ 51, 352.

Würde des Menschen ist unantastbar" nicht zur Bedeutungslosigkeit verurteilt. Als Satz des objektiven Rechtes ist Art. 1 Abs. 1 GG vielmehr ein Wertmaßstab, der bei der Auslegung jeder Verfassungsbestimmung beachtet werden muß und mit seinem Wertgehalt in diese Bestimmungen einfließt[23]). Als zentraler Rechtssatz ist er darüber hinaus Richtmaß für alles Handeln der Exekutive und Legislative[24]).

b) Im Recht auf freie Entfaltung der Persönlichkeit vereinigen sich die beiden Linien, die oben aufgezeichnet wurden, der Rechtsstaatsgedanke, der Eingriffe in Freiheit und Eigentum nur im Rahmen und auf Grund eines Gesetzes zuläßt und der verfassungsmäßig gewährleistete Schutz der Handlungsfreiheit. Ob aber in Art. 2 nur die Lehre, das Hauptgrundrecht sei die Freiheit von gesetzwidrigem Zwang[25]), nachträglich bestätigt worden ist oder ob ein Mehr an Schutz verbürgt wird, muß die weitere Erörterung erweisen.

Nach der Konstruktion des Art. 2 Abs. 1 ist der Einzelne, der sich innerhalb der Grenzen hält, die durch die Rechte anderer, die verfassungsmäßige Ordnung und das Sittengesetz bestimmt werden, im ungestörten Besitz der Freiheit. Das ist allerdings nicht unbestritten. Manche sehen aus dem Zusammenhang der Art. 1 und 2 GG, dem Grundgesetzgeber habe ein bestimmtes Menschenbild vorgeschwebt, das durch diese Normen geschützt werde. Nach Ansicht des BVerfG sei das nicht das Bild des isolierten, souveränen Individuums, sondern des gemeinschaftsgebundenen Menschen, dessen Eigenwert als Person aber erhalten bleibe[26]). In dem Schrifttum geht man weiter. Es sei das christliche Menschenbild[27]) oder das „echte Menschentum im Sinne der abendländischen Kulturauffassung"[28]) oder der in Verantwortung für die Gemeinschaft, die Menschheit und Schöpfung stehende Mensch[29]). Daraus

[23]) Mangoldt-Klein, Art. 1 Anm. III 1 b, c und III 9; Wernicke, BK Art. 1 Anm. II 2 e.

[24]) Dürig, AÖR 81, 122; Maunz, S. 88; Nipperdey, Grundrechte, S. 23; Mangoldt-Klein, Art. 1 Anm. III 2 m. weit. Nachw.; Maunz-Dürig, Art. 1 Abs. 1, Randn. 14: oberstes Konstitutionsprinzip.

[25]) Anschütz, Holtz § 17; Thoma, Jur. Bedeutung, S. 16; G. Jellinek, System, S. 108; Klein, Friedrich, Veröffentl. d. Vereinigung Dt. Staatsrechtslehrer 8, 86.

[26]) BVerfGE 4, 7 (15).

[27]) Dürig, JR 52, 260; vom christlichen Begriff der Menschenwürde und der Freiheit auszugehen, regt auch Ernst Wolf an, S. 38.

[28]) Peters, Hans, Laun-Festschrift, S. 673.

[29]) Hamel, S. 31 und Anm. zu BGH v. 2. 4. 57, DVBl. 57, 616.

wird dann gefolgert, nur die Entfaltung einer dergestalt umrissenen Persönlichkeit sei durch Art. 2 Abs. 1 GG gewährleistet, um „die Auswirkung seiner ihm vom Schöpfer verliehenen Persönlichkeit zu ermöglichen"[30]).

Dem kann nicht gefolgt werden. Es widerspricht den toleranten Tendenzen der Art. 3 Abs. 3 und Art. 4 GG, die Freiheit der Entfaltung der Persönlichkeit auf ein bestimmtes Menschenbild festzulegen und demzufolge allen, die diesem Bilde nicht nachstreben, von vornherein die Freiheit zur Entfaltung ihrer Persönlichkeit abzusprechen. Mehr Anmaßung als Urteil wäre die hierfür notwendige Feststellung[31]). Der Forderung, auch noch dem Irrenden und selbst dem Geisteskranken, soweit es möglich ist, Freiheit zu belassen, fehlte dann die Legitimation. Ohne Zweifel zielt das GG auf die Entfaltung der sittlichen Persönlichkeit, die in der Gemeinschaftsbindung steht. Da ein solches Handeln aber gerade nicht mit Zwang erreicht werden kann, weil aller Zwang dem Wesen der freien sittlichen Entscheidung entgegensteht, muß sich das Grundgesetz begnügen, das Ziel nicht oder nur unvollkommen zu erreichen. Daher bleiben auch die Begriffe „Persönlichkeit" und „Entfalten" wertneutral und gestatten sogar eine „Entfaltung zum Banausentum"[32]).

Wäre die Persönlichkeit nur in einem Kernbereich ihrer geistig-sittlichen Existenz nach Art. 2 Abs. 1 zur Entfaltung befugt, wären die diesem Recht auferlegten Beschränkungen nicht sinnvoll, weil ein Verstoß gegen das Sittengesetz oder die verfassungsmäßige Ordnung dann nicht vorstellbar ist[33]).

Wegen der inhaltlichen Unbestimmtheit des Rechts auf freie Entfaltung der Persönlichkeit, das als Persönlichkeitsleitbild und Freiheitsbekenntnis aufzufassen sei, wird Art. 2 Abs. 1 GG die Eigenschaft abgesprochen, Grundrecht zu sein[34]). Besinnt man sich aber auf die Lehre Georg Jellineks, den besonderen Freiheitsrechten liege ein allgemeines Freiheitsrecht als subjek-

[30]) Peters, Hans, S. 673; nach OVG Lüneburg kann jeder nur den Schutz derjenigen Persönlichkeitsentfaltung verlangen, deren körperliche, seelische und verstandesmäßige Eigenschaften, die den Betreffenden als Individuum kennzeichneten, wenigstens in der Anlage vorhanden seien, 15. 4. 55, VerwRspr. 8, 399 (403).

[31]) Die Frage des Richtigen bleibt immer offen, Krüger, DÖV 55, 600.

[32]) Krüger, NJW 55, 202; passim Hamann, Die Freiheit der Persönlichkeitsentfaltung im wirtschaftlichen Bereich, BB 55, 105 (107); ders. Art. 1 Anm. C 1; Wintrich, Apelt-Festschrift, S. 3: „Der Mensch kann die ihm gestellte Selbstbestimmungsaufgabe auch verfehlen."

[33]) So BVerfGE 6, 32 = NJW 57, 297; dort auch der Hinweis auf die Entstehungsgeschichte, wonach die ursprüngliche Fassung „Jeder kann tun und lassen, was er will", nur aus sprachlichen Gründen abgeändert worden sei.

[34]) Mangoldt-Klein, Art. 2 Anm. III 5 b.

tives Recht zugrunde[35]), wird man an der inhaltlichen Unbestimmtheit keinen Anstoß nehmen dürfen. Dem Einzelnen ist hier eine Willensmacht in seinem eigenen Interesse verliehen worden, nämlich seine Persönlichkeit so zu entfalten, wie er es will, und jede staatliche Reglementierung zurückzuweisen.

Da dieses subjektive Recht ausdrücklich im Grundgesetz als Recht des Einzelnen normiert ist, handelt es sich um ein Grundrecht. Dieses Grundrecht wird immer dann aktuell, wenn die speziellen Freiheitsrechte der folgenden Artikel nicht durchgreifen, die bestimmte Erscheinungsformen der generellen Freiheit gewährleisten[36]).

§ 7

Die Grenzen des Rechts auf freie Entfaltung der Persönlichkeit

Die Bestimmung der Grenzen des Rechts auf freie Entfaltung der Persönlichkeit bereitet Schwierigkeiten. Sie näher zu umreißen ist unumgänglich, denn erst die Grenzen lassen den Schutzumfang eines Rechts erkennen. Beruht aber der Schutz der Privatsphäre auf Art. 2 Abs. 1 GG, dann ist zugleich für die Beantwortung der Frage, unter welchen Voraussetzungen der Staat in die Privatsphäre des Einzelnen, inbesondere die des Rechtsbrechers, eingreifen darf, der Grund gelegt.

Da Freiheit des Einzelnen auf die Freiheit aller anderen Menschen angewiesen, und wenn alle Einzelnen frei sein sollen, nur soweit möglich ist „als sie mit der Freiheit der anderen zugleich bestehen kann“[1]), ist unbegrenzte Freiheit nicht sinnvoll vorstellbar. Ihr wohnen Schranken inne.

Sie ergeben sich einmal aus dem Anspruch der anderen auf das gleiche Maß von Freiheit; weil der Mensch aber in gesellschaftlichen Bindungen steht und nur innerhalb eines Gesellschaftsverbandes zu existieren und frei zu sein vermag[2]), ergibt sich als weitere Schranke die Achtung vor den Belangen des Gesellschaftsverbandes. Als sittliches, gemeinschaftsgebundenes

[35]) System, S. 108; Thoma, Jur. Bedeutung, S. 18: Grundrecht ist im Verfassungsstaat das allgemeine Freiheitsrecht.

[36]) Dürig, JZ 57, 171; ders. Nawiasky-Festschrift, S. 158; Maunz-Dürig, Art. 2 Abs. 1 Randn. 6; Hamann, Art. 2 Anm. B 2; BVerfGE 6, 32 (36); BVerwG NJW 55, 1773; BGH, Gutachten vom 28. 4. 1952, DVBl. 53, 741.

[1]) Jaspers, S. 197 u. 203.

[2]) Dürig, JR 52, 260 ff., weist dies aus der christlichen und deutschrechtlichen Kulturphilosophie nach, Fechner aus der inneren Bezogenheit von Zwang und Freiheit, Zwang und Freiheit, S. 13 ff.

Wesen unterliegt der Mensch schließlich dem Sittengesetz. Das sind aber zunächst nur Richtungen, in denen die Suche nach den Schranken der Freiheit fruchtbar werden kann. Im einzelnen lassen sie sich nicht mit Allgemeingültigkeit feststellen. Jeder Versuch muß scheitern, weil wir nicht mit Sicherheit den Begriff der Freiheit zu bestimmen vermögen[3]). Weil Freiheit ihrem Wesen nach in Bewegung und in Dialektik ist[4]), ihre rechtliche Sicherung ohne ihren Gegenspieler, den Zwang, nicht möglich ist[5]), bedarf es der positiv-rechtlichen Entscheidung, wo die Grenze zwischen Zwang und Freiheit zu verlaufen hat.

In den oben genannten drei Richtungen hat Art. 2, Abs. 1 GG die Schranken festgelegt: Die Rechte anderer, die verfassungsmäßige Ordnung und das Sittengesetz. Die Auslegung dieser Begriffe ist umstritten.

a) Es wird die Ansicht vertreten, die Rechte anderer seien nicht nur die Rechte der gleichgeordneten Rechtssubjekte, sondern auch die des Staates[6]) oder die kollektiven Rechte der Gemeinschaft auf öffentliche Sicherheit und Ordnung[7]). Diese Ansicht könnte sich auf W. Jellinek stützen, der zu den subjektiven Rechten des Staates nicht nur das Recht auf Zahlung der Steuern und Verhängung von Strafen zählt, sondern auch das Recht auf Unterlassung polizeiwidrigen Verhaltens[8]). Soweit der Staat als gleichgeordnetes Rechtssubjekt, also als Fiskus handelt oder soweit es um bestimmte Leistungs- oder Duldungspflichten des Bürgers geht, kann man dieser These folgen. Unrichtig aber ist diese Ansicht, soweit der Staat im Interesse der Allgemeinheit eine ordnende Funktion ausübt. Dann handelt er nicht als „anderer", also „Gleichgeordneter", sondern kraft seines Imperiums als „Übergeordneter"[9]). Auf die „Rechte anderer" vermag er sich dabei nicht zu

[3]) Jaspers, S. 199: Für wissenschaftlich-gegenständliche Welterkenntnis gibt es keine Freiheit. Daher ist Freiheit nicht in einem definierten Begriff vor Augen zu stellen.

[4]) Jaspers, S. 197.

[5]) Fechner, Freiheit und Zwang, S. 11.

[6]) Peters, Hans, Die Zuständigkeit des Bundes im Rundfunkwesen, 1954, S. 59.

[7]) Bad. VGH 5. 7. 51, DVBl. 51, 635; LVG Oldenburg 14. 11 50, NJW 51, 248; Hamb. OVG 10. 6. 50, MDR 50, 695; OVG Rheinland-Pfalz 8. 12. 53, DÖV 54, 280; Bad. VGH 26. 3. 53, DVBl. 53, 635 (637); Naumann, Richard, Grundlagen und Grenzen der Berufsfreiheit, JZ 51, 423 (429); Hamann, Anm. zu BVerfGE 15. 12. 53, NJW 54, 614; klärend: Wolff, Hans J., S. 130.

[8]) § 9 IV 2, S. 204, was schon Bühler andeutet, aber verwirft, S. 137.

[9]) Krüger, NJW 55, 203; Dürig, AÖR 79, 64; Maunz-Dürig, Art. 2 Abs. 1, Randn. 15; BGH Beschl. v. 17. 10. 55, VerwRspr. 8, Nr. 21, S. 105.

berufen. Vielmehr übt er seine ordnenden Funktionen aus, um die „verfassungsmäßige Ordnung" sicherzustellen.

b) Für unsere Untersuchung ist von besonderer Bedeutung, welche Schranken der freien Entfaltung der Persönlichkeit durch diesen Begriff gesetzt sind. Wer das Recht auf Freiheit der Entfaltung der Persönlichkeit auf die Entfaltung eines ideologisch erfüllten Kernbestandes eingrenzt, kann unter der verfassungsmäßigen Ordnung das materielle Verfassungsrecht[10]) oder die elementaren Verfassungsgrundsätze und Grundentscheidungen, von denen das Grundgesetz ausgeht[11]), sehen. Alle anderen aber, die Art. 2 Abs. 1 GG als umfassendes Freiheitsrecht auffassen, verstehen auch die Schranke der verfassungsmäßigen Ordnung als eine umfassende Generalklausel. Die Entscheidung des BVerfG vom 16. 1. 1957 hat geklärt, daß es sich hier um einen eigenständigen Gesetzesvorbehalt handelt, in der Wirkung ähnlich den Gesetzesvorbehalten, die den meisten besonderen Freiheitsrechten beigegeben worden sind[12]).

Umstritten ist allerdings noch, welche gesetzlichen Einschränkungen der Freiheit von diesem generalklauselartigen Gesetzesvorbehalt zugelassen werden. Das BVerfG versteht ihn sehr weitgreifend, als „die verfassungsmäßige Rechtsordnung, d. h. die Gesamtheit der Normen, die formell und materiell der Verfassung gemäß sind"[13]). Darum habe der Einzelne den grundrechtlichen Anspruch, durch die Staatsgewalt nicht mit einem Nachteil belastet zu werden, der nicht in der verfassungsmäßigen Ordnung begründet sei[14]). Dürig und andere möchten die Generalklausel einschränken auf die Befugnis zum Erlaß jener Normen, die der Verfassung „insofern entsprechen und gemäß sind, als sie von ihr *gefordert* werden"[15]).

[10]) Hans Peters, Laun-Festschrift, S. 676.

[11]) OVG Münster, 20. 9. 50, DÖV 52, 56 (58) und Herbert Krüger, DVBl. 50, 627; vgl. aber auch Herbert Krüger, NJW 55, 202.

[12]) BVerfGE 6, 32; „Hier (sc. bei Art. 2, Abs. 1) bedurfte es eines Gesetzesvorbehaltes nicht, weil sich aus der Beschränkung der freien Entfaltung der Persönlichkeit durch die verfassungsmäßige Ordnung der Umfang staatlicher Eingriffsmöglichkeiten ohne weiteres ergibt." Maunz-Dürig, Art. 2 Abs. 2 Randn. 17.

[13]) BVerfGE 6, 32, Leitsatz 2.

[14]) BVerfGE v. 8. 1. 59, BVerfGE 9, 83 (88).

[15]) Maunz-Dürig, Art. 2 Abs. 1, Randn. 18; vgl. auch Wintrich, zur Auslegung und Anwendung des Art. 2 Abs. 1 GG, Apelt-Festschrift, 1958, S. 1 ff. und die Kritik an der Entscheidung des BVerfG von Dürig, JZ 57, 172, sowie Schätzler und Rhode-Liebenau, BVerfG und verfassungsmäßige Ordnung, NJW 57, 817; Hamann, Die verfassungsmäßige Ordnung, BB 57, 229 und 343; Entgegnung von Zeidler, BB 57, 342.

Auf diesen Meinungsstreit hier einzugehen, besteht kein Anlaß, weil nicht die Befugnisse des Gesetzgebers, sondern die der Exekutive — insbesondere der AfV — zur Erörterung stehen. Es genüge die Feststellung, der Bürger ist durch jede formell und materiell in diesem Sinne ordnungsgemäß zustande gekommene Rechtsnorm gebunden und in seiner Handlungsfreiheit beschränkt. Der Einzelne muß sich, wie das BVerfG formuliert, „diejenigen Schranken seiner Handlungsfreiheit gefallen lassen, die der Gesetzgeber zur Pflege und Förderung des sozialen Zusammenlebens in den Grenzen des bei dem gegebenen Sachverhalt allgemein Zumutbaren zieht, vorausgesetzt, daß dabei die Eigenständigkeit der Person gewahrt bleibt“[16]). Aus diesem Verständnis des Art. 2, Abs. 1 GG folgt, daß der status negativus des Bürgers lückenlos und als Grundrecht gewährleistet wird. Der Einzelne hat ein subjektives Recht auf Gesetzmäßigkeit des seine Persönlichkeitsentfaltung beeinträchtigen Eingriffs[17]).

c) Zu fragen bleibt aber, ob sich der Begriff der verfassungsmäßigen Ordung in seiner Funktion als eigenständiger Gesetzesvorbehalt erschöpft. Es geht darum, ob dem Freiheitsrecht des Art. 2 Abs. 1 GG — und möglicherweise darüber hinaus allen Grundrechten — gewisse Schranken immanent sind, die auch dann wirksam werden, wenn der Gesetzgeber nicht gesprochen hat. Staatliche Reaktion auf derartige, gegen die verfassungsmäßige Ordung verstoßende Verhaltensweisen wäre dann nicht Freiheitsbeeinträchtigung, sondern Zurückweisung in bestehende Schranken. In rechtlicher Konsequenz würde dies Freistellung vom Grundsatz der Gesetzmäßigkeit der Verwaltung und der Pflicht, ggf. Entschädigung zu leisten, bedeuten. Aus der Gemeinschaftsbezogenheit und Gemeinschaftsgebundenheit des Menschen scheint mit Sicherheit zu folgen, daß, wie das BVerwG sagt, „Grundrechte nicht in Anspruch genommen werden dürfen, wenn dadurch die für den Bestand der Gemeinschaft notwendigen Rechtsgüter gefährdet werden“[18]).

[16]) BVerfGE 4, 7 (16).

[17]) Maunz-Dürig, Art. 2 Abs. 1, vor Randn. 26.

[18]) BVerwGE 1, 48 (52), ständige Rechtspr., Nachweise bei Maunz-Dürig, Art. 2, Abs. 1, Randn. 70, Fußn. 2; BGHSt. 4. 7. 57, BGHSt. 10, 334 — entsprechend diesem Gedanken schränkt der BGH auch die Freiheit in der Wahl des Verteidigers ein, sie habe dort eine Grenze, wo sie dazu benutzt werden soll, oder doch dazu führen kann, einen gefährlichen Angriff gegen die Sicherheit des Staates zu führen, BGHSt. 8, 194 (199). — Enger BGHZ 17. 10. 55, VerwRSpr. 8, Nr. 21, S. 104; wie hier dagegen BGHZ 12, 197 (203).
BAG 13. 1. 56, NJW 56, 398 (400); Hamb. OVG 10. 6. 50, MDR 50, 695. Scheuner, Ulrich, Grundfragen des modernen Staates, Recht, Staat und Wirtschaft,

Diese Nichtstörklausel kennt bereits Otto Mayer: Der Einzelne dürfe die gute Ordnung des Gemeinwesens, in die er hineingestellt sei, nicht durch sein Verhalten stören, er habe vielmehr die Pflicht, solche Störungen zu unterlassen[19]). Sie beruht auf naturrechtlichem Gedankengut, das die Freiheitsrechte in die christliche Lehre von den drei Ständen einbettete und in dieser Weise die vorgefundene gemeinschaftsgebundene Sozialethik fortführte[20]). Sie fand in dem konservativen Abgeordneten und Philosophen Friedrich Stahl, der die Ereignisse des Jahres 1848 als „die Katastrophe" bezeichnete und von den Grundrechten der Frankfurter Nationalversammlung sagte, daß sie „sowohl an Ausdehnung als an zersetzender Wirkung alles überbieten, was in dieser Art bis dahin in der Geschichte vorhanden war"[21]), einen beredten Interpreten. Die Sicherungen gegen Kriminal- und Polizeigewalt dürften nur Mittel für die Freiheit des Untertanen sein, damit er nicht ungerechte Strafe oder Haft leide. „Aber nicht Mittel für die Macht des Volkes als Masse, damit die Obrigkeit gegen Vereine und Versammlungen nicht einschreiten, den Hochverrätern und Aufwieglern nichts anhaben könne, also ein Mittel, ungehindert Opposition, ungehindert Revolution machen zu können, damit das Volk Herr über die Obrigkeit werde." Es dürfe „der Schutz der persönlichen Freiheit nicht so ungemessen sein, daß dadurch die Gemeingüter der Nation gefährdet werden ... Eine wahrhafte Erklärung der Rechte dürfte deshalb nicht für solche Verhältnisse die Zersetzung, sondern die Erhaltung und die gegliederten Bande zusichern."[22])

Der Gedanke besticht durch seine Einfachheit und die Notwendigkeit, auf dem er allen Anschein nach beruht. Denn wer wollte bestreiten, daß eine Handlung, die zur Verletzung oder Gefährdung übergeordneter Rechtsgüter führt, unrecht ist und staatliche Reaktionen hervorrufen muß. Dennoch birgt dieser Gedanke die Gefahr, das System der Freiheitsrechte zu verwirren und es zu ersetzen durch ein von der Verwaltung entworfenes, nicht mehr meß-

Düsseldorf 1953, III, S. 126 (158); Hamel, S. 34; Maunz, S. 82, Peters, Laun-Festschrift S. 677 ff., Scholtissek, NJW 52, 561; Huber ergänzt die Vorbehalte durch die Gemeinwohlklausel, Der Streit um das Wirtschaftsverfasungsrecht, DÖV 56, 97 ff.; Klein leitet einen ähnlichen allgemeinen Gemeinschaftsvorbehalt aus den Vorbehalten des Art. 2, Absatz 1 ab, Vorbem. B XV 2 c vor Art. 1 bei Mangoldt-Klein; weiteres Schrifttum bei Herbert Krüger, NJW 55, 202 Fußn. 4 und Maunz-Dürig, Art. 2 Abs. 1, Randn. 69 ff.

[19]) I, S. 207.

[20]) Nachweise bei Otto Mayer, I, S. 207; Smend, Bürger und Bourgeois im Deutschen Staatsrecht, Staatsrechtliche Abhandlungen, 1954, S. 309 ff.

[21]) Staatslehre, Berlin 1910, S. 310.

[22]) a. a. O. S. 312.

bares Ordnungsprinzip. Denn in dieser Allgemeinheit läßt der Gedanke offen, sowohl welche Handlungen als Gefährdungen oder Störungen der guten Ordnung des Gemeinwesens anzusehen sind, als auch, welche staatlichen Stellen befugt sind, über den störenden Charakter einer Handlung und die notwendigen Abwehrmaßnahmen zu befinden. Um die Freiheit wäre es schlecht bestellt, wenn jede Behörde dazu berechtigt wäre. Die Unbestimmbarkeit der Befugnisse ist mit dem Gedanken der Sicherheit, die jedes Recht gewähren muß, unvereinbar, ja man würde die Grundrechte in ihr Gegenteil verkehren und nicht Freiheit geben, sondern Freiheit nehmen[23]).

Jenen Lehren gab daher bereits Otto Mayer den Abschied: „Nicht als ob sie jetzt noch von selbst und unmittelbar rechtliche Wirksamkeit äußerten. Aber sie dienen dazu, alles hier Angeordnete zu erläutern, zu ergänzen und genauer zu bestimmen." Für den Eingriff fordert Otto Mayer eine sicherere Grundlage. Er findet sie in § 10 II 17 ALR[24]).

Diese weitgreifende Immanenzklausel entspricht auch nicht den Grundgedanken der Rechtsordnung. Im Pr.ALR, Einleitung § 87, findet sich ein grundlegend anderes Prinzip: Handlungen, welche weder durch natürliche noch durch positive Gesetze verboten wurden, werden erlaubt genannt. Auch das Grundgesetz läßt eine solch allgemeine Schranke, die der Verwaltung den Eingriff ermöglichen könnte, nicht zu[25]). Es unterscheidet vielmehr deutlich zwischen den einzelnen Schutzbereichen, deren Umfang jeweils einer sorgfältigen Analyse bedarf, den einzelnen Rechtsverletzungen und den

[23]) Vgl. zum Beispiel Haas, DÖV 54, 71, der in Art. 2 Abs. 1 lediglich den selbstverständlichen Ausdruck der Gemeinschaftshypothek jeden Rechtes sieht; ähnl. Oswald Lassaly, Die Schranken der Grundrechte, MDR 53, 76; wie hier dagegen Herbert Krüger, DÖV 55, 97.

[24]) I, S. 208; Carl Schmitt bringt den Hinweis: „Eine Freiheit, deren Maß und Inhalt ein anderer bestimmt, ist vielleicht eine höhere, edlere, wahrere, wohlverstandene Art von Freiheit, aber nicht das, was man in einem bürgerlichen Rechtsstaat darunter verstehen muß. Den liberalen Vorkämpfern der Freiheit sind jene veredelnden Prädikate immer verdächtig gewesen." Freiheitsrechte und institutionelle Garantie, 1931, in Verf. Aufsätze, Berlin 1958, S. 167; vgl. auch BVerwG 6. 12. 56, BVerwGE 4, 188 (189) zur Frage des Vereinsverbots nach Art. 9 Abs. 2 GG: „Von einer Gewährleistung dieses Grundrechts könnte dann nicht gesprochen werden, wenn jede beliebige Behörde zu beurteilen hätte, ob der Zweck und die Tätigkeit einer Vereinigung gegen die verfassungsmäßige Ordnung gerichtet ist. Der Gedanke der Rechtssicherheit, der mit der Gewährleistung eines Grundrechts verbunden ist, verlangt, daß es einer besonderen Feststellung bedarf, ob die Voraussetzungen des Art. 9 Abs. 2 GG vorliegen." Vgl. auch Willms, Das Vereinigungsverbot des Art. 9 Abs. 2 GG und seine Vollziehung, NJW 57, 1617 ff.

[25]) Herbert Krüger, NJW 55, 202.

Folgerungen, die daraus zu ziehen sind[26]). Dabei nimmt das Grundgesetz für das Gemeinwohl auch Gefahren in Kauf, die nicht sofort und an ihrem Ursprungsort bekämpft werden können, wie auch auf dem Gebiet der Strafverfolgung damit gerechnet werden muß, daß wegen der Beachtung der vorgeschriebenen Formen ein Rechtsbrecher durch die Maschen der Gesetze schlüpft.

Welche Handlungen das GG trotz ihrer Abträglichkeit für das Gemeinwohl hinnimmt, welches Risiko es eingeht[27]), wie es die Grenzen im einzelnen zieht, kann nicht generell bestimmt werden. Die Ausgestaltung der Freiheitsrechte ist das Ergebnis einer Auseinandersetzung der miteinander ringenden politischen Kräfte in einer bestimmten historischen und damit zeitbedingten zufälligen Situation[28]).

Technisch geht es gar nicht um die Frage, ob wirklich ein „Recht" zu dem einzelnen Tun besteht, was gewiß bei allen mißbräuchlichen Verhaltensweisen fraglich sein kann, sondern nur um die Verpflichtung des Staates, den Einzelnen nicht zu hindern und gewähren zu lassen. Diese Einsicht findet sich nicht nur bei Georg Jellinek[29]), sondern auch im Bereich des thomistischen Naturrechts, bei Albert Hartmann: „Innerhalb der sittlichen Ordnung kann es nicht die Berechtigung geben, gegen die sittliche Ordnung zu handeln; das Böse hat kein Recht. Aber sehr wohl kann jemand das Recht haben, in seiner Betätigung von anderen, seien es Privatpersonen oder Polizeiorgane, nicht gehindert zu werden, auch dann nicht, wenn er unsittlich handeln sollte. Die bloße Tatsache, daß jemand in seinem Tun gegen das Sittengesetz verstößt, bildet für andere noch keinen Rechtsgrund, ihn mit Zwangsmitteln an seinem Handeln zu hindern."[30])

Es ist daher richtig, wenn Dürig die Lehre von den immanenten Schranken der Freiheitsrechte, die an den Begriff der verfassungsmäßigen Ordnung

[26]) Anders wohl Art. 29 Ziff. 3 der Allgem. Erklärung der Menschenrechte, verkündet von der Generalversammlung der Vereinten Nationen: „Rechte und Freiheiten dürfen in keinem Falle im Widerspruch mit den Zielen und Grundsätzen der Vereinten Nation ausgeübt werden." Ziffer 4 enthält ein Auslegungsverbot dahin, daß sich für niemanden das Recht ergeben dürfe, Handlungen vorzunehmen, die auf die Vernichtung der Rechte und Freiheiten der Deklaration zielten.

[27]) Herbert Krüger, DÖV 55, 598; Fechner, Freiheit und Zwang, S. 14.

[28]) Fechner, Soz. Grenzen, S. 7; vgl. auch Thoma, Jur. Bedeutung, S. 7 ff.; Apelt, JZ 51, 354.

[29]) System, S. 80 ff., 98.

[30]) Albert Hartmann, SJ, Toleranz und christlicher Glaube, Frankfurt am Main 1955, S. 176 unter Berufung auf die Ansprache von Papst Pius XII. vom 6. 12. 53, Acta Apost. Sedis 45 (1953) 497—802.

anknüpft, auf einen Kern einzugrenzen sucht, der noch mit dem System der Freiheitsrechte und dem Grundsatz der Gesetzmäßigkeit der Verwaltung vereinbar ist. Die differenzierte Schrankensystematik des Grundrechtskatalogs bleibt unberührt. Lediglich einige „elementare und allgemeine Schranken" geradezu selbstverständlicher Art ergeben sich nach Dürig aus der Schrankentrias des Art. 2 Abs. 1 für alle Grundrechte[31]). Dürig rechnet dazu die rechtslogische Schranke der Rechte anderer, die ethische Schranke des Sittengesetzes und die gesellschaftliche Schranke der Nichtstörung der Ordnung. Die letztere Schranke wird inhaltlich bestimmt 1. durch alle jene Strafrechtsnormen, die sich im Bewußtsein der Rechtsgenossen als crimen darstellen[32]), 2. durch den polizeirechtlichen Begriff der öffentlichen Ordnung, d. h. die Voraussetzungen, die zur Wahrung eines gedeihlichen menschlichen Zusammenlebens unerläßlich sind[33]).

In beiden Fällen aber bleibt die staatliche Reaktion auf die Abwehr konkreter Handlungen beschränkt. Sie wendet sich nur gegen den Täter oder den Störer im polizeirechtlichen Sinne und trifft ausschließlich dasjenige Grundrecht, das zur Störung mißbraucht wird. Das Vorgehen gegen den Nichtstörer, die Bestrafung des Rechtsbrechers, auch die Verwirkung der Grundrechte nach Art. 18 GG oder die Verwirklichung allgemeiner Gemeinwohlforderungen fallen nicht mehr unter die Immanenzschranken, sondern sind echte Grundrechtsbeeinträchtigungen. Aufrechterhalten bleibt auch das differenzierende System der Grundrechtsbeschränkungsmöglichkeiten[34]).

Diese eingegrenzte Immanenzlehre, die einer ausdehnenden Anwendung nicht zugänglich sein dürfte, ist zu ergänzen, weil noch geklärt werden muß, welche staatlichen Organe die erforderlichen Abwehrmaßnahmen zu ergreifen haben. Erst dann erhält diese Lehre die nötigen Konturen und Bestimmt-

[31]) Maunz-Dürig, Art. 2 Abs. 1, Randn. 69 ff.

[32]) a. a. O. Randn. 76.

[33]) a. a. O. Randn. 81.

[34]) a. a. O. Randn. 83 bis 85; im Zusammenhang mit dem Problemkreis dieser Arbeit ist bemerkenswert, daß Dürig, Randn. 81 und 86 die „Reserviertheit der Immanenzlehre auf dem Gebiet des spezifisch politischen Verfassungsschutzes" betont. Aber Dürig nimmt nur beispielhaft Handlungen aus, die gegenwärtig von ganz untergeordneter Bedeutung sind. Zu der wesentlicheren Frage, ob die Pönalisierung auch entferntester Vorbereitungshandlungen immanente Grundrechtsschranken deklariert oder aber konstitutive, auf Gesetzesvorbehalt beruhende Grundrechtsbeeinträchtigung ist, nimmt D. nicht Stellung.
Das BVerfG betont mit Entschiedenheit, daß es allein dazu befugt ist, die Verwirkung des Grundrechts der Pressefreiheit auszusprechen, BVerfG 6. 10. 59, NJW 59, 29.

heit, die es gestatten, sie in das rechtsstaatliche System einzuordnen. Der Grundsatz der Gesetzmäßigkeit der Verwaltung soll den Einzelnen vor dem Mißbrauch staatlicher Machtbefugnisse schützen[35]). Die auferlegbaren Pflichten sollen im voraus berechenbar sein, damit der Einzelne sein Handeln danach einrichten kann[36]). Die Mittel, die angewendet werden, um jenen besorgten Mißbrauch zu verhüten, sind Begrenzung des Umfangs des Eingriffs und Ordnung der Zuständigkeit. Da auch der Störer und Täter nicht der Willkür, die bereits in der Anmaßung einer nicht gegebenen Zuständigkeit liegt, ausgesetzt werden darf, ist es erforderlich, auch für die Abwehr der Störungen im Sinne der Immanenzlehre an die gesetzlich geregelten Zuständigkeiten anzuknüpfen. Zur Störungsabwehr aber sind in erster Linie durch die Polizeigesetze der Länder die polizeilichen Organe berufen[37]).

So verstanden, fügt sich die Immanenzlehre in das Grundgesetz ein, das als ein sinnvolles Ganzes verstanden werden muß und das nicht nur die liberalen Freiheitsrechte als einen dem Staat entrissenen Machtraum garantiert, sondern zugleich den Einzelnen in ein enges Geflecht sozialer Bindungen und Pflichten einordnet, um seine Freiheit gewährleisten zu können. Für die durch Art. 2 Abs. 1 gewährleistete Freiheit der Entfaltung der Persönlichkeit mündet die begrenzte Immanenzlehre in die auf dem Gesetzesvorbehalt des Begriffs der verfassungsmäßigen Ordnung beruhenden Polizeigesetze ein. Sie entfaltet ihre Wirksamkeit erst bei jenen Grundrechten, denen ein Gesetzesvorbehalt nicht beigegeben ist.

§ 8

Die Privatsphäre und das Grundrecht des Art. 2 Abs. 1

Nachdem die rechtliche Struktur des Art. 2 Abs. 1 GG dargelegt ist, bleibt zu fragen, ob das Recht auf Wahrung der Privatsphäre von dem Grundrecht der Freiheit der Entfaltung der Persönlichkeit umfaßt wird. Ginge man davon aus, dieses Recht betreffe nur das äußere Tun und Handeln des Menschen, das sich müsse frei auswirken können, käme man schnell zu dem Schluß, das Aufdecken von Angelegenheiten, die der Privatsphäre zugehören, hindere niemanden, so zu denken und zu handeln, wie es seiner Überzeugung entspricht[1]). Aber auch der gegenteilige Schluß, der Wille des

[35]) W. Jellinek, S. 6; Fleiner, S. 130; Wackernagel, S. 245.
[36]) Fleiner, S. 70; BVerfGE 1, 60; 2, 307; BVerwGE 2, 114 (116).
[37]) Zur Zuständigkeit im Falle des Staatsnotstandes vgl. unten § 20 a.
[1]) So OLG Köln, NJW 53, 1846.

Einzelnen, persönliche Dinge vor fremdem Einblick zu bewahren, werde durch solche Eingriffe mißachtet[2]), bedarf der Vertiefung, mag auch unbestreitbar zur Selbstbestimmung der Person das Vermögen gehören, sich gegen andere zu verschließen.

a) Die Entfaltung der Persönlichkeit vollzieht sich im Handeln. Die Handlung aber erhält ihr Charakteristikum durch die Begleitumstände, unter denen sie sich vollzieht. Die Worte zu dem Freund können die gleichen sein wie die vor einer Volksversammlung. Man wird nicht auf den Gedanken kommen, beide Fälle als gleich zu bewertende Handlung anzusehen. Handeln kann nur sinnvoll gedacht werden in Verbindung mit dem Zweck, zu dem es geschieht[3]), also im Hinblick oder mit Rücksicht auf die Folgen. Es wird ein anderes Handeln, wenn sich daran Folgen knüpfen, die der Handelnde vermeiden will. Daher kann jede beabsichtigte Handlung, wenn sie einer unerwünschten Öffentlichkeit ausgesetzt ist, in eine von dem Betreffenden nicht gewollte Richtung abgedrängt werden oder andere, mit der Handlung nicht notwendig verbundene Folgen haben. Das aber beeinträchtigt die Freiheit des Handelns.

b) Die gleiche Folge ergibt sich, wenn man nicht von der Handlung, sondern von dem Handelnden ausgeht. Art. 2 Abs. 1 GG ist nicht geschaffen um der Handlung, sondern um des Menschen willen, der der Handlung bedarf, um seiner Aufgabe und seinem inneren Wesen zu entsprechen. Das Recht auf freie Entfaltung der Persönlichkeit gibt dem Einzelnen die Befugnis zu bestimmen, wie er seine Umwelt handelnd gestalten will. Es überläßt ihm aber auch die Entscheidung – soweit Anlagen und äußere Umstände das gestatten –, wie er sich selbst gestalten will. Dazu gehört, weil der Einzelne nicht beziehungslos zur sozialen Umwelt gedacht werden kann, zu bestimmen, wie er in und zu der Umwelt stehen will und welches Persönlichkeitsbild die Umwelt von ihm haben soll. Ob sie von seinem Willen unabhängig ihr eigenes Urteil fällen wird, ist eine andere Frage. Der Einzelne aber gibt ihr die Fakten für das Urteil. Das Urteil wiederum kann entscheidend für die weitere Selbstgestaltung des Menschen sein. Daher folgt aus den vielfältigen Wechselbeziehungen zwischen dem Einzelnen und der Gesellschaft das unabweisbare Bedürfnis nach einer eigenen Sphäre, die fremden Augen und Ohren verschlossen bleibt. Nur wenn sie gegeben ist, kann der Einzelne

[2]) BGHZ 24, 72 (81); so auch schon Sauter, S. 38, bezüglich des Schutzobjektes des § 300 StGB.

[3]) Welzel, Strafrecht, S. 28.

seiner Aufgabe zur eigenverantwortlichen Selbstbestimmung gerecht werden.

Der Mensch entfaltet im Handeln nicht nur seine Persönlichkeit, er offenbart sie auch zugleich. Nicht nur den großen Würfen, bei denen er sich bewährt oder versagt, nicht nur dem ausgearbeiteten Buch, der Erfindung, dem Akt selbstloser Nächstenliebe, dem Raubmord, gibt er sein eigentümliches Gepräge. Die Psychologie lehrt uns, auch aus anscheinend völlig belanglosen Handlungen und Reaktionen mit großer Sicherheit Schlüsse auf Fähigkeiten und Charakter zu ziehen. Der Schutz des Menschen wäre unvollkommen, würde man ihm gestatten zu handeln, ihm aber zugleich versagen, sich durch seine Handlung nicht in einem unerwünschten Umfange zu offenbaren. Daher ist die Entscheidung des Urhebers, ob sein Werk veröffentlicht werden soll, auch noch in der gegen ihn gerichteten Zwangsvollstreckung erforderlich, obwohl die mit der Entscheidung verknüpften vermögensrechtlichen Interessen des Urhebers im Falle der Zwangsvollstreckung zurücktreten müßten, § 10 LUG.

c) Die unantastbare Würde des Menschen zu schützen und zu achten, ist alle staatliche Gewalt verpflichtet, Art. 1 Abs. 1 GG. Der Staat darf die Persönlichkeit des Einzelnen nicht zerstören. Dem Menschen steht eine Individualität zu, die er handelnd entfalten kann. Sie würde ihm genommen, wenn er seine Angelegenheiten schonungslos offen zu legen gezwungen wäre. Auch staatliche Ausforschung muß daher die Menschenwürde achten und von Untersuchungen Abstand nehmen, die dem Einzelnen seine Würde nähmen. Das hat bereits Beling[4]) gefordert. Für den Geltungsbereich des Grundgesetzes kann diese Forderung nicht mehr bestritten werden[5]). Dem Auftrag aus Art. 1 Abs. 1 GG kann nur eine Auslegung des Art. 2 Abs. 1 GG gerecht werden, die dem Bereich des Fürsichseins einen genügenden Raum gewährt. *Daher ist zu der Freiheit der Entfaltung der Persönlichkeit das Recht zu zählen, den Umfang, in dem die Umwelt vom Denken und Handeln Kenntnis nehmen soll, selbst zu bestimmen. Das Recht auf Wahrung der Privatsphäre ist daher als Grundrecht anerkannt und geschützt[6])*.

Wegen dieser engen Beziehung der Privatsphäre zur individuellen Person werden auch diejenigen, die das Grundrecht des Art. 2 Abs. 1 GG auf die

[4]) Beweisverbote, S. 37.

[5]) Anerkannt von BVerwG 30. 9. 55, NJW 56, 393; Bayr. VerfGH 13. 1. 55, VerwRspr. 7 Nr. 207 (S. 914); Coing, Das Grundrecht der Menschenwürde, SJZ 47, 639.

[6]) So auch Dürig, AöR 81, 130; Redeker, DÖV 54, 109.

Entfaltung eines näher umrissenen Menschenbildes beschränken, anerkennen, daß die Privatsphäre durch Art. 2 Abs. 1 GG geschützt ist[7]).

Art. 8 der Europäischen Konvention zum Schutze der Menschenrechte und Grundfreiheiten vom 4. 11. 1950[8]) gewährt jedermann Anspruch auf Achtung seines Privat- und Familienlebens, seiner Wohnung und seines Briefverkehrs. Staatliche Eingriffe in die Ausübung dieses Rechtes sind nur statthaft, soweit der Eingriff gesetzlich vorgesehen und zur Aufrechterhaltung der — in Abs. 2 näher umschriebenen — öffentlichen Sicherheit und Ordnung erforderlich ist. Der Begriff des Privat- und Familienlebens ist seinem Wortlaut nach enger als der hier entwickelte Begriff der Privatsphäre. Unter Berücksichtigung der hier dargelegten Gedanken dürfte jedoch eine erweiternde Interpretation statthaft sein. Dann aber ist die Privatsphäre auch durch eine ausdrückliche gesetzliche Bestimmung als Individualrecht geschützt. Zwar kommt der Schutznorm der Konvention kein Verfassungsrang zu, aber sie ist unmittelbar geltendes Bundesrecht, das der einfache Bundesgesetzgeber erlassen hat[9]).

d) Bisher wurde von dem Einzelnen gesprochen, der gleichsam in einer Abwehrstellung den ungemessenen Bereich seines Fürsichseins verteidigt. Darin erschöpft sich jedoch die Stellung des Einzelnen nicht. Er ist Mitglied der Gesellschaft und darum Träger von Pflichten gegenüber dem Nächsten und gegenüber dem Staat. Wenn Reden zur Pflicht wird, endet das Recht auf Wahrung der Privatsphäre. Daher könnte sich aus der Pflicht, nicht die Ordnung des Gemeinwesens zu stören, eine Begrenzung des Rechts auf Wahrung der Privatsphäre ergeben. Auch das Verbrechen mag denkbarer Gegenstand des Fürsichbereichs des Täters sein. Ein solches Geheimnis ist gegenüber dem Staat nicht schutzwürdig. Die Geheimhaltung des Verbrechensplanes verstößt gegen die verfassungsmäßige Ordnung. In § 138 StGB wird sogar ausdrücklich eine Anzeigepflicht begründet, die allerdings nicht den Täter trifft. Darum scheint es, als griffen Ermittlungen, die auf Aufdekkung derartiger Pläne zielen, nicht in eine grundrechtlich geschützte Position ein.

Aber eine solche Schlußfolgerung wäre voreilig. Die Rechtsordnung schützt kraft ausdrücklicher gesetzlicher Bestimmungen in gewissem Umfange auch das Geheimnis des Rechtsbrechers vor Nachforschungen: In das Hausrecht

[7]) So z. B. Hans Peters, Unveröff. Gutachten vom 11. 5. 55 und Rundel, S. 28.

[8]) BGBl. 1952 II, S. 685, 953 und 1954 II, S. 14.

[9]) Völkerrechtlich ist sie partikuläre Kodifikation, vgl. Maunz-Dürig, Art. 1 Abs. 2, Randn. 57 bis 60 mit weiterem z. T. abweichendem Schrifttum.

des Täters darf nur auf justizförmige Weise eingedrungen werden, wenn bestimmte sachliche und förmliche Voraussetzungen erfüllt sind. Noch weiter reicht der Schutz, der den Geheimnissen zuteil wird, die der Täter seinen Verwandten, seinem Anwalt, seinem Arzt und seinem Seelsorger anvertraut hat.

Auch aus der oben dargelegten begrenzten Immanenzlehre ergibt sich, daß die Privatsphäre des Rechtsbrechers nicht der schrankenlosen Wahrheitsforschung offensteht: Der Rechtsbrecher, auch der Verfassungsfeind, mißbraucht die Privatsphäre, um unter ihrem Schutz den Angriff auf Rechtsgüter, die für den Bestand der sozialen Gemeinschaft unerläßlich sind, vorzubereiten. Nur weil er in der Lage ist, seine Pläne zunächst geheimzuhalten und dadurch die Abwehr zu erschweren, wird die spätere Verwirklichung des Verbrechensplanes ermöglicht. Eine solche Vorbereitung ist zwar noch keine endgültige Störung, aber als Gefährdung muß sie — jedenfalls wenn sie sich zu einer clear and present danger verdichtet hat — der Störung gleichgeachtet werden. Andererseits aber wird die Schutzwürdigkeit der Privatsphäre aus Art. 1 Abs. 1 GG abgeleitet. Anspruch auf Schutz seiner Würde hat jeder Mensch, auch der Rechtsbrecher und der Verfassungsfeind. Dieser persönlichkeitsbezogene Charakter der Privatsphäre gibt Anlaß zu der Erwägung, ob die Immanenzlehre hier überhaupt Anwendung finden darf. Denn sie beschwört die Gefahr herauf, daß durch ungemessene Kontrolle die Würde des Menschen beeinträchtigt wird.

Einer abschließenden Feststellung bedarf es jedoch hier nicht. Die Unanwendbarkeit des Gedankens der immanenten Schranken der Grundrechte für die Begrenzung des Begriffs der Privatsphäre folgt jedenfalls aus der Eigengesetzlichkeit eines jeden Verfahrens, das der Aufklärung drohender oder erfolgter Rechtsverletzung dient: Ehe Plan oder Tat festgestellt sind, darf der Störer oder Täter nur als *verdächtig* angesehen werden. Der Eingriff in die Sphäre des Verdächtigen aber kann nicht aus der Immanenzlehre abgeleitet werden, weil derartige Zurückweisungen in die Schranken der Grundrechte sich nur gegen den Angreifer selbst, aber nicht gegen denjenigen richten dürfen, der nur des Angriffs verdächtig ist[10]). Wenn aber der Schleier des

[10]) BGHZ 24, 72: Die Unantastbarkeit der Menschenwürde gilt uneingeschränkt, auch für einen Verdächtigen; Ipsen, Gleichheit, S. 146; Peters, Hans, Unveröffentlichtes Gutachten vom 11. 5. 55; Würtenberger, Die geistige Situation der deutschen Strafrechtswissenschaft, 1957, S. 30. A. A. Rundel, S. 33 ff. unter Berufung auf die Immanenzlehre und die Abwägung kollidierender Verfassungsprinzipien. Seine Konstruktion soll Eingriffe der AfV in die Grundrechte der Art. 5 u. 8, nicht aber 10 und 13 rechtfertigen.

Geheimen gefallen, der Täter oder Störer erkannt, dann bedarf es keines Eindringens mehr in seine Privatsphäre, um ihn in seine Schranken zurückzuweisen.

Wie noch im einzelnen darzulegen sein wird, gehört es zu den Methoden der politischen Polizei, den als Verfassungsfeind Erkannten systematisch zu überwachen, um auf diese Weise weitere Täter zu ermitteln und die verfassungsfeindliche Gruppe unter Kontrolle zu haben. So zweckmäßig und unentbehrlich diese Methode dauernder Überwachung sein mag — aus der Immanenzlehre läßt sie sich nicht rechtfertigen. Denn die Eingriffe in die Privatsphäre der Verfassungsgegner geschehen nicht, um bereits erkannte Störungen zu verhindern, sondern um besorgte Störungen rechtzeitig zu erkennen, Verdächtige zu überwachen und weitere Täter zu ermitteln. Die Abwehr der Störung selbst obliegt der Polizei und der Staatsanwaltschaft. Der Aufgabenkreis der Nachrichtendienste geht daher über die unmittelbare und elementare Schrankenzurückweisung hinaus. Die Identität des zur Störung mißbrauchten und des beeinträchtigten Grundrechts hinsichtlich der konkreten Tat ist nicht mehr gegeben.

Die Eigentümlichkeit der Privatsphäre, daß ihre Schutzwürdigkeit in der Regel erst beurteilt werden kann, wenn sie bereits verletzt ist, läßt die Frage nach der Schutzwürdigkeit im Einzelfalle bedeutungslos werden. Die Grenzen, innerhalb deren die Privatsphäre geschützt ist, müssen nach anderen Grundsätzen bestimmt werden.

Abschnitt III:

Die Schutzbereiche der Privatsphäre

§ 9

Der rechtlich ungeschützte Bereich

Weil die Privatsphäre ein immaterielles Gut ist, dessen Verletzung ebenfalls nicht gegenständlich zu sein braucht, kann weder ihr Schutzbereich noch die Vielzahl der möglichen Verletzungen in exakter Weise bestimmt werden. Des ungeachtet lassen sich aber verschiedene rechtliche Lagen, in denen das Recht auf Wahrung der Privatsphäre erkennbar wird, feststellen. Die Einordnung der einzelnen Fälle des täglichen Lebens in die eine oder andere dieser rechtlichen Lagen mag allerdings je nach der Besonderheit des Falles bestreitbar bleiben.

Zum ersten kann dem Interesse an Wahrung eines Fürsichbereichs der Schutz versagt bleiben, zum zweiten kann sich ergeben, daß je nach Gestaltung der Dinge die Reichweite des Persönlichkeitsrechts durch gesetzliche Regelung[1]) begrenzt ist (relativer Schutz), zum dritten, daß die Privatsphäre zwar geschützt ist, aber dem Eingriff des Staates auf Grund eines Gesetzes offensteht, zum vierten, daß es dem Staat nur unter besonderen Voraussetzungen gestattet oder sogar schlechthin verwehrt ist, in die Privatsphäre einzudringen (gesteigerter Schutzbereich).

Die Privatsphäre endet jedenfalls, sobald einer unbeschränkten Öffentlichkeit die Kenntnisnahme möglich ist. Dies kann einmal sein, weil der in Betracht kommende Ausschnitt aus dem Bereich der Privatsphäre der Kenntnis jedermanns offensteht. Das veröffentlichte Buch, die durch die Zeitschriften gegangene Bilderserie mögen noch so intime Angelegenheiten offenbaren, wer sie zur Kenntnis nimmt, kann die Privatsphäre nicht verletzen, weil der Lebensausschnitt bereits der Öffentlichkeit zugehört[2]). Doch können die einer nur beschränkten Öffentlichkeit zugänglichen Angelegenheiten, etwa das Verhalten in einer Gastwirtschaft und die dort geführten Gespräche, der Privatsphäre zugehören, weil sie nur für die dort anwesenden Personen wahrnehmbar sind.

Zum anderen muß der Staat, um seiner Ordnungsfunktion nachkommen zu können, von jedermann einige elementare Dinge wissen. Im Verhältnis zum Staat besteht für diesen Ausschnitt überhaupt kein Schutz des Fürsichbereichs, weil die Rechtsordnung ihn versagt. Dazu gehören z. B. Name, Alter, Familienstand, Beruf und Wohnung des Einzelnen, aber auch jene Angelegenheiten, die in öffentliche Register eingetragen werden.

Schließlich ist der Fürsichbereich nicht gegen jedes staatliche Befassen mit den ihr zugehörigen Angelegenheiten geschützt. Es muß sich um *Nachforschungen von einer gewissen Intensität oder einem gewissen Umfang* handeln[3]). Der Fürsichbereich kann unempfindlich sein gegen eine flüchtige, an

[1]) BGHZ 15, 249 (261); BGHZ 24, 72 (80) verweisen für das Privatrecht auf den Grundsatz der Interessenabwägung, vgl. dagegen unten § 10 a und b.

[2]) Ob in der Veröffentlichung des Buches oder der Bilderserie eine Verletzung liegt, ist eine andere Frage, dazu Hubmann, JZ 57, 525 ff.

[3]) Nipperdey und Hubmann verweisen auf den Gedanken Welzels, Handlungen, die sich innerhalb des Rahmens der geschichtlich gewordenen sozialethischen Ordnungen des Gemeinschaftslebens bewegen, sind „sozialadäquat". Die Sozialadäquanz schließt nach Nipperdey die Tatbestandsmäßigkeit aus, Grundrechte, S. 37; Enneccerus-Nipperdey, § 202 II; Hubmann will den Begriff der Sozialadäquanz in eine normative und eine tatsächliche Komponente auflösen, JZ 57, 552.

der Oberfläche bleibende Kenntnisnahme, weil diese in der Natur des menschlichen Zusammenlebens liegt. Auch bloße Belästigungen gehören dazu, die der Einzelne hinnehmen muß. Als Beispiel ist die statistische Erhebung zu nennen. Durch den Zweck der Zählung wird das Private von seinem Träger abstrahiert. Dadurch verliert die Nachfrage den verletzenden Charakter. Auch Meinungsforschungen wird man hierzu zählen können; wenn sie, wie das zur Zeit üblich ist, von privaten Instituten durchgeführt werden, die im privatrechtlichen Auftrag für die Regierung arbeiten, ist es das gleiche[4]).

Voraussetzung bleibt aber stets, daß diese Erhebungen auf den statistischen Zweck beschränkt bleiben und eine Verwendung zum Nachteil des Befragten ausgeschlossen ist. Nur dann bleibt die Distanz zu der befragten Person so groß, daß die Befragung nicht als Eingriff gewertet werden kann.

In diesen Zusammenhang gehören auch die Nachforschungen, die ihrer ganzen Anlage nach an der Oberfläche bleiben und sich auf Einzelheiten beschränken. Es ist daher kein Eingriff, wenn ein Bürger, der nachts im verlassenen Hafenviertel steht, beobachtet wird, um festzustellen, ob er Selbstmordabsichten hat, Wirtschaftsspionage betreibt oder nur seinen Gedanken nachhängt und die Kühle der Nacht genießt – mag auch die Beobachtung als unangenehm empfunden werden.

Der Übergang von der Belästigung zum echten Eingriff ist flüssig. Wesentliches Merkmal ist die Intensität der Nachforschung, die ihrerseits oft durch die Systematik, mit der sie betrieben wird, charakterisiert ist. Zunächst handelt es sich allenfalls um eine Belästigung, wenn ein Polizeibeamter die Zulassungsnummern der vor exklusiven Vergnügungsstätten parkenden Kraftwagen notiert. Der Wagen steht in aller Öffentlichkeit. Es kann sich aber um einen Eingriff in den privaten Bereich handeln, wenn z. B. nicht der Zustrom der Fremden festgestellt werden soll, sondern eine Behörde sich auf diesem Wege Kenntnis von dem Lebenswandel eines Bürgers verschaffen will. Das kann sie erst, wenn sie planmäßig vorgeht. Derartige Erkundungen greifen in diesem Falle auch in die Privatsphäre ein. Denn es gehört zum privaten Bereich des Einzelnen, wie er seine Freizeit verbringt und welchen Aufwand er treibt.

[4]) Auch diese Handlungen muß sich der Staat zurechnen lassen, denn er darf nicht in privatrechtliche Formen ausweichen, um öffentlich-rechtliche Bindungen zu umgehen. — Forsthoff, § 5, S. 87. — Er greift aber mit diesen Meinungserforschungen nicht in die Privatsphäre ein. Die verfassungsrechtliche Zulässigkeit der Demaskopie stellt W. Hennis, Meinungsforschung und repräsentative Demokratie, Tübingen 1957, in Frage; vgl. auch Krauthausen, Tatsachenerhebung und Beratung in der öffentlichen Verwaltung, DVBl. 58, 729.

Eingriff ist auch nur das, was eingreifen soll, nicht, was zufällig geschieht[5]). Dieser Gedanke ist zwar bei der Lösung nachbarrechtlicher Fragen entwikkelt worden. Dort ging es darum, ob die von einem öffentlich-rechtlichen Unternehmen ausgehenden Störungen der Nachbargrundstücke, wie Funkenflug der Eisenbahn, von einem Schießstand abirrende Kugeln, die Geräusche eines Postamtes, enteignungsgleiche Eingriffe darstellen. Der Gedanke ist aber für unsere Frage zu übernehmen. Infolge der engen Verflechtung menschlicher Beziehungen können Angelegenheiten, die zur Privatsphäre einer Person gehören, dem Staat zur Kenntnis kommen, wenn er gegen einen Dritten Ermittlungen anstellen läßt. Die Verletzung der Privatsphäre Unbeteiligter erscheint oft unvermeidlich und ist vor allem im Stadium der Ermittlungen vorher noch nicht zu übersehen. Soweit diese Beeinträchtigungen zufällig und als ungewollte Begleiterscheinungen eines Hoheitsaktes auftreten, handelt es sich nicht um Eingriffe, deren Zulässigkeit von dem Vorliegen besonderer Voraussetzungen abhängig sein kann. Es genügt die schlichte Feststellung, daß der Staat derartige Beeinträchtigungen möglichst vermeiden muß. Der Verletzte kann Entschädigung verlangen, wenn der Beamte eine Gefahrenlage geschaffen und einen Vermögensschaden verursacht hat[6]).

§ 10

Der nur relativ und der absolut geschützte Bereich

Jenseits der nur oberflächlichen staatlichen Nachforschung, die tatbestandsmäßig nicht die Privatsphäre verletzt, beginnt das rechtlich geschützte Interesse an der Wahrung eines Fürsichbereichs. Dieses Interesse muß zwangsläufig mit den Interessen des Staates an der Erforschung jenes Bereiches kollidieren. Für die Lösung derartiger Konflikte steht im Privatrecht die Methode der Interessenjurisprudenz zur Verfügung. Sie ermittelt die im Konflikt stehenden Interessen, bewertet sie und löst den Konflikt zugunsten des höheren Wertes, dem der niedere weichen muß[1]).

[5]) Forsthoff, § 17, S. 304, vom BGH bestätigt: BGHZ 12, 52 (57); 17, 96 (101); Arndt, Die fehlerhafte Einziehung, NJW 57, 856 (857).

[6]) Forsthoff, §§ 17 u. 18, insbes. S. 315.

[1]) Hubmann, S. 132; grundlegend: Philipp Heck, Begriffsbildung und Interessenjurisprudenz, Tübingen 1932.

a) Das Prinzip der Interessenabwägung ist als teleologische Methode dem öffentlichen Recht nicht wesensfremd[2]). Windelband und Rickert verdanken wir die Erkenntnis, daß nur eine wertbezogene Begriffsbildung der Rechtswissenschaft als Geisteswissenschaft adäquat ist. Ernst v. Hippel hat sie für das Gebiet des Verwaltungsrechts[3]) und wenige Jahre danach Triepel für das Staatsrecht eingeführt[4]). Für die Auslegung der Begriffe des öffentlichen Rechts ist die teleologische Methode gewiß ebensowenig zu entbehren wie bei der Begriffsbildung im Strafrecht[5]). Es muß aber hier auf eine Gefahr aufmerksam gemacht werden, die den Grundrechten aus einer unsachgemäßen Anwendung droht. Es wird vielfach die Ansicht vertreten, die Freiheitsrechte seien durch das Prinzip der Interessenabwägung begrenzt[6]). Dieser stark verallgemeinernde Satz ist nur richtig, wenn man sich der unterschiedlichen Funktionen dieses Prinzips bewußt bleibt, die eine verschiedenartige Anwendung bedingen.

1. Das Prinzip gilt einmal für den Gesetzgeber und dementsprechend für die gerichtliche Nachprüfung, ob eine Norm mit dem Grundgesetz vereinbar ist. Dieser Problemkreis scheidet hier aus.

2. Ferner wird das Prinzip der Interessenabwägung herangezogen, um das positive Recht auszulegen. Das ist notwendig, weil die lex scripta vielfach unvollständig und oft nur in Form einer Generalklausel die Interessenkonflikte löst. In diesen Fällen ist in erster Linie aus dem Gesetz und der Struktur der Rechtsordnung zu entnehmen, welcher Wert den kollidieren-

[2]) Im Wege der Interessenabwägung soll nach der — beiläufig geäußerten — Ansicht des BGH die hier anstehende Frage auch im öffentlichen Recht gelöst werden, BGHZ 15, 249 (258); auf das überwiegende Allgemeininteresse stellt Redeker, DÖV 54, 111 ab.

[3]) Untersuchungen zum Problem des fehlerhaften Staatsaktes, Berlin 1924, S. 62: Im Gegensatz zu einer mathematischen Ordnung kann eben der Rechtsnormenkomplex nicht im Wege reiner Deduktion aus sich selbst heraus aufgerollt werden. Denn die Funktion der Rechtsbegriffe als Wertbegriffe, welche nur in gewissen Grenzen durch die Rechtsordnung bestimmt, im übrigen von ihr als bekannt vorausgesetzt werden, macht eine Ergänzung der dadurch nach außen offenen Normen durch wertende Subjekte zum Erfordernis.

[4]) Triepel, Staatsrecht und Politik, Berlin 1927, S. 37: Da das Recht selbst nichts ist als ein Komplex von Werturteilen über Interessenkonflikte, so ist die teleologische Methode die dem Gegenstande der Rechtswissenschaft adäquate Methode. Auch im Staatsrecht scheuen wir daher nicht, sondern fordern wir die Verbindung der politischen Erwägung mit der logisch-formalen Begriffsarbeit; vgl. auch Forsthoff, § 9.

[5]) Schwinge, S. 7 ff., S. 26.

[6]) BVerwGE 1, 52 (94); 1, 275; BGHZ 15, 249 (261); Hamel, S. 41; Huber, DÖV 56, 136; Redeker, DÖV 54, 111.

den Interessen zukommt[7]). Danach bestimmt sich ihr Schutzbereich. Der Begriff der Interessen ist dabei in weitestem Sinne zu verstehen. Es sind nicht nur die materiellen Interessen, die berücksichtigt werden müssen. Mit Recht hält Fechner[8]) einer solchen Denkweise Überbewertung der materiellen Interessen und Einseitigkeit vor. Auch die sittlichen und kulturellen Werte fordern Beachtung. Man kann sie sogar als die eigentlich entscheidenden Ordnungselemente ansehen. Sie stehen nicht neben, sondern über den zu ordnenden Tatbeständen[9]). Allerdings ist damit noch nicht die Kernfrage der Interessenjurisprudenz, welche Vorzugsreihen zu entwickeln sind, beantwortet. Im Gegenteil, diese, der Auslegung für jede konkrete Rechtsfrage gestellte Aufgabe beginnt damit erst.

Stets bleibt aber die wertende Auslegung an den Wortlaut des Gesetzes gebunden. Von einer Einschränkung der Grundrechte durch das Prinzip der Interessenabwägung kann daher in diesen Fällen nicht gesprochen werden, weil es stets nur um die Ermittlung des Inhalts der Grundrechte geht.

3. In der dritten Funktion allerdings kann die Interessenabwägung zu einer Entscheidung gegen den Wortlaut des Gesetzes führen und Eingriffe in Güter rechtfertigen, die im Gesetz nicht vorgesehen sind. Es geht dann nicht mehr wie im zweiten Falle um die Frage, welchen Inhalt ein Recht hat und wo seine Grenzen verlaufen, sondern um die sich daran anschließende Frage, wann ein Eingriff in ein Recht — dessen Inhalt oft erst im Wege der Interessenabwägung ermittelt werden kann — statthaft ist. Diese dritte Funktion der Interessenabwägung kann zu einschneidenden Beschränkungen der Grundrechte führen. Sie sind der Gefahr ausgesetzt, relativiert und als unbequeme Hindernisse auf dem Wege zum Gemeinwohl beiseitegeschoben zu werden, wenn man nicht stets den Ausnahmecharakter im Auge behält, den das Prinzip der Interessenabwägung in dieser dritten Funktion hat. Denn nur in Ausnahmesituationen führt es zu einer Entscheidung gegen den Wortlaut des Gesetzes.

Im Strafrecht wird die Verletzung eines Rechtsgutes durch das Prinzip der Güterabwägung nur dann gerechtfertigt, wenn die Verletzung das *einzige*

[7]) Reinhardt, Verfassungsschutz, S. 11 u. 13; Scheuner, daselbst, S. 70: Jeder Satz der Verfassung ist in ihren Gesamtrahmen eingefügt und im Blick darauf zu interpretieren.

[8]) Rechtsphilosophie, 1956, S. 59 ff .und S. 92 ff.

[9]) Coing, JZ 51, 485; Forsthoff meint zwar, wenn es um die „ethische Substanz" ginge, müsse das Rechtsbewußtsein sprechen (§ 9). Aber das bedeutet nur, daß die Wertung dem Rechtsbewußtsein entnommen werden muß, nicht den praktischen Zwecken.

Mittel ist, um das höherwertige Rechtsgut zu erhalten[10]). Auf das Gebiet des öffentlichen Rechts übertragen bedeutet dieser Satz, daß *auch ohne gesetzliche Grundlage der Eingriff in Grundrechte statthaft ist, wenn er das einzige Mittel ist, um höherwertige Rechtsgüter zu schützen.* Aus zwei Gesichtspunkten folgt, daß dies nur in *Ausnahmesituationen* der Fall sein kann. Die berechtigten Interessen des Einzelnen sind mittelbar auch Gemeinschaftsinteressen, weil das Wohl der Allgemeinheit notwendig das der Einzelnen voraussetzt[11]). Daher darf nicht davon ausgegangen werden, die Interessen des Einzelnen müßten im Konfliktfalle stets vor den Belangen der Gemeinschaft weichen. Es muß sich vielmehr um überragende Gemeinschaftsinteressen handeln, deren Verlust wiederum auch die berechtigten Einzelinteressen in Frage stellen würde.

Der andere Gedanke ist uns bereits bei der Auseinandersetzung mit der Lehre von den einem Grundrecht immanenten Schranken begegnet. Um der Freiheit willen geht das Grundgesetz ein beschränktes Risiko ein. Man wird es nicht in dem Bestreben nach einer größtmöglichen Sicherheit zu Lasten der Freiheit des Einzelnen beseitigen dürfen. Erst im Falle einer existenzbedrohenden Gefährdung der Allgemeinheit ergibt sich eine andere Beurteilung, weil die Existenz der Gemeinschaft zugleich die Grundlage für die Freiheit des Einzelnen ist.

Daher kann die Lehre von der Güterabwägung nur dann einen im Gesetz nicht vorgesehenen Eingriff in die Freiheitsrechte rechtfertigen, wenn er das *einzige Mittel ist, um die Gemeinschaft vor schweren existenzbedrohenden Einbußen an Gütern zu bewahren.* Ob eine Verletzung des Wesensgehaltes der Grundrechte unter diesen Voraussetzungen trotz Art. 19 Abs. 2 GG rechtens sein kann, mag offen bleiben. Die Staatsräson wird vor theoretischen Fragen selten haltmachen. Für die Anwendung des gefundenen Prinzips wäre an einen Aufstand oder Putsch zu denken, deren Führer sich bereits teilweise des Staatsapparates bemächtigt haben, so daß nicht mehr verfahrensmäßig korrekt vorgegangen werden kann. In anderen Fällen bieten die Art. 18, 21 Abs. 2 GG, das weit ausgebaute strafrechtliche System des Staatsschutzes, die Hilfspflichten des Einzelnen nach § 330c StGB und den polizeilichen Vorschriften und schließlich die tatsächlichen Mittel, die dem modernen Staat zur Verfügung stehen, eine Vielzahl von Möglichkeiten, um auch einer Ausnahmesituation auf verfassungsmäßigem Wege Herr zu werden.

Nur in diesen Grenzen bietet der Grundsatz der Interessenabwägung im

[10]) RGSt 61, 242 (254).
[11]) Boehmer, II 1, S. 204; passim I, S. 13.

öffentlichen Recht ein geeignetes Prinzip, um den aus dem Recht auf freie Entfaltung der Persönlichkeit abgeleiteten Bereich der Privatsphäre näher zu umreißen.

4. Anders als hier dargelegt, wird insbesonder von Hubmann für das Privatrecht die Ansicht vertreten, jedes überwiegende Interesse schlechthin verdiene Berücksichtigung; die Interessenabwägung sei das notwendige Korrelat des Persönlichkeitsrechts, ja jeder Rechtsausübung überhaupt. Sie erst gebe — zusammen mit der Tatsachenforschung — dem Persönlichkeitsrecht einen bestimmten Inhalt[12]). Daher komme dem Schutzbereich der Privatsphäre im Bürgerlichen Recht ein Raum zu, der sich nur relativ ermitteln lasse. Er sei abhängig von den jeweiligen entgegenstehenden Interessen, weil das Persönlichkeitsrecht des Einen mit dem Persönlichkeitsrecht eines jeden Anderen gleichrangig konkurriere. Der Gleichheitssatz legitimiere diese Anwendung des Interessenabwägungsprinzips[13]).

Aber diese Ansicht ist nicht unwidersprochen geblieben. Neumann-Duesberg wendet sich gegen diese Abhängigkeit des Persönlichkeitsrechts vom Einzelfalle. Rechtsprechung und Lehre sollten durch Ausgliederung der „besonderen Persönlichkeitsrechte" mit fest umrissenem Schutzbereich abgegrenzte, absolut geschützte Rechte entwickeln, in die einzugreifen nur dem gestattet sei, dem ein Rechtfertigungsgrund zur Seite stehe[14]). Auch Hubmann neigt jetzt dazu, Tatbestände zu entwickeln, in die nur auf Grund eines Rechtfertigungsgrundes eingegriffen werden dürfe. Er entnimmt aber die Rechtfertigung den überwiegenden Interessen, ohne die Einschränkung, die für die dritte Funktion der Interessenabwägung erforderlich ist, zu beachten. Ein Maler dürfe, so meint er, ein Mädchen malen, weil das künstlerische Interesse überwiege[15]). Die Kollision ist vermeidbar, weil der Maler sich anderen Objekten zuwenden kann.

b) Die Rückkehr zu der herkömmlichen Aufgliederung in einen Tatbestand, der den Schutzbereich umreißt und in Rechtfertigungsgründe, die den Eingriff statthaft werden lassen, ist auch die für das Verwaltungsrecht angemessene Lösung des Problems. Mag es im Privatrecht richtig sein, die Grenze der Rechtswidrigkeit im Wege der Interessenabwägung von Fall zu

[12]) Hubmann, JZ 57, 523.

[13]) Hubmann, JZ 57, 526; BGHZ 24, 72 (80).

[14]) NJW 57, 1341 ff., insbes. S. 1343; vgl. auch Besprechung zu BGH v. 2. 4. 1957, NJW 57, 1276.

[15]) JZ 57, 526.

Fall zu bestimmen, soweit ausdrückliche Normen dem nicht entgegenstehen. Im öffentlichen Recht scheint dieses Verfahren unanwendbar zu sein. Während es im bürgerlichen Recht um den Ausgleich der Rechte gleichgeordneter Personen geht, die sich entfalten wollen und sich dadurch gegenseitig in ihren Rechten beeinträchtigen können[16]), ist das Verhältnis zwischen Staat und Bürger vom Zwang beherrscht, der von den Organen des Staates ausgeht und den der Einzelne zu dulden hat. Daher spricht man nicht von einem Verhältnis der Gleichordnung, sondern von dem der Über- und Unterordnung, das die Stellung des Staates zum Bürger bestimmt. Dieses Verhältnis ist nun nicht ein ungeordnetes oder ein solches, das aus der Interessenabwägung seine Gestalt gewinnt. Vielmehr ist es durch Vorrang und Vorbehalt des Gesetzes gekennzeichnet.

Würde man wegen beliebiger überwiegender Interessen des Staates eine Minderung der Rechte der Einzelnen zulassen, wie es bei den nur relativ geschützten Rechten der Fall ist, müßte der Grundsatz der Gesetzmäßigkeit der Verwaltung Schaden leiden. Denn dann könnte die Exekutive Handlungen vornehmen, sie sogar mit der ihr eigenen Zwangsgewalt durchsetzen, ohne die Berechtigung zu ihrem Vorgehen aus einem Gesetz ableiten zu können. Sie griffe zwar nicht in ein Recht des Einzelnen ein, denn aus der Interessenabwägung würde sich ergeben, daß im konkreten Einzelfalle sein Recht durch das überwiegende Interesse des Staates begrenzt wird. Aber diese andere Formulierung des Geschehens kann nicht darüber hinwegtäuschen, daß ein „an sich" rechtlich geschütztes Interesse des Einzelnen vor den Maßnahmen der Verwaltung weichen muß, obwohl kein Gesetz diese Maßnahme legitimiert.

Daher ist der Gedanke, es gäbe auch im öffentlichen Recht relativ geschützte Rechte des Einzelnen, die im Einzelfall vor den überwiegenden Interessen des Staates weichen müssen, unvollziehbar, weil er unvereinbar mit dem Grundsatz der Gesetzmäßigkeit der Verwaltung ist. Er erscheint darüber hinaus unvereinbar mit der Erkenntnis, daß die Privatsphäre als Bestandteil eines Grundrechtes besonderen Schutz genießt und es auf die Schutzwürdigkeit des Einzelfalles nicht ankommt[17]). Daher muß grundsätzlich der Eingriff in die Rechte des Einzelnen wegen überwiegender Staatsinteressen auf jene Fälle des Staatsnotstandes beschränkt bleiben. *Staatliche*

16) Larenz, NJW 55, 522: Das Wesen der Persönlichkeit besteht gerade darin, daß sie sich nicht wie eine Sache in feste Grenzen einschließen läßt, sondern unaufhörlich über ihre Grenzen hinausstrebt.

17) Vgl. oben § 8 d.

Kenntnisnahme von Angelegenheiten, die der Privatsphäre zugehören, kann daher nur auf Grund eines Gesetzes statthaft sein, wie es auch Art. 8 Abs. 2 der Europäischen Konvention zum Schutze der Menschenrechte und Grundfreiheiten vorsieht[18]).

c) Dieses starre Schema, wonach es entweder nur ungeschützte Interessen gibt, die der beliebigen Kenntnisnahme des Staates offenstehen, oder Rechte, in die eine Behörde nur auf Grund gesetzlicher Ermächtigung eingreifen darf, hat der Gesetzgeber an einigen Stellen durchbrochen. Dort ist der Grundsatz der Gesetzmäßigkeit der Verwaltung zwar nicht aufgegeben, aber gelockert. Nur noch das Maß des staatlichen Eingriffs ist bestimmt, nicht mehr die Behörde, die zur Vornahme des Eingriffs befugt ist. Das Recht, in die Privatsphäre einzudringen, steht in diesen Fällen jeder Behörde zu, wenn sie nur ein berechtigtes öffentliches Interesse aufweisen kann.

1. Dieser relative Schutz der Privatsphäre zeigt sich am deutlichsten an einer auf Grund des Art. 140 GG noch jetzt gültigen Bestimmung der Weimarer Verfassung: Nach Art. 136 Abs. 3 RV ist niemand verpflichtet, seine religiöse Überzeugung zu offenbaren, die Behörden dürfen aber nach der Zugehörigkeit zu einer Religionsgesellschaft fragen, soweit davon Rechte und Pflichten abhängen oder eine gesetzlich angeordnete statistische Erhebung dies erfordert. Es wird also aus dem absoluten Freiheitsrecht des Art. 136 Abs. 3 RV ein bestimmter Teil herausgenommen, nämlich die Frage nach der Zugehörigkeit zu einer Religionsgemeinschaft, die nicht so weit geht wie die Frage nach dem religiösen Bekenntnis. Dieser Teil wird nur noch relativ geschützt; soweit der Staat ein Interesse hat, in die Privatsphäre einzudringen, weil Rechte und Pflichten des Einzelnen davon abhängen, hat das Recht keinen Bestand.

2. Ähnlich liegt es bei den Auskünften aus dem Strafregister. Das Interesse des Einzelnen, daß nicht jedermann oder jede Behörde einen amtlichen Auszug aus dem Strafregister erhält, wird geschützt. Nur die sachlich interessierten Behörden und obersten Behörden können einen Auszug erhalten, § 32 StrafregisterVO[19]), ferner die vom Bundesminister der Justiz bezeichneten Behörden, § 34 StrafregVO. Während bei den obersten Behörden das berechtigte Interesse unterstellt ist, so daß ein Nachweis ihrer Berechtigung im Einzelfalle nicht gefordert wird, müssen die vom Bundesjustizminister bezeichneten auskunftsberechtigten Behörden ihr Interesse bei be-

[18]) Vgl. oben § 8 c.

[19]) In der Fass. v. 17. 2. 1934, RGBl. I S. 140.

stimmten Auskünften darlegen, § 34 Abs. 2 StrafregVO. Der relative Schutz des Verurteilten verstärkt sich, wenn die Strafe nur noch der beschränkten Auskunft unterliegt, dann können nur noch einige Behörden Auskunft erhalten, § 4 StraftilgungsG v. 9. April 1920. Das ist der Fall, wenn seit der letzten Verurteilung bestimmte Fristen abgelaufen sind. Bereits vor Ablauf dieser Fristen kann der Bundesminister der Justiz und die von ihm bezeichneten Stellen diese Vergünstigung gewähren, wenn durch die Beschränkung der Auskunft staatliche Interessen nicht gefährdet werden, § 8 StraftilgungsG.

Auch hier zeigt sich die Interessenabwägung, die den Schutzumfang der Privatsphäre bestimmt und schließlich zur endgültigen Tilgung der Strafe im Register führt, § 5 StraftilgungsG, um den Verurteilten von der Belastung durch die Strafe zu befreien[20]).

3. Auch die aus der Pflicht zur Amtshilfe, Art. 35 GG, folgende Pflicht, anderen Behörden Akteneinsicht zu gewähren, kann die Privatsphäre berühren. Da Amtshilfe nur im Rahmen der Gesetze erteilt werden darf[21]), müßte in diesen Fällen nach einer gesetzlichen Grundlage gesucht werden. Jedoch wird auch ohne solche gesetzliche Grundlage der interessierten Behörde Akteneinsicht gewährt, wenn nicht der aktenverwahrenden Behörde eine gesteigerte Pflicht zur Amtsverschwiegenheit auferlegt ist[22]). Diese Praxis ist nicht ungesetzlich. Zwar fehlt eine ausdrückliche Norm, die das Maß des staatlichen Eingriffs in die Privatsphäre bestimmt. Aber man kann die Aktenversendung als gewohnheitsrechtlich legalisiert ansehen, zumal durch die Natur der Sache der Eingriff auf jene Vorgänge beschränkt bleibt, die bereits aktenkundig sind und dadurch der Eingriff an der Oberfläche bleibt.

Die Relativierung des Schutzbereiches folgt aber auch aus § 193 StGB. Wie noch im einzelnen (§ 36) darzulegen sein wird, ist der Einzelne vor Ruf und Ansehen beeinträchtigenden tatsächlichen Behauptungen staatlicher Organe nur relativ geschützt. Der Ehrenschutz wird versagt, wenn die ehrverletzende Behauptung in Wahrnehmung berechtigter Interessen erfolgt,

[20]) Vgl. Tacik, Gerhard, Der Fluch der Vorbestraften, JR 57, 325, der die Fristen für zu lang und den Kreis der auskunftsberechtigten Behörden für zu groß hält. Dadurch werde der Verurteilte in der Resozialisierung und in seinem Vorwärtskommen gehindert. In der Tat hat man bei der Durchsicht der Bekanntmachung des Bundesministers der Justiz v. 8. 4. 1952, BundAnz. Nr. 74 v. 17. 4. 1952 eher den Eindruck einer vollständigen Aufzählung der Behörden der Bundesrepublik und der Länder als von einer Auswahl aus überwiegendem öffentlichen Interesse.

[21]) Creifelds, GoldA 57, 260.

[22]) Vgl. dazu Peters, Hans, S. 60.

§ 193 StGB. Die Behauptung muß allerdings noch angemessenes Mittel bei der Verfolgung jener Zwecke sein. Aus dieser Entscheidung des Gesetzgebers ist zu entnehmen, daß auch der Privatsphäre ein weitergehender Schutz nicht zuteil werden kann. *Darum darf, sobald ein berechtigtes öffentliches Interesse vorliegt, in Behördenakten Einblick gewährt werden, falls diese Akten nicht der Geheimhaltung unterliegen.*

Diesen Grundsätzen entspricht die Praxis bei der Behandlung von Strafakten nach den Richtlinien für das Strafverfahren. Die Gerichtsverhandlung ist — von Ausnahmefällen abgesehen — öffentlich. Die Privatsphäre des Angeklagten und der Zeugen ist nicht geschützt, soweit die Untersuchung des Falles die Erörterung ihr zugehörender Angelegenheiten erforderlich macht. Wie die Bürger können auch beliebige Vertreter der Behörden der Verhandlung beiwohnen. Ausgeschlossen aber erscheint es, daß auch nach Abschluß des Verfahrens die Akte beliebig die Runde macht. Denn die Privatsphäre des Angeklagten und der Zeugen wird erneut verletzt, wenn die aktenkundig gemachten Interna später weiteren Personen zur Kenntnis gelangen[23]). Dennoch kann das Gericht oder die Justizverwaltungsbehörde, die die Strafakte verwahrt, Akteneinsicht erteilen, und zwar grundsätzlich ausnahmslos[24]).

Aus dem mit dem Zeitablauf schwindenden Interesse an dem Einblick in die Strafakten abgeschlossener Verfahren folgt die Notwendigkeit, den Kreis der einsichtberechtigten Behörden zu begrenzen. Dem versucht Nr. 181 Abs. 3 Richtlinien für das Strafverfahren Rechnung zu tragen: Wenn die erkannte Strafe nur noch der beschränkten Auskunft unterliegt, darf auch nur noch den Behörden und Stellen Einsicht gewährt werden, die unbeschränkte Auskunft aus dem Strafregister verlangen können. Nach der Tilgung der Strafe in dem Strafregister ist sogar die Genehmigung der obersten Behörde der Landesjustizverwaltung erforderlich[25]).

§ 11

Der gesteigerte Schutzbereich

a) Schließlich gibt es Lagen der Privasphäre, bei denen dem Staat der Eingriff nur unter erschwerenden Voraussetzungen gestattet oder schlechthin

[23]) Für das Privatrecht vgl. OLG Kiel JW 30, 78 und dazu Reinhardt, Das Persönlichkeitsrecht in der geltenden Rechtsordnung.

[24]) Richtlinien für das Strafverfahren Nr. 181; BGHZ NJW 52, 305; Creifelds, GoldA 57, 258.

[25]) Über die weitergehenden Folgerungen, die sich aus der Interessenabwägung ergeben, vgl. Creifelds, GoldA 57, 257.

verwehrt ist. Auf Grund ausdrücklicher gesetzlicher Anerkennung kommt einer Reihe von privaten Geheimnissen ein gesteigerter Schutz zu. Sie werden wie das Post- und Fernmeldegeheimnis sogar als Grundrecht gewährleistet. Ein Eingriff in diese Geheimnisse ist ebenfalls nur auf Grund eines Gesetzes statthaft. Aber während in der Regel eine gesetzliche Generalermächtigung als Legitimation genügt, bedarf es bei diesen Rechten einer besonderen Ermächtigung, die Art und Umfang des Eingriffs ausdrücklich festlegt und begrenzt.

Aber die Rechtsentwicklung geht weiter. Sie zielt darauf, den Geltungsbereich der Generalermächtigungen einzudämmen und alle den Bürger schwer beeinträchtigenden Maßnahmen von einem besonderen, diese Materie mit dem Anspruch auf Ausschließlichkeit regelnden Gesetz abhängig zu machen. Das zeigt sich in der Ausgestaltung der Strafprozeßordnung, die für vorläufige Festnahmen, Durchsuchungen, Beschlagnahmen ausführliche Regelungen enthält und für erkennungsdienstliche Maßnahmen und Blutproben in §§ 81 a und b besondere Grundlagen geschaffen hat. Die gleiche Entwicklungslinie führt zu einer spezialisierten Fassung der Polizeigesetze der Länder, die — abweichend vom PrPolGes. von 1931 — die schwerwiegenden Eingriffe in die Freiheitssphäre des Einzelnen von der Erfüllung bestimmter materieller und formeller Voraussetzungen abhängig machen[1]. In dieser Entwicklungslinie liegt schließlich die Rechtsprechung des BVerfG und des BVerwG, die eine nicht hinreichend bestimmte und begrenzte Ermächtigung als verfassungswidrig ansehen, weil ein solcher Generaldispens die Verwaltung in Wahrheit nicht an das Recht binde und die Rechtsposition des Bürgers gegenüber dem Staat nicht hinreichend kläre und sichere[2].

Aus der Erwägung, daß der Gesetzgeber bei besonders schweren Eingriffen in die Freiheitssphäre des Einzelnen auch ein besonderes Gesetz zu erlassen pflege, legt Hans Peters die Schlußfolgerung nahe, die Zulässigkeit tief eingreifender Maßnahmen von einer Sonderermächtigung und nicht einer Generalermächtigung abhängig zu machen. Ein solcher Grundsatz würde, wie Peters weiter folgert, auch einschneidende Maßnahmen in die Privatsphäre, wie z. B. das heimliche Abhören vertraulicher Gespräche mit Hilfe

[1]) Vgl. Franz Mayer, Der Rechtswert des Begriffs „Öffentliche Sicherheit und Ordnung", DVBl 59, 449 ff. und unten § 29, Fußn. 8; § 30, Fußn. 6.

[2]) BVerfGE 8, 276 (325); 9, 137; BVerwGE 2, 114 (117); Bestimmheit der Ermächtigung forderte bereits W. Jellinek, S. 98; vgl. auch Wackernagel, S. 244; skeptisch Wolff, Hans J., S. 113.

von Schallaufnahmegeräten, verbieten, wenn keine spezielle Ermächtigung vorliege[3]).

Es erscheint aber zweifelhaft, ob diese Erkenntnis bereits als Rechtssatz Anerkennung gefunden hat. Seiner Durchsetzung steht die in Rechtsprechung und Lehre unverkennbare Tendenz entgegen, vorhandenen Generalermächtigungen im Wege der einschränkenden Auslegung die nötige Bestimmtheit zu verleihen und dem Mißbrauch der Befugnisse durch die Judikatur Einhalt zu gebieten[4]). Es bedarf nur des Hinweises auf die Entwicklung des Polizeibegriffs durch das Pr. und Sächs. OVG.

Beide Gedanken dienen dem gleichen Zweck, den Einzelnen in einem mit dem Gemeinwohl verträglichen Umfange vor dem grundlosen Eingriff der Verwaltung zu schützen. Aber sie gehen verschiedene und miteinander oft unvereinbare Wege. Nach der erstgenannten Ansicht wäre eine Maßnahme schlechthin unzulässig, weil entweder die erforderliche besondere Ermächtigung fehlt oder weil die vorliegende Ermächtigung nicht bestimmt genug und daher nichtig ist. Die andere führte nicht zu dem grundsätzlichen Verbot einer Maßnahme, sondern zu einer einschränkenden Interpretation der Generalklausel.

Dennoch darf der von Peters entwickelte Gedanke keinesfalls als nicht oder noch nicht anerkannt beiseitegeschoben werden. Es wäre jeweils zu ermitteln, ob ein schwerwiegender Eingriff vorliegt, der eine besondere gesetzliche Ermächtigung erheischt. Das kann nur geschehen auf Grund der Rechtsordnung, die uns die Wertmaßstäbe gibt. Bei der Bewertung der einzelnen Bereiche der Freiheitssphäre sind die Grundrechte von ausschlaggebender Bedeutung. Dort aber ist die Lehre von den polizeifesten Grundrechten, also jenen Freiheitsrechten, in die nicht auf Grund der polizeilichen Generalklausel eingegriffen werden darf, heimisch[5]).

b) Auch eine Spezialermächtigung greift nicht durch, wenn die Maßnahme der Verwaltung die Menschenwürde verletzte. Aus Art. 1 Abs. 1 GG kann daher ein Schutzbereich der Privatsphäre folgen, der staatlicher Aus-

[3]) Unveröff. Gutachten v. 11. 5. 1955.

[4]) Werner, Fritz, Wandlungen des Polizeibegriffs, DVBl. 57, 806 (809).

[5]) Anschütz, Reichsverf. Anm. 7 vor Art. 109: Polizeifest sind diejenigen Grundrechte, deren Ausübung polizeilich (d. h. von den Polizeibehörden im Interesse des ihnen obliegenden Schutzes der öffentlichen Sicherheit und Ordnung) entweder überhaupt nicht oder wenn, so doch nur im Rahmen gesetzlicher Spezialbestimmungen, nicht dagegen auf Grund der allgemeinen landesrechtlichen Vollmachten der Polizei beschränkt werden dürfe.

forschung schlechthin und in jedem Falle unzugänglich ist. Nach Ansicht des BVerfG ist „der engste Kernbereich der Person" jedem staatlichen Eingriff verschlossen. Vor ihm muß auch jedes Recht zum Eindringen versagen. Erst wenn der „Sozialbezug" einer Handlung intensiv genug sei, könne die Handlung auch rechtlich geregelt werden[6]). Der Gedanke ist nicht neu. Er findet sich, wenn auch vom Polizeirecht her entwickelt, z. B. bei Otto Mayer. Das Einzeldasein, so führt er aus, gehöre ursprünglich und in erster Linie sich selbst. Was dort mit seinen Nachteilen nicht über einen gewissen nächsten inneren Kreis hinaus wirke, bedeute keine gesellschaftliche Schädigung, deren Unterlassung polizeiliche Pflicht zu werden hätte. Daher sei das Privatleben, das die Gesellschaft, das Publikum nichts angehe, der Polizei unzugänglich[7]). Aber auch Treitschke schrieb: „Es ist eine Anmaßung unserer modernen Gesellschaft, wenn sie zum Staate sagt: Du darfst nicht in das Gewissen eingreifen. Er darf es sicherlich, aber er würde widersinnig handeln, wenn er es bei uns täte; er würde einen solchen Widerstand finden, daß er seine Ohnmacht erkennen würde."[8]) Dilthey erklärte: „So tief auch die starke Hand des Staates in die Lebenseinheit des Individuum, dieses an sich reißend, greift: Der Staat verbindet und unterwirft die Individuen nur teilweise, nur relativ: Etwas in ihnen ist, das nur in der Hand Gottes ist."[9])

Der vom BVerfG aus Art. 1 Abs. 1 GG abgeleitete Rechtssatz kann nur fruchtbar werden, wenn wir Klarheit darüber gewinnen, was unter diesem „Kernbereich der Person" zu verstehen ist[10]).

1. Einen Hinweis gibt das Grundgesetz. Für die notwendigen Kompromisse zwischen Freiheitsstreben des Einzelnen und Ordnungsbedürfnis der Gemein-

[6]) BVerfGE 6, 32 (41); 6, 389 (433).

[7]) I, 217; vgl. auch Beling, Beweisverbote, S. 37.

[8]) Treitschke, Politik, II. Bd. S. 19.

[9]) W. Dilthey, Einl. in die Geisteswissenschaften, Gesamm. Schriften I, 1922, S. 82.

[10]) Die Psychologie gibt uns keinen Aufschluß. Die Tiefenpsychologie vertrat in manchen Theorien die Auffassung, das Unbewußte und die unbewußte Persönlichkeit sei der Träger der Person. Demgegenüber erkannte die neuere Psychologie die Einseitigkeit dieser Lehre, die übersah, daß auch das Bewußte auf das Unbewußte Einfluß hat. Die neuere Lehre erfaßt die Person als einen Aufbau von Schichten, die nicht scharf voneinander getrennt sind und sich gegenseitig durchdringen (R. Heiss, Die Lehre vom Charakter, 1936, S. 244 ff.). Lersch (Der Aufbau der Person, 1954, S. 56 und 442) unterscheidet zwischen dem endothymen Grund mit seinen Trieben, Strebungen, Anmutungserlebnissen und stationären Gestimmtheiten, über dem der personelle Oberbau stehe mit Denken und bewußtem Wollen. In der Mitte zwischen endothymem Grund und personellem Oberbau befinde sich das „Personale". Da es aber Lersch auf die innige Verflochtenheit der Person mit der Welt abstellt — die Seele und die Welt bilden eine integrative Ganzheit (S. 302) —, kann für unsere Frage nichts gewonnen werden.

schaft hat das Grundgesetz verschiedene Lösungen gegeben, unter welchen Voraussetzungen staatliche Regelungen Platz greifen dürfen. Die wirtschaftlich bedeutsamen Grundrechte, Berufsausübung und Eigentum, Art. 12, 14 und 15 GG, stehen der Regelung des einfachen Gesetzgebers offen. In das Recht der freien Meinungsäußerung und Information, das Recht der Freizügigkeit und das Hausrecht kann der Gesetzgeber zwar eingreifen, aber er ist an die Einhaltung bestimmter Voraussetzungen gebunden, Art. 5, 11 und 13 GG. Je näher jedoch die Grundrechte der Personsphäre stehen, desto stärker ist ihr Schutz: die für die Lebensgestaltung entscheidenden Fragen, die Berufswahl und die Aufnahme einer bestimmten Arbeit, sind grundsätzlich[11]) der freien Entscheidung des Einzelnen überlassen, ohne daß der einfache Gesetzgeber eingreifen dürfte, Art. 12 Abs. 1 und 2 GG. Ebenso ist ihm der Bereich der Freiheit des Glaubens, Gewissens und Bekenntnisses verschlossen, Art. 4 GG. Den Grundsatz der Achtung der Menschenwürde darf nicht einmal der verfassungsändernde Gesetzgeber berühren, Art. 1 Abs. 1, 79 Abs 3 GG. Bewegungsfreiheit, Recht auf Leben und körperliche Unversehrtheit stehen zwar zur Disposition des einfachen Gesetzgebers, sind aber wiederum mit dem Grundsatz der Achtung der Menschenwürde so eng verknüpft, daß auch hier der Willkür des Gesetzgebers Grenzen gezogen sind.

Der verstärkte grundrechtliche Schutz kommt mithin gerade jenen Betätigungen der Freiheit zu Gute, die sich auf den eigenen Kreis der Person beschränken und nur wenig Einfluß auf die Umwelt nehmen. Die Befugnisse zu Eingriffen des Gesetzgebers erweitern sich, wenn der Einzelne diesen Bereich verläßt und handelnd in dem sozialen Geschehen in Erscheinung tritt. *Der jeder staatlichen Inquisition verschlossene Kernbereich der Person ist daher bei jenen Gütern zu suchen, die im Grundgesetz weitergehend als die anderen Grundrechte geschützt worden sind.* Das sind die religiösen und weltanschaulichen Bindungen des Einzelnen, aber auch seine Überzeugungen, Gefühle und Denkvorgänge, die dem weltlichen Raum zugehören, solange sie nicht in Handlungen zum Ausdruck gekommen sind. Hinzu treten die Güter, deren Verletzung zugleich nach sittlichem Empfinden als eine Verletzung der Menschenwürde erachtet werden müssen.

Dieser so umschriebene Kreis der intimsten Privatsphäre der Person ist nur ein undeutlicher Umriß des Bereichs, der staatlicher Nachforschung schlechthin verschlossen ist. Für die alltäglichen Ausforschungen der Behör-

[11]) Vgl. die eingeschränkte Befugnis des Gesetzgebers zum Eingriff in die Berufswahl zum Apotheker, BVerfGE 7, 377 (401).

den dürfte er von untergeordneter Bedeutung sein, weil die Behörden sich mit Handlungen zu befassen haben, die in den Bereich anderer Personen einwirken oder für das gemeinschaftliche Dasein von Bedeutung sind, deren „Sozialbezug" mithin zutage liegt.

2. Da es um den Schutz ethischer Werte geht, die einer allgemeingültigen äußerlichen Beschreibung ebenso schwer zugänglich sind wie einer Bewertung in der konkreten Situation, soll nicht versucht werden, diesen Kernbereich der Person noch weiter zu umschreiben. Allzu schnell sieht sich der Staat vor die Notwendigkeit gestellt, auch die intimsten Angelegenheiten seiner Bürger zu erforschen. Nicht nur der Sittlichkeitsverbrecher, auch sein Opfer muß im Strafverfahren das Schamgefühl überwinden und Auskünfte erteilen. Selbst vor dem Unbewußten im Menschen, das im Gegensatz zu offen hervortretenden Ausdrucksbewegungen im Strafverfahren nicht erforscht werden darf[12]), macht die staatliche Ausforschung nicht halt, wenn der Geisteszustand einer Person untersucht werden muß, § 81 StPO.

Um jedoch der These von der Unverletzbarkeit des Kernbereichs der Person auch für den Alltag staatlicher Ausforschung Geltung zu verschaffen, bietet sich ein relativer Maßstab an. *Es ist zu fordern, daß die Nachforschungen mit größter Zurückhaltung betrieben werden, je weiter sie sich dem Innenbereich des Betroffenen, seinem Denken, Fühlen, Glauben, zuwenden, je stärker das Gefühl dafür wird, daß die zu erörternden Angelegenheiten ihrer persönlichkeitsbezogenen Natur nach die Kenntnisnahme Dritter ausschließen.* Die Fragen müssen sich dann möglichst auf das Äußere, auf den tatsächlichen Geschehensablauf in seinen groben Umrissen beschränken und jede Ausweitung des Umfangs der Untersuchung sorgsam vermeiden. Die Zurückhaltung bei derartigen Fragen, wie sie auch Ziff. 20. Richtlinien für das Strafverfahren verlangt, achtet nicht nur die Würde des Staates, sondern auch die des Einzelnen. Zwar verletzt der Untersuchende das Empfinden des Betroffenen, er achtet ihn aber zugleich, wenn er ihm bei diesem Eingriff die möglichste Schonung zuteil werden läßt.

Vorbildlich für die maßvolle Zurückhaltung, die ein Gericht sich auferlegen muß, sind die Ausführungen in der mündlichen Begründung des John-Urteils. Der 3. Strafsenat des BGH stand als Gericht erster Instanz vor der Frage, ob der frühere Präsident des Bundesamtes für Verfassungsschutz Otto John in der Nacht vom 20. zum 21. Juli 1954 in den Ostsektor von Berlin verschleppt worden sei, wie er sich einließ, oder ob er freiwillig

[12]) BGHSt. 5, 335, wodurch die Verwendung des Lügendetektors ausgeschlossen wird.

in die DDR übergetreten sei, wie die Anklage ihm vorwarf. Von der Entscheidung dieser Frage hing im wesentlichen die Strafbarkeit Johns ab, weil bei der Beurteilung seiner späteren Handlungen die Notstandslage berücksichtigt werden mußte, wenn er verschleppt worden war. Zur Aufklärung dieses Sachverhaltes, für den Zeugen nicht zur Verfügung standen, mußte die Persönlichkeit des Angeklagten erforscht werden. Wie dies durchzuführen war, erläuterte der Vorsitzende des Senats bei der mündlichen Urteilsbegründung, einen Gedanken aus dem Plädoyer des Oberbundesanwalts aufnehmend: „Auch der Senat ist der Meinung, daß auch bei einem Angeklagten, gleichgültig, ob seine Schuld groß oder klein ist, im Grunde genommen ein intimer und privater Bezirk bleiben müsse, der unter keinen Umständen an das Licht der Öffentlichkeit, auch nicht, wenn es irgendwie zu vermeiden ist, an das Licht einer öffentlichen Gerichtsverhandlung gezogen werden sollte. Der Senat ist durchaus der Meinung, daß auch der Angeklagte ein Recht dazu hat, wenn es irgend geht, daß diese privaten und intimen Bezirke seines Inneren tunlichst nicht in der Öffentlichkeit ausgebreitet werden, daß seine Seele selbst nicht auf den Seziertisch gelegt wird, und der Senat war durchaus entschlossen, einem solchen berechtigten Wunsche nicht entgegenzutreten. Er hat deshalb nur zögernd und soweit es zur Aufklärung der Tat unumgänglich war und soweit die Anträge der Beteiligten, auch des Angeklagten und der Verteidigung selbst, ihn dazu nötigten, vorsichtig in diese inneren Bezirke hineingeschaut. Ganz ließ es sich, wie gesagt, nicht umgehen, da bei der Eigenart der Tat eine Erklärung für sie auch nach der Auffassung des Senats nicht gegeben werden kann, wenn man nicht auch einen Blick in das Innere des Angeklagten tut“[13]).

§ 12

Die Eindringerechte

Die Richtigkeit der hier dargelegten These, die Verwaltung dürfe in der Regel nur auf Grund und im Rahmen einer gesetzlichen Ermächtigung in die Privatsphäre des Einzelnen eindringen, wird durch die Verfassungswirklichkeit bestätigt. Der Staat hat sich auf allen ihn angehenden Gebieten

[13]) BGHSt. 2 StE 15/56, Urt. v. 22. 12. 56, mündliche Urteilsgründe S. 4, nicht veröffentlicht; schriftliche — diese Gedanken nicht enthaltende — Urteilsbegründung: Hochverrat und Staatsgefährdung II, S. 77 (145). Die Gerichte sind befugt, durch sachdienliche Fragen das Gewissen des Kriegsdienstverweigerers zu erforschen, BVerwG 24. 7. 59, NJW 59, 1792.

Gesetze geschaffen, die seiner Verwaltung die Befugnis zu derartigen Eingriffen geben. Meist ist allerdings mit diesem Recht die Vollmacht verknüpft, von dem Betroffenen selbst oder von dritten Personen Auskünfte zu verlangen. Weil diesen Personen Handlungspflichten auferlegt werden, deren Erfüllung ggf. mit den Mitteln des Verwaltungszwanges durchgesetzt werden soll, ist ebenfalls ein Gesetz erforderlich. Gerade solche Mittel für die Aufklärung eines Sachverhaltes anwenden zu können, wird das primäre Anliegen für den Erlaß der Gesetze gewesen sein. Dieses gesetzgeberische Motiv bleibt aber unerheblich, denn es ändert nichts an der Tatsache, daß zugleich der Verwaltung auch der Eingriff in die Privatsphäre ermöglicht wird.

Die Auskunftspflichten, die dem Einzelnen auferlegt sind, häufen sich auf dem wirtschaftlichen Gebiet. Thomä hat 65 (!) gültige Gesetze und Verordnungen zusammengestellt. Sie bilden ein engmaschiges Gesetz möglicher Fragen über wirtschaftliche Verhältnisse[1]). Die umfassendste Pflicht, die wirtschaftlichen Verhältnisse offen zu legen, folgt aus den §§ 160ff. AO. Der Steuerpflichtige wird nicht nur zur ordentlichen Buchhaltung angehalten, § 160 AO, in die das Finanzamt Nachschau halten kann, § 193 AO, zur Abgabe von Steuererklärungen, § 167 AO, und zum Einreichen der Bilanzen gezwungen, § 172 AO. Er muß sogar mit seinem Gewissen für die Richtigkeit der Erklärungen eintreten, sie „nach bestem Wissen und Gewissen" als richtig versichern, § 166 AO, und Beweis für die Richtigkeit durch Abgabe einer eidesstattlichen Erklärung erbringen, § 174 AO. Darüber hinaus kann das Finanzamt von Dritten Auskünfte verlangen, § 175 AO, und Steuerermittlungs- und Steueraufsichtsverfahren durchführen, §§ 190ff. AO.

Man kann die verschiedenartigen und in einer langen Rechtsentwicklung aus den unterschiedlichsten Anlässen entstandenen Eindringerechte, deren verfassungsmäßige Gültigkeit und korrekte Handhabung durch die Verwaltung allerdings zum Teil in Frage steht[2]), in ein System bringen, wenn man von dem Zweck der einzelnen Befugnisse ausgeht. Thomä unterscheidet zwischen Auskünften zur Vorbereitung von Gesetzesentwürfen, Auskünften

[1]) S. 82; Zusammenstellung mit Stand vom 13. 11. 1954, aber unter Zurechnung des Gesetzes gegen Wettbewerbsbeschränkungen, S. 97 ff. und Einbeziehung von Gesetzen und Verordnungen für statistische Zwecke, die nicht in diesen Zusammenhang gehören.

[2]) Vgl. Blomeyer-Bartenstein, S. 361 u. 375; Thomä, S. 22 u. 24; Fleiner, S. 224, Fußn. 36: „Eine Auskunftspflicht ist nur in den vom Gesetz bestimmten Einzelfällen vorhanden. Mit der Prüfung dieser Frage nehmen es jedoch die Verwaltungsbehörden und Verwaltungsgerichte häufig nicht allzu genau ..."

zur Gesetzesdurchführung und schließlich Auskünften zur Gesetzesüberwachung und zur Ermittlung von Gesetzwidrigkeiten[3]). Für unsere Untersuchung kommt es auf die beiden letzteren Gruppen der Eindringerechte an, die zur Zuständigkeit der Polizei, der Staatsanwaltschaft und der Gerichte gehören.

Die Ermittlungen, die von diesen staatlichen Organen angestellt werden dürfen, stützen sich auf Generalklauseln. Im Gegensatz zu den meist in ihrer Richtung auf die Erforschung bestimmter wirtschaftlicher Tatbestände beschränkten Auskunftsrechten im Bereich der Wirtschaftsverwaltung wird hier dem ersten Anschein nach die Privatsphäre einer unbeschränkten Ermittlung unterworfen. In Wirklichkeit aber sind auch hier der staatlichen Ausforschung Grenzen gesteckt, wenn sie auch oft in den Gesetzen nicht unmittelbar zum Ausdruck kommen.

Zwar steht nach § 244 StPO die Privatsphäre des Angeklagten und auch der Zeugen der Wahrheitsermittlung des Gerichts offen. Aber die Wahrheit darf nur auf justizförmige Weise erforscht werden[4]). Der Zwang zur Beachtung der Förmlichkeiten des Prozesses bewahrt den Einzelnen vor Maßnahmen, über deren Zulässigkeit bei den nicht durch Formvorschriften eingeengten Erkundungen noch zu handeln sein wird.

Nach § 160 StPO hat die Staatsanwaltschaft und nach § 163 StPO die Polizei[5]) die Pflicht, strafbare Handlungen zu erforschen. Auch hier ist nicht ausdrücklich geregelt, welcher Mittel sich die Strafverfolgungsbehörden dabei bedienen dürfen. Nur was sie nicht tun dürfen, ist in den §§ 136 a, 94—131 StPO festgelegt.

Außerdem hat die Polizei Gefahren abzuwehren[6]). Für die Ermittlungstätigkeit der Polizei, die zur Wahrnehmung dieser Aufgabe erforderlich ist, finden wir keine speziellen Vorschriften. Man muß auf die polizeiliche Generalklausel zurückgreifen, die in § 10 II 17 ALR und, diesem Beispiel folgend, in den Polizeigesetzen der Länder ihren Ausdruck gefunden hat[7]).

[3]) S. 24—28.

[4]) BGHSt. 16. 2. 54, BGHSt. 5, 332.

[5]) Ob § 163 StPO der Polizei besondere Befugnisse zuweist, ist fraglich, jedenfalls keine Zwangsbefugnisse: E. Schmidt, Lehrkommentar II, § 163, Ziff. 5; Karl Peters, S. 144; Emmerig, DVBl. 58, 340.

[6]) Zu der Doppelfunktion der Polizei: Emmerig, DVBl. 58, 338 ff.

[7]) Zum Recht der Polizei, auf Grund der polizeilichen Generalklausel und spezieller Vorschriften Auskünfte — aber nicht Aussagen — zu verlangen: Schupp, Auskunftsrecht der Polizei, DÖV 59, 172.

§ 13

Das Eindringerecht der Polizei

Die rechtlichen Grundlagen der präventivpolizeilichen Ermittlungstätigkeit gilt es näher darzulegen, weil die im Polizeirecht entwickelten Grundsätze rechtsstaatlich-polizeilichen Handelns auch für die AfV gelten, die Teilaufgaben der politischen Polizei erfüllen, wie noch darzulegen sein wird. Die Polizei hat im Rahmen der Gesetze die nach pflichtmäßigem Ermessen notwendigen Maßnahmen zu treffen, um von der Allgemeinheit oder dem Einzelnen Gefahren abzuwenden, durch die die öffentliche Sicherheit und Ordnung bedroht wird[1]). Solange die Polizei tätig wird, ohne in die Rechte der Einzelnen einzugreifen, solange sie also allgemein die Verhältnisse beobachtet, Streifengänge macht, Mitteilungen aus dem Publikum entgegennimmt, bestimmen allein Zweckmäßigkeitserwägungen, wie sich die Tätigkeit im einzelnen zu gestalten hat. Anders aber ist es, sobald in Freiheit und Eigentum des Einzelnen eingegriffen werden soll. Rechtssprechung und Lehre haben die Ermächtigung, die in dem Auftrag der Polizei liegt, die „notwendigen" Maßnahmen zu treffen, eingeschränkt. Die neueren Polizeigesetze haben diese Erkenntnisse übernommen und in Gesetzesform gekleidet.

a) Von besonderer Bedeutung ist die Frage, ob die Ermittlungen sich gegen den „Störer" oder den „Nichtstörer" richten, weil die Befugnisse der Polizei erheblich modifiziert werden je nach dem, ob gegen einen Störer oder Nichtstörer ermittelt wird. Dies ist zu untersuchen. Otto Mayer hat aus der gesellschaftlichen Pflicht, die dem Einzelnen von vornherein obliege, die gute Ordnung des Gemeinwesens nicht zu stören, vielmehr solche Störungen zu unterlassen, den Satz abgeleitet, die Polizei dürfe nur gegen den vorgehen, von dem die Störung ausgehe[2]). Das Vorgehen gegen den Nichtstörer sei zwar auf Grund von besonderen Gesetzen möglich, aber nicht mehr Ausfluß der polizeilichen Generalklausel[3]). In dieser Schärfe ist die Unterscheidung zwischen Störer und Nichtstörer in die neueren Polizeigesetze nicht eingegangen, denn auch das Vorgehen gegen den Nichtstörer gehört zum polizeilichen Handeln. Aber es wird als Notstandsrecht der

[1]) § 14 Pr. PVG und wörtlich nahezu übereinstimmend die Polizeigesetze der Bundesländer.

[2]) I, S. 207, 221.

[3]) I, S. 222.

Polizei verstanden und dementsprechend eingeschränkt[4]). Die Polizei darf sich an den Nichtstörer nur im Falle des sog. polizeilichen Notstandes halten, d. h., wenn die Beseitigung der bereits eingetretenen Störung oder die Abwehr der unmittelbar bevorstehenden Gefahr auf andere Weise nicht möglich ist. Sie darf es auch nur, soweit und solange sie nicht andere Maßnahmen zur Beseitigung der Gefahr treffen kann, § 21 Pr.PVG.

Die Polizei kann ihrer Pflicht, nur gegen den Störer, das ist derjenige, der eine Störung der öffentlichen Sicherheit oder Ordnung oder eine Gefahr verursacht[5]), vorzugehen und den Nichtstörer, von den Ausnahmefällen abgesehen, mit polizeilichen Eingriffen zu verschonen, erst nachkommen, wenn sie weiß, wer Störer ist. Aber gerade jene Ermittlungen sollen ergeben, wer die Ordnung des Gemeinwesens stört. Erst wenn die Ermittlungen zu einem Ergebnis geführt haben, kann gesagt werden, ob sie gegen den Störer oder einen Nichtstörer gerichtet waren. Von dem zufälligen Ausgang der Ermittlungen kann jedoch die Entscheidung dieser Frage nicht abhängig sein. Denn der Polizeibeamte muß vor dem Eingriff wissen, mit welchen Mitteln und unter welchen Voraussetzungen er vorgehen darf.

Otto Mayer rechnet die Ermittlungstätigkeit dem Vorgehen gegen den Störer zu, wenn ein Verdacht vorliege. Die polizeilichen Eingriffe schränkten sich aber auf Maßregeln besonderer Überwachung ein, die der Verdächtige zu dulden habe[6]). Dagegen meint der BGH, Drews-Wacke[7]) folgend, polizeiliche Maßnahmen zur Klärung eines Sachverhalts, der den Anschein einer polizeilichen Gefahr erwecke, seien gegen den Nichtstörer gerichtet[8]).

Beide Ansichten lassen unbefriedigt. Otto Mayer kann seine Lehre nur begründen, indem er den Gefahrbegriff erweitert und die Möglichkeit, daß eine Gefahr vorliegt, als „entferntere" Störung begreift. Das ist nicht überzeugend, weil subjektive Momente damit vorherrschend werden. Zwar enthält auch der Gefahrenbegriff bereits wertende Momente, weil ein zukünftiger Geschehensablauf vorausgesagt werden soll, was objektiver Erkenntnis oft nicht zugänglich ist. Daher läßt man die Möglichkeit des Eintritts eines schädigenden Ereignisses genügen. Jedoch muß diese Möglichkeit objektiv gegeben sein „im Sinne eines den Tatsachen entsprechenden Urteils, zu dem

[4]) Peters, Hans, S. 382; vgl. § 21 Pr.PVG.

[5]) Peters, Hans, S. 382; Drews-Wacke, S. 82; polizeipflichtig ist auch der Gewalthaber einer in polizeiwidrigem Zustand befindlichen Sache, was hier aber ohne Bedeutung bleibt.

[6]) I, S. 224.

[7]) Drews-Wacke, S. 44; vgl. auch PrOVG 77, 333 (338); Scholz, VerwA 27, 42.

[8]) BGHZ 5, 144 (152).

jeder unbefangene, genügend unterrichtete und erfahrene Mensch gleichmäßig gelangt oder doch befähigt ist"[9]). Solange aber diese objektive Wahrscheinlichkeit nicht erkennbar geworden ist, kann nur subjektiv angenommen werden, daß möglicherweise ein schädigendes Ereignis eintritt. Das reicht im allgemeinen nicht aus, polizeiliche Eingriffe zu rechtfertigen[10]). Zwar kann bereits in einem verdächtigen Verhalten selbst eine Störung der öffentlichen Sicherheit und Ordnung liegen[11]). Das aber ist eine Frage des Einzelfalles. Je weniger objektive Merkmale gegeben sind, die den Eintritt eines schädigenden Ereignisses wahrscheinlich machen, desto ferner liegt der Gedanke, die Polizei halte sich bei ihrem Vorgehen an einen Störer.

In die Rechte des Nichtstörers wiederum darf die Polizei nur eingreifen, wenn bereits eine Störung eingetreten ist oder eine Gefahr unmittelbar bevorsteht, § 21 Pr.PVG. Konsequent durchgeführt würde dies die Ermittlungstätigkeit unerträglich hemmen und dazu führen, daß die Polizei in vielen Fällen zu spät käme, um eine Störung abzuwenden. Die Polizei wird auch nicht tätig, um eine solche unmittelbar bevorstehende Gefahr oder eine bereits eingetretene Gefährdung zu beseitigen, wie § 21 Pr.PVG vorsieht, sondern um einen Sachverhalt zu ermitteln, mag auch das Endziel die Beseitigung der vermuteten Störung sein.

Die polizeiliche Ermittlungstätigkeit läßt sich daher ohne Rest weder dem Vorgehen gegen den Störer noch gegen den Nichtstörer zuordnen. Als Eingriff in die Rechte einer Person, die zwar Störer sein kann, aber dies durchaus nicht zu sein braucht, liegen aber die Regeln des Vorgehens gegen den Nichtstörer näher. Im einzelnen aber bedarf es noch der Untersuchung, in welchem Umfange die Beschränkungen, die polizeilichem Handeln im Falle des sog. polizeilichen Notstandes auferlegt sind, auch für die Ermittlungstätigkeit gelten.

Aus der Unterscheidung zwischen Störer und Nichtstörer folgt, daß die Rechte des Einzelnen, also auch seine Privatsphäre, von polizeilichen Eingriffen unbehelligt bleiben sollen, es sei denn, er störe die öffentliche Sicherheit und Ordnung oder sei im Begriff, sie zu stören. Erst wenn das Vorgehen gegen den Störer nicht möglich ist und die Polizei auch nicht auf andere Weise die Gefahr abwenden kann, muß der Einzelne als Nichtstörer polizeiliche Eingriffe in seine Rechte dulden. Er braucht dies nur, soweit und

[9]) Scholz, VerwA 27, 18; Peters, H., S. 377; Drews-Wacke, S. 113; Pr. OVG 70, 333 (338).

[10]) Drews-Wacke, S. 109.

[11]) Der BGH schränkt dies allerdings auf die Fälle der vorsätzlichen oder zumindest fahrlässigen Verursachung eines Anscheins ein, BGHZ 5, 144 (152).

solange die Polizei nicht andere zur Beseitigung der Gefahr geeignete Maßnahmen treffen kann. *Ermittlungen, die in die Rechtssphäre eines Bürgers eingreifen, der nicht oder noch nicht als Störer qualifiziert werden kann, sind daher nur rechtens, wenn keine andere Möglichkeit besteht, den Sachverhalt zu klären.*

b) Weil die polizeiliche Tätigkeit der Abwehr von konkreten Gefahren dient, geht es nicht an, mit Ermittlungen zu beginnen, in der Hoffnung, es werde sich im Verlauf der Untersuchungen noch erweisen, ob die getroffenen Maßnahmen erforderlich waren. Auf Grund des § 10 II 17 ALR hat daher das Pr.OVG Ermittlungen erst dann zugelassen, wenn bereits Tatsachen vorlagen, die den Verdacht begründeten, es werde zu einer Störung der öffentlichen Sicherheit und Ordnung kommen oder wenn begründeterweise damit gerechnet werden mußte, daß eine Zuständigkeit der Polizei zum Eingriff gegeben war[12]).

Diese Erkenntnis des PrOVG bedarf einer Ergänzung. Zwar ist stets, wenn ein Schaden zu besorgen ist, Anlaß zu seiner Bekämpfung gegeben. Doch bleibt der Zeitpunkt des Eintritts des zu besorgenden Ereignisses nicht ohne Bedeutung. Die Polizei darf nicht eher als notwendig eine Änderung des Zustandes verlangen und befehlend einschreiten[13]). Ihre Maßnahme richtet sich außerdem gegen einen Nichtstörer. Sie kann erst zulässig sein, wenn die Polizei andere Mittel, von denen der Einzelne nicht behelligt wird, nicht anwenden kann. Eines dieser Mittel wäre das weitere Zuwarten und das Beobachten des Vorganges in einer Art und Weise, die nicht in die Rechte des Einzelnen eingreift. Frage des Einzelfalles bleibt, ob dieses Mittel als ausreichend angesehen werden kann. Es wird darauf ankommen, ob das abwartende Beobachten aus der Ferne genügend Erkenntnisse erwarten läßt und ob der Eintritt der befürchteten Störung erst zu einem Zeitpunkt zu besorgen ist, der einstweilen noch ein Zuwarten gestattet. Ist das nicht der Fall, *ist die dem Anschein noch vorliegende Gefahr so dringlich, daß — ihr tatsächliches Vorliegen unterstellt — ein weiteres Zuwarten eine rechtzeitige Bekämpfung in Frage stellen würde, dann darf die Polizei mit ihren Ermittlungen auch in den absoluten Schutzbereich der Privatsphäre unbetei-*

[12]) PrOVG 58, 228 (303); 77, 333 (339); Drews-Wacke, S. 43 u. 113, für den ähnlich liegenden Fall, daß ein Geschehensablauf durch polizeilichen Eingriff unterbrochen werden muß; dies sei statthaft, wenn die Polizei bei pflichtgemäßer Überprüfung die Auffassung gewinne, ein Geschehen sei im Ablauf begriffen, dessen weiterer Verlauf eine dringende polizeiliche Gefahr in sich schließe.

[13]) Scholz, VerwA 27, 25.

ligter Personen eingreifen. Es bedarf daher stets, wenn eine Situation gegeben ist, welche die erkennbare objektive Möglichkeit eines Schadens enthält, der Abwägung. Nach verständigem Ermessen zu berücksichtigen ist einerseits der Grad der Wahrscheinlichkeit und der Wert des gefährdeten Gutes und auf der anderen Seite das Interesse am Unterbleiben des polizeilichen Eingriffs[14]).

c) Gegen wen sich die Polizei im Falle des sog. Notstandes wenden darf, ist nicht ausdrücklich vorgeschrieben. Sinnvoll ist ein Vorgehen aber nur, wenn der Nichtstörer nach Lage der Dinge befähigt ist, die Störung zu beseitigen. Nur dann kann er „zur" Abwehr einer Gefahr oder „zur" Beseitigung einer Störung herangezogen werden. Auf den Fall der Ermittlungstätigkeit übertragen, bedeutet dies, *es dürfen nur gegen denjenigen Erhebungen veranstaltet werden, bei dem Erkenntnisse erwartet werden können, die für den zu erhebenden Sachverhalt wesentlich sind.* Mag dies auch wie eine Binsenweisheit klingen, sie auszusprechen ist notwendig. Erhebungen, die in die Privatsphäre eingreifen und ohne sachlichen Anlaß veranstaltet worden sind, können nicht rechtens sein.

In der Auswahl der Personen, gegen die vorzugehen danach in Betracht kommt, ist die Polizei nicht frei. Weil die Individualinteressen soweit als möglich geschont werden müssen, hat die Polizei zu prüfen, welcher der in Betracht kommenden Nichtstörer durch einen polizeilichen Eingriff am wenigsten berührt wird[15]). Für den Fall des Eindringens in die Privatsphäre kann das nicht die Frage bedeuten, wessen Persönlichkeit mehr Schutz und Rücksicht verdient, weil jedem Menschen die gleiche Achtung zukommt[16]). In Schärfe und Intensität gleichwertige Eingriffe in die Privatsphäre verschiedener Personen, die von dem einen schwerer empfunden werden können als von dem anderen, stehen daher gleich. Die Polizei, die konkrete Sachverhalte, aber nicht Empfindungen zu erforschen hat, braucht diese subjektiven Momente nicht zu erwägen. Aber es können verschieden schwer eingreifende Maßnahmen gegen verschiedene Personen in Betracht kommen. Dann ist nur die minder schwerwiegende Maßnahme rechtens, wenn sie den gleichen Erfolg verspricht.

[14]) Scholz, VerwA 27, 64.

[15]) Bei der Auswahl zwischen polizeipflichtigen Personen dagegen wird vielfach angenommen, der Polizei stehe die Wahl frei: W. Jellinek, S. 443; Drews-Wacke, S. 86; anders aber Schneider, § 12 HPG Anm. 3, der nach dem Grundsatz der möglichsten Schonung, § 5 HPG, auch das Vorgehen gegen den Störer in dieser Weise beschränkt wissen will.

d) Auch in der Auswahl der Mittel ist die Polizei nicht frei. Zwar darf sie nach § 14 PVG die „notwendigen" Maßnahmen treffen. Sie darf dies aber nur im Rahmen der Gesetze. Damit sind eine Reihe von denkbaren Einwirkungsmöglichkeiten der Polizei ausgeschlossen oder beschränkt. So darf die Polizei nur in Ausnahmefällen ohne richterliche Anordnung Verhaftungen und Haussuchungen durchführen. Insbesondere die Grundrechte und unter ihnen wieder in hervorragender Weise die polizeifesten Grundrechte verhindern die Polizei am Gebrauch beliebiger Mittel. Für Erkundungsmaßnahmen im Bereich der Privatsphäre ist es der gesteigerte Schutzbereich, der dem Eingriff auf Grund der polizeilichen Generalklausel schlechthin verschlossen bleibt. In diesen Fällen bedarf die Polizei einer speziellen Grundlage.

Auch die verbleibenden, grundsätzlich zulässigen Mittel stehen unter Rechtmäßigkeitsvoraussetzungen, die im konkreten Falle zu prüfen sind. Dabei handelt es sich um die Grundsätze der Geeignetheit, Erforderlichkeit[17]) und der Verhältnismäßigkeit. Ferner darf die Polizei unter den zulässigen Mitteln nur diejenigen auswählen, die den Betroffenen objektiv am wenigsten beschweren[18]). Der im Verwaltungsrecht seit langem anerkannte Grundsatz der Verhältnismäßigkeit schließt jedes Mißverständnis zwischen drohendem Nachteil und beabsichtigtem Erfolg aus[19]). Da die Polizei mit ihren Maßnahmen nicht mehr Schaden als Nutzen stiften und nicht selbst die öffentliche Ordnung stören darf, muß sie bei ihren Maßnahmen deren erkennbare Folgen berücksichtigen und die im Spiel stehenden Interessen abwägen. Wenn die drohenden Nachteile schwerer wiegen als die zu beseitigende oder zu verhütende Gefahr, hat die Polizei von der Beseitigung der Störung abzusehen[20]). Diese Erwägungen führten in den neueren Polizeigesetzen der Länder zu dem ausdrücklichen Verbot, Maßnahmen zu treffen, bei denen der zu erwartende Schaden erkennbar außer Verhältnis zu dem beabsichtigten Erfolg steht[21]). Auch zwischen den Nachteilen, die der Eingriff

[16]) BGHZ 24, 72 (81); BGHSt. 5, 333 (334).

[17]) Ein Beispiel für die Beschränkung auf das Erforderliche bringt BVerfG 16. 2. 58, BVerfGE 9, 20.

[18]) Drews-Wacke, S. 110.

[19]) Bereits R. von Mohl, 3. Bd. S. 502; Otto Mayer I, S. 223; Fleiner, S. 405; Drews-Wacke, S. 77 u. 99; vgl. auch v. Krauss, Der Grundsatz der Verhältnismäßigkeit, 1955, der S. 23 und 115 ff. diesen Grundsatz im Hinblick auf Art. 10 Abs. 4 GG einem Grundrecht gleichstellt, das dem Gleichheitssatz entspreche.

[20]) BGHZ 12, 206 (212); Drews-Wacke, S. 77, 78; Scholz, VerwA 27, 28.

[21]) § 5 Abs. 2 PolGes BadWürtt.; Art. 8 Bayr. PAG; § 5 HPG; § 15 Ordnungsbehörden Ges. Nordrh.Westf.; § 2 PVG Rhld.Pfalz; für den Fall der Anwendung

in die Privatsphäre für den Betroffenen mit sich bringen wird und der Erheblichkeit der Störung darf daher kein Mißverhältnis bestehen. Ebenso würde es dem Grundsatz der Verhältnismäßigkeit widersprechen, wenn die Polizei bereits bei einem geringen Verdacht die schärfsten Mittel einsetzen würde.

e) Die hier zusammengestellten Voraussetzungen, unter denen die Polizei ermittelnd in die Privatsphäre des Einzelnen eingreifen darf, zwingen den Beamten, die Belange des Einzelnen zu berücksichtigen. Sie lassen aber der Polizei auch den notwendig weiten Raum, entsprechend den Anforderungen der Situation im Einzelfalle, insbesondere der Ungewißheit, vor der jede Ermittlung im Anfang steht, nach pflichtgemäßem Ermessen zu entscheiden.

Ob nach den vorliegenden Tatsachen eine Störung befürchtet werden muß, ob Ermittlungen Erkenntnisse erwarten lassen, welche Mittel Erfolg versprechen, ist normativer Festlegung unzugänglich. Erfahrungen der Polizei und die Einsicht in die besondere Lage des Einzelfalles entscheiden. Aber auch die Erfahrungssätze der Kriminalistik können nur Hinweise geben, weil der zu erforschende Sachverhalt noch unbekannt ist. Er unterliegt nicht einer Gesetzmäßigkeit, die mit Mitteln der Logik im voraus erfaßt werden könnte. Denn der Sachverhalt wird von Menschen gestaltet, die in ihren Entschließungen frei sind und daher willkürlich und im Widerspruch zu Erfahrungssätzen vom menschlichen Verhalten handeln können. Im Gegenteil, sobald es um kriminelle oder verfassungsfeindliche Sachverhalte geht, muß mit Listen und Täuschungsmanövern gerechnet werden, die jenen Erfahrungssätzen über menschliches Verhalten zuwider laufen.

Ermittlungen, die der Verbrechensverhütung dienen, haben nur einen Sinn, wenn sie rechtzeitig, d. h. solange eine Störung noch verhindert werden kann, zum Erfolge führen. Sie stehen daher unter dem Gebot der Eile. Lange Erwägungen, tastendes, behutsames Vorgehen ist oft ausgeschlossen, wenn Eilbedürftigkeit der Abwehr und Gefährlichkeit der erwarteten Störung ein rasches und energisches Durchgreifen gebieten. Diese Schwierigkeiten, vor der jede Ermittlung steht, die Ungewißheit und die Eilbedürftigkeit, müssen bei den oben zusammengestellten Voraussetzungen der

unmittelbaren Zwanges: § 3 des Bremer Ges. über die Anwendung unmittelbaren Zwanges; aber auch RdErl. d. Niedersächs. Min. d. Inn., Ausführungsbestimmungen zum Ges. „über die öffentl. Sicherheit und Ordnung v. 30. 4. 1951, NdsMBl. S. 185, i. d. F. v. 21. 5. 1951, NdsMBl. S. 199.

polizeilichen Ermittlungstätigkeit mitgedacht werden. Die nach pflichtgemäßem Ermessen getroffenen Entscheidungen müssen als rechtens hingenommen werden[22]).

f) Auch Ermittlungen gegen denjenigen, der bereits als Störer erkannt ist, sind denkbar. Dabei darf man aber nicht von der Vorstellung ausgehen, Störer zu sein, sei eine Eigenschaft, die einem Menschen zukomme. Vielmehr handelt es sich um die rechtliche Qualifikation einer bestimmten Handlung, die als Störung der öffentlichen Sicherheit und Ordnung gewertet, die Polizeipflicht des Handelnden entstehen läßt, den man dann kurzerhand als Störer bezeichnet[23]). Daher ist der Gewohnheitsverbrecher nicht von vornherein Störer, sondern erst, wenn er durch Handlungen die öffentliche Sicherheit und Ordnung stört. Auch das Mitglied einer verfassungsfeindlichen Gruppe ist nur Störer und polizeipflichtig in bezug auf einzelne konkrete gegen die staatliche Ordnung gerichtete Handlungen. Ob außer den bereits erkannten noch weitere Handlungen vorliegen, die die Polizeipflicht entstehen lassen, ist auf Grund erneuter Ermittlungen festzustellen. Keiner besonderen Hervorhebung bedarf es, daß bei Personen, die wegen ihres Vorlebens, ihrer Zugehörigkeit zu verbrecherischen oder verfassungsfeindlichen Gruppen in Verdacht geraten sind, Untersuchungen eher stattfinden werden als bei unverdächtigen Personen. Das ist je nach Lage des Falles rechtlich nicht zu beanstanden, aber nicht weil die „Verdächtigen" bereits als Störer anzusehen sind, sondern nur wenn bei einer gegen sie gerichteten Untersuchung Erkenntnisse erwartet werden können.

Daher verbleibt für die Ermittlungstätigkeit, die gegen den Störer gerichtet ist, nur ein schmaler Raum. Im Vorgehen gegen den Störer ist die Polizei nicht auf den Grundsatz der Subsidiarität beschränkt, sie kann in seine Rechte eingreifen, selbst wenn sie eigene Mittel zur Abwendung der Störung zur Verfügung hat. Das gestattet auch den Eingriff in die Privatsphäre. Aber auch diese Eingriffe sind durch den Zweck der Störungsabwehr, dem sie dienen, beschränkt. Bereits Otto Mayer stellte fest, nicht nur Gesichtspunkte der Zweckmäßigkeit bestimmten das polizeiliche Vorgehen. „Auch die Abwehr erhält ihren Inhalt nach Richtung, Maß und Art genauer bestimmt durch den Zusammenhang mit der zu verwirklichenden polizei-

[22]) Zum Begriff des Ermessens zusammenfassend Forsthoff, § 5, 1, S. 74 ff.; ausführlich Laun, Das freie Ermessen.

[23]) Vgl. Otto Mayer, I, S. 223; Drews-Wacke, S. 82.

lichen Pflicht der Untertanen, die aller Polizeigewalt zugrunde liegt und ihr auch nach dieser Seite hin Rechtsgrenzen wirksam zieht"[24]).

Daher unterliegt auch die Privatsphäre des Störers nur soweit einer Durchleuchtung, als dies für die Abwehr der Störung erforderlich ist. Während für das Pr.PVG angenommen wurde, die Polizei sei in der Auswahl der Mittel gegenüber dem Störer frei und nicht, wie beim Vorgehen gegen den Nichtstörer, auf das mildeste Mittel beschränkt[25]), schreiben die neueren Polizeigesetze der Länder zum Teil ausdrücklich vor, daß in jedem Falle, also auch gegen den Störer, das Mittel einzusetzen sei, das den Einzelnen und die Allgemeinheit voraussichtlich am wenigsten beeinträchtigt[26]). Daraus folgt, daß auch die Privatsphäre des Störers nicht der unbeschränkten staatlichen Kenntnisnahme offen steht. Ihr Schutz bestimmt sich ebenfalls nach den oben aufgestellten Grundsätzen, nur ist die Polizei nicht zunächst nur auf den Einsatz anderer, die Rechte des Betroffenen nicht beeinträchtigender Mittel beschränkt. Das wäre zwar das mildeste Mittel, es könnte aber im Einzelfalle wegen des erforderlichen Aufwandes oder aus anderen Gründen die Allgemeinheit beeinträchtigen.

[24]) I, S. 220.

[25]) Drews-Wacke, S. 110.

[26]) § 5 Abs. 1 PolGes. BadWürtt.; Art. 8 Bayr. PolGes.; § 5 Hess. PolGes.; § 15 OrdnungsbehördenGes. Nordrh.-Westf.; § 2 Rhld.-Pfälz. PVG.

B. DIE MASSNAHMEN DER ÄMTER FÜR VERFASSUNGSSCHUTZ

Abschnitt IV:

Die den Ämtern für Verfassungsschutz übertragene Ermächtigung

§ 14

Die Organisationsformen der politischen Polizei in Deutschland bis 1933

a) Die AfV haben die Aufgabe, Nachrichten, Auskünfte und sonstige Unterlagen über verfassungsfeindliche Bestrebungen zu sammeln und auszuwerten. Dies ist im Prinzip nichts Neues. Denn jeder Staat muß Bestrebungen abwehren, die seinen Bestand und seine innere Ordnung gefährden. Diese Aufgabe wird entweder der Polizei oder aber besonderen Behörden übertragen, die wiederum mit der Polizei zusammenarbeiten. Auch der Umfang der zur Verfügung gestellten Zwangsmittel wechselt, einmal weil die Vorstellungen, durch welche Bestrebungen der Bestand des Staates gefährdet wird, wechseln, zum anderen, weil der Staat versucht, seine Abwehrmaßnahmen der Energie und Macht seiner Gegner anzupassen. Immer aber handelt es sich um eine polizeiliche Tätigkeit im Sinne der Gefahrenabwehr, die gerichtet ist auf den Schutz des Staates[1]).

Dieser Aufgabe dient auch die politische Polizei in den absolutistischen Staaten der Vergangenheit und in den modernen Diktaturen, allerdings mit einer bedeutsamen Verschärfung: Es wird die Machtstellung einer bestimmten Herrschaftsgruppe dem Bestande des Staates gleichgesetzt und entsprechend geschützt. Die Grenzlinie, welche diese beiden Aufgabenbereiche scheidet, wird immer bestritten bleiben, weil es eine Frage der weltanschaulich-politischen Entscheidung ist, welche Werte als „absolute" Werte unter polizeilichen Schutz gestellt werden[2]). Je weiter sich aber eine politische Polizei ihrer eigentlichen Aufgabe entfremdet, desto mehr wird sie zu einem Werkzeug der Politik, die sich polizeilicher Mittel bedient[3]). Daher finden

[1]) Weiss, S. 25.

[2]) Vgl. BVerfG, KP-Urteil, Sonderdruck III, S. 611, und über die Schwierigkeiten, einen objektiven Begriff der Staatsgefährlichkeit zu finden, Cappeler, Rudolf, Der Begriff der Staatsgefährlichkeit, Diss, Zürich 1952.

[3]) v. Hentig, S. 30.

wir gerade in den absolutistisch regierten Staaten und in den Diktaturen machtvolle politisch-polizeiliche Institutionen[4]). Die konstitutionellen Mo-

[4]) Als Geburtsland der politischen Polizei wird das *absolutistische Frankreich* unter Ludwig XIV. angesehen; 1667 wurde die zunächst für Paris gedachte haute police geschaffen, 1699 ihre Zuständigkeit auf ganz Frankreich ausgedehnt. Bald nach der großen französischen Revolution baute Fouché einen umfangreichen neuen Polizeiapparat auf, der in der sûreté générale eine Nachfolgerin gefunden und sich durch die wechselnden Staatsformen erhalten hat (Weiss, S. 30—34; Andrieux, Louis, Souvenir d'un Prefet de Police, Paris 1885; Fouché, Joseph, Erinnerungen, hrg. u. eingeleitet v. Paul Aretz, Stuttgart 1920; kritisch, aber romanhaft, zu dieser Quelle: Zweig, Stefan, Joseph Fouché, Bildnis eines politischen Menschen, Leipzig 1930; Funk-Brentano, Legende et Archives de la Bastille, Paris 1898; Galtier-Boissière, Jean, Mysteries of the French Secret Police, London 1938; Hentig, Hans v., Fouché, Ein Beitrag zur Technik der politischen Polizei in nachrevolutionären Perioden, Tübingen 1919; Wittwer, Die politische Polizei und das französische Polizeikommissariat, Straßburg 1900.)

Die Staatspolizei im *Österreich Metternichs* unterdrückte, geleitet von dem Polizeichef Sedlnitzky, jede politische freie Meinungsäußerung in Wort und Schrift. Es kam bereits zu jener Zeit zu einer Zusammenarbeit der deutschen Länder in Angelegenheiten des Verfassungsschutzes — allerdings um die bestehenden politischen Verhältnisse zu sichern —, als in Mainz auf Grund der Karlsbader Beschlüsse (abgedruckt in Quellen zum Staatsrecht der Neuzeit, Tübingen 1949, Bd. I S. 42) eine Zentraluntersuchungskommission eingesetzt wurde. Diese Bundesbehörde, die einzige mit Exekutivbefugnissen, „von Haus aus Werkzeug der Tyrannei" (Treitschke, Deutsche Geschichte im 19. Jahrhdt., 2. Teil, 1882, S. 566, vgl. auch S. 192 zu Justus Gruner, dem Begründer der preußischen geheimen Polizei) hatte die Aufgabe, Tatbestand, Ursprung und Verzweigungen aller gegen die bestehende Verfassung und die innere Ruhe gerichteten Umtriebe und demagogischen Verbindungen zu untersuchen und festzuhalten (Weiss, S. 37—48; vgl. auch Schlitter, Hanns, Aus Österreichs Vormärz, Wien 1920, Houben, Heinrich Hubert, Polizei und Zensur, Längs- und Querschnitte durch die Geschichte der Buch- und Theaterzensuren, Berlin 1926; von den auch damals handfesten Methoden der *preußischen Reaktion* nach 1815 berichtet an Hand von Zeitdokumenten E. Müsebeck, Die Einleitung des Verfahrens gegen E. M. Arndt, Hist. Zeitschr. 105. Bd. (1910) S. 515 ff.; vgl. auch Ritter von Srbik, Metternich, 1925, Bd. I, S. 493 ff. zu dem Späher- und Denunziantenunwesen unter Seldnitzky und S. 592 ff. zu der Maßlosigkeit Metternichs).

Das *zaristische Rußland* hatte sich in der Ochrana einen geheimnisumwitterten Apparat geschaffen, dessen eigentliche Aufgabe in der Ermittlungstätigkeit lag, der aber auch seine eigene Politik machte (Laporte, Maurice, Histoire de L'Okhrana, Paris 1935; vgl. Weiss, S. 43 ff.; anschaulich, allerdings kolportagehaft schildernd: Hermann, Theodor v., Rasputin, Russische Sittenbilder nach den Erinnerungen eines Ochrana-Agenten, Berlin 1917). Nach seiner Auflösung im Jahre 1917 entstand aus der Schutztruppe der jungen Revolution bereits im gleichen Jahre in Petersburg die Tscheka, die 1922 in die GPU übergeleitet wurde. 1934 wurde die GPU in die Hauptverwaltung für Staatssicherheit im zur gleichen Zeit neu organisierten Volkskommissariat für innere Angelegenheiten (NKWD) überführt. 1941 wurde aus dem NKWD das Volkskommissariat für Staatssicherheit (NKGB) herausgelöst und verselbständigt; bald nach Ausbruch des Krieges wurden jedoch NKWD und NKGB wieder zu einem Volkskommissariat für innere Angelegenheiten vereinigt und 1943 erneut getrennt. Auch nach dem Kriege wurde die Geheimpolizei mehrfach umnarchien und die demokratischen Republiken verzichten zwar auf einen polizeilichen Schutz der bestehenden Machtverhältnisse, nicht aber auf den Schutz der Staatsform gegen eine wesentlich andere politische Ordnung[5]).

organisiert. Seit 1954 ist das „Komitee für Staatssicherheit" (KGB) unmittelbar dem Ministerrat unterstellt. Seine Zuständigkeit wurde im wesentlichen auf nachrichtendienstliche Aufgaben im In- und Auslande, einschließlich der Abwehr, aber auch gewisse Befehlsbefugnisse über Exekutivorgane beschränkt. Auch die Kompetenzen des Ministeriums für innere Angelegenheiten (MWD) wurden neu festgelegt, sie umfassen Fragen der öffentlichen Ordnung, allgemeine Organisation der Ordnungs- und Kriminalpolizei und der Verwaltungsstrafjustiz. In den Unionsrepubliken bestehen ebenfalls selbständige Komitees für Staatssicherheit. Die Armee unterhält nach wie vor einen eigenen Nachrichtendienst (vgl. dazu Maurach, Reinhart, Handbuch der Sowjetverfassung, München 1955, Artikel 70, Anm. 3 c, Art. 102, Anm. 4; Heilbrunn, Otto, Der sowjetische Geheimdienst, Aufbau und Tätigkeit in den letzten 20 Jahren, Berlin-Frankfurt 1956; v. Rauch, Geschichte des bolschewistischen Rußland, 1955; Simon Wolin and Robert M. Slusser, The Soviet Secret police, New York 1957, S. 3—31 u. 152—179, mit weiterem Schrifttum und eingehender Analyse des Systems und der Methode, ergänzt durch Erlebnisberichte; „Die sowjetischen Sicherheitsorgane" (ohne Verfasserangabe), Beilage zur Wochenzeitung „Das Parlament", 2. 12. 1959, mit weiterem Schrifttum; Ahrendt, Hannah, S. 638 ff.; Weiss, S. 45 ff.; — Popoff, Georg, Tscheka, Der Staat im Staate, Erlebnisse und Erfahrungen mit der russischen außerordentlichen Kommission, Frankfurt 1925, stellt die Entstehungsgeschichte S. 25 ff. dar und berichtet über seine Erfahrungen als Untersuchungsgefangener; vgl. auch Woitinski, Kommunistische Blutjustiz, mit Einleitung von Kautsky, Karl, Berlin 1922).

[5]) In den *Vereinigten Staaten von Nordamerika* ist die Bundeskriminalpolizei (Federal Bureau of Investigation, FBI) mit polizeilichen Machtbefugnissen ausgestattet. FBI und auch die politischen Untersuchungsausschüsse des Kongresses, deren Stäbe ebenfalls Material sammeln und wegen der robusten Untersuchungsmethoden und Schnüffeleien in der Privatsphäre oft unliebsam von sich reden gemacht haben, erfüllen Aufgaben des Verfassungsschutzes (historisch und juristisch fundiert berichtet darüber Loewenstein, Staatspolitik und Verfassungsrecht in den Vereinigten Staaten, 1933—1954, JöR 4, 1 ff., insbesondere S. 59 ff. und 102 ff.). Als geheimer Auslands-Nachrichtendienst und als Instrument der psychologischen Kriegsführung in der Auseinandersetzung mit den Staaten des Sowjetblocks wurde 1947 auf Grund des National Security Act (61 Sta. 495, 50 U.S.C. Supp. 402, mit Änderungen durch Gesetz vom 10. 8. 1949) die Central Intelligence Agency (CIA) errichtet. Die CIA gehört zum Executive Office des Präsidenten und ist eine Art Dachorganisation der übrigen Nachrichtendienste. Nach dem Gesetz hat sie keine „police, subpoena, law — enforcement or internal security functions". Es handelt sich dabei um eine „stark angewachsene Behörde mit restlos geheimgehaltenen Aufgaben und Zuständigkeiten" (Loewenstein, JöR 4, 62; vgl. auch den journalistisch angelegten Bericht von Joesten, Joachim, CIA, Wie der amerikanische Geheimdienst arbeitet, München 1958: Zu den Aufgaben der CIA gehöre unter anderem Sammlung von Nachrichten in aller Welt, aber auch mit allen Mitteln der Spionage und Spionageabwehr und auch handfeste Unternehmungen wie Sabotage, Entführung, Aktendiebstahl). Den geheimgehaltenen und aus verschiedenen staatlichen Quellen gespeisten Jahresetat schätzt Joesten auf mindestens 1 Milliarde Dollar, die Zahl der Mitarbeiter auf mindestens 10 bis 15 Tausend). Zu der 600 Jahre währenden Tradition des *Secret Service in England,* den Edward III. ins Leben gerufen hat und der zu einer welt-

b) In Deutschland brachte der Wechsel der Staatsformen auch jeweils neue Organisationsformen für jene Behörden, die Aufgaben der politischen Polizei wahrnahmen. Nachdem im Jahre 1878 mehrere Attentate auf Kaiser Wilhelm I. verübt worden waren, kam es zum Erlaß des schon seit 1874 vorbereiteten Sozialistengesetzes[6]) und zu Änderungen in der Organisation der Polizei. Um die Feinde der Monarchie, die man in dem sozialistischen und anarchistischen Lager suchte, wirksam bekämpfen zu können, sah das Sozialistengesetz einschneidende Verbote und Kontrollmaßnahmen vor, deren Durchführung bei der Landespolizei lag. Die Sozialdemokraten konnten nicht mehr offen Propaganda treiben und zogen sich zum Teil in die Verborgenheit und Illegalität zurück. Daher wurden der Berliner staatlichen Polizei Mittel zum Aufbau eines politischen Nachrichtendienstes zur Verfügung gestellt. In späteren Jahren wurde dieser Nachrichtendienst, der zunächst nur auf Berlin beschränkt war, nicht nur in Deutschland, sondern in der ganzen Welt tätig. Betrachtet man allerdings die Mittel, die der Polizei als Geheimfonds zur Verfügung standen, dann überrascht der Vergleich mit den Beträgen, die in späterer Zeit üblicherweise von demokratischen Staaten für den Nachrichtendienst ausgeworfen wurden. 1878 waren es jährlich 60 000 M, im Jahre 1881 90 000 M, im Jahre 1900 erst 300 000 M, die für die Bezahlung von Vertrauensleuten zur Verfügung standen[7]). Das Bundesamt für Verfassungsschutz verfügte dagegen 1959

umspannenden Organisation geworden ist, vgl. Erasmus, S. 15; Seid, Der Englische Geheimdienst, Heft 23 der Schriftenreihe des Deutschen Instituts für außenpolitische Forschung und des Hamburger Instituts für Auswärtige Politik, Berlin 1940. In der *Schweiz* kam es erst verhältnismäßig spät, als Abwehr gegen die Tätigkeit nationalsozialistischer Gruppen, zur Aufstellung einer besonderen Eidgenössischen Polizeibehörde, die als Bundespolizei der Bundesanwaltschaft eingeordnet ist (Bundesbeschluß vom 21. 6. 1935). Die kleine Behörde — 1948 mit wenig mehr als 20 Inspektoren und 1 Kommissär besetzt — ist auf eine gute Zusammenarbeit mit den kantonalen Polizeibehörden angewiesen. Sie muß, im Gegensatz zu den üblichen Regelungen, über ihren gesamten Etat jährlich öffentlich Rechnung legen, ein Geheim- oder Dispositionsfonds steht nicht zur Verfügung (Müller, Martin, Die Entwicklung der Bundespolizei und ihre heutige Organisation, Diss. Zürich 1949, insbesondere S. 205, wo er die Geschichte der Bundespolizei und ihre Einrichtungen, und S. 132, wo er die Übergriffe der Gestapo darstellt; Balsiger, Wesen und Wirken der Bundespolizei, Die Schweiz, Jahrbuch der helvetischen Gesellschaft 1943; Schloetter, Ernest, Der unerlaubte Nachrichtendienst im schweizerischen Recht, Zürich 1931).

6) V. 21. 10. 1878, RGBl. I, S. 351 ff.

7) Weiss, S. 59; Kulmann, Die Socialdemokratie und deren Bekämpfung, 1890; resignierend stellt Friedrichs, S. 651 zu der Geschichte der Geheimpolizei des Kaiserreichs fest, in den Gesetz- und Ministerialblättern finde sich nichts über die Organisation der politischen Polizei.

über einen Betrag von 4,188 Millionen DM „für Zwecke des Verfassungsschutzes", die nur der Kontrolle des Präsidenten des Bundesrechnungshofes unterliegen. Seine Erklärung bildet die Grundlage für die Entlastung der Bundesregierung[8]).

c) Im Zuge der Revolution von 1918 löste die Regierung die Staatspolizei und ihren Nachrichtendienst auf, nachdem vorher alle Akten verbrannt worden sein sollen. Der Grund für die Beseitigung der politischen Polizei war das tiefe Mißtrauen, das die sozialdemokratische Partei gegen diese Einrichtung aus der kaiserlichen Zeit bewahrt hatte[9]). Aber bereits 1919 wurde in Preußen ein Staatskommissariat für öffentliche Ordnung eingerichtet, das ohne Exekutivgewalt nur für die Sammlung von Nachrichten zuständig war. Eine Parallele zu der Zuständigkeit der AfV drängt sich hier auf. 1922 wurde das Staatskommissariat dem Minister des Inneren unterstellt[10]) und mit dem 1. 4. 1924 aufgelöst. Seine Geschäfte wurden auf das Ministerium des Innern übertragen[11]).

Später kam es zur Errichtung eines Landeskriminalamtes beim Polizeipräsidenten von Berlin, das in die Sicherheitspolizei eingegliedert war und dessen Abteilung I A die Aufgaben der politischen Polizei wahrnahm. Darüber hinaus bestanden bei den nachgeordneten Polizeibehörden politische Abteilungen mit bestimmten Geschäftskreisen[12]).

[8]) Kapitel 0609 Titel 300 des Bundeshaushaltsplanes für 1959; zu den geheimen und halbgeheimen Ausgabeposten der Etats mit reichem Zahlenmaterial: Kurt Heinig, Das Budget, 1. Bd. 1949, S. 554. Auf Grund des § 89 RHO von 1922 wird bei den geheimen Ausgabeposten der Grundsatz der Lückenlosigkeit der Rechnungsprüfung (E. R. Huber, Die Institionelle Garantie der Rechnungsprüfung, Nikisch — Festschrift, S. 332, [347]) durchbrochen. In Bund und Ländern neigen die jeweiligen Regierungsparteien zum Verzicht auf parlamentarische Kontrolle. Die Oppositionsparteien wünschen sie wenigstens durch kleine Ausschüsse. Dies führt bei der Verschiedenartigkeit der Koalitionen zu seltsamer Argumentation, die an der Sache vorbeigeht. Das Ergebnis aber bleibt der Verzicht der gesetzgebenden Körperschaft auf ihr Kontrollrecht, vgl. z. B. Deutscher Bundestag III, 25. Juli 1958, Sten. Prot. S. 1903 ff.

[9]) Weiss, S. 59 ff.

[10]) BekMinInn. v. 25. 4. 1922, MBliV 1922, 448; Erl. d. MinInn. v. 14. 11. 1923, MBliV 1923, 1142.

[11]) Friedrichs, S. 651; Weiss, S. 110.

[12]) Friedrichs, S. 651; vgl. ferner Franz Albrecht Medicus, Reichsverwaltung, JöR 20 (1932) S. 29 ff. zur Polizeiverwaltung durch das Reich auf Grund des Republikschutzgesetzes; Graf zu Dohna, Die staatlichen Symbole und der Schutz der Republik, Handbuch des Deutschen Staatsrechts I, S. 203 ff.; Thiemann, Erich, Aus den Geheimakten der politischen Polizei, Breslau, Verlag der Volkswacht, ohne Jahr. Zu dem Nachrichtendienst des Heeres vgl. die Schriften seines Chefs im ersten

§ 15

Die Organisationsformen der politischen Polizei in Deutschland nach 1933

a) Während der nationalsozialistischen Zeit wurde die politische Polizei stufenweise zu einer selbständigen Behörde ausgebaut. In diesen Vorgang spielte die Übernahme der Polizei durch das Reich und die zunehmende Eingliederung der SS in den Staatsapparat hinein und überlagerte ihn. Aus der bisherigen Abteilung I A des Landeskriminalamtes entstand auf Grund des Pr. Gesetzes vom 26. 4. 1933 das Geheime Staatspolizeiamt als höhere Zentralbehörde für ganz Preußen[1]), die durch das Pr. Gesetz vom 30. 11. 1933[2]) dem preußischen Ministerpräsidenten — Göring — unterstellt wurde. Damit wurde die Geheime Staatspolizei aus der Zuständigkeit des Innenministeriums herausgelöst. Als selbständiger Zweig der Staatsverwaltung war sie eine Sonderbehörde im Sinne des § 8 PVG[3]).

§ 1 des Pr. Gesetzes über die Geheime Staatspolizei umriß die Aufgaben der Gestapo wie folgt: sie hatte alle staatsgefährlichen Bestrebungen im gesamten Staatsgebiet zu erforschen und zu bekämpfen, das Ergebnis der Erhebungen zu sammeln und auszuwerten, die Staatsregierung zu unterrichten und die übrigen Behörden über für sie wichtige Feststellungen auf dem laufenden zu halten und mit Anregungen zu versehen[4]).

Durch das Gesetz über die Finanzmaßnahmen auf dem Gebiet der Polizei vom 19. 3. 1937[5]) wurden die Beamten der Vollzugspolizei und der Geheimen Staatspolizei vom Reich übernommen, nachdem bereits 1934 die Polizeihoheit auf das Reich übergegangen war, wobei allerdings die Hoheitsrechte gleichzeitig auf die Landesbehörden zur Ausübung im Auftrage und

Weltkrieg, Oberst Nikolai: Nachrichtendienst, Berlin 1920 und: Geheime Mächte, Leipzig 1924, und das umfangreiche Sammelwerk „Die Weltkriegsspionage", herausgegeben von Lettow-Vorbeck, München 1931, mit teils weitschweifigen Berichten und Erinnerungen von beschränktem Informationswert, vor allem der mit Nachrichtendienst befaßten früheren Offiziere der deutschen und österr. Armee.

[1]) GS, S. 122; vgl. Buchheim, Die organisatorische Entwicklung der politischen Polizei in Deutschland in den Jahren 1933 und 1934, in: Gutachten des Instituts für Zeitgeschichte in München, 1958, S. 294 ff.

[2]) GS, S. 413.

[3]) PrOVG 96, 83 ff.; Friedrichs, S. 654.

[4]) Ges. v. 10. 2. 1936, GS S. 21, § 7 bestimmte: „Verfügungen und Angelegenheiten der Geheimen Staatspolizei unterliegen nicht der Nachprüfung durch die Verwaltungsgerichte", nachdem bereits in PrOVG 96, 83 ff. der Ausschluß des Verwaltungsrechtsweges gegen Verfügungen der Staatspolizei festgestellt war; zur Entwicklung der Gestapo bis 1936 vgl. auch Vollmer, S. 9-10 m. weit. Schrifttum.

[5]) RGBl. I, S. 325.

im Namen des Reichs zurückübertragen worden waren[6]). Durch Führererlaß v. 17. 6. 1936 war auch bereits im Reichsministerium des Inneren ein Chef der Polizei eingesetzt worden, der die Dienstbezeichnung „Reichsführer SS und Chef der Polizei" trug[7]). Dieser errichtete durch Erlaß vom 28. 8. 1936[8]) in Berlin aus der preußischen Geheimen Staatspolizei das Geheime Staatspolizeiamt und sicherte sich Befehlswege zu der politischen Polizei der anderen Landesbehörden, die den Namen Geheime Staatspolizei erhielten.

In den Kämpfen um die Führung innerhalb der NSDAP hatte sich der Nachrichtendienst der SS behauptet. Auf Grund der Anordnung des Stellvertreters des Führers v. 6. 9. 1934 wurde dieser „Sicherheitsdienst des Reichsführers SS (SD)" einziger Nachrichtendienst der Partei[9]). Desungeachtet entstand im Forschungsamt des Reichsluftfahrtministeriums eine im Auftrage Görings arbeitende Zentrale, die sich neben anderen, ebenfalls geheim gehaltenen Aufgaben[10]) der Überwachung von Telefongesprächen widmete[11]). Der Sicherheitsdienst hatte die Aufgabe, „alle Kräfte, Ereignisse und Tatsachen, die für die Herrschaft der nationalsozialistischen Idee und Bewegung im deutschen Raum von Bedeutung sind, zu erkunden und zu überwachen[12]). Dabei nahm er eine für die ersten Jahre des Nationalsozialismus typische Zwitterstellung ein, da er als Nachrichtenorganisation der Partei zugleich auch staatliche Aufgaben erfüllte und im Staatsauftrage tätig war[13]). Da nicht nur der Innenminister und Chef der Polizei, Himmler, zugleich Reichsführer der SS war, sondern auch in den unteren Instanzen die Posten in der Gestapo und der Sicherheitspolizei vielfach von führenden Funktionären der SS besetzt waren, ergab sich eine enge Verklammerung zwischen Polizei und SS[14]).

[6]) Neuaufbaugesetz, RGBl. 1934 I, S. 75.

[7]) RGBl. I, S. 487.

[8]) RMBliV 1936, 1344.

[9]) Neusüß-Hunkel, S. 29.

[10]) Vgl. dazu BVerfG v. 5. 3. 1957, DVBl. 57, 390.

[11]) Diehls, S. 230; Hagen, S. 11.

[12]) Best, S. 46; über die praktische Arbeitsweise vgl. eidesstattliche Erklärung von Fromm, Helmut, Prozeß gegen die Hauptkriegsverbrecher, Bd. LXII S. 449, u. v. Ritter, Gerhard, Bd. XLII S. 465 ff.; Vollmer, der die Monatsberichte der Staatspolizeistelle Aachen v. 5. 3. 1934 bis 6. 4. 1936 und die Zusatzberichte des Regierungspräsidenten von der Zeit vom 9. 8. 34 bis 15. 6. 1936 im zum Teil gekürzten Wortlaut wiedergibt; Reittlinger, Gerald, Die Endlösung, Hitlers Versuch der Ausrottung der Juden Europas 1939—1945, ins Deutsche übertragen von J. W. Brügel, Berlin 1956, bringt weitere erschütternde Quellen über die Tätigkeit der SS.

[13]) Erl. d. RMinInn. v. 11. 11. 1938, MBl. d. Reichs- u. Pr. MinInn. 1938, 1906.

[14]) Maunz, Gestalt und Recht der Polizei, Hamburg 1943, S. 29; weiteres Schrifttum S. 49, Fn. 1.

Schließlich wurden 1939 die zentralen Ämter der Gestapo, der Sicherheitspolizei und des SD in dem Reichssicherheitshauptamt zusammengefaßt[15]). Im Reichssicherheitshauptamt nahm Amt III unter der Bezeichnung „Deutsche Lebensgebiete" die Aufgaben des Sicherheitsdienstes, Amt IV unter der Bezeichnung „Gegner — Erforschung und Bekämpfung" die der Geheimen Staatspolizei und Amt V die der Kriminalpolizei wahr[16]).

Scheerbarth gibt die damaligen Verhältnisse richtig wieder, wenn er sagt, eine erschöpfende Aufzählung der Machtmittel der politischen Polizei sei nicht möglich, da sie so vielgestaltig seien wie ihre Aufgaben. Es gelte daher der Grundsatz der Unbeschränktheit der Mittel[17]). Mit einer rücksichtslosen Überwachung verdächtiger und mißliebiger Personen, einem Übermaß von Verhaftungen, unmenschlichen Haftbedingungen in den Konzentrationslagern, Foltern bei den Verhören[18]) und willkürlichen Tötungen übte die Gestapo eine Schreckensherrschaft aus.

[15]) Befehl des Reichsführers SS und Chef der deutschen Polizei v. 27. 9. 1939, abgedr. in Prozeß gegen die Hauptkriegsverbrecher, Nürnberg 1947, Bd. XXXVIII S. 102, Dokument 361 L.

[16]) Dokument 219, Prozeß gegen die Hauptkriegsverbrecher, Nürnberg 1947, Bd. XXXVIII S. 60 ff., gibt den gesamten Geschäftsverteilungsplan der RSHA vollständig wieder; über die Kämpfe zwischen SA und SS um die Führung in den Jahren 1933 und 1934 und die Arbeitsweise der Gestapo und des SD berichtet in seinen Erinnerungen der ersten Chef der Gestapo, Diehls aaO, und der vorübergehende Mitarbeiter der gleichen Behörde, Gisevius, der noch bis 1944 Zugang zu verantwortlichen Beamten hatte; über Aufbau und Arbeitsweise der SS vgl. Neusüß-Hunkel, insbes. S. 32 u. 42 ff.; vgl. auch Leibig, Carl, Kriminaltechnik, München 1937, der S. 17 ff. einige RdErlasse des Reichsführers SS und Chef der Polizei zur Organisation der Gestapo im Wortlaut zitiert; Daluege, Kampf gegen das Verbrechertum, München 1936; Bodendreyer, Hans, Die politische Polizei in Preußen, 1935; einen Einzelfall, den Prozeß gegen den Oberbefehlshaber des Heeres, Generaloberst Frh. v. Fritsch, zu dem die Gestapo den einzigen Belastungszeugen, den Homosexuellen und Erpresser Schmidt gestellt hatte, der schließlich die Wahrheit sagte und deswegen von der Gestapo wahrscheinlich umgebracht worden ist, analysiert Stock, Ulrich, Der Fritsch-Prozeß 1938, Lehmann-Festschrift, Tübingen-Frankfurt 1956, Bd. II, S. 925, und stützt sich auf Graf Kielmannsegg, Der Fritsch-Prozeß 1938, Ablauf und Hintergründe, Hamburg 1949.

[17]) Scheerbarth, Walter, Polizeirecht, Berlin-Wien 1942, S. 51. Eine umfasssende, allerdings in den Einzelheiten nicht stets zuverlässige populärwissenschaftliche Darstellung der Geschichte der Gestapo als Instrument der Tyrannei und eine umfangreiche Bibliographie gibt Crankshaw, Gestapo, London 1956, deutsch Berlin 1959.

[18]) Nach der Aussage von Hoffmann, Heinz, gab es seit 1937 bei der Gestapo einen Erlaß Heydrichs, der die „verschärfte Vernehmung" zur Aufrollung von rechtsfeindlichen Organisationen gestattete, wenn keine anderen Mittel zur Verfügung standen. Es waren Stockschläge, Fesselungen, Stehen und Ermüdungsübungen vorgesehen, Prozeß gegen die Hauptkriegsverbrecher, Nürnberg 1947, Bd. XX, S. 175 (201).

Neben den Nachrichtendiensten des Reichssicherheitshauptamtes bestanden die Nachrichtendienste der Wehrmacht[19]).

b) 1945 fand die Tätigkeit des Reichssicherheitsamtes und der ihm nachgeordneten politischen Polizeistellen ein Ende. Alle Polizeieinrichtungen wurden aufgelöst. Dagegen gelang es General Gehlen, den Teil des Heeresnachrichtendienstes, der Ostaufklärung zur Aufgabe hatte, intakt durch die Wirren des Zusammenbruchs zu steuern. Zunächst im Auftrage der USA tätig, ging der Nachrichtendienst später unter der Bezeichnung „Bundesnachrichtendienst" in deutsche Leitung zurück. Da sein saldierter Haushaltsansatz seit 1956 im Haushaltplan des Bundeskanzleramtes erscheint, ist anzunehmen, daß er nur und unmittelbar dem Bundeskanzler untersteht[20]).

Die Besatzungsmächte verboten ausdrücklich[21]) jede Überwachung oder Kontrolle der politischen Betätigung von Personen durch Polizeistellen und übernahmen selbst die Aufgaben der politischen Polizei. Sie richteten Nachrichtendienste ein, die zum Teil jetzt noch in Funktion sind[22]). Die deutschen Nachrichtendienste arbeiten nunmehr mit denen der Besatzungsmächte zusammen, Art. 4 Abs. 2 des Vertrages über die Rechte und Pflichten ausländischer Streitkräfte und ihrer Mitglieder in der Bundesrepublik Deutschland vom 23. 10. 1954[23]).

Nur unter Vorbehalten räumten die Besatzungsmächte der Bundesrepublik wieder die Befugnis ein, politisch-polizeiliche Aufgaben selbst wahrzunehmen. Durch den sog. Polizeibrief an den Parlamentarischen Rat gestatteten die Militärgouverneure der zukünftigen Bundesregierung, eine Stelle zur Sammlung und Verbreitung von Auskünften über umstürzlerische (subver-

[19]) Vgl. dazu Leverkuhn, Der geheime Nachrichtendienst der deutschen Wehrmacht, Frankfurt-Berlin 1957; Pruch, Erich, Abwehraußenstelle Norwegen, Marine-Rundschau 1956, 107 ff., über die Erkundungsarbeit von Januar bis April 1940; Hagen, Die geheime Front.

[20]) BGBl. 1956 II S. 834, Kap. 0404; vgl. auch Boveri, S. 112.

[21]) Kontrollratsgesetz Nr. 31 v. 1. 7. 1946, Amtsbl. d. Kontrollrats, S. 163.

[22]) Auf Grund des Vorbehaltes nach Art. 5 Abs. 2 des Vertrages über die Beziehungen der Deutschen Bundesrepublik zu den Drei Mächten, BGBl. 54 II, S. 61, der die Befugnisse der Besatzungsmächte nach Art. 1 e des Besatzungsstatuts insoweit aufrechterhält. Daran erinnert auch noch Art. 3 Teil I des Vertrages zur Regelung der aus Krieg und Besatzung entstandenen Fragen, BGBl. 1954 II, S. 157 und Art. I Gesetz der AHK v. 30. 8. 1951, AHK-Bl. 51, 1106, wonach Personen die den Besatzungsbehörden Informationen zugeleitet haben, wegen dieser Tätigkeit nicht vor Gericht gestellt werden dürfen; vgl. dazu Rumpf, Helmut, Deutsche Gerichtsbarkeit über Tatbestände mit Besatzungsberührung, JZ 57, 654 ff.

[23]) BGBl. 1955 II, S. 321.

sive) Tätigkeiten einzurichten, diese Stelle dürfe aber keine Polizeibefugnisse haben (police authority)[24]), und wiesen in dem Genehmigungsschreiben zum Grundgesetz noch einmal darauf hin, daß die Polizeifunktionen des Bundes im Einklang mit dem sog. Polizeibrief ausgeübt werden müßten[25]).

c) Auf Grund des Gesetzes über die Zusammenarbeit des Bundes und der Länder in Angelegenheiten des Verfassungsschutzes vom 27. 9. 1950[26]) wurden unter starker Einflußnahme der Besatzungsmächte das Bundesamt für Verfassungsschutz und in Anlehnung an dieses Gesetz in den Ländern Bayern, Hessen, Saarland, Schleswig-Holstein und Berlin auf Grund entsprechender Landesgesetze[27]) die Landesämter für Verfassungsschutz (LfV) errichtet. In Baden-Württemberg, Bremen, Hamburg, Rheinland-Pfalz fehlen ausdrückliche landesgesetzliche Grundlagen. Dennoch wurden auch dort Landesämter für Verfassungsschutz auf Grund interner Weisungen errichtet, in Baden-Württemberg auf Grund einer Regierungsverordnung[28]). Niedersachsen und Nordrhein-Westfalen haben zur Zeit keine Ämter für Verfassungsschutz. Es bestehen jedoch in den Innenministerien besondere Abteilungen, die die Aufgaben des Verfassungsschutzes wahrnehmen[29]).

[24]) Abgedruckt bei Schneider, Hans, Polizeirecht, München und Berlin 1950, S. 203. Den gleichen Beschränkungen unterliegt der CIA (Auslandsnachrichtendienst der USA), während der FBI als Bundespolizei polizeiliche Befugnisse hat.

[25]) Schreiben vom 12. Mai 1949, abgedr. VOBl. brit. Zone, Seite 416.

[26]) BGBl. I, S. 682, vgl. auch Anordnung der Bundesregierung vom 7. 11. 1950 (betr. Arbeitsweise und Dienstaufsicht über das BfV), abgedruckt im schriftlichen Bericht des 1. Untersuchungsausschusses — Fall John —, Bundestagsdrucksache, 2. Wahlperiode, Nr. 3728.

[27]) Bayern: Ges. üb. die Errichtung eines LfV v. 22. 11. 1950, GuVBl. S. 224;
Hessen: Ges. üb. die Errichtung eines LfV v. 19. 7. 1951, GuVBl. S. 43;
Saarland: Ges. üb. d. Errichtung eines LfV v. 8. 7. 1957, Amtsbl. Nr. 97 S. 669;
Schleswig-Holstein: Ges. üb. d. Errichtung eines LfV v. 30. 5. 1950, GVBl. S. 223;
Berlin: Ges. üb. d. Errichtung eines LfV v. 21. 2. 1952, GVBl. S. 106; Berlin hat auch das BVerfSchutzG übernommen, GVBl. 52, 377; VO der Bundesregierung v. 15. 5. 1954, BGBl. 54, 130.

[28]) Baden-Württemberg: VO der vorläufigen Regierung über die Errichtung eines LfV v. 10. 11. 52, GBl. S. 49; vgl. auch das inzwischen überholte Ausführungsgesetz v. 30. 11. 1950 in RegBl. S. 5 = SaBl. 51, 111.
Bremen: Mitteilungen des Senats v. 17. 10. 1950 und Erl. d. Senators f. Inneres v. 30. 9. 1952;
Hamburg: Mitteilung des Senats an die Bürgerschaft v. 1. 9. 1950;
Rheinland-Pfalz: Mündliche (!) Weisung des Innenministers in Verb. mit § 2 Abs. 2 des BVerfSchutzG.

[29]) Niedersachsen: Abschnitt III der Niederschrift über die 93. Sitzung des Niedersächsischen Staatsministeriums v. 5. 1. 1950, mit Änderung vom 7. 2. 1950;
Nordrhein-Westfalen: Ziff. 1 des RdErl. v. 16. 10. 51 betr. Verfassungsschutz.

In der DDR wurde der Staatssicherheitsdienst zunächst als Staatssekretariat im Innenministerium eingerichtet, durch Gesetz vom 8. 2. 1950 wurde das Ministerium für Staatssicherheit (MfS) geschaffen und der Staatssicherheitsdienst diesem Ministerium eingegliedert[30]). Im Juli 1953 wurde das Ministerium in ein Staatssekretariat zurückgebildet, durch Beschluß des Ministerrats vom 24. 11. 1955 über die Veränderung der Struktur des Regierungsapparates wurde das Staatssekretariat wieder in ein Ministerium für Staatssicherheit umgewandelt[31]). Auf Grund des § 1 der VO über weitere Maßnahmen zum Schutze der DDR vom 9. Juli 1952[32]) haben sich die Maßnahmen des Ministeriums für Staatssicherheit „generell auf die Verhinderung des Eindringens von Diversanten, Spionen und Terroristen in das Gebiet der DDR zu erstrecken". Ferner betreibt das MfS durch seine Hauptverwaltung Aufklärung (HVA) auch Auslands-Nachrichtendienst.

§ 16

Die gegenwärtigen Gegner

a) Die Bestrebungen, gegen die der Verfassungsschutz sich richtet, können in der Gegenwart auf zwei große Ideologien zurückgeführt werden, Kommunismus und Nationalsozialismus. Weitere denkbare weltanschauliche Lehren scheiden praktisch aus, weil sie im politischen Raum keinen Einfluß haben. Die Grundsätze der Staatsordnung, die der kommunistischen und nationalsozialistischen Ideologie entsprechen, sind unvereinbar mit den aus dem Grundgesetz als einer freiheitlichen demokratischen Rechtsordnung hervorgehenden Prinzipien. Trotz ihrer inneren Gegensätze können daher beide Lehren hier nebeneinander genannt werden. Die SRP, die einige Grundzüge der nationalsozialistischen Weltanschauung übernommen hatte und die KP sind auf Grund des Art. 21 GG vom BVerfG für verfassungswidrig erklärt und aufgelöst worden[1]). Damit sind diese Parteien aus dem offiziellen politischen Leben ausgeschieden, was aber nichts darüber besagt, ob durch diese

[30]) GBl. 1950, 95; vgl. auch § 4 Ges. über die Regierung der DDR vom 23. 5. 1952, GBl. S. 407.

[31]) GBl. 1956, S. 1.

[32]) GBl. S. 451.

[1]) BVerfGE 2, 11 ff. Urt. 23. 10. 52 gegen die SRP;
BVerfGE 5, 85 ff. = Sonderdruck Karlsruhe 1956, 3. Bd. Urt. v. 17. 8. 56 gegen die KP; Hans Kluth, Die KPD in der Bundesrepublik. Ihre politische Tätigkeit und Organisation 1945—1956, Köln, 1959.

Ideologien gekennzeichnete Gruppen weiter bestehen und in verfassungsfeindlicher Absicht nach Einfluß auf das politische Geschehen trachten.

Nationalsozialistische und rechtsradikale Gruppen können sich auf eine zahlenmäßig nicht starke, aber nicht zu verleugnende Schicht ehemaliger Funktionäre der NSDAP und ihr nahestehender Verbände, aber auch auf eine hier nicht näher zu erörternde, ihr zugeneigte Stimmung in bestimmten Bevölkerungskreisen stützen.

b) Die kommunistischen Gruppen haben ihren Rückhalt in der kommunistischen Partei der Sowjetunion, deren Ziel die Weltrevolution ist und in den Staaten des Ostblockes, die von kommunistischen Parteien beherrscht werden. Vor allem die kommunistischen Gruppen verfügen über eine reiche Erfahrung in der illegalen Arbeit, in die sie jetzt wieder, wie bereits oft in der Geschichte der kommunistischen Parteien, verdrängt worden sind. In den Ländern des Ostblocks bestehen Schulen, um ihre Anhänger systematisch in den Methoden des illegalen Kampfes zu unterrichten[2]). Von dort werden sie mit Material und Geld versorgt und geleitet. Als „Instrukteure" gründen und führen sie Organisationen mit begrenzten propagandistischen Zielen, um die Bevölkerung in Unruhe zu setzen und um Mißtrauen gegen die Organe des Staates und die Führer der Parteien zu wecken. Sie werben in den Betrieben, versuchen dort Zellen zu bilden und in die Betriebsräte und Gewerkschaften einzudringen. Plakate werden geklebt, Werbeschriften verteilt.

Zu der Agitation tritt die Ausspähung. Sie richtet ihr Augenmerk auf alle Tatbestände, die für die Gefährdung der Sicherheit der sozialistischen Staaten vor einer befürchteten Agression wesentlich sein könnten, also insbesondere Aufrüstung und Rüstungswirtschaft. Sie versucht aber auch, die Merkmale für den nach Marxistischer Lehre zu erwartenden Auflösungsprozeß der kapitalistischen Wirtschaftsordnung zu erkunden[3]).

Der Aufbau illegaler Gruppen, Agitation und Spionage fordern strenge Geheimhaltung. Die Grundsätze der Konspiration, d. h. des heimlichen Handelns einer organisatorisch und möglicherweise auch ideologisch fest

[2]) Vgl. dazu G, Nollau, Die Internationale, Köln 1959, S. 126 ff.; Leonhard, Wolfgang, Die Revolution entläßt ihre Kinder, Köln, Berlin 1955, S. 177 ff.; Margarete Buber-Neumann, Von Potsdam nach Moskau, Stuttgart 1957.

[3]) Dallin, S. 7. Vgl. auch „Enthüllungen über die Spionage im Bundesgebiet, Ergebnisse der Befragung eines Referatsleiters im sowjetzonalen Ministerium für Staatssicherheit" durch das BfV, Bulletin des Presse- u. Informationsamtes der Bundesregierung, 6. 6. 59, Nr. 100, S. 977 ff.

gefügten Gruppe sehen vor, daß nur die Zentrale einen Überblick über die bestehenden Arbeitsgruppen hat. Die Zentrale bleibt geheim, ihr Sitz liegt oft im Ausland. Mit ihren Arbeitsgruppen hält sie nur auf Umwegen über Mittelsmänner Kontakt, die oft nur ihren speziellen Auftrag, aber weder den Auftraggeber noch den Adressaten kennen. Die einzelnen Arbeitsgruppen stehen scheinbar völlig isoliert da, oft wissen sie nichts von der Existenz anderer Gruppen, mit denen Kontakt aufzunehmen ihnen strengstens verboten ist.

Die unvermeidlichen Berührungen sind flüchtig, möglichst unauffällig und durch wechselnde, genau vorgeschriebene Förmlichkeiten eingeleitet, die den Kontakt mit dem richtigen Partner garantieren sollen[4]). Chemie, Fotografie, Verschlüsselungsmethoden werden herangezogen, um Nachrichten und Aufzeichnungen zu tarnen. Geheimsender werden in Betrieb gesetzt, um Nachrichten zu übermitteln.

c) Die moderne Spionage beschränkt sich nicht darauf, die großen Staatsgeheimnisse, wie Aufmarschpläne, Befestigungspläne, Konstruktionspläne von Geheimwaffen zu erlangen. Sie will umfassende Kenntnisse über die Geheimnisse des Gegners gewinnen. Der Zugang zu allen diesen Geheimnissen eröffnet sich durch die systematische Sammlung von Einzelbeobachtungen, die bei planmäßiger Verarbeitung ein zutreffendes Bild vermitteln können.

Ein moderner Spionagedienst benötigt daher eine große Zahl von Helfern, die unter seiner Leitung Beobachtungen machen und sie zu der Zentrale weiterbefördern. Diese Agenten werden nach meist sorgfältiger Überprüfung ihrer Vergangenheit, Zuverlässigkeit und Eignung schriftlich zur Mitarbeit und Verschwiegenheit verpflichtet. Mitunter wird in skruppelloser Weise die Verpflichtung zur Mitarbeit abgenötigt oder auch menschliche Schwäche, Unzulänglichkeit oder Haltlosigkeit zur Anwerbung ausgenutzt. Die Agenten machen meist eine gewisse Schulung durch. Ihre Aufgabe ist es, bei Behörden und Betrieben, die interessant erscheinen, Arbeit aufzunehmen[5]).

[4]) Z. B. bestimmte Redewendungen, die für den unbefangenen Zuhörer völlig harmlos klingen, oder die Hälften eines zerschnittenen Papiers, die zusammenpassen müssen, vgl. Foote, S. 64 ff.; weitere Beispiele für die Anwendung konspirativer Methoden finden sich in den erstinstanzlichen Urteilen des BGHSt. z. B. in „Hochverrat und Staatsgefährdung" I S. 172, 191, 192, 220, 256; II S. 58, 150, 221, 245, 331; vgl. auch BVerfG, KP Prozeß Sonderdruck = BVerfGE 5, 85, 148 ff.

[5]) Dallin berichtet S. 431, daß das Amt Blank, die Organisation Gehlen und die AfV Ziel der Infiltration östlicher Nachrichtendienste geworden seien. Der Agent C. sei sogar Lehrer an einer Abwehrschule in Bad Homburg geworden, S. 409.

Andere sollen Verbindung mit dort beschäftigten Personen anknüpfen, die Unterlagen beschaffen und über ihre Beobachtungen berichten können, andere sollen selbst Beobachtungen bestimmter bedeutsam erscheinender Einzelheiten machen und alle greifbaren Nachrichten und Geheimnisse erforschen. Abschriften oder Ablichtungen werden besorgt, Ausweise entwendet, voll geschriebene Stenogrammblöcke gesammelt. Zu den besonderen Härten des „kalten Krieges" gehören Menschenraub und Verschleppung. Opfer dieser sorgsam vorbereiteten brutalen Aktionen sind in der Regel Agenten und Mitarbeiter der Abwehrbehörden des Gegners.

Im ganzen jedoch vollzieht sich die Spionage unauffällig und wenig abenteuerlich. In der Mehrzahl der Fälle ist es der „kleine Mann", der mit seinen Einzelbeobachtungen Mosaiksteine zu dem Bild beiträgt, das erst die Zentrale des Nachrichtendienstes zusammenstellt. Auch die Entgelte, die den Agenten bezahlt werden, bewegen sich meist in einem bescheidenen Rahmen. Eine monatliche Entschädigung, die außer den Spesen den Betrag von 150 bis 500 DM übersteigt, gehört zu den Ausnahmen[6]).

Dennoch ergänzen die Nachrichtendienste ihre Spionagetätigkeit durch besondere Listen, die sich nach den Gegebenheiten richten. Zum Beispiel bestand während des 2. Weltkrieges in Paris die Baustoffirma „Simex". Sie war als Spionagering von einem sowjetischen Nachrichtendienst gegründet worden, um Zugang zur Organisation Todt und damit Einblick in die Bauvorhaben der Wehrmacht zu gewinnen[7]). 1956 hatte ein östlicher Nachrichtendienst in einer Bonner Pension, in der auch Diplomaten abstiegen, mehrere Räume mit unsichtbar eingebauten Mikrofonen, die zu einer Abhöranlage und zu einem Tonbandgerät im Dachgeschoß gehörten, ausgestattet, um die Gespräche der Pensionsgäste abzuhören.

Um die Enttarnung eines Agenten oder eines ganzen Agentennetzes zu erschweren, werden der Arbeit die Grundsätze konspirativen Handelns zu Grunde gelegt. Dem Agenten ist in der Mehrzahl der Fälle die auftragserteilende Stelle unbekannt, er verhandelt vor und nach seiner Verpflichtung nur mit einzelnen Personen, die unter einem Decknamen auftreten. Man trifft sich nicht in offiziellen Dienststellen, sondern in vielfach wechselnden unverdächtigen Wohnungen oder auf der Straße und in Lokalen.

Der Agent erhält einen Decknamen, nur unter diesem tritt er bei der

[6]) Vgl. auch Foote, S. 34 u. 70ff. über die von der Roten Armee in der Schweiz zur Verfügung gestellten Beträge, die etwas höher liegen.

[7]) Dallin, S. 177. Im Jahre 1955 wurde die Fernsprechleitung des Ost-Büros der SPD in West-Berlin angezapft und systematisch überwacht, BGH 2 StE 65/57, Urt. vom 1. Juni 1957 (nicht veröffentlicht).

Zentrale und den Verbindungsmännern in Erscheinung. Ihm wird eine „Legende“ mitgegeben, die er im Fall einer Verhaftung zu erzählen hat. Er wird für den Transport seiner Nachrichten ausgerüstet, erhält Geheimtinten und Gegenstände, in denen er die Nachrichten verstecken kann. Für die weitere Arbeit werden Treffs in Lokalen und auf der Straße vereinbart, für unvorhergesehene Fälle Ersatztreffs und Ausweichtreffs. Dem Agenten wird eine Telefonnummer bekanntgegeben, die er im Notfalle benutzen soll.

Wenn es zweckmäßig erscheint, wird dem Agenten eine manchmal sich über Jahre erstreckende Zeit zugebilligt, um sich einzuleben. Er erhält seine Bezüge weiter und hat nichts zu tun, als sich in dem Lande, in dem er Nachrichten sammeln soll, zu legalisieren, damit sein Aufenthalt unverfänglich erscheint. Dann muß er aussichtsreiche Beziehungen anknüpfen, wobei ihm die Zentrale auf Grund ihrer Kenntnisse von den Verhältnissen des Aufenthaltsortes und der bisherigen Bekanntschaften des Agenten wertvolle Hinweise geben kann. Mit Hilfe dieser Systematik, die Zeit und Mittel nicht spart, gelang es einem östlichen Nachrichtendienst, einen seiner Agenten auf folgende Weise in das Amt Blank als Schreibkraft einzuschleusen. Da der betreffende Nachrichtendienst aus seinen Unterlagen die Namen einflußreicher Personen in Bonn und aus dem Lebenslauf des Agenten die Namen seiner Bekannten und Freunde entnehmen konnte, war er in der Lage, den Agenten anzuweisen, eine alte Bekanntschaft zu erneuern. Der Agent machte sich bei dem Betreffenden beliebt, bis dieser den Agenten schließlich für die begehrte Stellung empfahl. Der Agent wurde eingestellt und konnte Geheimdokumente seiner Dienststelle ablichten, bis es zu seiner Verhaftung kam[8]).

Für die Verbindung zwischen dem Agenten und seinem Auftraggeber sind Kuriere eingesetzt, die ebenfalls nach den Grundsätzen der Konspiration vorgehen müssen. Ihre Kenntnis von dem eigentlichen Auftraggeber und der Person des Agenten ist beschränkt. Vielfach nehmen sie nur einen von der Zentrale sorgsam vorbereiteten Treff mit einer ihnen völlig unbekannten Person wahr, die sie auf Grund besonderer Erkennungszeichen feststellen; oder sie leeren die „Briefkästen“ aus, die von den Agenten an unbeobachteten Stellen im Freien angelegt wurden und in denen die Meldungen deponiert sind.

d) Die besonderen Verhältnisse in dem geteilten Deutschland, die vielfachen persönlichen Beziehungen über den eisernen Vorhang hinweg, die

[8]) BGHSt. StE 8/54, Urt. v. 25. 5. 1954, nicht veröffentl.

Möglichkeit, ohne als Ausländer die Aufmerksamkeit auf sich zu ziehen, in beiden Teilen unauffällig zu leben und zu reisen, oder als Spätaussiedler oder Flüchtling sich in der Bundesrepublik zu legalisieren, die offenen und unübersichtlichen Grenzen in Berlin[9]), die wirtschaftliche Not einzelner Personen kommen der Anwendung nachrichtendienstlicher Methoden entgegen. Diese günstigen Bedingungen tragen dazu bei, daß die verschiedensten östlichen und westlichen Nachrichtendienste hier ihr Betätigungsfeld suchen.

Das Risiko, dem der einzelne Agent ausgesetzt ist, bleibt groß trotz oder gerade wegen der konspirativen Methoden. Er ist eingeordnet in ein Netz von Mitarbeitern, die er nicht kennt, deren Zuverlässigkeit sich seiner Beurteilung und Beobachtung entzieht. Sobald nur einer dieser unbekannten Mitarbeiter der Abwehrbehörde des Gegners bekannt ist, droht ihm Gefahr, denn eine sorgsame Verfolgung der einmal entdeckten Spur kann auch zu seiner Enttarnung führen. Es ist keine Seltenheit, wenn ein Agent die Nerven verliert, einen Fehler macht oder sich selbst der Abwehrbehörde stellt. Unter den gegenwärtigen Verhältnissen ist es aber auch keine Ausnahme, wenn ein Agent seine bisherige Tätigkeit bereut und sich freiwillig der gegnerischen Abwehr offenbart, denn in einer ideologisch bedingten Auseinandersetzung kann eine Überzeugung auch einer besseren — oder geänderten — Ansicht weichen. Dann aber wird das frühere Tun als Landesverrat, die Offenbarung an den Gegner als Pflicht des Gewissens empfunden[10]).

Andere Personen, in deren Hand sich der Agent befindet, sind fragwürdigen Charakters. Er kann nicht wissen, ob sie nicht bereits seit langer Zeit auch mit dem gegnerischen Abwehrdienst zusammenarbeiten oder über-

[9]) Die Zahl der wegen Landesverrats, §§ 99—101 StGB, verurteilten Personen in West-Berlin ist im Vergleich zur Bundesrepublik unverhältnismäßig hoch. Es wurden 1954 16 (0,9 je 10 000 Personen), 1955 46 (2,4 je 10 000 Personen), 1956 80 und 1957 132 Personen verurteilt, in der Bundesrepublik dagegen 1954 nur 39 (0,1), 1955 92 (0,2), obwohl Berlin bei der Gesamtzahl der wegen Verbrechen und Vergehen Verurteilten sogar etwas hinter der Bundesrepublik zurückbleibt. In der Bundesrepublik wurden je 100 000 Einwohner 1954 1281 und im Jahre 1955 1331, in Berlin aber nur 1954 969 und 1955 1263 Personen verurteilt; Statistik der Bundesrepublik Deutschland, Bd. 172, S. 131.

[10]) § 153c StPO baut dem Täter eine „goldene Brücke". Es kommt vor, daß hochintelligente und aus idiologischer Überzeugung handelnde Täter in der Bundesrepublik und in der DDR als Verräter angesehen und fallengelassen werden. Dies widerfuhr dem Dipl.-Ing. W. und der Wirtschaftsassistentin W., die sich aus Überzeugung der DDR gegenüber zu Diensten verpflichtet glaubten, die ihnen der BGH dann als Landesverrat — gegenüber der Bundesrepublik — vorwarf, BGH 2 StE, Urt. v. 12. 4. 1957 (nicht veröff.).

haupt nur noch zum Schein und im Einverständnis mit der Abwehrbehörde die Beziehung zu dem Agenten und dem Nachrichtendienst, für den er arbeitet, aufrechterhalten. Denn die nachrichtendienstliche Tätigkeit übt auf zwielichtige Charaktere eine erhöhte Anziehungskraft aus.

Die Urteile, die der BGH in erster Instanz wegen Landesverrats gefällt hat, enthüllen ein erschütterndes Bild vom Mißbrauch, der mit der Not des Einzelnen, mit der menschlichen Schwäche und Unzulänglichkeit getrieben wird. Es werden Menschen bestraft, die unter normalen Lebensbedingungen niemals mit dem Gesetz in Konflikt geraten wären, die aber den Versuchungen und Drohungen, denen sie ausgesetzt werden, nicht gewachsen sind. Der Auseinandersetzung zwischen Ost und West, deren Grundlagen sie oft nicht begreifen, fallen sie zum Opfer.

Das Risiko der Agententätigkeit, besonders unter den in Deutschland obwaltenden Umständen, zeigt ein Urteil des BGH von 1956. Der Fall reißt zugleich die tragische Schuld auf, in die der Einzelne verstrickt werden kann, der bestraft wird, weil er die Pflicht erfüllt, die ihm der Staat auferlegt. Der Angeklagte, J., führte in der sowjetisch besetzten Zone Deutschlands das Leben eines unbescholtenen Mannes in kleinen Verhältnissen. Eines Tages ging ihm ein Schreiben mit der Aufforderung zu, in Berlin in dem Büro einer näher bezeichneten Vereinigung vorzusprechen. In der Besorgnis, es könne sich dahinter etwas Verbotenes verbergen, ging er zu seiner örtlich zuständigen Polizeibehörde und legte ihr den Brief vor. Obwohl er nichts tat, als was jeder loyale Staatsbürger unter normalen Umständen in gleicher Situation hätte auch tun können, setzte ihn dieser Schritt Konflikten aus, denen er nicht gewachsen war. Pflichtgemäß leitete die Polizeibehörde das Schreiben an das damalige Staatssekretariat für Staatssicherheit (SfS) weiter. Dieses verpflichtete J. und beauftragte ihn, auf das ihm zugegangene Angebot einzugehen und über alle Einzelheiten genauestens Bericht zu erstatten – eine Abwehrmaßnahme des SfS, die ähnlich auch von einer Abwehrbehörde der Bundesrepublik vorgenommen werden könnte. J. fuhr nach Berlin und wurde aufgefordert, in seiner Heimat Nachrichten zu sammeln. Weisungsgemäß ging er auf dieses Angebot eines französischen Nachrichtendienstes ein, sammelte die angeforderten Nachrichten und leitete sie – nachdem sie im SfS geprüft und zum Teil abgeändert waren – an seine Auftraggeber weiter. Später wurde das Agentennetz, dem er zugehörte, auf den Nachrichtendienst Gehlen umgeschaltet, der als deutscher Nachrichtendienst anzusehen war. Von dieser Umstellung erfuhr auch J. Er teilte dies dem SfS mit und offenbarte ihm die Verbindungslinien, die ihn mit seinem neuen Auftraggeber verbanden. Auch meldete er, zu welcher Zeit und an welchem Ort der von J. mit Nachrichten versehene Briefkasten geleert wurde — auf Weisung der Abwehrbehörde hatte J. den Briefkasten so in seinem Garten angelegt, daß er unauffällig zu beobachten war. Daher konnte sich das SfS des Kuriers bemächtigen und ihn für die weitere Enttarnung des Agentenetzes gewinnen. Mit seiner Hilfe wurden mehrere Agenten der Organisation Gehlen verhaftet. Obwohl damit die Aufgabe des J. erledigt war, wurde er einige Zeit später in die Bundesrepublik geschickt, um einen ehemaligen Offizier als Agenten anzuwerben. Dieser verständigte die westdeutsche Abwehr, mit der er bereits in Verbindung stand, so daß J. schließlich verhaftet wurde. Der BGH verurteilte J. nicht nur wegen versuchter Anstiftung zum Landesverrat, weil er versucht hatte, den ehemaligen Offizier anzuwerben, sondern wegen vollendeten Landersverrats, weil er geheimhaltungsbedürftige Tatsachen, die das Agentennetz der Organisation Gehlen betrafen, verraten hatte. Weil das „Spiel" mit dem französischen Nachrichtendienst nicht Staatsgeheimnisse der Bundesrepublik betraf und daher nach ihrem Recht nicht strafbar war, richtet sich der Schuldvorwurf gegen das Unvermögen des J., sich aus der nachrichtendienstlichen Tätigkeit zurückzuziehen, nachdem er auf einen deutschen Nachrichtendienst umgeschaltet worden war.[11])

Fragt man sich aber, wie J. das hätte machen sollen, ohne eines der ihm anvertrauten Geheimnisse zu verraten und ohne selbst Schaden zu leiden oder zumindest Verdacht zu erregen, erkennt man, daß J. in eine Situation hineingeraten war, die zu beherrschen seine Kräfte überstieg, ein Konflikt, der auch durch die Flucht in die Bundesrepublik nicht ohne Rest lösbar gewesen wäre. Er konnte dem Agenten Gehlens nicht sagen, er wolle nicht mehr mitmachen, da er auch für den SfS arbeite. Er hätte ein Staatsgeheimnis der DDR verraten. Er konnte auch nicht dem SfS mitteilen, weil nunmehr das Netz auf eine deutsche Dienststelle umgeschaltet sei, wolle er sich zurückziehen. Er hätte bereits damit ein Staatsgeheimnis der Bundesrepublik verraten. Hätte er sich stillschweigend zurückgezogen und beiden Nachrichtendiensten die Mitarbeit versagt, wäre Raum für eine Vielzahl von Verdächtigungen gewesen. Eine Lüge oder einen anderen Ausweg zu finden, ohne den Argwohn der an Erfahrungen, Intelligenz und Hilfsmitteln

[11]) BGHSt. StE 11/56, Urt. v. 11. 9. 56, nicht veröffentl.; außerdem hat der BGH geprüft, ob ein Verstoß gegen das Freiheitsschutzgesetz vorlag.

reichen Nachrichtendienste zu wecken, fordert an geistiger Gewandtheit und Überlegenheit ein Maß, das nicht jedem gegeben ist.

Die strafrechtliche Gleichbehandlung von gegnerischer Spionage und gegnerischer Spionageabwehr als Landesverrat mag unter normalen Verhältnissen hingenommen werden können. In dem gespaltenen Deutschland wird sie fragwürdig. Schiebt man den Notwehrgedanken beiseite, muß es zu Verzerrungen im Strafrechtssystem kommen[12]). Die Strafe verliert ihre ethische Rechtfertigung als Sühne für begangenes Unrecht und wird zur zweckbestimmten Abwehrmaßnahme. Der Agent wird unschädlich gemacht. Aber er ist auch ein Mensch, der in den Konflikt der sich gegenseitig ignorierenden Rechtsordnungen geraten ist. Leid und Strafe, die er ertragen muß, können schwerlich aus einem idealistischen Verständnis des Rechts gerechtfertigt werden. Im Grunde konkurrieren hier sittliche Forderungen, die in der Unvollkommenheit und Begrenztheit allen Irdischen nicht miteinander vereinbar sind. In einer solchen Situation bleibt der Handelnde in jedem Falle etwas schuldig[13]), und zwar nicht nur der Agent, der Rechtsbefehlen unterworfen ist, die in unlösbarem Widerspruch stehen, sondern auch der Staat, der im Kampf um seine Existenz die sittlichen Forderungen vernachlässigt und sich von Zweckmäßigkeitserwägungen und dem Gedanken der Staatsräson bestimmen läßt.

Einen dornenvollen Weg mußte ein Mitglied einer „Westberliner Flüchtlingsorganisation" gehen, um wieder in das bürgerliche Leben zurückkehren zu können. Er hatte sich gegenüber dem Staatssicherheitsdienst im Ostsektor von Berlin zur nachrichtendienstlichen Tätigkeit und zur Verschwiegenheit verpflichtet. Nach gewisser Zeit offenbarte er sich der Westberliner Polizei. Daraufhin wurde ein Verfahren wegen landesverräterischer Beziehungen, § 100 e StGB, gegen ihn eingeleitet. Um dem zu entgehen, floh er in den sowjetischen Sektor Berlins. Der Strafsenat des Stadtbezirksgerichts Berlin-Mitte (Sowjetsektor) verurteilte ihn nach § 353 b StGB, da er die dem Staatssicherheitsdienst gegenüber eingegangene Verpflichtung zur Verschwie-

[12]) Unter engen Voraussetzungen erkennt Jagusch, LK, § 100 Anm. 4 c, im Falle der Anzeigepflicht einen übergesetzlichen Pflichtnotstand als Rechtfertigungsgrund an. Der BGH schränkt die Anwendbarkeit des § 100 d StGB auf diejenigen Personen ein, denen der Bundesrepublik gegenüber eine Treupflicht obliegt, BGHSt. 7. 11. 56, Hochverrat und Staatsgefährdung II, 43 (69 ff.). Dadurch entfallen einige Kollisionen. Auf die bedenkliche Handhabung des § 100 e StGB durch einige OLG weist Ruhrmann, Verfassungsfeindliche und landesverräterische Beziehungen, NJW 59, 1201, eindrucksvoll hin.

[13]) Herrfahrdt, S. 210.

genheit verletzt hatte. Nach teilweiser Verbüßung der Strafe kehrte er in den Westsektor zurück und wurde erneut vor Gericht gestellt. Das Kammergericht verurteilte ihn wegen Unterhaltung landesverräterischer Beziehungen, § 100 e StGB[14]), eine Entscheidung, die zu denken geben sollte, auch wenn mit § 153 c StPO Härten vermieden werden können.

e) Eine Vorstellung vom Umfang der verfassungsfeindlichen Umtriebe vermittelt ein Blick auf die Kriminalstatistik und die Strafverfolgungsstatistik, wenn man sich des begrenzten Aussagewertes statistischer Erhebungen bewußt bleibt. Die polizeiliche Kriminalstatistik des Bundeskriminalamtes verzeichnet in der Rubrik „Hoch- und Landesverrat" für 1957 12 600 und für 1958 13 823 gemeldete Fälle. Nach den Aussagen des Oberleutnants Dombrowski der Nationalen Volksarmee der DDR und des Hauptmanns Heim im Ministerium für Staatsicherheit der DDR sollen allein 12 500 Agenten des MfS im Westeinsatz tätig sein, davon 2—3000 mit Wohnsitz in der Bundesrepublik und etwa 10 000 geheime Mitarbeiter, die in der DDR für den Einsatz in der Bundesrepublik zur Verfügung ständen[15]). Hierzu kommen nach Schätzungen des BfV etwa 2000 Agenten der Sowjetunion und 1500 Agenten der Satellitenstaaten, die zum Teil in ihrer Heimat, zum Teil in der Bundesrepublik nachrichtendienstlich tätig seien. Jährlich würden durch eigene Abwehr etwa 2800 Agenten ermittelt.

Nur ein Bruchteil all dieser Fälle wird allerdings den Gerichten zur Aburteilung übergeben, sei es, weil die Ermittlungen erfolglos bleiben, vor allem der Täter nicht ergriffen werden kann, sei es, weil das Verfahren aus anderen Gründen formgerecht eingestellt wird[16]). Daher weist die im Auszug wiedergegebene Strafverfolgungsstatistik für die Jahre 1952 bis 1957 Zahlen erheblich geringerer Größenordnung auf. Hinsichtlich der Verurteilungen nach § 100 bis 100 e StGB bedarf die Statistik einer Ergänzung: das Statistische Bundesamt zählt Verurteilungen stets bei dem Delikt, für das die höchste Strafe angedroht ist. Vergehen nach §§ 100 bis 100 e StGB werden nach dieser Methode statistisch nicht erfaßt, wenn gleichzeitig ein Verbrechen oder auch nur ein Vergehen zur Aburteilung stand, für das eine Mindeststrafe angedroht ist. Die absoluten Zahlen der nach § 100 bis 100 e

[14]) KG Urt. v. 25. 7. 57, NJW 57, 1935.

[15]) Bulletin des Presse- u. Informationsamtes der Bundesregierung v. 6. 6. 1959, Nr. 100, S. 977 ff.

[16]) BMinI Schröder, Bulletin des Presse- u. Informationsamtes der Bundesregierung 1957, S. 76 spricht von einer Einstellungsquote von 2/3 bis 3/4; zur Einstellung nach § 153 c StPO vgl. Wagner, GoldA 58, 211.

StGB Verurteilten betragen unter Einschluß der in Berlin Verurteilten nach einer vom BfV erarbeiteten Statistik:

1951/52	1953	1954	1955	1956	1957	1958
5	30	83	213	325	388	414

Kriminalstatistik und Strafverfolgungsstatistik zeigen seit Jahren eine ständige Zunahme der einschlägigen Delikte, die nicht nur auf erfolgreichere Abwehrmaßnahmen, sondern mit unübersehbarer Deutlichkeit auf eine zunehmende gegnerische Initiative auf dem Gebiet des Nachrichtendienstes hinweist. Die Höhe der verhängten Strafen läßt jedoch den Schluß zu, daß nur wenige wirklich gravierende und die Bundesrepublik ernsthaft gefährdende Unternehmungen abgeurteilt worden sind, weil von 1952 bis 1957 insgesamt nur 32 Täter zur Zuchthausstrafe verurteilt wurden[17]).

Auch die zunächst erschreckend hohe Zahl der 1953 nach §§ 49 b, 90 a, 128 bis 129 a StGB verurteilten Personen erscheint in einem anderen Licht, wenn man berücksichtigt, daß von den 1337 Verurteilten 1304 zu weniger als 3 Monaten Gefängnis und 10 weitere lediglich zu Geldstrafe verurteilt worden sind.

Dennoch wäre es verfehlt, aus der Milde, mit der die Gerichte in der Regel vorgehen und die sich mit Sicherheit aus der Statistik nachweisen läßt, den Schluß zu ziehen, der Verfassungsschutz habe es in der Bundesrepublik in der Regel nur mit Bagatellsachen zu tun. Die maßvolle Haltung der Richterschaft bei Anwendung der zum Teil schweren Strafdrohungen des Strafrechtsänderungsgesetzes hat andere Ursachen. Einmal werden den Gerichten fast ausnahmslos nur die kleinen Handlanger zur Aburteilung vorgeführt, die führenden, für die Bundesrepublik gefährlichen Kräfte halten sich in der Regel außerhalb der Reichweite der Strafverfolgungsorgane auf oder können sich ihrem Zugriff rechtzeitig entziehen. Ferner ist die Richterschaft bemüht, auch in der Auseinandersetzung mit dem Osten die Strafgewalt nicht zum Kampfinstrument zu denaturieren und in dem Angeklagten stets den Menschen zu sehen. Daher wurde bisher immer von der Möglichkeit Gebrauch gemacht, den nach §§ 80, 81, 83, 89 StGB strafbaren Angeklagten mildernde Umstände zuzubilligen und sie vor dem Zuchthaus zu bewahren. In einem Falle hielt z. B. der BGH einem maß-

[17]) Auf Zuchthaus wurde erkannt wegen Landesverrats, §§ 100—100 e
1952: —; 1953: 3; 1954: 13; 1955: 9; 1956: 6; 1957: —;
wegen verfassungsverräterischer Absicht, § 94
1952: —; 1953: —; 1954: —; 1955: 1; 1956: —; 1957: —.
(Statistik der Bundesrepublik Deutschland, Bd. 129, 158, 172).

geblichen Spitzenfunktionär der KP vor, er habe 1952 ein konkretes hochverräterisches Unternehmen gegen die verfassungsmäßige Ordnung vorbereitet, ein Verbrechen, das nach § 81 StGB mit Zuchthaus bis zu 10 Jahren zu bestrafen ist. Der BGH erkannte aber nur auf eine Strafe von 3 Jahren Gefängnis und berücksichtigte strafmildernd, daß sich jenes Unternehmen als völliger Fehlschlag erwiesen habe, der Angeklagte in nationalsozialistischer Zeit verfolgt wurde, jetzt sehr krank sei und möglicherweise unter dem Druck der Parteiführung gestanden habe[18]).

Die von 1952–1957 in der Bundesrepublik nach §§ 80–100 f. und § 128–129 a StGB abgeurteilten und verurteilten Erwachsenen und Jugendlichen (ohne Westberlin):

Straftaten	Abgeurteilte						Verurteilte					
	1952	1953	1954	1955	1956	1957	1952	1953	1954	1955	1956	1957
80, 81, 83	—	4	3	3	5	9	—	—	2	1	3	2
84	—	11	51	39	8	5	—	4	20	8	7	—
89	155	—	—	—	—	—	145	—	—	—	—	—
90	—	278*)	5	1	1	—	—	260*)	4	—	1	—
90a	**)	**)	133	130	52	14	**)	**)	82	87	41	14
91	—	5	15	7	22	1	—	5	8	6	8	—
92	4	3	4	7	2	3	4	1	4	4	2	2
93	1	5	16	10	7	18	1	2	2	2	4	14
94	—	—	6	37	86	73	—	—	4	29	82	65
95, 97	—	20	73	43	10	5	—	3	4	16	10	3
96, 131	7	8	—	9	15	14	4	7	—	9	11	12
100, 100a, 100b	—	5	17	14	13	26	—	5	12	14	12	25
100c—100f	—	14	46	111	189	206	—	12	37	97	174	185
	**)	**)					**)	**)				
128—129a	15	1361	192	401	132	79	12	1337	172	317	119	44

§ 17

Die Methoden der Abwehrdienste

Gegenüber den konspirativen Methoden versagen die üblichen Arten der Ermittlung. Das allgemeine Beobachten durch Streifendienste der Polizei,

[18]) Hochverrat und Staatsgefährdung II, 308 (324). Die maßvolle Haltung betont auch Güde, S. 27.

*) Die Statistik für 1952 und 1953 hat die §§ 316 b, 317 zu § 90 zugeschlagen.

**) Die Statistik für 1952 und 1953 weist die Verurteilten-Ziffern für §§ 49 b, 90 a, 128—129 a zusammen aus.

(Statistik der Bundesrepublik Deutschland
Stuttgart — Bd. 129 für 1952, 1953. Bd. 158 für 1954, Bd. 172 für 1955, für 1956 und 1957 dank besonderer Mitteilung des Bundesjustizministeriums.)

die Vernehmung von Zeugen, die Spurensuche führen allenfalls zur Enttarnung eines einzelnen Agenten, nicht aber zur Aufdeckung eines ganzen Netzes. Denn der Gegner wäre gewarnt und würde sofort seine Arbeit umstellen, wenn es zu einer Vernehmung oder Verhaftung käme.

In der Regel erfährt der Staat durch den Verletzten, der Anzeige erstattet, ob es zu einem Rechtsbruch gekommen ist. Da aber die Nachrichtendienste ihre Erkenntnisse geheim halten und im Verborgenen arbeiten, gehört es zu den Ausnahmen, wenn der Staat von dem Gelingen einer Ausspähung Kunde erhält[1]). Eine Revolution, ein Staatsstreich, der insgeheim vorbereitet wird, ist erst offenkundig, wenn der erste Angriff erfolgt. Daß dann eine Abwehr zu spät kommen kann, bedarf keiner weiteren Erörterung.

Daher müssen die Abwehrbehörden sich weitgehend in ihrer Arbeit den Methoden ihres Gegners anpassen. Die Informationsfunktion und die Schutzfunktion eines Nachrichtendienstes können zwar theoretisch unterschieden werden, in der Praxis sind sie jedoch ineinander verwoben, weil die Aufklärung eines gegnerischen Nachrichtendienstes zugleich der Information und der Abwehr dient und weil die Arbeitsweise in etwa die gleiche ist[2]). Ein erfolgreiches Vorgehen der AfV ist nur vorstellbar, wenn sie sich die Grundsätze, von denen die Arbeitsweise aller Nachrichtendienste bestimmt ist, zu eigen machen, — *soweit dies im Rahmen der Gesetze möglich ist.*

Für jeden Nachrichtendienst ist Geheimhaltung oberstes Gebot. Die Beobachtung wird systematisch und mit bestimmten Methoden betrieben. Einzelne Personen oder Personengruppen werden heimlich und fortdauernd beobachtet, sei es, weil sie verdächtig sind, sei es, weil sie als Geheimnisträger besonders gefährdet erscheinen. Dabei ist die unmittelbare Beobachtung durch Observanten, die den Betroffenen unauffällig verfolgen, nur eine der zur Verfügung stehenden Möglichkeiten. Erfolgreicher pflegt die mittelbare Methode zu sein. Aus den verschiedensten Quellen wird das Material zusammengetragen; wie bei der Ausspähung ergibt sich das richtige Bild erst, wenn die Fülle der Einzelbeobachtungen in der Zentrale ausgewertet wird.

Bei der Beschaffung der Nachrichten können die Abwehrdienste mit anderen Behörden zusammenarbeiten, von ihnen Meldungen entgegennehmen und deren Akten studieren. Das vermittelt eine Vielzahl von Erkenntnissen,

[1]) Erasmus, S. 20.
[2]) vgl. Erasmus, S. 17.

wenn die Auswertung systematisch erfolgt. Der Post- und Fernmeldeverkehr wird überwacht. Vor allem in Kriegszeiten pflegen die Staaten die Auslandspost einer strengen Zensur zu unterwerfen. In der Bundesrepublik ist die Überwachung des Fernmeldeverkehrs allerdings ausgeschlossen, die des Briefverkehrs wesentlich eingeschränkt (vgl. unten § 28).

Auch die Mithilfe der Bevölkerung spielt eine Rolle. Es werden nicht nur Meldungen und Beobachtungen aus der Bevölkerung entgegengenommen, sondern auch die Beziehungen zu sog. Gewährsleuten systematisch gepflegt. Die politische Polizei Frankreichs z. B. stand durch die wechselnden Herrschaftssysteme des 19. und 20. Jahrhunderts hindurch in regelmäßiger Verbindung mit den Pariser Hausmeistern, die über ihre Beobachtungen aus der Perspektive der Portiersloge zu berichten hatten.

Eine moderne und Erfolg versprechende Methode ist, eigene Agenten in das gegnerische Lager einzuspielen und Agenten des Gegners für die Zwecke der Abwehr zu gewinnen, im Fachjargon wird dies mit „umdrehen" bezeichnet. Diese Agenten, auch Vertrauensleute oder kurz V-Leute genannt, werden mit „Spielmaterial", das sind echte und unechte Staatsgeheimnisse, versorgt, das sie dem gegnerischen Spionagering zuleiten dürfen. Über ihre Erkenntnisse, die sie bei ihrer Tätigkeit im In- und Ausland gewonnen haben, berichten die V-Leute genau der Behörde. Aber der Verkehr mit den V-Leuten wird meist nicht unmittelbar, sondern durch einzelne Mitarbeiter, deren Zugehörigkeit zum Abwehrdienst der Geheimhaltung unterliegt, abgewickelt. Man trifft sich unter Beachtung der Grundsätze der Konspiration in „Außenstellen", die auch im Ausland liegen können, oder an anderen unverfänglichen Stellen.

Oft beschränkt sich eine Abwehrbehörde nicht auf diese überwachende und beobachtende Tätigkeit. Sie versucht, den Gegner durch „Spielmaterial" zu täuschen und von den schutzbedürftigen Geheimnissen abzulenken. Aus seinen Reaktionen auf das „Spielmaterial" kann sie weitere Erkenntnisse über Aufbau und Tätigkeit des Spionagenetzes gewinnen. Gerade derartigen Spielen pflegen die Abwehrdienste ihre besondere Aufmerksamkeit zuzuwenden. Wenn der Gegner sie durchschaut, und das ist durchaus nicht selten, kompensieren sich die von beiden Seiten eingesetzten Kräfte. Gelegentlich erproben Abwehrdienste auch Zuverlässigkeit und Gesetzestreue der überwachten Personen, indem sie sie durch ihre Mittelsmänner zu strafbaren Handlungen anstiften. Arendt nennt dieses erfolgversprechende Mittel der Abwehr, das die Suche nach Beweismaterial überflüssig macht, da es den Betroffenen in eine neue Straftat verstrickt, die durch das Zeugnis der Mittelsmänner leicht nachzuweisen ist, „den Grundstein der Geheimpolizei"[3]).

Die eingehenden Nachrichten müssen auf ihre Glaubwürdigkeit geprüft und entsprechend bewertet werden. Manche der Auskunftsquellen sind trübe. Denunziationen werden herangetragen, für den Gegner ein beliebtes Mittel, um Verwirrung zu stiften und Abwehrbeamte und Agenten auszuschalten. Auch die Agenten selbst sind nicht stets zuverlässig, weil oft charakterlich zwielichtige Erscheinungen herangezogen werden. Manchen ist der Verrat ein Geschäft und sie arbeiten für beide Seiten. Außer den Täuschungsmanövern des Gegners erschweren aufgebauschte, unvollständige und von Irrtümern durchsetzte Nachrichten die Aufklärung des Sachverhalts.

Daher sind die Erkenntnisse der Abwehr meist nicht gewiß, sondern nur wahrscheinlich. Man kennt verschiedene Grade der Glaubwürdigkeit, Meldungen, die von dritter Seite bestätigt sind, oder unbestätigte Meldungen[4]). Die letzteren können wiederum aus sonst zuverlässiger oder aber aus ungeprüfter Quelle stammen. Nach dem Umfang und der Qualität der vorliegenden Meldungen unterscheidet man zwischen Anhaltspunkten, Verdacht und geklärtem Sachverhalt.

Die gesammelten, bewerteten und geordneten Nachrichten werden verwertet. Die Abwehr kann, je nach dem Umfang der ihr zur Verfügung stehenden Mittel, selbst Abwehrmaßnahmen einleiten oder die Nachrichten an die Polizei und die Staatsanwaltschaft geben, die, beraten von den Abwehrbehörden, in eigener Zuständigkeit entscheiden, was zu unternehmen ist.

§ 18

Die gesetzliche Ermächtigung der Ämter für Verfassungsschutz

a) Der Überblick zeigte, daß die Beschränkung des Aufgabenkreises der AfV auf das Sammeln und Auswerten von Nachrichten keine Neuheit ist. Es waren in Deutschland sowohl der Staatskommissar für öffentliche Sicherheit als auch der SD als reine Nachrichtenstelle ohne Exekutivbefugnis errichtet[1]). Die Möglichkeit, die Aufgabe des Erkundens und Erforschens von der Aufgabe der Bekämpfung des Gegners auch im Behördenaufbau zu

[3]) S. 667.

[4]) Nicolai, Nachrichtendienst, S. 14.

[1]) Ob der SD sich daran gehalten hat oder wenigstens halten sollte, muß dahinstehen.

trennen, folgt aus der Erkenntnis der Polizeipraxis, daß es unerläßlich ist, den Gegner systematisch und umfassend zu beobachten. Das erfordert einen Behördenapparat, der mit einer gewissen Selbständigkeit zu arbeiten in der Lage ist. Man kann bereits in Stengels 1890 erschienenem Handwörterbuch des Verwaltungsrechts lesen, die Aufsichtspolizei, worunter die Erforschung durch Erkunden und Beobachten zu verstehen ist, und die Exekutive seien zwei Organismen mit eigenen Funktionen[2]). Für die politische Polizei und für die Abwehr hat die Beobachtung eine größere und andersartige Bedeutung als für die Sicherheitspolizei. Im Gegensatz zu den Angriffen auf die Rechtsgüter des Einzelnen, die sich meist auf Einzelaktionen beschränken, sind die staatsgefährdenden Delikte stets Teil eines größeren Zusammenhangs. Auch die hochverräterische Spionage ist Teil eines Ganzen, denn selbst wenn der Spion allein arbeitet, ist er mit seinem Auftraggeber in Verbindung, der sich nicht mit einem Agenten zufrieden geben wird. Nur wenn diese Zusammenhänge im einzelnen erkannt sind, besteht Aussicht, die Gefahr, die dem Staat droht, rechtzeitig abzuwehren[3]). Daher bezeichnet Weiß mit Recht den politischen Nachrichtendienst als das Rückgrat der politischen Polizei[4]). Auch hinsichtlich der Auswertung der gesammelten Nachrichten unterscheiden sich die Aufgaben der politischen Polizei von denen der allgemeinen Polizei. Die von der allgemeinen Polizei gewonnenen Erkenntnisse werden in der Regel unmittelbar und ausschließlich der repressiven und präventiven Verbrechensbekämpfung nutzbar gemacht. Die Aufgabe, die Regierung zu unterrichten, tritt davor zurück. Wegen des hochpolitischen Charakters der verfassungsfeindlichen Umtriebe haben dagegen die Erkenntnisse der politischen Polizei für die Regierung größte, unter Umständen existenzentscheidende Bedeutung. Die unmittelbare Information der Bundesregierung steht daher auch im Vordergrund der Aufgaben des BfV, das durch Ziffer 6 der Anordnung der Bundesregierung über die Einrichtung des BfV vom 7. 11. 1950[5]) angewiesen wird, dem Bundeskanzler und den zuständigen Bundesministern unmittelbar über alle wichtigen Feststellungen i. S. des § 3 Abs. 1 BVerfSchG zu berichten. Die Unterstützung der Exekutive ist nur ein Teilgebiet der Aufgaben der AfV.

Es ist zunächst also nur eine Frage der Behördenorganisation, ob der

[2]) Herausgegeben von Stengel, 2. Bd., S. 247, v. Stein, Stichwort „Polizei".
[3]) Vgl. Friedrichs, S. 649.
[4]) S. 99.
[5]) Abgedruckt im Schriftl. Bericht des 1. Untersuchungsausschusses des 2. Dt. Bundestages (John-Ausschuß), Drucks. 3728.

Nachrichtendienst mit der Exekutive vereinigt oder von ihr getrennt eingerichtet werden soll. Für die gegenwärtigen Verhältnisse aber war bestimmend, Zuständigkeit und Befugnisse der politisch-polizeilichen Behörde einzuengen, um einen Mißbrauch der Macht zu verhindern. Aber wenn den AfV polizeiliche Befugnisse abgesprochen worden sind, handelt es sich nicht nur um das Recht der Polizei, Verhaftungen vorzunehmen und Verhöre durchzuführen. Vielmehr entfallen damit alle die Befugnisse, die man unter dem Begriff „Zwangsmittel der Polizei" zusammenfaßt.

b) Trennt man organisatorisch die Aufgaben des politischen Nachrichtendienstes von denen der Exekutive, muß man sich den grundlegenden Unterschied klar machen, der zwischen den für diese beiden Organe typischen Mitteln besteht. Die Polizei kann Gefahren nur verhüten und Störungen beseitigen, wenn sie Zwangsmittel im Sinne des körperlichen Zwanges gegen Personen und Sachen einsetzen darf. Die vorhergehende Ermittlung von Sachverhalten dagegen vollzieht sich in einem geistigen Bereich. Die Verwendung von Zwang ist nicht das typische Mittel. Nur zur Unterstützung der Ermittlungen kommt es in Betracht, insbesondere ist an Durchsuchungen und Vorführungen zur Vernehmung zu denken, was aber hier unberücksichtigt bleiben kann, weil dafür ohnehin Sonderregelungen gelten. Lediglich *eine Befugnis benötigt ein Nachrichtendienst: Er muß in die Privatsphäre des Einzelnen eindringen können.* Aber das ist kein Zwangsmittel, wie es die Polizeigesetze unter dem unmittelbaren Zwang verstehen, der gegenständlich gedacht ist. Der Eingriff in die Privatsphäre wirkt sich nicht unmittelbar auf einen äußeren Geschehensablauf aus, wie es bei dem Einsatz unmittelbaren Zwanges der Fall ist. Daher ist *der Einastz des Geistes zur systematischen Beobachtung von Lebensvorgängen* keines der Mittel, die zu dem Begriff des polizeilichen Zwanges gezählt werden müssen.

Das BVerfSchG hat diese Trennung der Aufgaben und Mittel folgerichtig vollzogen. Die AfV können daher weder Verhaftungen, Vorladungen, körperliche Durchsuchungen oder Haussuchungen vornehmen. Auch das Recht zum Erlaß von Polizeiverfügungen als das vornehmste, aber ebenfalls von Zwangsandrohung begleitete Mittel der Polizei ist ihnen versagt.

c) Des ungeachtet sind dem BfV durch das BVerfSchG, das auf Art. 73 Ziff. 10 und Art. 87 Abs. 1 GG beruht, Hoheitsbefugnisse übertragen worden. § 3 BVerfSchG, der das BfV mit der „Sammlung und Auswertung von Auskünften, Nachrichten und sonstigen Unterlagen" beauftragt, mag für den unbefangenen Leser harmlos klingen, als handele es sich um Aufgaben, wie sie etwa der Presse zukommen[6]). In Fachkreisen versteht man aber darunter die Verwendung der typischen nachrichtendienstlichen Methoden, die der konspirativen Arbeitsweise des Gegners angeglichen sind. Ein politischer Nachrichtendienst kann sich nicht darauf beschränken, ohne in die Privatsphäre einzelner Personen einzudringen, nur allgemeine Stimmungen zu erforschen und Zeitungen und andere Veröffentlichungen zu studieren und zu ordnen. Das macht einen wesentlichen Teil der Arbeit jeder politischen Polizei aus. Auch die AfV haben darin eine Aufgabe, die aber in dieser Untersuchung nicht des näheren erörtert zu werden braucht, weil diese Tätigkeit für den Einzelnen und seine Privatsphäre rechtlich unerheblich ist. Ein Nachrichtendienst aber, der sich allein mit diesen Angelegenheiten beschäftigen würde, verfehlte seinen Zweck. Da verfassungsfeindliche Bestrebungen von Menschen ausgehen und von ihnen getragen werden, muß man diese Menschen beobachten, um Erkenntnisse zu gewinnen. Das ist ohne Eingriff in die Privatsphäre schlechthin ausgeschlossen.

Mit dem Auftrag, Nachrichten zu sammeln, ist daher der Auftrag verknüpft, in die Privatsphäre einzelner Personen einzudringen. Mit dem Auftrag ist aber zugleich die Ermächtigung gegeben, dies zu tun. Daß Auftrag und Ermächtigung ohne sichtbare Trennung in einer Norm enthalten sein können, wird man nicht leugnen können, sei es auch nur, weil man von dem Zweck auf das Mittel schließt. Dieser Schluß ist, wie W. Jellinek nachgewiesen hat, zulässig[7]). Wenn man der These Bühlers folgt, hat auch das Pr.OVG vom Zweck auf das Mittel geschlossen, um § 10 II 17 ALR als Ermächtigung zu Eingriffen in Freiheit und Eigentum ansehen zu können; das sei notwendig gewesen, nachdem das OVG den Grundsatz der Gesetzmäßigkeit der Verwaltung in die Rechtsordnung eingeführt habe. Daher habe es auch eine entsprechende Ermächtigung der Polizei entgegenstellen müssen[8]). Wir stünden hier vor einer ähnlichen Situation, nachdem wir die Privatsphäre als ein Recht erkannt haben, in das nur auf Grund eines Gesetzes eingegriffen werden darf.

Daß Art. 2 Abs. 1 GG, wie dies von Art. 19 Abs. 1 GG für alle Gesetze

[6]) Selbst E. Kern, Das Bundeskriminalpolizeiamt, DVBl. 50, 257 (260) mutete der Entwurf des BVerfSchG „außerordentlich zaghaft und zurückhaltend“ an.

[7]) S. 151; vgl. auch OVG 15, 423 (425); RG GoldA 74, 18.

[8]) Bühler, S. 85; die Frage, ob § 10 II 17 ALR einen Deutungswandel erlebt hat, ist nicht unbestritten, vgl. W. Jellinek, 2. Aufl., 1929, S. 412 und ders., Besprechung zu Bühler, Subjektive Rechte, AöR 38, 580 (588), über die Entwicklung des Grundsatzes der Gesetzmäßigkeit der Verwaltung.

verlangt wird, die ein Grundrecht einschränken, nicht in dem BVerfSchG genannt wird, steht dem nicht entgegen. Nach Ansicht des BVerfG braucht das Grundrecht nicht genannt zu werden, wenn nur die allgemeine Handlungsfreiheit eingeschränkt werde, auf die sich Art. 19 Abs. 1 nicht beziehe[9]).

§ 3 BVerfSchG rechtfertigt den Eingriff in die Privatsphäre. Der Einzelne, der im allgemeinen Gewaltverhältnis zwischen Staat und Bürger den hoheitlichen Eingriffen des Staates unterworfen ist, muß — wenn die Voraussetzungen im einzelnen vorliegen — auch diesen Eingriff als rechtens hinnehmen. Man könnte daher sagen, dem BfV sei durch § 3 BVerfSchG Imperium übertragen. Allerdings versteht die ältere Lehre unter Imperium die Fähigkeit, freien Menschen zu befehlen und sie zur Befolgung der Befehle zu zwingen[10]). Dem BfV fehlt jedoch gerade diese Befugnis, Befehle zwangsweise durchzusetzen. Der Einzelne kann nicht daran gehindert werden, sich den Nachforschungen des BfV zu entziehen und seine Angelegenheiten vor der Einsicht des BfV zu verschließen. Es mag in der Praxis gelegentlich auf einen Wettkampf hinauslaufen, wer geschickter seine Handlungen zu tarnen versteht. Daher empfiehlt es sich nicht, diesen mit der Vorstellung der Zwangsgewalt behafteten Fachausdruck hier einzuführen. Aber im Gegensatz zu den Ausforschungen, die von den Privaten eingeleitet werden und einer besonderen privatrechtlichen Rechtfertigung bedürfen, ist die Rechtfertigung der Maßnahmen der AfV aus den hoheitlichen Befugnissen des Staates abzuleiten. Der Mangel der Zwangsgewalt tritt gegenüber diesem Gedanken zurück. Ob einer Behörde Hoheitsbefugnisse übertragen worden sind, kann nicht mehr von der Frage abhängen, ob der Staat seine Anordnungen auch zwangsweise durchsetzen kann. Hans Peters verweist den Zwang in die Rolle der ultima ratio der Verwaltung und spricht von einer Verkennung wesentlicher Verwaltungsaufgaben, wenn man nur den Zwang als das der Verwaltung zur Verfügung stehende Mittel

[9]) BVerfGE 29. 7. 59, DVBl. 59, 660; Nennung auch nicht erforderlich, wenn lediglich bereits geltende Grundrechtsbeschränkungen wiederholt würden: BVerfGE 5, 13 (16); auf die abweichenden Ansichten, insbes. Dürig, AöR 79, 83, der sogar vor dem Inkrafttreten des Grundgesetzes erlassene Grundrechtsbeschränkungen als ungültig ansieht, weil sie die Grundrechte nicht nennen, der aber auch Bedenken wegen des Formalismus hat, S. 61, soll nicht eingegangen werden. Es ist zu erwarten, daß die Verfassungswirklichkeit an diesem Formalismus vorbeigeht; vgl. auch Mangoldt-Klein, Art. 19 Anm. IV 3 a m. weit. Schrifttum, der in Art. 19 Abs. 1 Satz 2 GG nur eine Soll-Vorschrift sieht, deren Verletzung ein Gesetz nicht verfassungswidrig mache.

[10]) G. Jellinek, Gesetz und Verordnung, Freiburg 1887, S. 385; Laband, I, S. 146; Fleiner, S. 5.

ansehe[11]). Auch ist der zwangsweise Eingriff in unseren Gesetzen nach Voraussetzungen und Umfang genau umschrieben, aber so unterschiedlich geregelt, daß von einer einheitlichen Zwangsgewalt nicht gesprochen werden kann[12]).

Für das BfV bleibt ein Minimum der Befehls- und Zwangsgewalt, nämlich der Betroffene muß Nachforschungsmaßnahmen als rechtens dulden, allerdings nur jene Maßnahmen, die durchzuführen ohne Zwangsanwendung gelingt. Weitergehende Befugnisse können aus § 3 BVerfSchG nicht abgeleitet werden.

Die LfV verfügen auf Grund der dem BVerfSchG entsprechenden Landesgesetze über die gleichen hoheitlichen Befugnisse. Die LfV in Rheinland-Pfalz, Bremen und Hamburg und die besonderen Abteilungen in den Innenministerien der Länder Nordrhein-Westfalen und Niedersachsen sind ohne gesetzliche Grundlage errichtet. Sie können die Ermächtigung zum Eingriff nur aus der allgemeinen polizeilichen Generalklausel des jeweiligen Landesrechtes ableiten. Aber auch für diese LfV gilt dann die oben genannte Beschränkung der Befugnisse, die sich als Selbstbeschränkung der Verwaltung aus den innerdienstlichen geschriebenen und ungeschriebenen Anweisungen[13]), auf Grund deren jene LfV errichtet wurden, ergibt.

d) Den AfV ist es mithin versagt, unmittelbaren Zwang anzuwenden. Bei der Ausübung der verbleibenden Hoheitsbefugnisse sind sie jedoch an diejenigen Grundsätze polizeilichen Handelns gebunden, die Rechtsprechung und Lehre entwickelt haben. Denn aus dem allgemeinen Aufgabenbereich der Polizei ist nur ein bestimmter Aufgabenbereich ausgeklammert und den AfV unter Betonung der Informationsfunktion zur eigenverantwortlichen Ausführung übertragen worden. Das ist nicht geschehen, um die AfV von Bindungen zu befreien, die für die Polizei bestehen, sondern im Gegenteil, um der Gefahr des Mißbrauchs polizeilicher Zwangsgewalt zu begegnen. Soweit aber die AfV hoheitliche Befugnisse ausüben, können sie es nur in den Grenzen, die polizeilichem Handeln überhaupt gesteckt sind.

[11]) S. 171; auch Turegg, Lehrbuch, Berlin 1950, S. 281, stellt es nicht mehr entscheidend auf die Zwangsgewalt ab.

[12]) Vgl. das bei Forsthoff, § 15, 2, S. 267 ff. dargestellte System der speziellen Zwangsmittel.

[13]) Vgl. oben § 15 Fußn. 35—37. Diese Selbstbeschränkung findet auch in den von der Konferenz der Innenminister beschlossenen Unkeler Richtlinien vom 8. 10. 1954 „Grundsätze über die Zusammenarbeit zwischen Verfassungsschutz und Polizei" ihren Niederschlag.

Es bleibt die Aufgabe, die oben für die Ermittlungstätigkeit der Polizei zusammengestellten Grundsätze auf die für den Verfassungsschutz bedeutsamen Fälle anzuwenden, um sie weiter zu klären und ihre Brauchbarkeit zu erproben. Zuvor muß aber noch klargestellt werden, ob und ggf. welche ungeschriebenen Machtbefugnisse über die Generalklausel hinaus den AfV zustehen.

§ 19

Keine ungeschriebenen Machtbefugnisse der Ämter für Verfassungsschutz

a) Die Versuchung liegt nahe, aus der Gefährlichkeit des Gegners und der Rücksichtslosigkeit seiner Methoden das Recht abzuleiten, mit gleichen Mitteln zurückzuschlagen, mag dies mit dem Gesetz vereinbar sein oder nicht. Denn sobald das elementare Sicherheitsbedürfnis des Staates in Frage gestellt zu sein scheint, erhebt der Gedanke der *Staatsräson* seine gebieterische Stimme und fordert, alle rechtlichen und moralischen Bedenken vor dem Zwang der Dinge beiseite zu schieben. Die Staatsnotwendigkeit scheint keine andere Wahl zu lassen. Darum versagen selbst bei freiheitlich denkenden Völkern die „Bremsen der Moral", sobald die Sicherheit der Nation empfindlich gefährdet oder angetastet wird[1]). In der Situation des „Kalten Krieges" kann es nicht anders sein. Auch hier ist die Abwehr fremder, gefährlicher Mächte eine naturhaft gebotene Notwendigkeit – um den status quo zu erhalten. Harte Maßnahmen scheinen unvermeidlich zu sein, auch wenn das Gesetz sie nicht zuläßt.

Dieser Versuchung gilt es Widerstand zu leisten. Nicht, weil Handeln nach Staatsräson von Grund auf verwerflich wäre. Die Staatsnotwendigkeit hat etwas Naturhaftes, das mit den Begriffen Gut und Böse nicht faßbar ist. Aber Handeln nach Staatsräson wurzelt letztlich auch im Machtstreben[2]) und „wer Macht in den Händen hält, steht in andauernder sittlicher Versuchung sie zu mißbrauchen, und über die Grenzen, die Recht und Sitte ziehen, auszudehnen[3]). Darum hat Staatsräson ein dämonisches Element, das es zu zügeln gilt. Das Gebot richtet sich zunächst an den Staatsmann, der es auch noch in der Stunde der höchsten Gefahr für Volk und Staat bei seinen Entscheidungen berücksichtigen muß. Es richtet sich aber auch an den Mann der Verwaltung, weil Staatsräson auch sein Handeln

[1]) Ludwig Freund, Politik und Ethik, Frankfurt, Berlin 1955, S. 297.
[2]) Friedrich Meinecke, Die Idee der Staatsräson, München 1957, S. 456.
[3]) Meinecke aaO S. 15; Herrfahrdt, S. 216.

bestimmt. Aber hier verliert die Problematik der Staatsräson an Schärfe, weil der Staat die Möglichkeit hat, das Handeln nach Staatsräson an das Recht zu binden, auch ungewöhnliche Maßnahmen zu legalisieren und dadurch den Machttrieb zu beherrschen[4]). Gibt man die Bindung der geheimen Nachrichtendienste an das Gesetz aus Gründen der Staatsnotwendigkeit preis, dann läßt man zugleich dem Dämonischen in der Idee der Staatsräson wieder freie Bahn. Es könnte sich gerade dort entfalten, wo die Bedingungen für ein Überwuchern des Recht und Sitte verletzenden Machtstrebens am günstigsten sind. Denn die peinliche Sorgfalt, mit der alle Maßnahmen der Nachrichtendienste geheimgehalten werden, entheben ihre Beamten der Notwendigkeit, vor den Gerichten, vor der Öffentlichkeit — möglicherweise sogar vor ihrem Vorgesetzten — Rechenschaft zu legen und die Verantwortung für ihre Maßnahmen zu tragen. Diskussion und Abwägung der Frage, wann die Staatsnotwendigkeit das Gesetz überspielen darf, erfolgte im kleinen Kreise der Nachrichtenspezialisten. Diesem Gremium aber fehlt die Unbefangenheit, weil es in der menschlichen Natur liegt, die Bedeutung der eigenen Aufgabe zu überschätzen und sich an den Gedanken zu gewöhnen, man habe es mit „Feinden" oder Menschen einer geringeren Klasse zu tun, deren Vernichtung geboten sei. Das Ergebnis wäre ein mit außerordentlichen Machtbefugnissen ausgestatteter, kaum kontrollierbarer staatlicher Apparat, eine Armee des kalten Krieges, die nach ihren eigenen ungeschriebenen Gesetzen der Zweckmäßigkeit lebte. Das geht nicht an. Ein Staat, der sich zur freiheitlichen demokratischen Rechtsordnung bekennt, kann nicht anders, als in Übereinstimmung mit dieser Ordnung handeln. Alle staatliche Tätigkeit muß daher mit den Gesetzen und der Verfassung vereinbar sein und steht unter dem Vorbehalt des Gesetzes[5]). Ein Staatsorgan, dem die Verantwortung für einen bestimmten Sektor übertragen ist und das glaubt, mit den ihm zur Verfügung stehenden legalen Mitteln einer Lage auf die Dauer nicht Herr zu werden, mag sich daher für eine gesetzmäßige Erweiterung seiner Befugnisse einsetzen — eine Frage, die außerhalb des Problemkreises dieser Arbeit liegt. Wird dem Staatsorgan die erweiterte gesetzliche Grundlage nicht zugebilligt, muß es sich damit zufrieden geben und kann nicht nach eigenem Gutdünken bestimmen, was rechtens sein solle.

[4]) Meinecke aaO S. 16.

[5]) Immer mehr bricht sich die Erkenntnis Bahn, daß dies sogar in den Fällen, in denen sich der Staat der Mittel des Privatrechts bedient, gilt: Hamann, Wirtschaftswerbung in Fernsehen und Rundfunk, NJW 57, 1422 (1423) mit weiteren Fundstellen aaO Fußn. 16; Forsthoff, § 5, 3, S. 88 u. § 15, S. 266.

Gegen die hier vorgetragene Ansicht, nach der auch die Maßnahmen zur Abwehr verfassungsfeindlicher Bestrebungen nur auf Grund und im Rahmen der Gesetze erfolgen dürfen, spricht nicht die Erwägung, Verfassungsschutz habe es mit höchst politischen Aufgaben zu tun, die sich einer rechtlichen Normierung entzögen[6]). Es gehe daher auch nicht an, diese eminent politische Aufgabe in ein dafür nicht geeignetes System positivistisch verstandener, aus dem Polizeirecht abgeleiteter Normen zu zwängen. Vielmehr gebiete die Bedrohung, der die Demokratie durch ihre Gegner ausgesetzt sei, Maßnahmen, die sich nicht an den Gesetzen, sondern an den Notwendigkeiten einer energischen Abwehr ausrichten.

Der streitbare Charakter des Bonner Grundgesetzes erheischt nicht eine Betrachtungsweise, die dem irrationalen Moment politisch-polizeilichen Handelns den Vorrang überläßt und in Freund-Feind-Vorstellungen zurückfallen könnte, die mit der Herrschaftsform des Nationalsozialismus überwunden sein sollten. Dieser allerdings verwahrte sich mit Entschiedenheit gegen ein „liberalistisches“ „normativistisches“ und „individualistisches“ Einordnen polizeilicher Funktionen in das Recht. Er dokumentierte dieses Freund-Feind-Denken alsbald im § 7 des Pr. Gesetzes über die Geheime Staatspolizei vom 10. 2. 1936, durch den alle Verfügungen und Angelegenheiten der Gestapo der Verwaltungsgerichtsbarkeit entzogen wurden.

In Wahrheit läßt das Grundgesetz keinen Raum für ungemessene und unmeßbare Abwehrmaßnahmen gegen die „Feinde der Freiheit“, für die es nach einer oft genannten Wendung keine Freiheit geben dürfe[7]). Selbst die Verwirkung der Grundrechte wird nur unter ganz bestimmten, von Art. 18 GG umschriebenen Voraussetzungen durch das höchste Gericht ausgesprochen. Art. 19 Abs. 4 GG garantiert *jedem* den Rechtsweg, der durch die öffentliche Gewalt in seinen Rechten verletzt wird. Darum gibt es für das Grundgesetz keine justizlosen Hoheitsakte, die in die Rechte des Einzelnen ein-

[6]) Hans Peter Ipsen, Justiz und Politik, 1937, S. 233.

[7]) Koellreutter, S. 56, der selbst deutlich unterscheidet zwischen der nach soziologisch-politischen Gesichtspunkten zu entscheidenden Frage nach der „Tiefe der Feindschaft“ und der Frage, auf welche Weise die freiheitliche demokratische Grundordnung de lege lata geschützt werde.

[8]) Ule, Gesetz über das Bundesverwaltungsgericht, 1952, S. 60, der auch berichtet, der Begriff des gerichtsfreien Hoheitsaktes sei in den Beratungen des Rechts- und Verfassungsausschusses zum Bundesverwaltungsgerichtsgesetz insoweit ausdrücklich abgelehnt worden; Maunz-Dürig, Art. 19 Abs. 4 Randn. 24; Bettermann in Neumann-Nipperdey-Scheuner, Grundrechte, 3. Bd. S. 789; a. A. Schneider, Gerichtsfreie Hoheitsakte 1951, S. 35, aber die von Schneider als gerichtsfrei anerkannten Hoheitsakte betreffen nicht den belastenden Eingriff in die Freiheits-

greifen dürften[8]). Wenn sich die Abwehrmaßnahmen gegen verfassungsfeindliche Bestrebungen nicht der gerichtlichen Kontrolle entziehen können, müssen sie auch justiziabel, d. h. meßbar und zwar an Normen meßbar sein. Dabei entspricht es den Grundsätzen des Verwaltungsrechts, daß der Exekutive innerhalb des normativen Rahmens ein gerichtlicher Kontrolle verschlossener Ermessensbereich bleibt, wie er auch durch § 3 BVerfSchG den AfV eingeräumt ist. Innerhalb dieses Ermessensbereichs kann und muß die Exekutive den politischen Gesichtspunkten Rechnung tragen, insoweit unbehindert durch gerichtliche normative Nachprüfung.

Im Grunde geht es darum, daß auch dem Verfassungsgegner Subjektcharakter und menschlicher Eigenwert zukommt, daß ihm aber der Eigenwert als Individuum in dem Augenblick abgesprochen würde, in dem er als „Feind" Objekt wesentlich nur politisch, aber nicht rechtlich meßbarer Abwehrreaktionen des Staates wäre. Da dies dem freiheitlichen demokratischen Rechtsstaat fernliegen muß, kann er nur in der Weise des Rechts den Mißbrauch der Freiheit verhindern. Die Rechtsauslegung muß sich in gleicher Weise orientieren, was sie selbstverständlich nicht davon befreit, sich von der Verantwortung für das Ganze, also *auch* „das Politische" bestimmen zu lassen. Aber für sie gilt noch immer der Satz Triepels, der den Einfluß des Politischen auf das Recht sehr wohl erkannt hat: „erst recht verabscheuen wir es, wenn politische Tendenz das geltende Recht *verfälschen* will"[9]).

Mit Recht hat Peter Schneider die Frage aufgeworfen, ob es richtig sei, sich an der Gefahr zu orientieren, oder aber an der Möglichkeit, sie zu überstehen und hat dargelegt, daß wir uns den Weg zum gewaltenteilenden Rechtsstaat nur offenlassen, wenn wir uns von der Möglichkeit, die Gefahr zu bestehen, bestimmen lassen[10]). Darum darf nicht die Gefährlichkeit einer Verhaltensweise dazu verleiten, die Rechtlichkeit der Maßnahmen ihrer Abwehr zu vernachlässigen.

Die Formel des due process of law gilt im englischen Recht auch für die Fälle des Hochverrats, wie eine bemerkenswerte Entscheidung des Court of Appeal zeigt: „It is indeed one test of belief in principles, if you apply

sphäre, vgl. S. 78 ff. und auch die von Sczostak, Zur Problematik der gerichtsfreien Hoheitsakte, JR 58, 445—449 angeführten Fälle; weiteres Schrifttum bei Schneider, S. 36, 37; vgl. auch die bemerkenswerte Marburger Diss. H. Lenz, Der Umfang der gerichtlichen Prüfungsbefugnis gegenüber Rechtshandlungen des Regierungsbereichs in der Verfassungsordnung des Grundgesetzes, Marburg, 1957.

[9]) Hervorhebung vom Verf., Triepel, Staatsrecht und Politik S. 37, vgl. auch den Beginn des Zitats oben § 10, Fußn. 4.

[10]) Peter Schneider, Zur Problematik der Gewaltenteilung im Rechtsstaat der Gegenwart, AöR 82 (1957), 1 ff. (8, 27).

them to cases with wich you have no sympathy at all. You really believe in freedom of speech if you are willing to allow it to men whose oppinions seem to you wrong and even dangerous; and the subject is entitled only to be deprived of his liberty by due process of law, although that due process if taken will probably send him to prison. A man undoubtedly guilty of murder must yet be released if due forms of law have not been followed in his conviction. *It is quite possible even probable, that the subject in this case is guilty of high treason; he is still entitled only to be deprived of his liberty by due process of law....*"[11])

Die Rechtsordnung bietet nur in ganz engen Grenzen eine Handhabe, die in § 3 BVerfSchG normierte gesetzliche Grundlage für den Eingriff in die Privatsphäre unter Berufung auf die allgemeinen Lehren des Verwaltungsrechts zu erweitern. Die Abwehr verfassungsfeindlicher Bestrebungen ist ein rechter Zweck. Aber welche Mittel als rechtens anerkannt werden können, ergibt sich aus der Rechtsordnung, vor allem dem Gesetz. Die Lehre Graf zu Dohnas „erlaubt ist, was rechtes Mittel zu rechtem Zweck ist" bleibt daher ausfüllungsbedürftig[12]). Die Befugnis zu im Gesetz nicht vorgesehenen drastischen Maßnahmen kann aus diesem formalen Prinzip nicht abgeleitet werden.

b) Für die ungeschriebenen allgemeinen Eingriffsermächtigungen ist in erster Linie an den *Staatsnotstand* zu denken. Staatsnotstand oder Staatsnotrecht soll außerhalb oder entgegen den Verfassungsbestimmungen im extremen, unvorhergesehenen Fall irgendeinem staatlichen Organ, das die Kraft zum Handeln hat, auch das Recht zum Handeln geben, um die Existenz des Staates zu retten und das nach Lage der Sache Erforderliche zu tun[13]). Diese auf naturrechtlichem Boden erwachsene Lehre eines „jus eminens" gibt dem Staat in turbulenten Zeiten daher auch das Recht, ohne gesetzliche Grundlage oder sogar unter Verletzung verfassungsrechtlicher Bestimmungen in die Rechte der Einzelnen einzugreifen, um die Ordnung wieder herzustellen[14]).

[11]) Fall R. v. Home, Secretary, ex parte O'Brien, L. R. (1923), 2 K. B. 361, zit. Lord Hewart of Bury, The New Despotism, London 1945, S. 218.

[12]) Graf zu Dohna, Rechtswidrigkeit, Halle 1905, S. 48 gibt das Formale der These zu.

[13]) Schmitt, Die Diktatur, 1928, S. 234; ähnlich Meyer-Anschütz, Staatsrecht, S. 30.

[14]) Otto Mayer, I, S. 34 u. 303 ff., ausführlich über die naturrechtliche Herkunft; Hatschek, II, S. 175 ff.; in der neueren Lehre wird es oft damit begründet, daß eine „Lücke" in der Verfassung vorliege, C. Schmitt, S. 335, m. weit. Nachweisen.

Mit Entschiedenheit haben sich namhafte Staatsrechtslehrer gegen diese Theorie gewandt, in der ernsten Sorge, sie könne verfälscht und mißbraucht werden. G. Jellinek sieht in jener Lehre „nur einen anderen Ausdruck für den Satz ..., daß Macht vor Recht geht“[15]). Kelsen verwarf sie mit dem Bemerken: „Hinter der treuherzigen Versicherung, daß der Staat leben müsse, verbirgt sich meist nur der rücksichtslose Wille, daß der Staat so leben müsse, wie es diejenigen für richtig halten, die sich der Rechtfertigung eines ‚Staatsnotrechts‘ bedienen“[16]).

Aber auch Befürworter dieser Lehre lassen sich nennen. Nicht nur die extreme Ansicht Oetkers: „Daß der Staat in einer Notlage, die seine Existenz, seine Sicherheit bedroht, das Recht und die Pflicht zur Selbstbehauptung hat, ist so selbstverständlich, daß jedes Wort darüber in Form eines Gesetzesausspruchs sich erübrigt“[17]), sondern auch gemäßigte Stimmen, die wie Koellreutter von der Tatsache ausgehen, daß in der politischen Wirklichkeit Fälle des Staatsnotrechts immer wieder vorkommen, die einer Einordnung bedürfen. Aber auch nach diesen Ansichten kommt das Staatsnotrecht nur in extremen Fällen zum Zuge. Der politischen Gemeinschaft müßten Gefahren drohen, die ihre Existenz in Frage stellen[18]).

Die richtige Entscheidung folgt aus der Interessenabwägung, die den Staatsnotstand als Fall des übergesetzlichen Notstandes begreift und daher auf Ausnahmesituationen beschränkt[19]). Da die Erhaltung des Rechtsfriedens die eigentliche Aufgabe der Rechtsordnung ist, kann sie den Eingriff in ein ausdrücklich geschütztes Rechtsgut, der sich außerhalb ihrer Ordnung vollzieht, nur in wirklichen Ausnahmefällen existenzbedrohender Angriffe gutheißen. Es muß in hohem Grade die begründete Befürchtung bestehen, die Abwehr werde zu spät kommen, wenn nicht auf der Stelle gehandelt werde. Das außergesetzliche Handeln muß dabei das einzige Mittel sein, von dem noch Hilfe erwartet werden kann[20]).

[15]) Allgemeine Staatslehre, Berlin 1922, S. 359; vgl. auch Thoma, Handbuch des deutschen Staatsrechts, Bd. 2, S. 231: Ausübung des Staatsnotrechts sei Teilrevolution (Staatsstreich).

[16]) Allgemeine Staatslehre, 1925, S. 157; Meyer-Anschütz, Staatsrecht, S. 30; Boldt, Gottfried, Staatsnotwehr und Staatsnotstand, ZStrW 56, 183 ff.; Maunz, S. 183, hält ein ungeschriebenes und überpositives Staatsnotrecht mit der gedanklichen Grundhaltung des GG nicht für vereinbar; vgl. auch RGZ 117, 138 (141).

[17]) Hilfeleistung in Staatsnotwehr und Staatsnotstand, Der Gerichtssaal, 97, 411.

[18]) Koellreutter, S. 152; vgl. auch ders. Staatsnotrecht und Staatsverfassung, DJZ 32, 39 ff.; zurückhaltend C. Schmitt, S. 235, Fußn. 2 u. S. 247.

[19]) Vgl. oben § 10 a 3.

[20]) BGHSt. v. 12. 7. 51, LM Nr. 1 zu § 54 StGB.

Aus der Geschichte der sich konstituierenden Weimarer Republik ist ein Fall bekannt, in dem Staatsnotwendigkeit gebot, zu außerordentlichen, im Gesetz nicht vorgesehenen Mitteln zu greifen. Am 9. März 1919 befahl der damalige Reichswehrminister Noske für Berlin: „Jede Person, die mit der Waffe in der Hand gegen Regierungstruppen kämpfend angetroffen wird, ist sofort zu erschießen"[21]). Was Noske zur Rechtfertigung des Schießbefehls anführt, zeigt deutlicher als alle Definitionen der Rechtslehre, welche ungewöhnlichen Voraussetzungen erfüllt sein müssen, damit Staatsnotstand vor der Geschichte rechtfertigt. Noske berichtet vor der Nationalversammlung, er habe eine Woche lang versucht, mit Verhängung des Belagerungszustandes und dem Kriegsgericht der in Berlin tobenden Revolution Herr zu werden. Schließlich, in höchster Not, als die revolutionierenden Massen einzelne Soldaten bestialisch abzuschlachten begonnen hätten, habe er sich schweren Herzens entschlossen, jenen Befehl zu erteilen: „Wenn in Berlin Tausende von Menschen die Waffen gegen die Regierung führen, Mörder und Plünderer Orgien feiern, besteht ein Zustand außerhalb jeden Rechts"[22]). „In Berlin war höchste Gefahr im Verzuge, stand das Leben von Tausenden und Zehntausenden von Menschen auf dem Spiel. In der Gefahr halte ich mich für verpflichtet, das zu tun, was dazu beiträgt, so rasch wie möglich wieder Ordnung und Sicherheit zu schaffen. Da gelten Paragraphen nichts, sondern da gilt lediglich der Erfolg, und der war auf meiner Seite"[23]).

Für Zeiten mit geordneten Verhältnissen kann ein Notrecht des Staates nicht durchgreifen. Die verantwortlichen Organe haben die Pflicht, im Wege der Gesetzgebung, und wenn das nicht ausreicht, im Wege der Verfassungsänderung die erforderlichen Maßnahmen zu ergreifen, um der Mißstände Herr zu werden[24]). Das gilt um so mehr für die gegenwärtigen Verhältnisse, weil die Bundesgesetzgebung auf einer gesicherten parlamentarischen Mehr-

[21]) Berichte der Nationalversammlung, 27. Sitzung, 13. 3. 1919, S. 742.

[22]) Berichte S. 742.

[23]) Berichte der Nationalversammlung, 30. Sitzung, 27. 3. 1919, S. 854.

[24]) Forsthoff, § 15, S. 271. Das Grundgesetz kennt bislang keine legalen Sondervollmachten, um einer Notstandssituation mit ungewöhnlichen Maßnahmen Herr zu werden. Die Bunderepublik ist auf das Eingreifen von Besatzungskräften angewiesen, zu ihren Gunsten besteht im Deutschlandvertrag ein ausdrücklicher Vorbehalt, vgl. dazu Flor, Georg, Staatsnotstand und richterliche Bindung, DVBl. 58, 149, mit weiteren Nachweisen; Hesse, Ausnahmezustand und Grundgesetz, DVBl. 55, 741; kritisch gegenüber Flor und Hesse und skeptisch, ob trotz des Grundgesetzes, de lege ferenda Notstandsrechte begründet werden dürfen: Hamann, Andreas, Zur Frage eines Ausnahme- oder Staatsnotstandsrechtes, DVBl. 58, 405 ff.; ders., Zur Problematik des Staatsnotstandsrechtes, DRiZ 60, 45; Wägenbauer, Bemerkungen zur Frage des Staatsnotstandes, MDR 58, 881 ff.

heit beruht, die einen geordneten Gang der Gesetzgebung gewährleistet und weil die gegnerischen Mächte, ihre Bestrebungen und die Ideologien, auf die sie sich stützen, seit Jahrzehnten bekannt sind.

Wer das nicht gelten lassen will, müßte sagen, die Bundesrepublik befinde sich seit ihrer Gründung in einer Notstandssituation, deren Ende nicht abzusehen sei. Aber auch das ist mit der Lehre vom Staatsnotstand unvereinbar, weil Staatsnotstand nie als Dauerzustand, sondern immer nur als Ausnahmelage gedacht werden kann. Notstand in Permanenz ist als rechtlicher Zustand ausgeschlossen, mag sich die Notwehrsituation auch auf einen längeren Zeitraum erstrecken[25]).

Auch für die AfV greift der Rechtfertigungsgrund des Staatsnotstandes erst durch, wenn die hier umrissenen Voraussetzungen vorliegen. Unmittelbare, auf andere Weise nicht zu beseitigende existenzbedrohende Angriffe auf den Bestand des Staates wurden bisher nicht geführt. Die in Erscheinung getretenen verfassungsfeindlichen Bestrebungen sind — gemesen an den Voraussetzungen des Staatsnotstandes — bloße Störungen der öffentlichen Sicherheit und Ordnung. Zwar sind diese Verhaltensweisen mit Strafe bedroht, die Poenalisierung ist aber nicht Ausdruck einer den Staatsnotstand begründenden Gefahr, sondern folgt aus der Tendenz des politischen Strafrechts, als Präventivstrafrecht das Angriffsziel weit vorzuverlegen[26]) und auch Vorbereitungshandlungen unter Strafe zu stellen, damit es nicht erst zu einer existenzbedrohenden Gefährdung des Staates komme. Ihre innere Rechtfertigung finden jene Vorschriften des StGB nur in dem Gedanken, daß zwar nicht die einzelne Tat, aber eine Vielzahl derartiger Handlungen auf die Dauer gesehen zu einer Gefährdung des Staates führen kann. Was ein Agent an Geheimnissen auszuspähen fähig ist, was er an Mosaiksteinen für einen gegnerischen Nachrichtendienst zusammentragen kann, bleibt Bruchteil. Erst die systematische Sammlung der Mosaiksteine kann eine Gefahr, aber nicht einen Staatsnotstand begründen. Das gleiche gilt für die verhetzende und verwirrende Agitation der Verfassungsgegner.

c) Auch die folgende Erwägung rechtfertigt nicht die Verletzung gesetzlicher Vorschriften: für Abwehrmaßnahmen, insbes. für gerichtliche Maßnahmen der Verbrechensverfolgung ist ein Mindestmaß an Beweismaterial erforderlich. Wenn dies nicht vorliegt, können präventive und repressive

[25]) Koellreutter, S. 152; RGSt. 66, 100, 225; RG HRR 1939, Nr. 1553; BGHSt. LM 1 zu § 54 StGB.
[26]) Güde, S. 13 ff.

Schritte nicht eingeleitet werden, weil der zuständige Richter nicht von der Notwendigkeit des Eingriffs überzeugt werden kann. Die Beschaffung des erforderlichen Beweismaterials aber wird im Einzelfalle auf Schwierigkeiten stoßen, sogar unmöglich sein, weil die zur Verfügung stehenden gesetzlichen Vorschriften das als notwendig erscheinende Vorgehen nicht gestatten. Die ungesetzliche Beschaffung der Beweismittel würde zwar nicht unmittelbar die Störung beseitigen, aber wenigstens mittelbar der Störungsbeseitigung auf legalem Wege dienen.

Daß es Fälle gibt, in denen ein staatliches Organ in Beweisschwierigkeiten gerät, kann nicht überraschen, weil der Staat sich Beschränkungen auferlegt hat. Sie finden sich vor allem in der Strafprozeßordnung, aber auch in den Polizeigesetzen[27]). *„Beweisnot" ist aber kein Fall des Staatsnotstandes,* sondern folgt aus dem Risiko, das der Gesetzgeber geschaffen hat, indem er nicht die Wahrheit unter allen Umständen und um jeden Preis ermitteln läßt, sondern nur in einwandfreien Formen, die Würde und Freiheit des Einzelnen achten und Schutz vor Willkür und Machtmißbrauch bieten[28]). Daher ist Weiss zu Recht der Ansicht, es müsse hingenommen werden, wenn ein politischer Verbrecher so rasch handele, daß er unter Beachtung der gesetzlichen Vorschriften nicht gefaßt werden könne[29]).

d) Eine Rechtfertigung staatlicher Eingriffe folgt nicht aus §§ 53, 54 StGB. Diese Vorschriften, für die individualrechtliche Sphäre bestimmt, können die staatliche Selbstverteidigung, die im geordneten Verfahren und unter Beachtung der Regeln der Zuständigkeit vor sich geht, nicht überspielen[30]).

Eine andere Frage ist, ob die Mitarbeiter der AfV als Staatsbürger berechtigt sind, von sich aus rechtswidrige Angriffe auf den Staat abzuwehren und dabei in die Rechte des Angreifers einzugreifen. Die strafrechtliche Beurteilung einer zum Zwecke der Abwehr vorgenommenen Handlung hängt davon ab, ob § 53 StGB als Rechtfertigungsgrund durchgreift.

Nach überwiegender Ansicht ist Notwehr auch zu Gunsten der Güter des Staates zulässig. Aber es sind wichtige Einschränkungen zu beachten, um die vielfach unerwünschte und unerbetene Hilfeleistung, die oft von unsicheren tatsächlichen Voraussetzungen ausgeht, einzudämmen. Die unbeschränkte Zulassung eines Nothilferechts könnte zu schweren Störungen der

[27]) Vgl. unten § 29, Fußn. 8, § 30, Fußn. 6.

[28]) Peters, Karl, Strafprozeß, S. 68.

[29]) S. 120.

[30]) Forsthoff, § 15, S. 271; Boldt, ZStRW 56, 183 ff.; a. A. RGZ 117, 138 (142). Ritter, GS 115, 239 (246); Hellmuth Mayer, § 34 IV 3.

öffentlichen Ordnung führen, wie die Feme-Morde gezeigt haben[31]). Welche Einschränkungen das im einzelnen sind, ist umstritten. Sie ergeben sich einmal aus der Durchsicht der wehrfähigen Güter. Binding möchte nur dort ein Nothilferecht zugestehen, wo im Falle des gelungenen Angriffs auch ein Verletzter da wäre, der nicht mit dem Staat als Träger des gesetzgeberischen Willens zusammenfalle[32]). Die neuere Lehre und Rechtsprechung hält auch die Rechtsgüter des Staates für notwehrfähig, nimmt aber die Allgemeinbegriffe wie „die Rechtsordnung als Ganzes", „das öffentliche Wohl" oder die „öffentliche Ordnung als solche" aus. Diese zu schützen sei allein der Staat berufen[33]).

Eine weitere Begrenzung folgt aus § 53 StGB selbst. Nothilfe ist nur im Rahmen des „Erforderlichen" gestattet. Da der Staat grundsätzlich mit den ihm zur Verfügung stehenden Machtmitteln den Angriffen entgegenzutreten in der Lage ist, kann er der Nothilfe entbehren. Sie ist für diese Fälle nicht erforderlich und hat nur im Bereich unmittelbar und augenscheinlicher Bestandsbedrohung, nicht aber der Ordnungsverletzung einen Raum[34]). Andere wiederum fügen das der Notwehr an sich fremde Prinzip der Güterabwägung und der pflichtgemäßen Interessenabwägung ein, indem sie die Fälle der Nothilfe unter dem Gesichtspunkt des strafrechtlichen übergesetzlichen Notstandes prüfen und kommen auf diesem Wege ebenfalls zu einem Ausschluß des Nothilferechts für die Fälle, in denen es zu einer dringenden und erheblichen Gefahr noch nicht gekommen ist[35]).

Hellmuth Mayer, der ein Nothilferecht zu Gunsten des Staates verneint, leitet aus einer entsprechenden Anwendung des § 127 StPO ein polizeiliches Nothilferecht Privater ab, eine Hilfspflicht, die im englischen Recht den Bürger zum „sergeant to keep the peace" mache. Es greife aber dieses Recht nur durch, wo polizeiliches Einschreiten an sich geboten und dringend erforderlich, aber zur Zeit der Handlung nicht möglich sei[36]).

[31]) Stock, GS 101, 163 (169 ff.); Boldt, ZStRW 56, 191; Oetker dagegen für ein weitergehendes Nothilferecht, GS 97, 411 ff.

[32]) Hdb., Leipzig 1885, I, S. 735, anders allerdings S. 733; vgl. auch Ritter, S. 251.

[33]) BGHSt. 5, 247; Nagler-Jagusch, LK, § 53 Anm. 4; Maurach, Allg. Teil, § 28 II A 3; Klee, GoldA 70, 72, Anm. zu Kurzweg, Über ein Notrecht zur Verteidigung der öffentlichen Ordnung, ist der Ansicht, die Verfassung sei kein wehrfähiges Gut; RGSt. 56, 268 ließ diese Frage offen; RGSt. 63, 215 bejahte ein Nothilferecht, der Staat dürfe nicht schlechter stehen als der Einzelne, S. 220.

[34]) Maurach, Allg. Teil, § 28, II A 3.

[35]) Mezger, I, S. 121; Welzel, S. 73; vgl. auch RGSt. 64, 101 (104); 63, 215 (226); BGHSt. LM 1 zu § 54 StGB.

[36]) § 27 IV 2 a.

Der Rechtfertigungsgrund des § 53 StGB steht unter diesen Begrenzungen, die kritisch zu würdigen und weiter zu vertiefen hier kein Raum ist, jedermann zu. Er kann daher auch den Mitarbeitern der AfV nicht abgesprochen werden. Der Gedanke, daß sie durch ihre Abwehrhandlungen in die Zuständigkeit der Polizei eingreifen, was nach § 3 BVerfSchG ausgeschlossen worden ist, steht dem nicht entgegen. Denn ihre Handlung erfährt nicht die Rechtfertigung aus der Ermächtigung des § 3 aaO, die durch dieses Verbot näher begrenzt ist, sondern aus § 53 StGB, den § 3 aaO nicht eingeschränkt hat. Die *Nothilfehandlung* vollzieht sich außerhalb des durch diese Vorschrift umrissenen Aufgabenkreises und *ist als rechtmäßige Handlung des Beamten nicht zu beanstanden.* Erst wenn ein AfV es unternehmen würde, diese Handlungsbefugnisse ihrer Mitarbeiter in ihren eigenen Aufgabenkreis einzubeziehen, überschreitet es seine Zuständigkeit[37]).

e) Aus dem Gedanken des Notwehrrechts folgt aber für die Verwaltung die Befugnis, das *Hausrecht* auszuüben und unmittelbare Angriffe auf die für sie tätigen Personen und die ihr dienenden Sachen abzuwehren[38]). Daher darf ein AfV den unerwünschten Besucher notfalls mit Zwang aus seinen Räumen entfernen oder den in seinem Hause spionierenden Agenten vorläufig festsetzen, um ihn der Polizei zu übergeben.

Aber die Verwaltung darf nicht selbst unter Gewaltanwendung und durch Eingriffe in Rechte Dritter zum Angriff übergehen, sei es, um einem erwarteten Angriff zuvorzukommen, sei es, um zu erforschen, ob ein Angriff vorbereitet wird. Das ist die Aufgabe der dazu berufenen Organe, deren Zuständigkeit gewahrt bleiben muß. Über das Hausrecht hinaus, das im Notwehrrecht seine Begründung, aber auch seine Begrenzung findet, gibt es keine ungeschriebene Zwangsgewalt der Verwaltung, die Eingriffe in die Privatsphäre rechtfertigen könnte. Eigene polizeiliche Vollmacht im Sinne einer Anstaltspolizei steht den einzelnen Behörden und Anstalten des Staates nicht zu.

Nach Otto Mayer kann zwar die Verwaltung alles abwehren, was störend in ihre Lebensäußerung eingreift und dabei weit über den durch das Hausrecht umschriebenen Kreis der Abwehrhandlungen hinausgehen: „Alle dazu erforderliche Gewaltanwendung an Personen und Sachen ist

[37]) z. B. indem es die Polizei nicht rechtzeitig benachrichtigt, um die besonderen, oben umrissenen Voraussetzungen für die Nothilfe zu Gunsten des Staates zu schaffen.

[38]) W. Jellinek, S. 342.

durch diesen Zweck allein schon gerechtfertigt"[39]). Otto Mayer, Fleiner u. a. meinen, diese Gewalt stehe den Organen der Anstalt selbst zu. Die Anstalt könne ihre Polizeigewalt selbst ausüben, wenn sie über Zwangsmittel verfüge[40]).

Zu Recht ist dieser Ansicht aber widersprochen worden. Jede Behörde übt nur die Hoheitsrechte aus, die ihr durch Gesetz oder gesetzlich gedeckten Rechtssatz übertragen worden sind. Daneben ist für die Ausübung von Hoheitsrechten kraft „Wesens" oder „Natur der Sache" kein Raum[41]).

Die Anhänger des Begriffs der Anstaltspolizei sind sogar selbst der Ansicht, nur wenn der Anstalt Zwangsmittel zur Seite stünden, könne sie mit diesen gegen Dritte vorgehen. Das ist aber gerade die Frage, die der Begriff der Anstaltspolizei klären sollte. Denn unter den Zwangsmitteln verstehen jene nicht die Frage, ob eine Anstalt genügend Personal hat, um gegen Dritte vorzugehen, sondern die uns auch hier angehende Frage, ob das Imperium der Anstalt mit Zwangsgewalt gegenüber Dritten ausgestattet ist. Das verneinen sie aber, soweit nicht die Anstalt „ohnehin eigene Zwangsmittel besitzt"[42]) und verweisen die Anstalt auf die Zwangsmittel, die von der Polizei zur Verfügung gestellt werden müssen[43]). Es ist daher die sog. Anstaltspolizei allenfalls ein Recht, das die Anstalt nicht selbst zwangsweise durchsetzen kann. Sie ist auf die Hilfe der Polizei angewiesen. Diese aber muß auf Grund der ihr selbst zustehenden Eingriffsrechte vorgehen. Der Begriff der Anstaltspolizei ist, da er keine neuen Erkenntnisse beinhaltet, entbehrlich[44]). Soweit nicht besondere Vorschriften einer Anstalt Zwangsbefugnisse gegen Dritte einräumen, wie dies bei der Polizei und den AfV in dem oben gekennzeichneten Umfange der Fall ist, wirkt das der Anstalt übertragene Imperium nur gegenüber den Gewaltunterworfenen als Anstaltsgewalt[45]).

f) Das einer Behörde eingeräumte *freie Ermessen* berechtigt nicht zu Eingriffen in die Privatsphäre, wenn nicht zugleich mit der Einräumung eines Ermessensspielraumes auch die Befugnis zu diesem Eingriff gegeben ist.

[39]) Bd. I, S. 293.
[40]) Fleiner, S. 330 ff. m. weit. Schrifttumsangaben; Otto Mayer, Bd. II, S. 284 ff.
[41]) Forsthoff, § 24, II, 4, S. 442 ff.
[42]) Fleiner, S. 330.
[43]) Fleiner, S. 331; Otto Mayer, Bd. I, S. 294, Anm. 10.
[44]) W. Jellinek, S. 436; Forsthoff, § 24, S. 421; vgl. Peters, Hans, S. 114, 115.
[45]) vgl. unten § 33 a 2 und Thieme, Die besonderen Gewaltverhältnisse, DÖV 56, 521 (525).

Unter freiem Ermessen versteht Laun die Ermächtigung der Behörde, „nach ihrer eigenen, pflichtgemäßen Ansicht und ihrem eigenen pflichtgemäßen Wollen selbst zu bestimmen, was der nächste, unmittelbare Zweck ihres Handelns sein soll ..., aus eigener Machtvollkommenheit, unbeeinflußt vom Gesetz festzusetzen, worin in der konkreten Angelegenheit das „öffentliche Interesse" bestehen soll"[46]).

Jedes Handeln der Verwaltung aber findet in den subjektiven Rechten eine Schranke, die nur überschritten werden kann, wenn das Gesetz eine Ermächtigung dazu gibt. Die Behörde dürfe, so stellt Laun, ohne eine Ausnahme zuzulassen, klar, die subjektiven Rechte und die durch sie geschützten Interessen auch dann nicht verletzen, „wenn anderweitige, nach ihrer Überzeugung höherstehende öffentliche Interessen diese Verletzung erheischen; indem die Rechtsordnung ein subjektives Recht anerkennt, spricht sie aus, daß die Wahrung dieses bestimmten Interessenkreises so wichtig sei, daß alle sonstigen Zweckmäßigkeitserwägungen dagegen zurücktreten — es sei denn, daß das Gesetz selbst Eingriffe in das Recht gestattet und so dessen Sphäre beschränkt. Die Behörde muß diesen gesetzlichen Willen respektieren, oder sie entschließt sich im äußersten Falle, in Ausübung des sog. Staatsnotrechtes die Rechtsordung bewußt zu durchbrechen"[47]).

Dieser Ansicht folgt auch Erasmus[48]). Ihm genügt es aber, wenn die einem Organ eingeräumte Handlungsfreiheit „auf natürlichen Rechtsgrundsätzen" beruhe und sich aus der *„Natur der Sache"* ergebe[49]). Daher sei jeder staatliche Nachrichtendienst befugt, „landesverratsverdächtige Personen" zu beobachten und Agenten umzudrehen. Denn die Nachrichtendienste übten eine vorbereitende Hilfstätigkeit der Regierung aus, gehörten also zu dem Bereich der freien Staatslenkung, der einer Festlegung durch Verwaltungsrechtssätze nicht zugänglich sei. Auch wenn gesetzliche Grundlagen fehlten, sei ihnen daher ein gewisses Maß von Handlungsfreiheit eingeräumt, ohne das sie ihre Aufgaben, die ihnen mit der Zuweisung einer Zuständigkeit übertragen seien, nicht erfüllen könnten[50]).

Erasmus prüft dabei nicht, ob diese Maßnahmen der Abwehrdienste nicht bereits subjektive Rechte verletzen, was nach der hier entwickelten Ansicht

[46]) Laun, S. 62; heute wissen wir, daß auch diese „Blankovollmacht der Verwaltung" (Laun, S. 70) in vielerlei Hinsicht eingeschränkt ist, vgl. Forsthoff, § 5, 3, S. 87.

[47]) Laun, S. 95.

[48]) S. 75.

[49]) S. 75.

[50]) S. 76, 77.

der Fall ist. Zwar, wo Erasmus eine Verletzung subjektiver Rechte sieht, verlangt auch er eine gesetzliche Grundlage, so ausdrücklich für Verhaftungen, Durchsuchungen und Beschlagnahmen. Aber dies ist nach seiner Ansicht nur wegen der Kompetenzverteilung zwischen Nachrichtendienst und Polizei erforderlich[51]), nicht etwa, weil es an der Befugnis zum Eingriff fehlt. Erasmus sieht demzufolge in der „Natur der Sache" eine — beschränkte — Ermächtigung zum Eingriff in subjektive Rechte.

Hier kann Erasmus nicht gefolgt werden. Er umreißt den Begriff der Natur der Sache nicht näher, wenngleich dies angesichts der vielfältigen Verwendung jenes Begriffs zwingend erforderlich gewesen wäre. Er überfordert ihn, wenn er ihn nicht nur zur Interpretation einer Norm, sondern als Ersatz einer Norm verwendet. Wohl schließt der Begriff der Natur der Sache die „eigenartige Sachgesetzlichkeit in sich, die den einzelnen Tätigkeitsbereichen und Gemeinschaften des Menschen eigen ist"[52]) und kann Aufschluß geben über den Sinn eines konkreten Lebensverhältnisses[53]). Aber es kommt auf den Standpunkt des Betrachters an, wie er das tatsächliche Geschehen wertet; das macht alle Aussagen über die „Natur der Sache" relativ[54]).

Die Natur der Sache bietet uns Ordnungselemente an, die bei der Frage nach den wesentlichen Grundlagen des Staates gewisse Strukturen aufzeigen können[55]). Aus der Natur der Sache wird die Nowendigkeit einer staatlichen Polizei ableitbar sein; aber wegen des relativen und fragmentarischen Charakters der „Natur der Sache" können wir eine Aussage über die nähere Ausgestaltung der Polizei und über Einzelabgrenzungen, vor allem bei einer so speziellen Frage nach der Zuständigkeit von Polizei und Abwehrdienst nicht erwarten. Der Rang einzelner Interessen läßt sich auf diesem Wege nicht ermitteln und daher auch nicht der angemessene Ausgleich konkurrierender Interessen[56]). Damit aber haben wir es hier zu tun, wenn wir

[51]) S. 77.

[52]) Coing, Grundzüge S. 119; Zum Begriff der Natur der Sache: Radbruch, Die Natur der Sache als juristische Form, Laun-Festschrift 1948, S. 157 ff. und W. Maihofer, Die Natur der Sache, ARSP 58, 145, der diesen Begriff wieder in das Naturrecht einfügt.

[53]) Stratenwerth, S. 20.

[54]) Stratenwerth, S. 24, unter Berufung auf Erik Wolf, Fragwürdigkeit und Notwendigkeit der Rechtswissenschaft, 1953, Anm. 3; vgl. auch Welzel, Naturrecht und materiale Gerechtigkeit, S. 197.

[55]) Vgl. Coing, Grundzüge, S. 127.

[56]) Stratenwerth, S. 28.

der Frage nachgehen, welche Eingriffe der Einzelne in seine Rechtssphäre dulden muß.

Die Natur der Sache „macht die ordnende Tat der Rechtsetzung nicht unnötig"[57]) und sie befreit die Rechtswissenschaft nicht von der Bindung an das positive Recht[58]). Sie ist daher auch nicht in der Lage, den Grundsatz der Gesetzmäßigkeit beiseite zu schieben oder wenigstens aufzulockern. Die Folgerungen, die Erasmus zieht, sind aber mit dem Grundsatz der Gesetzmäßigkeit der Verwaltung schlechthin unvereinbar.

Es soll nicht bestritten werden, daß es auch in der Bundesrepublik Einrichtungen geben mag, die ihre Maßnahmen, mit denen sie in subjektive Rechte des Einzelnen eingreifen, nicht auf eine gesetzliche Ermächtigung stützen können. Aus dem tatsächlichen Geschehen aber den Schluß zu ziehen, es stehe mit der Rechtsordnung in Einklang, ist verfehlt. Die Rechtswissenschaft darf sich nicht zur Aufgabe machen, gesetzlose Zustände und gesetzwidrige Maßnahmen mit vagen Konstruktionen zu verdecken. Eine solche Lücke kann sie nicht schließen, sondern nur aufweisen. Insbesondere ist dies ausgeschlossen bei Institutionen, die weitgehend gesichert vor parlamentarischer und gerichtlicher Kontrolle im Zwielicht des Geheimen ihre Zwecke verfolgen und mit Methoden arbeiten müssen, die mit den Grundsätzen rechtsstaatlichen Handelns oft nur schwer vereinbar sind. Mag das erträglich sein, solange die Staatsführung und diese Institutionen sich bemühen, trotz der Gesetzlosigkeit des Handelns jene Grundsätze einzuhalten. In ruhigen Zeiten wird das nicht schwerfallen. Aber die Versuchung, die tatsächliche Macht zu mißbrauchen, bleibt. Sie wächst, sobald irgendwelche Krisen oder Störungen im Staatsgefüge auftreten.

Allerdings bleibt die von Erasmus entwickelte Ansicht für die innere Einrichtung, die sich eine Behörde gibt, von Bedeutung. Sie ermöglicht den Abwehrbehörden, alle die Maßnahmen zu treffen, die zur Geheimhaltung erforderlich sind. Dazu gehört nicht nur der Verschluß der Akten vor fremder Einsicht und die Verschwiegenheit der Mitarbeiter, sondern auch eine Vielzahl von Listen, etwa die Führung mehrerer Kennzeichen für ein Kraftfahrzeug und seine Zulassung auf den Namen einer Privatperson, die Verwendung von Ausweisen mit fingierten „Arbeitsnamen", das Erstellen von Urkunden, die als Spielmaterial den V-Leuten gegeben werden, die Nichtbeachtung grenz-, devisen- und steuerrechtlicher Bestimmungen

[57]) Coing, Grundzüge, S. 127.
[58]) Stratenwerth, S. 31.

und andere Verstöße gegen Ordnungsvorschriften, denen grundsätzlich auch die staatlichen Organe Gehorsam schulden.

g) Schließlich versagt auch der Begriff der *sozialen Adäquanz* für die Rechtfertigung der hier in Frage stehenden Verletzungen der Privatsphäre durch Maßnahmen der AfV. Nach Welzel taucht die Frage nach einem besonderen Erlaubnissatz nicht erst auf, wenn bereits die Art unserer geschichtlich gewordenen Sozialordnung sie gestattet. Doch müßte sich die Handlung „völlig innerhalb des Rahmens der geschichtlich gewordenen sozialethischen Ordnung des Gemeinschaftslebens bewegen und von ihr gestattet werden[59]).

Es ist zuzugeben, daß der Begriff der sozialen Adäquanz als allgemeines Rechtsprinzip im öffentlichen Recht nicht von vornherein zurückgewiesen werden kann, mag er auch im Strafrecht entwickelt worden sein. Auch blickt die Verwendung nachrichtendienstlicher Methoden auf eine lange Geschichte zurück. Sie ist in nicht geringem Umfange in die Sozialordnung eingegangen. Aber die nachrichtendienstlichen Methoden gehören nicht in den Kreis der Handlungen, denen der gewohnheitsrechtliche Rechtfertigungsgrund der sozialen Adäquanz zugute kommen kann. Sie werden nicht als „selbstverständlich" rechtmäßig hingenommen, wie die „Freiheitsberaubung", die nach dem Wortlaut des § 239 StGB dem Benutzer eines öffentlichen Verkehrsmittels widerfährt oder wie die Gefährdungen, die durch eine ordnungsgemäße Teilnahme am Straßenverkehr gesetzt werden. Das „Unheimliche", von dem die nachrichtendienstliche Tätigkeit begleitet wird, die Bedenken, die sich ergeben, wenn man den Maßstab rechtsstaatlicher Prinzipien an diese Handlungen anlegt, stehen einer völligen und selbstverständlichen Eingliederung der fraglichen Maßnahmen in das soziale Geschehen entgegen. Da das Rechtsbewußtsein immer wieder die Frage stellt, ob und unter welchen Voraussetzungen jene Maßnahmen rechtens sind, ist für die Anwendung der Lehre von der sozialen Adäquanz kein Raum, die davon ausgeht, daß auf Grund der sozialethischen Bewertung die Frage nach dem rechtlichen Erlaubtsein gar nicht auftaucht[60]). Dem steht die spärliche Erörterung der Probleme im Fachschrifttum nicht entgegen. Das Schweigen

[59]) Welzel, Strafrecht, S. 69, 106 ff.; ders., Das neue Bild des Strafrechtssystems, Göttingen 1957, S. 34 ff.; Nipperdey, Rechtswidrigkeit, Sozialadäquanz, Fahrlässigkeit, Schuld im Zivilrecht, NJW 57, 1777; Enneccerus-Nipperdey, § 209 II; Werner Niese, Streik und Strafrecht, Mainz, 1954, S. 29.

[60]) Welzel, Strafrecht, S. 69.

der Wissenschaft, der exaktes Material kaum zugänglich ist, hat andere Gründe.

Der Begriff der sozialen Adäquanz könnte bei den oberflächlichen Nachforschungen, die nur flüchtig von der Privatsphäre Notiz nehmen, von Bedeutung werden. Diese Handlungen werden aber auch nach der hier entwickelten Ansicht nicht zu den Eingriffen gezählt.

h) Es ist festzuhalten: Die AfV verfügen über eine eigentümlich beschränkte gesetzliche Grundlage. Diese ermächtigt zu Eingriffen in die Freiheit des Einzelnen, allerdings nur, soweit es gelingt, diese Eingriffe ohne Anwendung von Zwang zu vollziehen. Jenseits dieser beschränkten gesetzlichen Grundlage sind die AfV nicht berechtigt, in die Freiheitssphäre der Bürger einzugreifen. Die daraus möglicherweise erwachsenden Schwierigkeiten bei der Bekämpfung verfassungsfeindlicher Bestrebungen sind in einem freiheitlichen demokratischen Rechtsstaat hinzunehmen.

Es geht nicht an, durch vage juristische Konstruktionen ungeschriebene Vollmachten zu fingieren oder aber, die Beschränkung der gegebenen Vollmachten durch organisatorische oder andere Manipulationen zu umgehen. Zum Beispiel wäre es eine unzulässige Umgehung, die zugleich den Grundsatz der Kompetenzklarheit verletzte, wenn Polizeibeamte den Weisungen der AfV unterstellt würden, damit sie im gegebenen Augenblick auf Grund ihrer weiteren, auf die allgemeine polizeiliche Generalklausel gestützten Befugnisse polizeilichen Zwang anwenden. Zwar haben die AfV mit der Polizei und der Staatsanwaltschaft zusammenzuarbeiten. Dies kann rechtens aber nur in folgender Weise geschehen:

Entweder die Polizei unterstellt einige ihrer Beamten den Weisungen der AfV. Dann können diese Beamten jedoch nur im Rahmen der Befugnisse der AfV vorgehen. Sie werden für die Zeit der Unterstellung zu Mitarbeitern der AfV.

Oder aber die abgeordneten Polizeibeamten unterliegen weiter den Weisungen ihrer Polizeibehörde. Dann behalten sie zwar ihre Befugnisse zur Anwendung polizeilichen Zwanges, dürfen aber nicht Weisungen eines AfV entgegennehmen. Vielmehr müssen sie in eigener Verantwortung prüfen, ob Anlaß besteht, als Polizeibeamte oder Hilfsbeamte der Staatsanwaltschaft einzugreifen. Gegebenenfalls müssen sie bei ihrem Vorgesetzten um spezielle Befehle bitten. Der Gedankenaustausch zwischen Mitarbeitern eines AfV und abgeordneten Polizeibeamten bleibt Bericht und sachkundiges Ersuchen um Amtshilfe, nicht anders, als wenn das AfV, um eine Polizeibehörde oder eine Staatsanwaltschaft zum zwangsweisen Eingriff zu veranlassen, Akten vorlegt oder Bericht erstattet.

§ 20

Der Begriff der verfassungsfeindlichen Bestrebungen in § 3 BVerfSchG

Nach § 3 BVerfSchG haben die AfV die Aufgabe, Nachrichten zu sammeln und auszuwerten über „Bestrebungen, die eine Aufhebung, Änderung oder Störung der verfassungsmäßigen Ordnung im Bunde oder in einem Land oder eine ungesetzliche Beeinträchtigung der Amtsführung von Mitgliedern verfassungsmäßiger Organe des Bundes oder eines Landes zum Ziele haben." Durch § 3 BVerfSchG wird der Zweck, dem die Maßnahmen der AfV zu dienen haben und der Personenkreis, gegen den sich die AfV wenden dürfen, gekennzeichnet. Dies ist im folgenden darzulegen.

Die von § 3 aaO gekennzeichneten Verhaltensweisen können unter dem Begriff „verfassungsfeindliche Bestrebungen" zusammengefaßt werden. Die exakte, rechtsstaatlichen Grundsätzen gemäße normative Umschreibung dieses Begriffs stößt auf Schwierigkeiten. Denn es läßt sich zwar sagen, welche Handlungen die verfassungsmäßige Ordnung im Bund oder einem Lande aufheben oder ändern, aber es läßt sich nicht mit Sicherheit voraussehen und umschreiben, welche Handlungen für den Bestand der Ordnung so gefährlich sind, daß sie verhindert werden müssen. Jedenfalls sind aus dem Begriff der verfassungsfeindlichen Bestrebungen und damit aus dem Aufgabenkreis der AfV auszuklammern: 1. alle diejenigen Handlungen, die keine Wirksamkeit im politisch-staatlichen Leben beanspruchen, sondern als Äußerung von privaten Meinungen oder wissenschaftlichen Theorien sich nicht gegen die verfassungsmäßige Ordnung richten[1]), 2. diejenigen Handlungen, die auf eine legale, mit den Grundprinzipien des Grundgesetzes

[1]) Die Grenze zwischen einer wissenschaftlichen Theorie und dem Handeln im politischen Raum zieht das BVerfG dort, wo die betrachtend gewonnene Erkenntnis von einer zum Handeln im staatlichen Raum entschlossenen Gruppe in ihren Willen aufgenommen und zum Bestimmungsgrund ihres politischen Handelns gemacht worden ist, KP Urteil, Sonderdruck Karlsruhe 1956, III S. 615; Güde, S. 21: Don Quichote gefährdet den Staat nicht und unterliegt daher auch nicht seinem Strafrecht. Für das Strafrecht ist noch zu klären, ob §§ 90 bis 97 und 100 d Abs. 2 StGB nur die Bestrebungen des kollektive Angriffe vorbereitenden Täters (BGHSt. 11, 171 [175]) oder auch die des Einzelgängers (BGHSt. 13, 32 [35]) unter Strafe stellen, Willms, JZ 59, 629, Zum Begriff der verfassungsfeindlichen Bestrebungen.

übereinstimmende Weiterentwicklung der bestehenden Ordnung gerichtet sind. Sie zu behindern, hieße das Staatsleben ersticken[2]).

Die Grenzziehung aber zu jenen Handlungen, die für den Bestand des Staates so gefährlich sind, daß der staatliche, die Freiheit des Einzelnen beeinträchtigende Eingriff als erforderlich gerechtfertigt ist, bleibt der verantwortlichen politischen Entscheidung vorbehalten. Dem Gesetzgeber obliegt es festzustellen, in welchem Umfange der Einzelne Freiheitsbeschränkungen hinnehmen muß, damit eben diese Freiheit gesichert wird. *Daher ist aus den Verfassungsbestimmungen, den verwaltungs- und strafrechtlichen Vorschriften zu entnehmen, welche Handlungen als staatsgefährdend angesehen werden und daher zu Reaktionen des Staates führen.*

Dem abwehrbereiten Charakter des Grundgesetzes entspricht die Tendenz des Gesetzgebers, eine energische und rechtzeitige Abwehr sicherzustellen. Daher sind die Tatbestände, insbesondere die strafrechtlichen Normen (§§ 80 ff. StGB) weit gefaßt und auch relativ ungefährliche Vorbereitungshandlungen unter Strafe gestellt. Aus dem gleichen Grunde hat der Gesetzgeber Begriffe eingeführt, die einer exakten richterlichen Feststellung nur schwer zugänglich sind. Weil ihm die scharfe begriffliche Definition der Tatbestände nur unvollkommen gelungen ist, oft vielmehr auf die Gesinnung abgestellt wird und weil er weit in den Bereich der sonst nur ausnahmsweise strafbaren Vorbereitungshandlungen vorgestoßen ist, hat das erste Strafrechtsänderungsgesetz von 1951 vielfach Kritik erfahren. In der DDR wird es als „Blitzgesetz" bezeichnet und der Willkür bezichtigt, aber auch in der Bundesrepublik werden Bedenken geäußert. Darum dürfte auch mit einer Reform des Staatsschutzgesetzes zu rechnen sein[3]).

Die Vielzahl der meist kollektiv gesteuerten Handlungen, die von diesen

[2]) Vgl. die Bedenken bei Maunz-Dürig, Art. 2 Abs. 1, Randnote 86, gegen die weitgreifende Einbeziehung von relativen Ordnungswerten in die Staatsfundamentalnormen durch Art. 79 Abs. 3 GG und § 88 StGB.

[3]) Heinitz, Staatsschutz S. 119; Güde, S. 13 u. 17 ff.; H. v. Weber, Verhandlungen des Dt. Juristentages Bd. 38, E 11, vgl. auch die Diskussion zu dem Vortrag Webers aaO; Willms, Günther, Die Organisationsdelikte, NJW 57, 560 ff.; ders. Verfassungsfeindliche Schriften, JZ 58, 601; Maunz-Dürig, Art. 2 Randn. 76 cc; kritisch: Ruhrmann, Verfassungsfeindliche und landesverräterische Beziehungen, NJW 59, 1201; ders. Grenzen strafrechtlichen Rechtsschutzes, NJW 57, 1897 ff.; Heinemann und Posser, Kritische Bemerkungen zum politischen Strafrecht in der Bundesrepublik, NJW 59, 121 ff.; gegen Posser und Heinemann: Achim v. Winterfeld, Zur Rechtssprechung in Staatsschutzsachen, NJW 59, 745 ff.; zusammenfassend: LK Vorbem. 5 vor § 80.

Vorschriften erfaßt werden[4]) und die von den AfV zu erkunden sind, soll hier nicht im einzelnen dargelegt werden. Erforderlich ist aber, auf einige besonders aufmerksam zu machen, weil ihnen in der Gegenwart für die Maßnahmen der AfV erhöhte Bedeutung zukommt. Es handelt sich um die Organisationsdelikte und den verfassungsfeindlichen Nachrichtendienst.

a) Nach Art. 9 Abs. 2 GG sind Vereinigungen, die sich gegen die verfassungsmäßige Ordnung richten, verboten. Dieses Verbot wird durch die §§ 90 a, 129, 129 a, 94 StGB, 42, 47 Gesetz über das Bundesverfassungsgericht mit strafrechtlichem Schutz umkleidet und durch § 128 StGB erweitert. Denn nach dieser Vorschrift ist es auch verboten, einer Verbindung anzugehören, deren Dasein, Verfassung oder Zweck vor der Staatsregierung geheimgehalten werden soll oder in der gegen unbekannte Obere Gehorsam oder bekannte Obere unbedingter Gehorsam versprochen wird[5]). Anders als das RG, das § 128 StGB nur auf die Mitglieder, Stifter und Vorsteher einer Vereinigung anwendete, hält der BGH auch Beihilfe zur Geheimbündelei durch außenstehende Personen für möglich[6]). Das eröffnet den polizeilichen Zugriff gegen die Mitglieder der Tarnorganisationen und auch gegen ihre Helfer, da sie an der Begehung einer nach § 128 StGB strafbaren Handlung verhindert werden sollen[7]).

Die Entscheidung des BVerwG, wonach die Auflösung einer verbotenen Vereinigung durch eine von der zuständigen Stelle erlassene Auflösungsverfügung vollzogen werden muß[8]), steht der Ermittlungstätigkeit der Polizei und der AfV nicht entgegen, auch wenn die Auflösungsverfügung noch nicht vorliegt. Die Strafverfolgungsmaßnahmen richten sich nicht gegen den Verein, sondern gegen den Einzelnen, der im Verdacht steht, strafbare Handlungen begangen zu haben. Auch die Ermittlungen, die einer

[4]) Verwiesen sei auf die breit angelegte Dissertation: Hans Nikolaus Houy, Der strafrechtliche Schutz der verfassungsmäßigen Ordnung der Bundesrepublik Deutschland, Illingen/Rastatt 1958.

[5]) Vgl. die Bedenken gegen die Ausweitung durch § 128 StGB bei Willms, NJW 57, 566.

[6]) RGSt. 24, 328 (331); BGHSt. 7. 11. 1956, 6 StR 70/56, Teilabdruck, andere Fragen betreffend, BGHSt. 10, 15.

[7]) Der BGH hat Angehörige von kommunistischen Tarnorganisationen nach § 128, in Tateinheit allerdings auch mit § 80 a und § 81 StGB bestraft, z. B. die Zugehörigkeit zur Nationalen Front, die zwar nicht ihr Dasein, aber ihren Zweck vor den Regierungen des Bundes und der Länder geheim halte, 1 StE 12/56, v. 2. 11. 56, Hochverrat und Staatsgefährdung, II, S. 43 (69).

[8]) BVerwG 6. 12. 56, BVerwGE 4, 188.

Auflösungsverfügung vorausgehen müssen, beeinträchtigen nicht das Grundrecht der Vereinigungsfreiheit, weil es jedem unbenommen bleibt, ungeachtet der Ermittlungen sich vereinsmäßig zu betätigen.

b) Die Bundesrepublik, die sich durch eine ausgedehnte nachrichtendienstliche Tätigkeit östlicher Staaten bedroht fühlt, hat, dem Schweizer Vorbild[9]) folgend, in § 92 StGB den Tatbestand des *verfassungsverräterischen Nachrichtendienstes* geschaffen. Nicht nur das Erkunden von Staatsgeheimnissen, sondern auch das Sammeln von Nachrichten über sachliche und persönliche Verhältnisse in der Bundesrepublik ist strafbar, wenn es für Dienststellen, Parteien oder andere Vereinigungen außerhalb der Bundesrepublik oder für eine verbotene Vereinigung oder einen ihrer Mittelsmänner in verfassungsfeindlicher Absicht erfolgt. Die Nachrichten müssen Verwaltungen, Dienststellen, Betriebe, Anlagen, Einrichtungen, Vereinigungen oder Personen, die sich innerhalb der Bundesrepublik befinden, betreffen. Das Sammeln anderer Nachrichten ist nach § 92 StGB nicht verboten, auch wenn sich der Überbringer von der in § 92 StGB umschriebenen Absicht tragen läßt[10]).

Aber auch landesverräterische Spionagetätigkeit (§§ 99—100 e StGB) ist den verfassungsfeindlichen Bestrebungen zuzurechnen, wenn zu erwarten ist, die im Wege der Spionage verschafften Informationen werden zum Kampf gegen die verfassungsmäßige Ordnung der Bundesrepublik, z. B. zur Vorbereitung von Terror, Sabotage, Zersetzung verwendet. Auf die verfassungsverräterische Absicht des Täters, die bei einer Bestrafung nach § 92 StGB nachgewiesen werden muß, kommt es für die Aufklärung und Abwehr nicht an. Daraus folgt in diesen Fällen die Zuständigkeit der AfV zur Abwehr landesverräterischer Spionage übertragen ist, wie z. B. dem Abwehrverrat gegen die äußere rechtliche und politische Stellung des Bundes, also sein Verhältnis zu anderen Staaten richtet, während die Aufgaben der AfV an sich auf innerstaatlichem Gebiet liegen[11]). Die Abgrenzung von der Zuständigkeit anderer Nachrichtendienste der Bundesrepublik, denen die Abwehr landesverräterischer Spionage übertragen ist, wie z. B. dem Abwehrdienst der Bundeswehr, kann dann nur nach Zweckmäßigkeitserwägungen erfolgen[12]).

[9]) §§ 272—274 Schweiz. StGB.

[10]) BGHSt. 6 StR 21/56, 23. 5. 56, nicht veröffentlicht.

[11]) BGHSt. StE 14/56, Urt. v. 9. 1. 57, S. 26; vgl. auch StE 19/54, Urt. v. 25. 1. 55, S. 32, beide nicht veröffentlicht.

[12]) Vgl. dazu Erasmus S. 70—76.

Der *Begriff des Staatsgeheimnisses* ist weit, es fallen nach § 99 StGB darunter alle Tatsachen, Gegenstände oder Erkenntnisse, insbesondere Schriften, Zeichnungen, Modelle oder Formeln oder Nachrichten darüber, deren Geheimhaltung vor einer fremden Regierung für das Wohl der Bundesrepublik Deutschland oder eines ihrer Länder erforderlich ist. In der Erkenntnis, daß fremde Nachrichtendienste häufig darauf angewiesen, aber auch in der Lage sind, sich aus einer Fülle kleiner, an sich unscheinbarer und unbedeutender Nachrichten ein Gesamtbild zu verschaffen, das eine sichere Beurteilung der Verhältnisse auf einem bestimmten, geheimhaltungsbedürftigen Gebiet zuläßt, sieht die Rechtsprechung bereits diese einzelnen Nachrichten als Geheimnisse an. Sie rechnet sie den Staatsgeheimnissen selbst dann zu, wenn sie sich aus solchen Einzeltatsachen zusammensetzen, die, jede für sich allein betrachtet, weder geheimgehalten werden noch geheimhaltungsbedürftig sind. Nur müsse es sich um Tatsachen von einiger Bedeutung handeln, die zumindest die Gefahr einer Beeinträchtigung des Wohles des Staates mit sich brächten[13]).

Der strafrechtliche Schutz der Staatsgeheimnisse wird durch das abstrakte Gefährdungsdelikt des § 100 e StGB auf bloße Vorbereitungshandlungen erweitert. Bereits die Aufnahme von Beziehungen zu auswärtigen Nachrichtendiensten ist strafbar, auch wenn es zu einer konkreten Gefährdung eines Staatsgeheimnisses nicht kommt und die erteilten Aufträge sich nicht unmittelbar auf die Beschaffung von Staatsgeheimnissen beziehen. Es genügt vielmehr, daß die Nachrichten, die der Täter weitergeben soll, im Zusammenhang mit anderen Erkenntnissen zur Aufdeckung von Tatsachen führen können, deren Geheimhaltung erforderlich ist[14]) oder daß sie wenigstens dazu bestimmt und geeignet sind, die allgemein auf die Erlangung von Geheimnissen gerichteten Bestrebungen der Auftraggeber zu fördern[15]).

[13]) BGHSt. 7, 234; Urt. v. 11. 5. 54 StE 125/52 S. 14; Urt. v. 19. 6. 57, 2 StE 14/57 S. 16, beide nicht veröffentlicht; Teilabdruck des Urt. v. 11. 5. 54: BGHSt. 6, 346; Staatsgeheimnisse sind z. B.: das „Stadtbüro" des BfV und der dazu gehörige Fernsprechanschluß, die KFZ Erkennungsnummern inoffizieller Kraftwagen, die wirtschaftlichen Bedingungen für V-Leute des BfV (BGH 2 StE 14/56, Urt. vom 9. 1. 57, nicht veröffentlicht).

[14]) BGHSt. StE 41/55, Urt. v. 7. 2. 56; 2 StE 14/57, Urt. v. 19. 6. 57; StE 40/55, Urt. v. 17. 2. 56, S. 14, alle nicht veröffentlicht.

[15]) BGHSt. 2 StE 12/57, Urt. v. 13. 6. 57, nicht veröffentlicht.

§ 21

Der nach § 3 BVerfSchG in Betracht kommende Personenkreis

a) Es ist nun zu fragen, gegen wen die AfV ihre Maßnahmen zu richten haben. Das Sammeln und Auswerten von Nachrichten darf nur, wie sich aus dem durch § 3 BVerfSchG umrissenen Aufgabenkreis ergibt, darauf zielen, für die Aufdeckung verfassungsfeindlicher Bestrebungen wesentliche Erkenntnisse zu gewinnen. Daher darf in dem noch zu erörternden Umfange ein Eingriff in die Privatsphäre jener Personen vorgenommen werden, gegen die ein auf Tatsachen begründeter Verdacht verfassungsfeindlicher Tätigkeit besteht. Da es sich bei den Maßnahmen der AfV stets um Ermittlungen des in der Regel noch nicht aufgeklärten Sachverhaltes handelt, kommt es allerdings auf die feinen Unterscheidungen, die das Strafrecht in objektiver und subjektiver Hinsicht macht, zunächst nicht an. Es genügt für die Einleitung von Ermittlungen, daß ein *begründeter Verdacht* besteht, es liege eine verfassungsfeindliche Bestrebung in dem oben gekennzeichneten Sinne vor.

b) Wie jedoch bereits bei der Erörterung der Begriffe Störer und Nichtstörer[1]) dargelegt, sind die Ermittlungen nicht auf den Kreis der potentiellen Störer beschränkt. Erkenntnisse über verfassungsfeindliche Bestrebungen können je nach Lage des Falles auch bei der Beobachtung von Personen gewonnen werden, deren Verfassungstreue nicht in Frage steht. Sobald sie in Verbindung mit verfassungsfeindlichen Gruppen geraten, liegen Anhaltspunkte vor, die nach pflichtgemäßem Ermessen die Erwartung begründen können, bei ihrer Beobachtung sei mit wesentlichen Erkenntnissen für die Aufgaben des Verfassungsschutzes zu rechnen. Das rechtfertigt den Eingriff, der sich gegen den Nichtstörer wendet.

Aber auch dann ist zu prüfen, ob es notwendig ist, die Untersuchung auf alle in Betracht kommenden Personen zu erstrecken und bei welchen Personen die Erkenntnisse bei möglichst weitgehender Schonung der Privatsphäre gewonnen werden können. Das folgt aus den oben entwickelten Grundsätzen[2]) über die Auswahl zwischen mehreren Nichtstörern, deren Heranziehung in Betracht kommt, nicht nur etwa aus der Zweckmäßigkeitsfrage, bei welchem Bürger auf kürzestem Wege die sichersten Erkenntnisse

[1]) oben § 13.
[2]) oben § 13 c.

erzielt werden können, wenngleich beide Fragen oft die gleiche Antwort bringen werden.

c) Aus § 3 BVerfSchG folgt weiter, daß es nicht darum geht, schlechthin Nachrichten über jenen Personenkreis zu sammeln, sondern nur darum, Nachrichten über verfassungsfeindliche Bestrebungen zu sammeln und auszuwerten. § 3 BVerfSchG deckt daher niemals einen Eingriff, wenn er nicht der Erkundung verfassungsfeindlicher Bestrebungen dient. Das schließt nicht nur jedwede Maßnahme gegen Personen aus, bei denen Erkenntnisse der genannten Art nicht zu erwarten sind, sondern verbietet auch, die Privatsphäre der Betroffenen in weiterem Umfange zu durchleuchten, als dies im Rahmen der Aufgaben der AfV erforderlich ist. *Das Sammeln und Auswerten von Nachrichten mit einem anderen Ziel als dem des Verfassungsschutzes wäre ein Mißbrauch des Amtes.* Die AfV sind kein „Tummelplatz für ränkeschmiedene Staatssekretäre“[3]).

In welcher Richtung und mit welchen Mitteln Politiker ihren Kampf führen, dürfen die AfV daher nicht untersuchen, solange an der Verfassungstreue keine Zweifel bestehen[4]). Auch wenn von einzelnen Mitgliedern einer verfassungstreuen Partei eigenwillige Ansichten vertreten, wenn „Ostkontakte“ aufgenommen werden[5]), wenn es zu „Entgleisungen“ kommt, besteht kein Anlaß zum Einschreiten. Ob der Einzelne, der einen radikaleren Kurs propagiert, gegnerischen Einflüsterungen erlegen ist und bereits die freiheitliche demokratische Grundordnung bekämpft oder noch von dem Recht der freien Meinungsäußerung und der Entfaltung der Persönlichkeit einen zulässigen Gebrauch macht, ist zwar eine Frage, die im Einzelfall von den AfV zu prüfen ist. Das hat aber nicht im Hinblick auf die Treue zu den Prinzipien einer Regierung oder Partei, sondern nur im Hinblick auf die *Treue zu den Grundlagen der Verfassung* zu geschehen. Denn verfas-

[3]) R. Maier, Prot. des 2. Dt. Bundestages, Sten. Ber. S. 1972.

[4]) Darum ist Kritik und Erregung der Öffentlichkeit über die Beobachtung verfassungstreuer Politiker und Parteien berechtigt, vgl. Prot. des 2. Dt. Bundestages, 37. und 42. Sitzung, S. 1730 ff. und S. 1949 ff., 1972; Drucksache Nr. 767, 3. Dt. Bundestag, 34. Sitzung, S. 1903 ff. (große Anfrage betreffend Fall John); Sten. Ber. d. Hess. Landtages, 2. Wahlperiode, 55. Sitzung, S. 2331 ff. Offen bleibt allerdings die Frage, ob stets die AfV oder aber einer der anderen in- und ausländischen Nachrichtendienste für die Übergriffe verantwortlich zu machen waren.

[5]) Der BGH (1 StE 8/57, Urt. v. 13. 12. 57, Hochverrat und Staatsgefährdung, II, 186 [219]) leitet die Befugnis, auch mit „Feinden der Freiheit“ Beziehungen aufzunehmen, aus Art. 2 Abs. 1 GG ab.

sungstreu bedeutet nicht regierungstreu[6]). Die Grundprinzipien der Verfassung jedoch lassen dem Einzelnen einen breiten Raum, seine Ansichten zu entwickeln. Auch gegen Kritik an einzelnen Institutionen der Verfassung sind sie unempfindlich.

Wie jedem Bürger muß auch dem Verfassungsgegner ein nur ihm vorbehaltener, staatlicher Ausforschung unzugänglicher Raum gelassen werden. Dazu gehören einmal der Kernbereich der Person[7]) und zum anderen alle jene Angelegenheiten der Privatsphäre, von denen feststeht, daß ihre Durchleuchtung für die Aufgaben des Verfassungsschutzes unerheblich ist.

Abschnitt V:

Das Sammeln von Nachrichten

§ 22

Die Mitwirkung des Betroffenen

Wie die Polizei müssen auch die AfV bei ihren Erkundungen das mildeste Mittel einsetzen und dürfen nur soweit in die Privatsphäre eindringen, wie es der konkrete Anlaß der Erkundung erfordert. Für die Praxis geheimpolizeilicher Erkundung, die sich gegen konspirativ arbeitende Gegner richtet, erscheint es oft unumgänglich, *alle* erreichbaren Nachrichten über eine Person oder eine Gruppe zu sammeln, nach dem Fachjargon, den oder die Betroffenen „abzuklären". Diese nachrichtendienstliche Methode ist im Hinblick auf die hier dargelegten Gedankengänge nicht unbedenklich und erscheint nur statthaft, wenn auch sie streng durch den Grundsatz der Erforderlichkeit und Verhältnismäßigkeit beschränkt bleibt. Insbesondere wird es, sobald die Aufklärung weiter fortgeschritten ist, möglich sein, einzelne Bereiche der Privatsphäre von weiterer Aufklärung zu verschonen oder unverdächtige Personen ganz aus dem Kreis der zur Untersuchung gezogenen zu entlassen.

Wann dies der Fall ist, mit welchen grundsätzlich zulässigen Mitteln vorgegangen werden darf, muß im Einzelfall nach pflichtgemäßem Ermessen bestimmt werden. Hier ist nur darzulegen, welche Merkmale bei der Er-

[6]) Ritter v. Lex aaO.

[7]) oben §§ 8 d und 11 b.

messensbildung zu berücksichtigen sind und wo die Grenzen der Ermessensfreiheit liegen.

Die den AfV zur Verfügung stehenden Mittel für die Erkundung von Sachverhalten können eingeteilt werden in Mittel, bei denen der Betroffene mitwirkt, und solche, die ohne seine Mitwirkung eingesetzt werden. Diese können wiederum in offener und heimlicher Weise und schließlich unter Verletzung weiterer Rechtsgüter verwendet werden.

a) *Die unmittelbare Befragung* des Betroffenen spielt im Staatsleben eine bedeutende Rolle. Die verantwortliche Vernehmung des Angeschuldigten, die Einlassung des Angeklagten, die Abgabe der Steuererklärung, das Ausfüllen von Fragebogen, das Einreichen von Lebensläufen sind alltägliche Handlungen, die Verwaltung und Gerichte von dem Einzelnen verlangen. Sie belasten im Vergleich zu den unten zu erörternden Formen des Eindringens den Betroffenen am wenigsten. Es wird dem Prinzip nach die Freiwilligkeit gewahrt. Der Betroffene ist in der Lage, die seine Privatsphäre betreffenden Angelegenheiten so darzustellen, wie er sie sieht oder gesehen wissen will. Es bleibt ihm ein Rest eigener Entscheidungsmöglichkeit.

Die Freiwilligkeit wird aber zum bloßen Schein, wenn der Druck der äußeren Verhältnisse, insbesondere die Besorgnis vor den Folgen, die das Schweigen haben würde, zum Reden zwingt. Dieser Zwang kann stärker sein als jener, den Behörden auf Grund besonderer gesetzlicher Bestimmungen ausüben dürfen, um den Betroffenen zu einer vollständigen Auskunft zu veranlassen. Dann scheidet auch der Gedanke aus, die Einwilligung des Betroffenen rechtfertige das Eindringen in die Privatsphäre. Rechtens ist es nur, wenn und soweit der Behörde eine gesetzliche Ermächtigung zur Verfügung steht.

Die AfV haben keine Möglichkeit, jemanden vorzuladen, weil eine § 17 Pr. PVG, § 51 StPO entsprechende Vorschrift fehlt. Aber es steht den AfV frei, den Betroffenen aufzusuchen oder zu einer Besprechung zu bitten. Irgendwelchen Zwang zur Aussage können sie nicht anwenden. Der Befragte ist nicht verpflichtet, eine Aussage zu machen, das braucht er nicht einmal vor der Polizei[1]) und der Staatsanwaltschaft[2]).

[1]) Schwarz, § 163 StPO, Anm. 1 B; das PrOVG nahm eine Auskunftspflicht auf Grund des § 10 II 17 ALR an, OVG 15, 423 (425); 37, 427 (428), aber nur, wenn dies zur Erfüllung der polizeilichen Aufgaben das gebotene Mittel war, OVG 56, 296 (297); Forsthoff, § 15, 3, S. 274.

[2]) Schwarz, § 161 StPO, Anm. 1; RGSt. 9, 436; 32, 269; 39, 190.

b) Nach § 136a StPO darf die Freiheit der Willensentschließung und Willensbetätigung des Beschuldigten nicht beeinträchtigt werden. Das Verbot, das auch für die Polizei als Verfolgungsorgan gilt (§§ 161 Abs. 2 und 163 Abs. 2 StPO) und sich auch auf die Vernehmung von Zeugen erstreckt (§ 69 Abs. 3 StPO), ist entsprechend auf die Präventivpolizei und auf die Befragungen durch die AfV anzuwenden, weil nur die entsprechende Anwendung durch alle Staatsorgane dem Grundsatz der Menschenwürde entspricht, der durch dieses Verbot für die Fälle der Vernehmung konkretisiert wird[3]). Es wird zwar — aber wohl de lege ferenda — die Ansicht vertreten, gegenüber „ausgekochten Verbrechern" sei eine Anwendung von Zwangsmitteln vertretbar, um die Würde der Opfer dieser Verbrecher zu schützen, wozu der Staat ebenfalls die Pflicht habe[4]). Dieser Gedanke ist aber keiner entsprechenden Anwendung auf das vorliegende Problem fähig. Er ist bereits im Ansatzpunkt verfehlt. In der Würde des Menschen, auch in der des Verbrechers, ist staatlichem Handeln eine unüberwindliche Schranke gesetzt. Unterstellt man — was allerdings nicht zutreffend ist —, daß es erforderlich wäre, die Würde des Verbrechers zu verletzen, um die Würde anderer Personen zu schützen, so stünde der Staat vor einem ultra posse, das seine Pflicht enden läßt. In Wahrheit ist schwer vorstellbar, was das erzwungene Geständnis des „ausgekochten Verbrechers", und nur gegen diesen soll sich die Befugnis zum Aussagezwang richten, noch fruchten soll. Die Zeiten, in denen der Satz „Confessio regina probatorum" galt, sind vorbei. Vor einem „ausgekochten Verbrecher" kann die Gesellschaft geschützt werden, auch wenn er nicht gesteht, selbst wenn die eine oder andere Tat unaufgeklärt bleibt.

Nach § 136 a StPO ist es verboten, den Befragten durch Mißhandlungen, Ermüdung, körperlichen Eingriff, durch Verabfolgung von Mitteln oder Hypnose zu einer Aussage zu veranlassen. Das ist selbstverständlich und die Anwendung derartiger unsauberer Mittel so unvorstellbar, daß alle Ausführungen darüber überflüssig erscheinen. Aus den weiteren Verboten des § 136 a StPO folgen jedoch einige Zweifelsfragen gerade für die Tätigkeit der AfV, auf die hier einzugehen ist.

Offen bleiben muß allerdings hier das in erster Linie strafprozessuale

[3]) Schwarz, § 136a, Anm. 1a; nach OLG Oldenburg, NJW 53, 1237, richtet sich das Verbot nur an die Organe der Rechtspflege, dem OLG ging es aber nicht um die Abgrenzung gegenüber anderen Staatsorganen, sondern gegenüber Privaten.

[4]) Mangoldt-Klein, Art. 1 Anm. III 5 a; Dürig, AöR 81, 128; wie hier dagegen jetzt auch Maunz-Dürig, Art. 2, Randn. 37 und Niese, ZStRW 63, 222.

Problem, wie die von § 136 a StPO verbotenen Täuschungshandlungen von der Überlistung, die noch als zulässig angesehen wird, generell abzugrenzen ist. Um nicht die vernehmenden Behörden, die der List nicht entraten können, in ihrer Arbeit lahmzulegen, neigt die Rechtslehre zu einer „vorsichtig einschränkenden" Interpretation des Begriffs der Täuschung in § 136 a StPO. Sie läßt daher eine Überlistung zu, die nicht die Freiheit des Willens beeinträchtigt[5]). Auch die Überrumpelung, d. h. die Fragestellung, die den Befragten plötzlich vor eine in diesem Zeitpunkt nicht erwartete Situation stellt, ist statthaft.

Zu den gesetzlich nicht vorgesehenen Vorteilen, die zu versprechen nach § 136 a verboten ist, gehören auch Geldversprechungen. Erkaufte Geständnisse sind für ein geordnetes Prozeßverfahren ebenso anrüchig wie erpreßte Geständnisse. Für das verfahrensmäßig freigestellte Vorgehen der Nachrichtendienste gilt das nur mit einer Einschränkung. Wenn auch das Versprechen einer Geldbelohnung ein Mittel der Willensbestimmung sein kann[6]), bleibt es doch für die AfV zulässig, Nachrichten käuflich zu erwerben, auch von verdächtigen Personen. Daher ist die Geldbelohnung zulässig, wenn sie gegeben wird, um Nachrichten über verfassungsfeindliche Bestrebungen zu erhalten. Sie ist es nicht, wenn das gekaufte Geständnis der Überführung des Geldempfängers dienen soll. Ob aber in dem Versprechen einer Belohnung noch eine die Strafverfolgung vorbereitende Vernehmung oder aber bereits eine Verhandlung über den Verkauf von Nachrichten liegt, wird man oft schwer auseinanderhalten können[7]).

Die Polizei darf sich nicht verpflichten, keine Anzeige zu erstatten, um ein Geständnis zu erzielen. Auch das wäre ein gesetzlich nicht vorgesehener Vorteil. Aber die AfV sind nicht an das Legalitätsprinzip der §§ 152, 163 StPO gebunden. Vielmehr steht es in ihrem pflichtgemäßen Ermessen, ob die strafbare Handlung den Verfolgungsbehörden anzuzeigen ist. Das Versprechen, das ein AfV abgeben könnte, den Betroffenen soweit als möglich abzudecken, mag auf den ersten Blick willkürlich erscheinen, weil hier nach dem Ermessen der AfV Einzelne besser gestellt und nicht verfolgt werden.

[5]) Dallinger, SJZ 50, 734; Schwarz, § 136 a StPO Anm. C 1; vgl. auch Erbs, Unzulässige Vernehmungsmethoden, NJW 51, 387 ff.; E. Schmidt, Lehrkommentar, II § 136 a Ziff. 13.

[6]) worauf der BGH bei der Frage, ob das Anbieten von Zigaretten durch § 136 a verboten ist, abstellt, BGHSt. 5, 290; zu Geldversprechungen vgl. Dalcke, § 136 a StPO Anm. 10; E. Schmidt, Lehrkommentar, II, § 1236 a Ziff. 18—21.

[7]) In einem Gerichtsverfahren eine solche Aussage später zu verwenden, dürfte in keinem Falle zulässig sein, das wäre unvereinbar mit dem Sinn des § 136 a StPO.

Wohl fordert der Gleichheitssatz, daß jeder Rechtsbrecher den Gerichten zur Bestrafung zugeführt wird. Aber es können Strafverfolgung und Schutzbedürfnis der Verfassung, Legalität und Opportunität miteinander kollidieren und man wird dann sagen müssen, daß der Strafverfolgungsanspruch vor der Notwendigkeit, weitere Straftaten zu verhüten und drohende Gefahren abzuwehren, unter Umständen zurücktreten muß[8]). Dieser Gedanke gilt in besonderem Maße für die Abwehrbehörden, denen es immer darum geht, nicht nur einen einzelnen Täter zu überführen, sondern auch die mit ihm in Verbindung stehenden Gruppen und Personenkreise aufzudecken. Sie sollen nicht Akte vergeltender Gerechtigkeit vorbereiten, sondern den Staat vor seinen Gegnern schützen.

Über den Vorrang der Opportunität vor der Legalität entscheidet ein AfV nicht endgültig. Es kann nur — indem es einen Sachverhalt nicht den Strafverfolgungsorganen unterbreitet — die Entscheidung hinausschieben, allerdings auch im Ergebnis endgültig verhindern, wenn die Strafverfolgungsorgane nicht selbst den Fall aufdecken. Die endgültige Entscheidung, ob ein Rechtsbrecher, weil er tätige Reue geübt hat, milder oder überhaupt nicht bestraft wird, erfolgt in den Fällen der §§ 82, 89 Abs. 3, 129 Abs. 4 StGB im Strafverfahren selbst. Der BGH[9]) kann aber auch, mit Zustimmung des Generalbundesanwaltes, nach § 153 c StPO das Verfahren wegen Staatsgefährdung und Landesverrats, wegen Straftaten gegen die Landesverteidigung, wegen Beteiligung an verbotenen Vereinigungen und wegen Nichtanzeige eines Landesverrats einstellen. Voraussetzung ist, daß der Täter nach Vollendung der Straftat tätige Reue zeigt und dazu beiträgt, eine Gefahr für die Sicherheit der Bundesrepublik oder die verfassungsmäßige Ordnung abzuwenden. Die AfV können[10]) auf diese Vorschrift hinweisen und versprechen, sich bei den zuständigen Stellen für eine Einstellung des Verfahrens einzusetzen, wenn der Befragte seine Aussage macht. Gerade diese erhoffte Aussage kann auch der Beitrag des Täters zur Wiedergutmachung sein. Aber auch hier gibt es Grenzen. Mag § 153 c StPO eine legale Handhabe bieten, den Agenten zu einem umfassenden Geständnis im weiteren Sinne zu veranlassen, andere Reuehandlungen, die der Täter in der

[8]) Emmerig, DVBl. 58, 340.

[9]) Der BGH ist ausschließlich zuständig, BGHSt. 5. 11. 57, BGHSt. 11, 52; Hartinger, Zuständigkeit für Entscheidungen nach § 153 c StPO, DRiZ 57, 292; Wagner, GoldA 58, 204 ff.; Max Güde, Legalitätsprinzip und Rechtsstaat, MDR 58, 285; zum Teil aA Poppe, Die Zuständigkeit für Entscheidungen nach § 153 c StPO, DRiZ 58, 174 ff.

[10]) Eine Pflicht hierzu besteht nicht, Wagner GoldA 58, 211.

Erkenntnis der Entdeckung seiner Tat vornimmt, können im Verfahren nach § 153 c StPO nicht berücksichtigt werden[11]). Es können auch nur Verfahren wegen bereits begangener Taten eingestellt werden. *Die Vorschrift ermächtigt daher nicht dazu, einen Agenten zur Begehung weiterer Straftaten zu bestimmen,* sei es auch, um den Staat vor seinen Gegnern zu schützen. Das wäre Anstiftung zu einem Vergehen oder Verbrechen, wenn nicht ausnahmsweise der nachrichtendienstliche Auftrag rechtfertigend wirkt[12]).

Das Versprechen muß ernstlich sein, sonst wäre es eine durch § 136 a StPO verbotene Täuschung. Amtspflicht ist es auch, dieses Versprechen zu halten. Als unsittlich und daher unverbindlich kann man es nicht ansehen, weil es einem berechtigten Zweck, dem Schutz des Staates dient.

Eine Drohung im Sinne des § 136 a StPO ist es nicht, wenn dem Verdächtigen angekündigt wird, seine Akte werde unter Umständen der Strafverfolgungsbehörde weitergegeben werden. Damit stellt ihn zwar das AfV vor die Entscheidung, ob ein gerichtliches Verfahren gegen ihn eingeleitet werden soll. Das ist ein Druckmittel, das seine Freiheit der Willensbestimmung und Willensbetätigung nicht unbedenklich beeinträchtigt. Denn es ist nicht nur die „gerechte Strafe", sondern auch die Belastung durch das Strafverfahren und die Angst vor einem Fehlurteil in Rechnung zu stellen. Aber die Durchführung eines mit rechtsstaatlichen Garantien gesicherten Strafverfahrens ist eine gesetzlich zulässige Maßnahme, deren der Betroffene sich gewärtigen muß, nachdem er einmal in den Verdacht einer strafbaren Handlung gekommen ist[13]). Eine unzulässige Täuschungshandlung wäre es allerdings, wenn Verdachtssituationen konstruiert oder behauptet werden, um die wenigstens zum Teil unbegründete Angst des Betroffenen vor einem Strafverfahren für die Zwecke des Verfassungsschutzes auszunutzen. Andererseits verpflichtet § 136 a StPO den Vernehmenden nicht, bestehende Irrtümer des Betroffenen aufzuklären[14]).

[11]) Kleinknecht, Das 4. Strafrechtsänderungsgesetz, JZ 57, 407 (408); vgl. auch Poppe, Werner, Zweifelsfragen bei der Anwendung des § 153 c StPO, NJW 57, 1577.

[12]) Vgl. die ähnlich liegende Problematik im Falle des agent provocateur unten § 26 d 2 und § 26 b.

[13]) BGHZ 23. 9. 57, BGHZ 25, 217 bestimmt die Widerrechtlichkeit einer Drohung bei an sich erlaubtem Mittel und Ziel danach, ob der Drohende ein berechtigtes Interesse an der Erreichung des erstrebten Erfolges habe und ob die Drohung nach der Auffassung aller billig und gerecht Denkenden ein angemessenes Mittel darstelle; dazu kritisch Zweigert, JZ 58, 570.

[14]) Schwarz, § 136 a StPO, Anm. C 1.

c) Neben der Befragung kommt in Betracht, den Betroffenen aufzufordern, selbst Beweismittel zu benennen oder herbeizuschaffen. Da den AfV keine Zwangsgewalt zusteht, dürfen sie den Betroffenen nicht durch Drohungen veranlassen, Urkunden oder andere Gegenstände herauszugeben. Sie können nur das Interesse des Betroffenen wecken, zu seiner Entlastung oder zur Aufklärung eines sonstigen Sachverhalts beizutragen und Gegenstände beizubringen, über die er verfügungsberechtigt ist.

§ 23

Das Sammeln von Nachrichten bei Dritten

Die Nachforschung ohne Mitwirkung des Betroffenen, aber in offener Weise, die im Strafverfahren eine erhebliche Rolle spielt, wenn nach dem noch unbekannten Täter öffentlich, sogar unter Mitwirkung des breiten Publikums gesucht wird, dürfte für die Praxis der AfV nur wenig Bedeutung haben. Die Abwehr konspirativer Gruppen mit eigenen hellhörigen Nachrichtendiensten und intensiver Schulung in der Irreführung staatlicher Abwehrbehörden zwingt zu einer sorgfältigen Tarnung der Untersuchungstätigkeit. Der Gegner darf nicht erfahren, ob und in welcher Richtung Ermittlungen angestellt werden. Denn er könnte diese erschweren und die Durchführung präventiver und repressiver Maßnahmen verhindern.

Das für das Vorgehen der AfV typische Verfahren ist die Untersuchung, von der der Betroffene nichts erfährt oder wenigstens nichts erfahren soll. Hier liegt einer der Sachverhalte vor, die das Mißtrauen der Bevölkerung gegen die Arbeit der AfV veranlassen. Der Gedanke, das Privatleben des Einzelnen, seine Vergangenheit, seine Bekanntschaften, seine Berufstätigkeit, seine Gespräche, Veranlagung, Gedanken und Pläne werde von Unbekannten beobachtet und systematisch erforscht, hat etwas Unheimliches und Beunruhigendes. Es weckt eine unbestimmte Angst, die durch das Wissen gesteigert wird, daß diese Erkenntnisse sorgfältig registriert und aufbewahrt und zu irgendeinem späteren Zeitpunkt gegen ihn ausgespielt werden können[1]).

Oft kann die heimliche Erforschung nicht auf die Frage der Beteiligung an verfassungsfeindlichen Bestrebungen beschränkt werden. Sie erstreckt sich dann auf weitere Bereiche des Privatlebens des Betroffenen, weil nur so die Verfassungsfeindlichkeit eines Verhaltens festgestellt werden kann.

[1]) Ritter v. Lex, aaO.

Ob der Verdächtige geldliche Zuwendungen aus bestimmten Kreisen erhält, kann möglicherweise erforscht werden, wenn man seine gesamten Einkünfte anderer Art mit seinen Ausgaben vergleicht. Um zu erkunden, ob und mit welchen verfassungsfeindlichen Gruppen er Verbindung hat, kann es unvermeidlich werden, seinen ganzen Umgang, den er mit anderen Personen hat, zu durchleuchten. Schließlich kommt hinzu, daß der Einzelne, der von der Untersuchung nichts spürt, sich nicht rechtfertigen kann, daß ihm also das Gehör versagt bleibt.

Im einzelnen kommen folgende Maßnahmen in Betracht: Verwendung bereits vorhandener Erkenntnisse, Beiholung der Erkenntnisse anderer staatlicher und privater Stellen, Beobachtung durch eigene Beamte und Agenten, Einschleusen von Personen, die in das Vertrauen des Betroffenen dringen. Der Umfang kann variieren zwischen der Ermittlung eines zeitlich und örtlich umrissenen Sachverhalts und der völligen Durchleuchtung.

a) Die Verwendung bereits vorhandener Erkenntnisse wird im Zusammenhang mit der Frage der Verwertung der Nachrichten erörtert werden. Die Beiziehung der Erkenntnisse anderer staatlicher Stellen erfolgt im Wege der Amtshilfe, die alle Behörden den AfV nach § 1 BVerfSchG zu gewähren haben. Die Auskünfte können den rechtlich ungeschützten Bereich des Fürsichseins betreffen, vor allem die Eintragungen in öffentliche Register. Als rechtlich unerheblich bedürfen sie keiner weiteren Erörterung.

Aus dem Auftrag der AfV folgt das berechtigte Interesse, im Rahmen des Erforderlichen den nur relativ geschützten Bereich der Privatsphäre zu erforschen. Die AfV sind befugt, Auskünfte aus dem Strafregister beizuziehen, selbst Verurteilungen, über die nur noch beschränkt Auskunft erteilt werden darf, müssen mitgeteilt werden[2]). Auch die aus Behördenakten ersichtlichen Angelegenheiten der Privatsphäre genießen nur relativen Schutz[3]). Daher können auch die AfV in die Akten anderer Behörden Einblick nehmen, soweit ihr berechtigtes Interesse reicht.

b) Eine Ausnahme ist aber für die Akten zu machen, für die eine gesteigerte Geheimhaltungspflicht besteht. Wenn diese im ausschließlichen Staatsinteresse gegeben ist, dann ist es der Entscheidung der zuständigen, also in

[2]) Vgl. Bekanntmachung des BMJ über die Behörden und Stellen, denen Auskunft aus dem Strafregister zu erteilen ist, v. 8. 4. 1952, BundAnz. Nr. 74 v. 17. 4. 52, Buchstabe H.

[3]) Vgl. oben § 10 c 3.

der Regel der aktenverwahrenden Behörde vorbehalten, ob sie Auskunft erteilt oder Einblick gewährt. Andere Akten sind jedoch zugleich oder ausschließlich im Interesse des Einzelnen geheim[4]), insbesondere die Steuerakten und die Akten der Gesundheitsbehörden. Die besondere Problematik, die sich aus dieser gesteigerten Geheimhaltungspflicht ergibt, ist hier zu erörtern. Es ist anerkannt, daß auch die Auskunftserteilung an andere Dienststellen nicht bereits deshalb statthaft wird, weil diese Stellen wiederum von Amtsträgern verwaltet werden, die zur Verschwiegenheit verpflichtet sind[5]). Denn durch die gesteigerte Geheimhaltungspflicht wird eine rechtliche Position gewährleistet[6]), die als subjektives Recht nur einem Gesetz zu weichen braucht.

Das Steuergeheimnis ist unverletzlich. Daher ist die unbefugte Offenbarung der Verhältnisse eines Steuerpflichtigen den Finanzbehörden verboten, § 22 AO. Die den Strafverfolgungsbehörden und den Gerichten eingeräumten Ermächtigungen werden von der herrschenden Meinung, die der Übung der Finanzbehörden entspricht, nicht als ausreichende gesetzliche Grundlage anerkannt, die den Eingriff in dieses Recht erlauben[7]), während andere Gesetze ausdrücklich die Auskunftspflicht der Finanzämter anordnen[8]). Die Undurchdringlichkeit des Steuergeheimnisses selbst für die Ausforschung der Strafverfolgungsbehörden wird mit der Erwägung begründet, die Erklärungspflicht des Steuerpflichtigen erstrecke sich auch auf strafrechtliche und devisenstrafrechtliche Tatbestände, wenn aus diesen Handlungen etwas erlangt worden sei. Die allein im steuerlichen Interesse auferlegte Offenbarungspflicht dürfe nicht zur Bestrafung nichtsteuerlicher Straftaten führen[9]).

[4]) Zu der Bekanntgabe von V-Leuten an die Staatsanwaltschaft auf Grund des § 161 StPO grundlegend: Schulz, GoldA 58, 264 ff.: Die Zusicherung vertraul. Behandlung finde ihre Grenze, wenn der V-Mann sich einer strafbaren Handlung schuldig gemacht habe.

[5]) RFH Gutachten v. 29. 4. 31, RFH 29, 10 (15); der RFH stellte es auf Grund des jetzt aufgehobenen § 12 AO auf den Widerspruch des Reichsministers der Finanzen als obersten Leiter der Finanzverwaltung ab; nunmehr kann auch dieser nicht mehr eine gesetzlich verbotene Weitergabe zu einer befugten Weitergabe machen, vgl. dazu Mattern, S. 54, und den dort zit. Beschluß des Bayr. VGH v. 8. 1. 48, Amtsbl. BayStMdF S. 15, 16 und Steuer und Wirtschaft 1948, Nr. 8.

[6]) Vgl. OLG Köln, DÖV 54, 122.

[7]) Mattern, S. 46; dazu den von ihm S. 33 zit. Erl. d. RFM v. 9. 11. 23; Kühn, Anm. 6 zu § 22 AO; Weißenborn, NJW 57, 250; er selbst aber a. A.

[8]) Vgl. die Zusammenstellung bei Wauer-Dörr, S. 25—28.

[9]) Mattern, S. 45.

Die Lösung der Pflichtenkollision, die entsteht, wenn überwiegendes Staatsinteresse eine Offenlegung des Steuergeheimnisses gebietet, sieht man in dem Prinzip der Güter- und Pflichtenabwägung. Der Steuerbeamte habe im einzelnen Falle nach pflichtgemäßen Ermessen zu prüfen und zu entscheiden, ob die Pflicht zur Erforschung und Ermittlung strafrechtlicher Tatbestände oder zur Wahrung des Steuergeheimnisses höher stehe[10]). Es müsse sich um ein zwingendes öffentliches Interesse handeln. Es liege vor, wenn überwiegende Belange der Gesamtheit auf anderem Wege, auch bei Inkaufnahme von Zeitverlusten und Unbequemlichkeiten, überhaupt nicht oder unter den Umständen nach nicht zumutbaren Schwierigkeiten befriedigt werden könnten[11]).

Ein weiterer Schutz des Steuergeheimnisses wird durch die Abgrenzung der Zuständigkeit geschaffen. Zur Interessenabwägung ist nicht jeder Finanzbeamte berufen. Sie obliegt vielmehr nach der Verwaltungspraxis der vorgesetzten Dienststelle, soweit nicht für bestimmte Fallgruppen die Auskunftserteilung durch Dienstvorschriften angeordnet ist[12]).

Für die AfV bedeutet das Steuergeheimnis kein Hindernis, da in den Fällen des § 138 StGB, aber auch allgemein bei dem Verdacht staatsfeindlicher Umtriebe der Ermittlungstätikeit der Vorrang eingeräumt wird[13]). Aber die AfV sind gezwungen, den Finanzbehörden den Sachverhalt mitzuteilen, damit diese ihrer Prüfungspflicht nachkommen können und damit in gewissem Umfange das Geheimnis zu lüften, mit dem sie ihre Erkenntnisse zu schützen pflegen.

Die hier wiedergegebene Ansicht ist nicht ohne Widerspruch geblieben. Weißenborn ist der Meinung, § 22 AO sei keine Spezialvorschrift, die als lex specialis vor den Ermächtigungen nach §§ 96 und 161 StPO den Vorrang habe. Er begründet dies mit einer Interessenabwägung, wonach das staatliche Interesse an der Strafverfolgung dem mehr auf materiellem Gebiete liegenden Interesse des Steuerpflichtigen an der streng vertraulichen Behandlung seiner wirtschaftlichen und finanziellen Verhältnisse über-

[10]) RGZ III 195/33 v. 28. 11. 33, RStBl. 1934, 450 = JW 33, 420.

[11]) Kühn, § 22 Anm. 5; vgl. auch Mattern, S. 43 u. 44, mit dem Versuch, diese Voraussetzungen noch weiter einzuschränken.

[12]) Vgl. Wauer-Dörr, S. 16, und die Zusammenstellung der Auskunftspflichten im zwingenden öffentlichen Interesse, S. 31—35; die Auskunftpflicht gegenüber den AfV ist daselbst aber nicht erwähnt.

[13]) Mattern, S. 44, 45.

wiege[14]). Dieser Ansicht ist zuzugeben, daß sie sich in das hier entwickelte System harmonisch einfügt, was von der herrschenden Meinung nicht gesagt werden kann, da die Anwendung der Lehre von der Pflichtenkollision auf die Fälle, in denen es erst um die Ermittlung von Sachverhalten geht, immer bedenklich sein muß. Dennoch ist der h. M. zu folgen. Durch das strikte Verbot, Auskünfte zu erteilen, wird das Steuergeheimnis wirksamer geschützt, als dies nach Weißenborns Ansicht der Fall wäre. Denn wenn § 22 AO nicht lex specialis gegenüber den §§ 96, 161 StPO ist, dann fehlt auch der durchschlagende Grund, warum es anderen Gesetzen gegenüber lex specialis sein solle. Das ginge für die Ermächtigung der AfV noch an, wäre aber unerträglich für die Ermächtigung der Polizei, die ebenfalls befugt ist, Nachforschungen anzustellen und im Wege der Amtshilfe die erforderlichen Auskünfte einzuholen. Andere Behörden, denen eine gesetzliche Befugnis, Erkundungen einzuziehen, zur Seite steht, würden folgen und ebenfalls ihr überwiegendes Interesse darlegen und so das Steuergeheimnis dem Schutz der Steuerbehörden entziehen.

Mithin muß ein AfV sein überwiegendes zwingendes Interesse im Einzelfalle darlegen, wenn es Auskünfte, die einer gesteigerten Geheimhaltungspflicht unterliegen, einholen will. Von der nach pflichtgemäßem Ermessen zu treffenden Entscheidung der geheimhaltungspflichtigen Behörde hängt es ab, ob die Auskunft erteilt wird.

c) Dagegen fehlt dem AfV jede Befugnis, in das Beichtgeheimnis einzudringen. Ein dahingehender Versuch wäre in keinem Falle zulässig. Die Beziehung des Einzelnen zu seinem Seelsorger, gleich, ob er einer staatlich anerkannten Religionsgesellschaft zugehört oder nicht[15]), ist mit der nach Art. 4 GG absolut geschützten Glaubens- und Bekenntnisfreiheit so eng verknüpft, daß sie zu dem unantastbaren Bereich der Person gezählt werden muß. Dem Staat bleibt nur, zur Aufklärung des Sachverhalts andere Wege, die nicht über das Beichtgeheimnis führen, zu suchen[16]).

d) Die den AfV übertragene Ermächtigung, Nachrichten zu sammeln, gibt ihnen auch das Recht, bei privaten Personen oder Stellen Auskünfte einzuholen. Eine andere Frage ist, ob diese verpflichtet sind, die gewünschte

[14]) NJW 57, 250.

[15]) Baumbach-Lauterbach, ZPO, 1958, § 383, Anm. 3 A; einschränkend Dalcke im Falle des § 53 StPO, § 53, Anm. 3; auch Schwarz, § 53 StPO, Anm. 2 A; zu dem Begriff der Seelsorge vgl. Dallinger, JZ 53, 436; LG Fulda, SJZ 50, 826.

[16]) Vgl. auch § 139 Abs. 2 StGB.

Auskunft zu erteilen. Das ist zu verneinen, weil auf Grund der Ermächtigung dem Einzelnen nicht Handlungspflichten, sondern nur Duldungspflichten auferlegt werden können.

Das Einholen von Auskünften kann zu einem Eingriff in die Privatsphäre führen, selbst wenn die Anfrage zunächst den Anschein einer bloßen Belästigung hat. Die Anfrage bei dem Arbeitgeber z. B., seit wann jemand in seinem Betrieb arbeite, kann in den Zusammenhang einer systematischen Durchleuchtung des Lebensbildes gehören. Sie kann aber auch wegen der Person des Fragenden rechtliche Erheblichkeit gewinnen., Eine Anfrage des AfV kann den Betroffenen auf das Empfindlichste beeinträchtigen, wenn sein Arbeitgeber ängstlich ist. Bei dem verständlichen, wenn auch im Einzelfall oft unbegründeten Mißtrauen der Bevölkerung bei allen Angelegenheiten, die mit Nachrichtendiensten zusammenhängen, besteht zwischen Anfrage und Beeinträchtigung ein adäquater Kausalzusammenhang, der auch für das AfV vorhersehbar war. Da nur das objektiv am wenigsten beschwerende Mittel ausgewählt werden darf[17]), durch den drohenden wirtschaftlichen Schaden eine erhebliche Beschwer verursacht wird, kann es im Einzelfall daher zur Pflicht werden, die Anfrage durch einen Mittelsmann vornehmen zu lassen, der den Auftraggeber nicht erkennen läßt. Damit wird ausnahmsweise einmal das heimliche Vorgehen des AfV zu dem weniger beschwerenden Eingriff[18]).

1. Wenn den befragten Personen oder Stellen eine Geheimhaltungspflicht obliegt, ist es ihnen verboten, Auskünfte über Angelegenheiten zu erteilen, die unter das Schweigegebot fallen.

Von dieser grundsätzlichen Regelung gibt es allerdings einige Ausnahmen, die auch für die Maßnahmen der AfV von Bedeutung sind. Die privatrechtlich begründeten Schweigegebote können vor der öffentlich-rechtlichen Pflicht zur Aussage keinen Bestand haben. Daher verletzt der Einzelne keine vertraglich zugesicherte Schweigepflicht, wenn er im Strafverfahren seine Aussage macht, zu der er auch gezwungen werden kann.

Nur wenn die Schweigepflicht gesetzlich auferlegt oder vom Recht anerkannt ist, beachtet die staatliche Ausforschung das Schweigegebot, gewährt ein Zeugnisverweigerungsrecht und übt bei ihren Nachforschungen Zurück-

[17]) Drews-Wacke, S. 110.

[18]) Vgl. BGHZ 19. 4. 56, NJW 56, 1027, nach der Ansicht des BGH wäre es Pflicht des Verteidigungsministeriums gewesen, einen Brief an einen Stellenbewerber nicht nach Ost-Berlin, sondern an die Westberliner Deckadresse zu senden; zur Schadensersatzpflicht bei derartigen vermeidbaren Folgen bei der Ausübung öffentlicher Gewalt vgl. RGZ 139, 149.

haltung. Das gilt für die Personen des Vertrauens, denen nach § 300 StGB eine Schweigepflicht obliegt, das sind die Ärzte, Zahnärzte, Apotheker, Anwälte, Notare, Wirtschaftsprüfer und ihre Gehilfen und die ihnen gleichgestellten Personen. Sie und mit Einschränkungen auch die Redakteure, Herausgeber und Drucker sind nach § 53 StPO, § 383 ZPO berechtigt, das Zeugnis zu verweigern. Nach Art. 47 GG dürfen auch die Bundestagsabgeordneten das Zeugnis über bestimmte Personen und Tatsachen verweigern.

Das Bankgeheimnis nimmt eine eigentümliche Zwischenstellung ein und bedarf daher besonderer Erörterung. Es beruht auf den vertraglichen Beziehungen zwischen der Bank und dem Kunden[19]), durch eine strafrechtliche Vorschrift ist es nicht geschützt; aber die Rechtsordnung erkennt es in gewissem Umfange an und billigt im Zivilprozeß ein Zeugnisverweigerungsrecht zu[20]). Im Strafprozeß dagegen wird ein Zeugnisverweigerungsrecht nicht eingeräumt[21]). Während vor dem ersten Weltkriege von den Steuerbehörden das private Bankgeheimnis als selbstverständliche Garantie der privaten Geheimsphäre geachtet wurde[22]), nimmt der Staat nunmehr nach § 175 AO, eingeschränkt durch § 209 Abs. 1 AO, das Recht für sich in Anspruch, in das Bankgeheimnis einzudringen und Auskunft zu verlangen[23]). Ebenso ist die Bank verpflichtet, auf Grund richterlicher Anordnung im Strafprozeß Auskünfte zu erteilen. Die verfahrensrechtliche Zulässigkeit derartiger, in der StPO nicht vorgesehener Einholung von Auskünften bei privaten Stellen folgt aus der Erwägung, daß eine nach §§ 162, 161 StPO zulässige Vernehmung im Verhältnis zur Auskunftsanordnung der schwerwiegendere Eingriff ist[24]). Das Bankgeheimnis wird mithin zwar als Rechtsgut anerkannt, aber es muß vor gesetzlichen Auskunftspflichten zurückweichen und hat am weitergehenden Schutz, der den Vertrauensbeziehungen zu den in § 300 StGB genannten Personen zukommt, nicht teil. Die Pflicht der Bank gegenüber ihren Kunden, das Geheimnis zu wahren, entfällt dann.

Besteht dagegen eine solche Auskunftspflicht nicht, macht sich die Bank einer Vertragsverletzung schuldig, wenn sie einer Behörde über eine dem

[19]) Sichtermann, II, S. 82; Scheer, S. 9, m. weit. Nachw. S. 12.

[20]) Sichtermann, II, S. 222; KG JW 28, 120.

[21]) Sichtermann, I, S. 21.

[22]) Sichtermann, I, S. 17.

[23]) Wovon er aber nur einen maßvollen Gebrauch machen darf, RFH, Urt. v. 2. 7. 1929, BankA 29, 389; Sichtermann, I, S. 19 u. 20, zit. Erlasse, die dem Rechnung tragen und die Finanzbehörden zur größten Zurückhaltung verpflichten; vgl. auch Sichtermann II, S. 223 ff.

[24]) Sichtermann, II, S. 257; LG Frankfurt, 25. 11. 53, BB 54, 43.

Bankgeheimnis unterliegende Angelegenheit Auskunft erteilt. Es liegt dann keine Pflichtenkollision vor, welche die Erfüllung der vertraglichen Pflicht als die weniger bedeutsame Pflicht unmöglich machen und die Bank nach §§ 275, 323 BGB von der Wahrung der Verschwiegenheit befreien würde. Da die Vereinbarung zwischen Bank und Kunden, allgemein gegenüber der Polizei, der Staatsanwaltschaft und anderen Behörden Verschwiegenheit zu bewahren, auch nicht im Sinne des § 138 BGB unsittlich ist[25]), darf die *Bank auch gegenüber den AfV keine Auskünfte erteilen,* will sie sich nicht eine Vertragsverletzung zuschulden kommen lassen[26]). Sie muß abwarten, bis die anfragende Behörde eine richterliche Anordnung nach §§ 162, 161 StPO beigebracht hat. Sichtermann empfiehlt, die auskunftsbegehrende Behörde darauf hinzuweisen[27]).

Diese Erwägungen gelten auch für die Banken, die als Körperschaften des öffentlichen Rechts errichtet sind und für die anderen privatrechtlich begründeten Geheimhaltungspflichten.

2. In besonderen Lagen aber dürfen auch die Schweigepflichtigen den AfV das anvertraute Geheimnis offenbaren, ohne gegen das öffentlichrechtlich oder privatrechtlich begründete Schweigegebot zu verstoßen. Die Pflicht zur Anzeige bei der Behörde besteht nach § 138 StGB für jeden, der glaubhafte Kenntnis von einem Vorhaben oder der Ausführung eines in dieser Vorschrift genannten Verbrechens hat. Dazu gehören auf Grund ausdrücklicher Bestimmung Hochverrat, Landesverrat und Verfassungsverrat. Die in diesem Falle bestehende Pflichtenkollision läßt das Schweigegebot enden, denn die Pflicht zur Anzeige genießt den Vorrang[28]). In § 139 Abs. 2 StGB ist für Rechtsanwälte, Verteidiger und Ärzte ausdrücklich festgestellt, daß sie nur dann nach § 138 StGB nicht strafbar sind, wenn sie sich ernstlich bemüht haben, den Täter von der Tat abzuhalten oder den Erfolg zu verhindern.

3. Nur ausnahmsweise allerdings wird eine Vertrauensperson so umfassende Kenntnis besitzen, wie sie § 138 StGB umschreibt. Die Anfragen der AfV werden sich in der Regel auf Teilfragen, die oft scheinbar völlig

[25]) Sichtermann, II, S. 144, abgesehen von dem wenig wahrscheinlichen Fall, daß die Verschwiegenheit in Beziehung auf ein konkretes begangenes oder in Aussicht stehendes Delikt zugesichert wird.

[26]) Gleicher Ansicht bezüglich der Anfragen der Polizei und Staatsanwaltschaft Sichtermann, II, S. 257; Nebelung, Drei Fragen zum Thema Bankgeheimnis, BB 53, 781.

[27]) Sichtermann, II, S. 257.

[28]) Nagler-Schimmerer, LK, § 300 Anm. III; Sichtermann, II, S. 259.

unerheblich sind, beschränken, so daß die Voraussetzungen des § 138 StGB nicht vorliegen. Aber auch dann kann die Anzeige oder die Erteilung der Auskunft gerechtfertigt sein, weil sie einer höheren sittlichen Pflicht entspricht. Als sittliche Pflicht, die dem Schweigegebot vorgeht, ist die Pflicht zur Verhütung von Verbrechen gegen wertvolle, überwiegende Rechtsgüter anerkannt[29]). Wenn auch das öffentliche Interesse an der Entlarvung eines Verfassungsfeindes[30]) und an der Verhinderung verfassungsfeindlicher Bestrebungen als überwiegend angesehen werden kann, im Einzelfall bleibt zu prüfen, ob die Preisgabe des Geheimnisses das erforderliche und einzige Mittel ist, um diesen Zweck zu erreichen. Das muß der Schweigepflichtige selbst entscheiden. Er kann es nur, wenn er den bereits geklärten Sachverhalt in seinen wesentlichen Zügen erkennt. Erst dann kann er der ihm obliegenden Prüfungspflicht genügen. Ein Bruch des Geheimnisses läge darin, würde er sich mit der Mitteilung des AfV begnügen, die Auskunft diene den Zwecken des Verfassungsschutzes.

Die AfV müssen die Entscheidung des Geheimnisträgers als rechtens gelten lassen, gleich, wie er sie nach pflichtgemäßer Prüfung getroffen hat, denn außer den ausdrücklich vom Gesetz auferlegten Anzeige- und Auskunftspflichten ist es immer nur ein Recht des Schweigepflichtigen, aber keine Pflicht, das Geheimnis zu offenbaren. Selbst nach § 53 StPO, § 383 ZPO, Art. 47 GG können die berechtigten Personen das Zeugnis vor Gericht verweigern. Ob sie eine sittliche Pflicht zur Offenbarung sehen und wie sie sich entscheiden, bleibt ihnen überlassen. Das Recht muß ihre Entscheidung hinnehmen[31]).

Das ist keine überflüssige Feststellung, wie es scheint, weil die AfV keine Mittel haben, um die Auskunft im Falle einer Weigerung zu erzwingen, sondern allenfalls die Einleitung der Strafverfolgung wegen Nichtanzeige drohender Verbrechen oder wegen Begünstigung, §§ 138 und 257 StGB, in Aussicht stellen können. Denn es folgt daraus die Erkenntnis, daß die AfV dieser Entscheidung des Schweigepflichtigen nicht vorgreifen dürfen und nicht versuchen dürfen, sich gegen oder ohne seine Erlaubnis Zugang

[29]) Schönke-Schröder, § 300 Anm. III 2; Nagler-Schimmerer, LK, § 300 Anm. III; E. Schmidt, Arzt im Strafrecht, S. 43 ff.; Sichtermann, I, S. 21, II, S. 144; Scheer, S. 92; vgl. auch die durch das 3. Strafrechtsänderungsgesetz v. 4. 8. 1953, Art. 8, Ziff. 4 u. 5, aufgehobenen Bestimmungen, § 13 RÄrzteO und § 24 RApothekerO.

[30]) E. Schmidt, Arzt im Strafrecht, S. 58, eindeutig bejahend für den Fall des Landesverräters.

[31]) E. Schmidt, Arzt im Strafrecht, S. 51.

zu seinem Wissen zu verschaffen. Sie dürfen daher z. B. keinen ihrer Vertrauensleute als Schreibkraft in ein Anwaltsbüro einschleusen, um das Anwaltsgeheimnis zu lüften. Die Überwachung des vertrauensunwürdigen Anwalts ist dadurch aber nicht schlechthin ausgeschlossen[32]).

Weil das Schweigegebot aber nur bestimmten Personen auferlegt ist, bleibt es den AfV unbenommen, unter den allgemeinen Voraussetzungen sich von anderer Seite die erforderlichen Auskünfte zu verschaffen. Das ist aber nur soweit statthaft, als es möglich ist, ohne in die Vertrauensbeziehungen zwischen Schweigepflichtigen und seinem Vertrauensgeber einzudringen. Allerdings stellt eine Aufklärung der durch Geheimhaltungsbestimmungen ausdrücklich geschützten Bereiche der Privatsphäre in der Regel einen Eingriff dar, der wegen seiner besonderen Erheblichkeit nach Möglichkeit vermieden werden muß.

§ 24

Die Verwendung von Gewährsleuten

Die Auskunftserteilung durch Private kann systematisch betrieben werden, wenn ein Netz von Gewährsleuten aufgebaut wird, die mit den AfV in Fühlung stehen und auf Anfrage ihre Wahrnehmungen zur Verfügung stellen. Für diese Aufgabe sind alle die Personen geeignet, die viel hören und sehen, vor allem also Kaufleute, Hotelpersonal, auch öffentlich Bedienstete. Hier stehen zweierlei Verletzungen der Privatsphäre in Frage: einmal das Handeln des Gewährsmannes, zum anderen die Nutzung dieser Erkenntnisse durch die AfV.

a) Die erste Verletzung beurteilt sich nach bürgerlichem Recht. Es stößt das Interesse des Gewährsmannes, sich zu informieren, Erkenntnisse zu sammeln und sie zu verwerten, auf das Interesse des Betroffenen, seine Privatsphäre zu wahren. Es geht nicht an, zum Schutze der Privatsphäre des Einzelnen allen anderen zu verbieten, mit offenen Augen durch die Welt zu gehen, „herumzuhören“ und das Erfahrene zu bewahren und gegebenenfalls zu verwerten. Das Informationsbedürfnis ist unentbehrliche Brücke, die aus der Vereinzelung zum Nächsten und in die Gemeinschaft führt.

[32]) Zur staatlichen Reaktion gegen den vertrauensunwürdigen Anwalt vgl. BGHSt. 8, 194; 9, 20; Dahs, Stellung und Grundpflichten des Strafverteidigers, NJW 59, 1158 (1159).

Erst bestimmte Tatbestände und die Verletzung bestimmter Rechtsgüter aus dem Kreis der Privatsphäre begründen die Rechtswidrigkeit. Wenn sich Augen, Ohren und Gedächtnis der Technik bedienen und dadurch die von der Natur dem Menschen gegebene Möglichkeit, seine Organe zu nutzen, vergrößert wird, kann das der Fall sein. Daher sieht man die Verwendung von Schallaufnahmegeräten, aber unter Umständen auch die Benutzung von Ferngläsern und Fotoapparaten als Einbruch in die Privatsphäre an[1]). Auch wenn der Beobachter seinen Verstand und seine Beobachtungsgabe in einer das übliche Maß übersteigenden Weise einsetzt und „systematisch" beobachtet oder wenn er seine Erkenntnisse in einer den Interessen des Einzelnen an Bewahrung der Privatsphäre besonders zuwiderlaufenden Richtung verwertet, wird eine Verletzung der Privatsphäre angenommen.

Dem Gewährsmann, der nur zufällig erfahrene Nachrichten weiterleitet[2]), stehen mithin Möglichkeiten zur Verfügung, rechtmäßig Erkenntnisse zu sammeln. Sie erweitern sich, wenn man bedenkt, daß oft das Bedürfnis des Einzelnen sich mitzuteilen stärker ist als das Verlangen, einen Fürsichbereich zu bewahren. Um seinem Erlebnisdrang und seinem Geltungsstreben nachzukommen, braucht der Einzelne die Mitteilung an die Umwelt, denn er will mit der Welt in Berührung kommen und aus ihrem Urteil die Bestätigung seines Selbstwertes erfahren[3]).

Wenn der Einzelne sich offenbart, damit die Umwelt sich mit ihm beschäftige, muß er es hinnehmen, wenn auch unberufene und unerwünschte Personen von seinen Angelegenheiten Kenntnis nehmen und Schlüsse auf Lebensinhalte ziehen, die „man" verborgen hält. Gegen Klatsch und Neugier muß sich jeder selbst zu schützen suchen. Das Persönlichkeitsrecht gibt keine Handhabe, wenn nicht besondere Umstände hinzutreten, die die Rechtswidrigkeit begründen[4]).

Der Gewährsmann kann seine Gelegenheitsbeobachtungen an die AfV weiterleiten, ohne dadurch die Privatsphäre des Beobachteten zu verletzen.

[1]) Vgl. unten § 27.

[2]) Sobald jemand systematisch beobachtet, wird er Observant oder V-Mann, darüber unten §§ 25, 26.

[3]) Lersch, Der Aufbau der Person, 1954, S. 114 und 131. Symptomatisch für das Überwiegen des Mitteilungsbedürfnisses scheint es zu sein, daß die Psychologen Lersch und Heiß sich nicht mit dem Fürsichbereich beschäftigen, mag auch hinzukommen, daß dem Psychologen, der die Schichtungen der Person bis auf ihren Grund aufdecken will, dieser Bereich als Hemmnis seiner Arbeit unwillkommen ist.

[4]) Neumann-Duesberg, BB 57, 867.

Wohl handelt der Gewährsmann systematisch. Er unterstützt außerdem die systematische Sammlung und Verwertung der Erkenntnisse durch eine staatliche Behörde. Es liegen mithin Umstände vor, die der Tätigkeit des Gewährsmannes ein besonderes Gewicht beilegen. Sie begründen aber nicht die Rechtswidrigkeit, weil die Weitergabe einem berechtigten Zweck dient, den das Grundgesetz und die zu seiner Ausführung erlassenen Gesetze ausdrücklich billigen[5]). Dem Gewährsmann, der keine Möglichkeit hat, die Rechtmäßigkeit der Anfrage der AfV nachzuprüfen, kann man eine Prüfungspflicht, ob auch im einzelnen Falle die Rechtmäßigkeit gegeben ist, nicht aufbürden. Der erhöhte Vertrauensschutz, den jede staatliche Einrichtung genießt und ihrem Handeln die Vermutung der Rechtmäßigkeit zukommen läßt, enthebt den Gewährsmann der Notwendigkeit, im Einzelfalle die Berechtigung der Anfrage zu prüfen. Er kann davon ausgehen, daß die Nachrichten nur in rechtmäßiger Weise verwendet werden. Daher darf er auch ungefragt seine Beobachtungen mitteilen, wenn sie für die Aufgaben des Verfassungsschutzes wesentlich erscheinen.

Aber das als rechtmäßig gekennzeichnete Verhalten kann rechtswidrig werden, wenn eine der oben umrissenen Voraussetzungen entfällt, insbesondere, wenn im Einzelfalle oder allgemein — wie das bei der Gestapo des Dritten Reiches der Fall war — das staatliche Handeln nicht mehr die Vermutung der Rechtmäßigkeit für sich hat. Dann liefert der Gewährsmann das Material nicht mehr für einen rechten Zweck.

Der Gewährsmann darf nur in dem Umfange und mit den Mitteln Beobachtungen sammeln, die das bürgerliche Recht billigt. Hat er sich die Kenntnisse rechtswidrig verschafft, trifft ihn eine Schweigepflicht, da er sonst abermals die Privatsphäre verletzen würde[6]). Er ist auch gehalten, streng wahrheitsgemäß Bericht zu erstatten. Denn aufgebauschte, einseitige oder entstellte Berichte verletzen die Privatsphäre, weil sie das Persönlichkeitsbild verzerren[7]).

Schließlich kann die Rechtswidrigkeit bei Vorliegen bestimmter Sachverhalte von subjektiven Merkmalen begründet oder mitbestimmt werden,

[5]) Nach BGHZ 24, 72 (80) und Hubmann würde hier ein „Gegeninteresse" vorliegen, durch das das Persönlichkeitsrecht begrenzt wäre, so daß die Tatbestandsmäßigkeit entfiele. Neumann-Duesberg, BB 57, 866, würde in der Wahrnehmung berechtigter Interessen einen Rechtfertigungsgrund sehen, der das tatbestandsmäßige Verhalten rechtfertigt.

[6]) Neumann-Duesberg, JR 57, 324.

[7]) Hubmann, JZ 57, 523.

wie die Lehre von den subjektiven Unrechtselementen zeigt[8]). Hier sind die Fälle einzuordnen, in denen Meldungen aus niedrigen Beweggründen erstattet werden. Auch wenn der Gewährsmann das Material in rechtlich nicht zu beanstandender Weise erlangt hat, wird die Weitergabe rechtswidrig, weil sie nicht zu einem berechtigten Zweck, der Erfüllung der Aufgaben des Verfassungsschutzes, sondern zu privaten, von der Rechtsordnung mißbilligten Zwecken erfolgt. Der Problemkreis der Denunziation, dem wir uns damit nähern, kann hier nicht weiter untersucht werden[9]).

Für die unwissentlichen Gewährspersonen, die befragt werden, ohne daß sie wissen, wer der Frager ist, scheiden diese Erwägungen aus. Sie sind Werkzeuge der AfV, die ihre Zufallsbeobachtungen ohne Wissen um die Verwendung weitergeben.

b) Der Einsatz von Gewährsleuten und die Entgegennahme ihrer Nachrichten bestimmt sich nach öffentlichem Recht. Die Rückfrage bei einem Gewährsmann kann nicht mehr als bloße Belästigung angesehen werden, wenn sie zu Erkenntnissen führt, die in den Bereich der Privatsphäre hineinragen. Ein enges Netz von Gewährsleuten, das systematisch aufgebaut und verwendet würde, ließe sich auf die Dauer nicht völlig geheimhalten. Es arbeitete nicht absolut geräuschlos. Die Bevölkerung erführe davon, sie würde beunruhigt, sie fühlte sich von den unsichtbaren Augen der Kontrollorgane umgeben. Der Gedanke, der biedere Nachbar könne ein Gewährsmann der AfV oder der Polizei sein, sät Mißtrauen gegen den Nächsten. Es entsteht die unbestimmte Angst vor im einzelnen unbekannten Verfolgungsmaßnahmen und das Gefühl des ständig „auf der Hut sein müssen", selbst wenn die Möglichkeit des Staates zu Eingriffen in die körperliche Freiheit und das Eigentum nach rechtsstaatlichen Grundsätzen geregelt ist. Schwerwiegender noch ist die Beunruhigung in einem Staat, der auf Grund unbestimmter Generalklauseln wie „Zersetzung der Wehrkraft" im Dritten Reich schließlich jede ihm nicht genehme Lebensäußerung mit harten Strafen belegen kann. Hier hat die Furcht einen konkreten Grund. Aber auch die unbestimmte und unbegründete Furcht ist eine nicht hinwegzuleugnende

[8]) Hegler, Subjektive Rechtswidrigkeitsmomente im Rahmen des allgemeinen Verbrechensbegriffs, Festgabe Frank, I, Tübingen 1930, S. 251 ff.; Mezger, Die subjektiven Unrechtselemente, GS 89, 207; ders., Lehrbuch, S. 168 ff.; ders., I 3, 89; Rud. Sieverts, Beitr. zur Lehre von d. subj. Unrechtselementen, Hamburg 1934.

[9]) Vgl. § 241 a StGB und das bei Schönke-Schröder Vorb. IV 2 a vor § 47 und bei Welzel, Strafrecht, S. 85, genannte Schrifttum.

Tatsache. Weil der Grundsatz der Achtung der Menschenwürde es verbietet, einen Menschen in unbegründete Angst zu versetzen[10]), muß der Staat bei dem Einsatz von Gewährsleuten Maß halten. Es kann nicht jeder Behörde überlassen bleiben, sich ein Netz von Gewährsleuten aufzubauen.

Auch dem Einzelnen gegenüber, dessen Privatleben auf Grund der Beobachtungen der Gewährsleute erforscht wird, ist diese Maßnahme ein Eingriff, der durch die Planmäßigkeit der Vorbereitung, die eine systematische Befragung ermöglicht, sein Gepräge erhält.

Aus diesen Gründen handelt es sich bei der Verwendung von Gewährsleuten grundsätzlich um Eingriffe in die Privatsphäre, die nur auf Grund eines Gesetzes – wie z. B. § 3 BVerfSchG – und unter Beachtung der dafür bestehenden Beschränkungen rechtens sind.

Erkundungen, die sich mit der Erforschung der öffentlichen Meinung begnügen, sind davon zu unterscheiden. Sie berühren nicht den Bereich der Privatsphäre des Einzelnen. Daher war es taktisch richtig, wenn die Verteidigung im Nürnberger Prozeß die Aufgabe des Gewährsleutenetzes des SD, die allgemeine Stimmung und Haltung der Bevölkerung und ihre Reaktion auf Maßnahmen der Behörden zu erforschen, in den Vordergrund stellte[11]). Eine andere Frage ist, ob damit die Aufgabe des SD erschöpft war[12]).

Zu der Meinungsforschung wird noch das Erforschen der Meinung, die über eine bestimmte Person in der Öffentlichkeit besteht, zu rechnen sein. Das aus der Zusammenfassung von Einzelbeobachtungen folgende Gesamturteil der Öffentlichkeit über eine Person ist zwar als ihre soziale Geltung und Ehre ein Gut[13]), das der Person zusteht. Aber als Gegenstand der Erkenntnis ist dieses Urteil auch zugleich ein Gut der Allgemeinheit, das der Staat sich zunutze machen kann. Daher wird man es auch einer Behörde nicht verwehren können, darüber Erkundigungen einzuziehen, wie „man" über eine Person denkt, wie die Umwelt sie beurteilt. Einer gesetzlichen Ermächtigung bedarf sie nicht.

[10]) Maunz, S. 93, rechnet das Freisein von Furcht ohne nähere Begründung der von Art. 2 Abs. 2 gewährleisteten Freiheit zu.

[11]) Z. B. Dokument SD A 56 Bd. XLII, 449, eidesstattliche Versicherung von Helmut Fromm; vgl. auch die von Vollmer veröffentlichten Monatsberichte der Staatspolizeistelle Aachen von 1934 bis 1936, S. 27—385 und Weisenborn, Günther, Der lautlose Aufstand, Hamburg 1953, S. 150.

[12]) Dokument SD 65 Bd. XLII, 465 ff., eidesstattliche Versicherung von Prof. Gerhard Ritter; Aussage von Gisevius, Bd. XII, 217.

[13]) Maurach, Bes. Teil, § 17 I 2.

Die Übergänge zu dem echten Eingriff sind aber auch hier fließend. Die Gefahr, daß derartige Anfragen in Gesinnungsschnüffelei ausarten, liegt nahe. Je mehr Nachfrage und Auskunft die Einzelheiten des persönlichen Bereichs zu erfassen suchen, je mehr nicht nur die Geltung des Betroffenen in der Umwelt, sondern auch zugleich sein Leben in einer gewissen Breite aufgerollt werden soll, desto mehr dringt die Behörde in die Privatsphäre ein. Dann aber ist die Nachfrage ein Eingriff, der nur auf Grund und im Rahmen der Gesetze zulässig ist.

§ 25

Das Observieren

Der Eingriff, der durch Nachfrage bei Gewährsleuten vollzogen wird, kann intensiver gestaltet werden, wenn nicht nur systematisch die Nachrichten gesammelt werden, die dem Zufall zu verdanken sind, sondern Erkenntnisse durch planmäßiges eigenes Beobachten gesucht werden. Diese Aufgabe obliegt den sog. Observanten[1]).

Ohne mit dem Betroffenen in unmittelbare Verbindung zu treten, versucht der Observant seine Lebensführung durch unmittelbares Beobachten zu ermitteln. Wenn er sich nicht besonderer Hilfsmittel bedient[2]), wird er oft nicht mehr erfahren, als was sich in der Öffentlichkeit oder der beschränkten Öffentlichkeit eines Betriebes, einer Gastwirtschaft, einer Versammlung abspielt. Daher erscheint das Observieren zunächst als eine rechtlich unbeachtliche Belästigung. Aber das Observieren wird in aller Heimlichkeit von Personen vorgenommen, die sich in der Kunst der unauffälligen Beobachtung auskennen. Wenn es erforderlich erscheint, werden mehrere Observanten eingesetzt, die sich häufig ablösen. Jeder „beschattet" den Betroffenen nur auf einer kurzen Strecke seines Weges und räumt dann das Feld für den oder die nächsten Observanten. Dadurch wird es dem Betroffenen erschwert, die Beobachtung zu erkennen und sich ihrer zu erwehren.

Die äußere Lebensführung kann bei einer planmäßigen Beobachtung vollständig ermittelt werden. Jederzeit wissen die staatlichen Organe, wo sich der Beobachtete aufhält und können voraussagen, wohin er sich demnächst begeben wird. Der Observant oder die Observanten folgen dem

[1]) Observant und Observieren sind technische Begriffe der Nachrichtendienste geworden.

[2]) Vgl. unten § 27.

Betroffenen wie ein Schatten — im Fachjargon „vom Bett aus" — durch den Tageslauf. Diese zudringliche Beobachtung ist ein Eingriff in die Privatsphäre, die der Einzelne nur als rechtens zu dulden braucht, wenn die beobachtende Behörde auf Grund eines Gesetzes dazu legitimiert ist. Als eine der üblichen Methoden des Nachrichtensammelns ohne Zwangsanwendung wird das Observieren durch § 3 BVerfSchG grundsätzlich gedeckt.

§ 26

Der Einsatz von geheimen Mitarbeitern

Da der Betroffene nicht erkennen soll, daß er observiert wird, der Observant daher im Hintergrunde bleibt, können die AfV für diese Aufgabe noch ihre eigenen Beamten und Angestellten einsetzen. Diese auf die Person gestellte Sicherheit für rechtmäßiges Verhalten scheidet aus, wenn Vertrauensleute (V-Leute) angesetzt werden. Ihre Aufgabe ist, unmittelbaren Kontakt mit der zu beobachtenden Person oder Gruppe zu gewinnen, wenn sie nicht ohnehin aus dem Kreis des gegnerischen Netzes stammen. Die V-Leute sollen die geheimen Vorhaben der betroffenen Personen aufdecken.

a) 1. Ihre Mittel sind Täuschung und Vertrauensbruch, im Falle des „umgedrehten" V-Mannes geht ein Verrat voraus. Ob es ethisch gerechtfertigt ist, derartige, selbst in besonderen Lagen verwerflich erscheinende Mittel einzusetzen, muß offenbleiben. Es genüge der Hinweis, daß die namhaftesten Vertreter des Deutschen Idealismus mit Entschiedenheit alle jene undurchsichtigen Maßnahmen zurückweisen. In seiner Schrift „Zum ewigen Frieden" verwirft Kant alle Mittel der Kriegsführung, die das Vertrauen im Frieden stören müssen. Dazu rechnet er nicht nur Anstellung von Meuchelmördern und Giftmischern, sondern auch Anstiftung zum Verrat. Diese „höllischen Künste" hält er für schlechthin unerlaubt, „da sie an sich selbst niederträchtig sind, wenn sie in Gebrauch gekommen, sich nicht lange innerhalb der Grenzen des Krieges halten wie etwa der Gebrauch der Spione (uti exploratoribus), wo nur die Ehrlosigkeit *anderer* (die nun einmal nicht ausgerottet werden kann) benutzt wird, sondern auch in den Friedensstand übergehen und so die Absicht desselben gänzlich vernichten würden"[1]). Kant, der die Lüge in keinem Falle als das rechte Mittel an-

[1]) 1795, Cass. 6, 425 (430).

sieht[2]), müßte auch die Verwendung von V-Leuten als Unrecht brandmarken, denn „Alle auf das Recht anderer Menschen bezogenen Handlungen, deren Maxime sich nicht mit der Publizität verträgt, sind unrecht."[3])

Auch Fichte kommt zu keiner anderen Entscheidung: „Hierbei ist noch anzumerken, daß es in dem Gange der hier beschriebenen Polizei keiner Spione, keiner heimlichen Auflauerer bedarf. Verheimlichung ist allemal klein, niedrig und unmoralisch. Jeder muß vor den Augen aller Welt sich zu thun getrauen, was er überhaupt zu thun sich getraut. Wem soll denn der Staat diese entehrenden Aufträge geben? Soll er selbst zu Ehrlosigkeit und Unmoralität aufmuntern, und sie zur Pflicht machen? Dann, — wenn der Staat einmal bei einigen Menschen Heimlichkeit autorisiert, wer ist ihm denn der Bürge, daß nicht diese selbst ihre Verborgenheit zum Vergehen nutzen? —"[4])

Aus der Sicht der Wertethik wäre zu bedenken, daß durch den Einsatz von V-Leuten die ethische Konfliktsituation mit Täuschungsmitteln bewußt herbeigeführt und nicht ein bereits bestehender Wertkonflikt zum Nachteil der Werte des Vertrauens gelöst wird. Auch die Käuflichkeit der V-Leute kann Anstoß erregen, wenngleich sich der Gedanke an eine angemessene Entschädigung aufdrängt, da der V-Mann ein beachtliches Risiko eingeht, wenn er unter schwierigen, manchmal gefahrvollen Umständen Nachrichten beschafft.

Ein Staat wird auf Grund dieser ethischen Erwägungen nicht die Dienste der V-Leute entbehren wollen, jedenfalls nicht, wenn es um die Abwehr konspirativer Gruppen geht. Nicht einmal die Schweiz lehnt es kategorisch ab, von diesem beliebten und erfolgversprechenden Mittel der Nachrichtenbeschaffung Gebrauch zu machen. Auch die Bundesrepublik verzichtet nicht auf diese „Antennen" für den Empfang von Mitteilungen aus den zu überwachenden Kreisen. Die AfV können, so stellt der BGH fest, ohne den Einsatz von V-Leuten die ihnen zugewiesenen Aufgaben nicht erfüllen[5]).

[2]) Grundlegung zur Metaphysik der Sitten, Cass. 4, 280; Ethische Elementarlehre, 2. Hauptstück, § 9, Cass. 7, 280 ff.

[3]) Zum ewigen Frieden, Cass. 6, 425 (468).

[4]) Grundlage des Naturrechts nach Prinzipien der Wissenschaftslehre, 1796, II. Teil S. 155.

[5]) BGHSt. StE 19/54, Urt. v. 25. 1. 55, S. 33; StE 14/56, Urt. v. 9. 1. 1957, S. 26, beide nicht veröffentlicht; auch das RG hielt ihre Verwendung für zulässig, III 162/33, Urt. v. 5. 12. 1933, zit. Hachenburg, HWB d. Kriminalistik, Bd. 2, Berlin und Leipzig 1936, S. 987, Stichwort „Vigilanten".
Die Unentbehrlichkeit für die Kriminalpolizei betont Wensky, Die Polizei, 1952, 169; ders., Polizeipraxis, 1956, 226, der dort auch auf die gleiche Ansicht von

2. Es sind nur bestimmte Gruppen von Menschen bereit, Verrat, Täuschung und Vertrauensbruch zu ihrem Handwerkszeug zu machen. Das sind einmal Idealisten, die aus Überzeugung von der Notwendigkeit ihrer Arbeit um des Staates und der Gemeinschaft willen zu Opfern bereit sind. Oft aber sind es aus der Bahn geratene Menschen, die aus Not, Geldsucht oder Abenteuerlust sich zu dieser Tätigkeit bereiterklären[6]). Der Umgang mit dem Geheimen ist eine Gefahr, besonders für die wenig aufrichtigen und gefestigten Charaktere, deren sich ein Nachrichtendienst bedienen muß. In der Atmosphäre des Verrats und der Täuschung droht der letzte Rückhalt verloren zu gehen. Daher nimmt es nicht Wunder, wenn immer wieder frühere geheime Mitarbeiter der Nachrichtendienste vor den Gerichten als Angeklagte in einem Landesverratsprozeß auftauchen oder sich wegen anderer Vergehen verantworten müssen und wenn selbst Personen, die an verantwortlicher und leitender Stelle im Nachrichtendienst tätig sind, den Versuchungen des Geheimen und der darin enthaltenen Macht nicht widerstehen können. Mag auch die Geheimhaltung der Grund sein, warum die Öffentlichkeit nur von Mitarbeitern, die schließlich scheitern, etwas erfährt, während die achtenswerten und integren Persönlichkeiten ihre Arbeit im Bewußtsein der Verantwortung korrekt und dem Gesetz gemäß, aber vor der Öffentlichkeit sorgsam verborgen durchführen, die typischen Gefahren können nicht übersehen werden.

Leider ist es nicht notwendig, weit in die Geschichte der geheimen Polizei zurückzugreifen, um prägnante Beispiele für das Doppelspiel, das manche V-Leute mit den Nachrichtendiensten treiben, anzuführen. Aus der jüngsten Vergangenheit könnte eine Mehrzahl von Agenten genannt werden, denen

Graßberger, Die Psychologie des Strafverfahrens, Wien 1950, S. 192, verweist; Anuschat, Erich, in HWB d. Kriminalistik, Bd. 2, S. 54 ff., Stichwort „Kriminaltaktik" bezeichnet die V-Leute als „unentbehrliches Hilfsmittel" gegen das gewerbsmäßige Verbrechertum; Kühn, § 22, Anm. 8, meint, die Finanzämter könnten sie nicht ganz entbehren; Schulz, GoldA 58, 264 ff.; selbst ein so kritischer und gegen Verzerrungen des Staatslebens so empfindlicher Mann wie Rudolf Zorn sieht die Verwendung von V-Leuten durch die AfV als wohl unvermeidbares Übel an: Die Führungsauslese in Staat und Kommune, Mitteilungen der Kommunalen Gemeinschaftsstelle für Verwaltungsvereinfachung, Köln, Juli 1958; voller Bedenken ließ auch R. v. Mohl die Verwendung von Agenten zu, Bd. 3, S. 748 ff.
Die Schweiz z. B. bediente sich der Erkenntnisse des Meisterspiones Rößler im 2. Weltkrieg, vgl. Boveri, S. 114 ff.; Foote, S. 23 ff.

[6]) Hagen, S. 473, spricht von dem buntschillernden Volk der Agenten, Robert v. Mohl, 3. Bd. S. 492 von den fast ausnahmslos „sittlich anbrüchigen" Menschen; vgl. auch Schlüter, S. 131 ff.

der Verrat zur zweiten Natur wurde. Symptomatisch ist das Verhalten des Agenten R. Er stammt aus der Tschechoslowakei, war zunächst für den CIC tätig, später auch für ein LfV. Zwar wußte man, daß R. wegen eines Vergehens nach § 175 StGB und wegen Amtsanmaßung bestraft worden war. Dennoch nahm das LfV seine Dienste in Anspruch, da er als Instrukteur der Gesellschaft für deutsch-sowjetische Freundschaft Zugang zu dieser und zu anderen kommunistischen Organisationen hatte und wertvolles Material liefern konnte. R. bot sich auch die Gelegenheit, mit einem tschechoslowakischen Nachrichtendienst Verbindung aufzunehmen. Das berichtete er dem Mitarbeiter des LfV, der ihn führte. R. wurde wegen dieser Selbständigkeit zwar gerügt, aber auf sein Drängen hin duldete das LfV, daß er einige Treffs mit dem Agenten des tschechoslowakischen Nachrichtendienstes wahrnahm. Schließlich aber wurde R. streng verboten, mit diesem Nachrichtendienst noch weiter irgendeinen Kontakt zu unterhalten. Da R. jedoch die von dieser Seite in Aussicht gestellten Belohnungen lockten, lieferte er, dem Verbot zuwider, die gewünschten Nachrichten. Das Doppelspiel genügte jedoch noch nicht. R. begann auch, ohne Genehmigung des LfV für einen Nachrichtendienst der DDR zu arbeiten und auch diesen mit Material zu bedienen. Der mehrfache und mehrseitige Verrat blieb allerdings dem LfV nicht verborgen, denn ein Bekannter von R., den er in seine Vorhaben eingeweiht hatte, und der ihm bei der Beschaffung der Nachrichten behilflich war, zählte zu dem Kreis der geheimen Mitarbeiter des LfV. Um das Charakterbild abzurunden, sei noch erwähnt, daß R. einmal 1000 DM, die er einem früheren Agenten des LfV überbringen sollte, unterschlug[7]).

Die Gewinnsucht, die R. zum Verräter werden ließ, verführt andere V-Leute, selbst Nachrichten zu produzieren. Ein wesentlicher Teil der von einem gewissen Stephan verschiedenen Stellen der Bundesrepublik und Westberlins gelieferten „geheimen“ Nachrichten beruhten auf dessen freier Erfindung. 1955 setzte die Verhaftung dem betrügerischen und verleumderischen Treiben Stephans ein Ende.

Aber nicht nur mit bewußten Falschmeldungen oder aufgebauschten und

[7]) 2 StE 19/54, Urt. v. 25. 1. 55, nicht veröffentl.; auf zwei Schultern trug auch der mehrfach vorbestrafte und 1957 vom BGH verurteilte V-Mann K. des BfV, 2 StE 14/56, Urt. v. 9. 1. 57, nicht veröffentl.; Lebensuntüchtigkeit und Labilität hielt der BGH einem wegen Landesverrats verurteilten früheren Oberarbeitsführer beim RAD vor, 6 StE 1/58 v. 26. 2. 58, Hochverrat und Staatsgefährdung II, S. 242 ff. — Bei Oberst Redel, dem Leiter des österr. Nachrichtendienstes vor dem 1. Weltkrieg, war Geldgier das Motiv zu ausgedehntem Verrat an ausländische Mächte, vgl. Newman, S. 68 ff.

entstellten Nachrichten über unbedeutende Beobachtungen wird versucht, das Entgelt für bedeutsame Nachrichten zu verdienen. Auch durch Provokation bisher Unschuldiger können Sachverhalte geschaffen werden, die dann als „Berichte“ Fähigkeit und Fleiß des Agenten beweisen sollen.

Bei den führenden Kräften und den Idealisten ist die Versuchung groß, Politik auf eigene Faust zu machen. Dann kann der Nachrichtendienst sogar zu einem Staat im Staate werden, weil er im Besitz geheimer Informationen ist und gegebenenfalls das Recht für sich in Anspruch nehmen kann, auch Minister und Staatsbeamte zu überwachen und Akten über ihr Leben und Vorleben anzulegen. Im Frankreich der 3. Republik lebten die Minister in ständiger Angst vor den geheimen Dossiers, die von der haute police geführt wurden[8]). Im Abwehrdienst der deutschen Wehrmacht entstand, geschützt durch die Geheimhaltungsvorschriften, eine Widerstandsbewegung, die sich um Canaris und Oster gruppierte[9]). Der erste Präsident des BfV, Otto John, nahm insgeheim und ohne Auftrag und ohne Genehmigung der Bundesregierung und sogar ohne Verständigung der maßgebenden Mitarbeiter seines Amtes Verbindung zur früheren französischen Resistance auf und streckte seine Fühler auch zu östlichen Nachrichtendiensten aus. Der BGH hielt ihm vor, durch seinen Übertritt in die DDR habe er abermals versucht, in das politische Geschehen einzugreifen[10]).

Auch die als private Einrichtung aufgebauten, aber mit öffentlichen, wenn auch nicht stets deutschen Geldern unterstützten Nachrichtendienste stehen vor der Versuchung, ihren Aufgabenkreis zu überschreiten und ihre politischen Vorstellungen mit den Mitteln des Nachrichtendienstes in die Wirklichkeit umzusetzen, wie es bei der 1959 aufgelösten Kampfgruppe gegen Unmenschlichkeit der Fall war, die, das Vertrauen und die Gutgläubigkeit ihrer Mitarbeiter mißbrauchend, in der DDR eine unheilvolle Geschäftigkeit entfaltete[11]).

Die Beispiele verdeutlichen die Größe der Versuchung, die an jeden herantritt, der im geheimen Nachrichtenwesen tätig wird und zeigen, daß nicht jeder den Anforderungen, die an Lauterkeit und Festigkeit des Charakters gestellt werden, gewachsen ist.

[8]) Arendt, S. 672 und Fußn. 79 b.

[9]) Boveri, S. 123.

[10]) BGHStE 15/56, Urt. v. 22. 12. 56, Hochverrat und Staatsgefährdung II, S. 77 ff. (81); Boveri, S. 123 ff.; zum Charakter des Falles Otto John auch Schlüter, 79, 120, 124, 133 ff.

[11]) Boveri, S. 138; Unmenschlichkeit als System, Dokumentarbericht über die Kampfgruppe gegen Unmenschlichkeit, Kongreß-Verlag, Berlin (Ost) 1957.

Die Verlockung, die übertragenen Befugnisse zu mißbrauchen, macht vor den führenden Persönlichkeiten im Nachrichtendienst nicht Halt. Noch mehr gefährdet ist der kleine Mitarbeiter in der oft sehr untergeordneten Rolle des V-Manns, dem der Überblick über das Ganze der Organisation und ihrer Aufgaben fehlt, der aber den verfänglichsten Situationen ausgesetzt ist.

3. Die Nähe, in die der V-Mann zu der überwachten Person gelangt, der Verrat des ihm anvertrauten Geheimnisses, die Gefahr, daß ein V-Mann die ihm übertragenen Aufgaben mißbraucht, stempeln seinen Einsatz zu einem Eingriff in die Privatsphäre, auch wenn der V-Mann nicht Beziehungen persönlichster und intimer Art zu dem Betroffenen anknüpft[12]).

Wendet man § 136 a StPO, der für Vernehmungen jede Täuschung verbietet, entsprechend an, entfällt die Möglichkeit, den Einsatz von V-Leuten zu rechtfertigen. Der V-Mann täuscht den Betroffenen. Er gibt vor, nur im Interesse und für den Betroffenen zu handeln, während er in Wahrheit für eine staatliche Abwehrbehörde und in deren Interesse tätig wird. Da der Bespitzelte sich in der Regel Gedanken um die „Loyalität" seines Partners macht und ihn auch in irgend einer Weise danach fragen wird, ist das mehr als die Nichtbeseitigung eines Irrtums oder einer der Tricks, die man trotz § 136 a StPO noch als rechtens ansieht, um die polizeiliche oder staats-

[12]) Romanhaft verschlingen sich Berechnung und Freundschaft, Spionage und Abwehr bei den Beziehungen, die Maria K., Agentin eines sowj. Nachrichtendienstes, zu einem Mann, den sie unter dem Namen Petersen kennenlernte, anknüpfte. Petersen gehörte angeblich zu dem Amt Blank, die Geheimnisse, die er ihr zugänglich machte, waren jedoch Spielmaterial der Abwehr, in deren Dienst er stand. Auf Grund der Erkenntnisse des P., mit dem die K. in persönlicher Freundschaft verbunden war, wurde das Agentennetz, das sie anleitete, 1952 enttarnt; vgl. dazu Dallin, S. 419; ein mehrfach vorbestrafter V-Mann des BfV, K., unterhielt intimste Beziehungen zu der Ehefrau des wohl einflußreichsten Funktionärs der NDP (DDR) (BGH 2 StE 14/56, Urt. vom 9. 1. 57, nicht veröffentlicht). Ein wegen Landesverrats verurteilter kaufmännischer Angestellter mißbrauchte in den Jahren 1953—1957 das Vertrauen von weiblichen Angestellten des HICOG und der amerikanischen Botschaft, um das er geworben und das ihm ehrlich entgegengebracht wurde. Er trug vor, das Ministerium für Staatssicherheit (DDR) habe sogar das Ansinnen an ihn gestellt, mit einer seiner Freundinnen aus der Botschaft eine „Agentenehe" einzugehen (BGH 2 StE 4/58, Urt. v. 20. 11. 58, nicht veröffentlicht). Zu dem nachrichtendienstlichen Sumpf, der durch den Versuch zur Entführung des Agenten Linde bekannt wurde, gehört auch, daß ein V-Mann der Organisation Gehlen unter dem Decknamen „Peter" mit der früheren Geliebten einer der Entführer intime Beziehungen anknüpfte (BGH 2 StE 22/57, Urt. v. 6. 9. 57 nicht veröff.).

anwaltschaftliche Ermittlung nicht vor unüberwindliche Hindernisse zu stellen[13]).

§ 136 a StPO soll dem Vernommenen die Freiheit der Entscheidung sichern, welche Haltung er gegenüber der untersuchenden Behörde und angesichts einer bestimmten Beschuldigung einnehmen will[14]). Diese Freiheit nimmt der V-Mann dem Betroffenen, der nicht ahnt, daß sein Partner jedes seiner Worte und jede seiner Handlungen weiterzumelden hat und sogar, wie noch nachzuweisen sein wird, selbst Organ des Staates sein kann.

Aber es handelt sich nicht um eine Vernehmung, die Grundlage eines Strafverfahrens sein könnte und in der auch dem Verdächtigen und Schuldigen gegenüber das Vertrauen in die Korrektheit staatlichen Handelns erhalten bleiben muß. Die von keinem Zwang begleitete Aufklärung durch den V-Mann kommt eher der Zuträgerei von Meldungen gleich, mit der jeder rechnen muß, der sich einem Dritten offenbart.

Die entscheidende Abgrenzung zu § 136 a StPO ergibt sich aus der Erwägung, daß der Einsatz von V-Leuten in der Regel nicht der Aufklärung begangener Straftaten, sondern in erster Linie der Beobachtung und der Verhütung weiterer strafbarer Handlungen dient. Eine Abwehrbehörde, der es gelungen ist, einige V-Leute bei dem Gegner einzuschleusen, beherrscht seine Handlungen in gewissem Umfange. Häufig ist auch bereits bekannt, daß ein ganz bestimmter gegnerischer Kreis mit bekannten Zielen tätig ist. Er kann aber erst dann ausgeschaltet werden, wenn möglichst alle, die ihm zugehören, erkannt sind. Das stößt wegen der konspirativen Methoden, die der Kreis beachtet, auf erhebliche Schwierigkeiten, zu deren Überwindung V-Leute eingesetzt werden. In diesen Fällen richtet sich die Ermittlung nicht gegen Personen, die nur möglicherweise als Störer in Betracht kommen und daher zunächst als Nichtstörer angesehen werden müssen. Vielmehr kann mit genügender Sicherheit gesagt werden: wer unter Anwendung konspirativer Methoden zu diesem Kreis Verbindung hat, verfolgt die gleichen Ziele wie der Kreis und ist daher Störer, gegen den mit polizeilichen Mitteln vorgegangen werden kann. Gegen ihn kann daher auch die Abwehr ihre Ermittlungen richten, soweit ihre Befugnisse reichen.

b) Man darf die Problematik jedoch nicht mit dem Argument verein-

[13]) Schwarz, § 136 a StPO, Anm. C 1; E. Schmidt, Lehrkommentar, II, § 136 a Ziff. 13.

[14]) BGHSt. 30. 10. 51, BGHSt. 1, 387; Tillmann in Loewe-Rosenberg, § 136 a StPO, Anm. 2, 8 und 9 e; E. Schmidt, Lehrkommentar, II § 136 a Ziff. 5.

fachen, die Ermittlungen des V-Mannes richteten sich nur gegen die konspirative Tätigkeit des Gegners, mithin gegen einen Mißbrauch der Freiheitsrechte, der als Verstoß gegen deren immanente Schranken außerhalb des Grundrechtsschutzes stehe. Denn selbst wenn in der Regel sicher sein mag, daß der V-Mann nur in einer verfassungsfeindlichen Gruppe eingesetzt wird, beschränken sich seine Ermittlungen nicht auf die Erkundung konkreter, gegen die immanenten Schranken der Freiheitsrechte verstoßender Handlungen. Vielmehr hat der V-Mann, dem es gelungen ist, das Vertrauen der zu beobachtenden Person zu gewinnen, wie kein anderer Gelegenheit und Pflicht, die Privatsphäre des Betroffenen zu durchleuchten und von Angelegenheiten Kenntnis zu nehmen, die mit dessen konspirativer Tätigkeit möglicherweise überhaupt nichts zu tun haben. Der V-Mann greift damit auch in jene Rechte des Betroffenen ein, die nicht zum Kampf gegen die freiheitliche demokratische Grundordnung mißbraucht werden. Er muß es sogar tun, um seinen nachrichtendienstlichen Auftrag zu erfüllen, weil erst die Auswertung aller erreichbarer Nachrichten in der Zentrale ihre Erheblichkeit für die Zwecke des Verfassungsschutzes ergibt. Für diese weitergreifenden Verletzungen der Privatsphäre gibt die eingeschränkte Immanenzlehre (vgl. oben § 7 c) keinen Anhalt.

Auch von einer Einwilligung des Betroffenen kann keine Rede sein, weil sie durch Täuschung erlangt ist und sich keinesfalls darauf erstreckt, Dritten, insbesondere staatlichen Stellen Mitteilung zu machen.

Die Rechtfertigung, V-Leute einzusetzen, kann nur in der gesetzlichen Ermächtigung des § 3 BVerfSchG gesehen werden, wofür jedenfalls spricht, daß die Verwendung von V-Leuten ein typisches, erfolgversprechendes und praktisch in der Gegenwart unentbehrliches Mittel des politischen Nachrichtendienstes ist. Aber auch die legale Grundlage darf nicht darüber hinwegtäuschen, daß ein Mittel eingesetzt wird, das jenen Prinzipien, die Wert und Würde des Staates ausmachen, geradezu widerstreitet, zu dem der Rechtsstaat — auch in der Abwehr konspirativer Gruppen — nur mit stets wachbleibenden Bedenken greifen kann.

Rechtfertigt § 3 BVerfSchG den Einsatz von V-Leuten, dann liegt die Rechtfertigung der einzelnen Handlungen der V-Leute in den ihnen erteilten Aufträgen. Meist wird sich zwar der Staat weitgehend von seinen V-Leuten distanzieren und streng geheim halten, wen er für diese Aufgaben heranzieht[15]) und wieviel V-Leute er beschäftigt. Oft unterhält er nicht ein-

[15]) Zu der vielschichtigen Frage, unter welchen Voraussetzungen eine Behörde verpflichtet ist, den Namen ihrer V-Leute preiszugeben, vgl. unten § 40 c und

mal mit ihnen einen unmittelbaren Kontakt, sondern leitet sie durch seine geheimen V-Mannführer. Das geschieht, um den Gegner zu täuschen und um den V-Mann vor Rache und Repressalien zu schützen[16]). Mit der Geheimhaltung vermeidet der Staat ferner die Beunruhigung der Bevölkerung und Prestigeverlust. Diese Äußerlichkeiten ändern aber an dem staatlichen Auftrage nichts.

Anders liegt es, wenn der Staat über einen selbständigen V-Mannführer keinen Einfluß mehr auf die V-Leute, ihre Auswahl und Verwendung hat. Derartige private Nachrichtendienste können auch für den Staat undurchdringlich und unbeherrschbar sein, wie die Affäre Rößler zeigt: Im Widerspruch zu seinen Grundsätzen hatte der Nachrichtendienst der sowjetischen Armee wegen der Qualität der von Rößler gelieferten Nachrichten es zugelassen, daß Rößler nur über Mittelsmänner unter dem Decknamen „Lucy" mit ihm verkehrte. Rößler und seine Quellen blieben selbst dem sowjetischen Nachrichtendienst verborgen[17]). Dadurch war der Rößlersche Nachrichtendienst der Kontrolle und Lenkung durch den Staat, für den er arbeitete, entzogen.

Bei den V-Leuten, die von den AfV unmittelbar oder mittelbar gelenkt werden, liegen die Verhältnisse anders. Sie nehmen staatliche Aufgaben, die Beobachtung verfassungsfeindlicher Personen und Organisationen wahr, deren Erfüllung den Bediensteten der AfV aus tatsächlichen, nicht aus rechtlichen Gründen unmöglich ist. Die geheimen Mitarbeiter erfüllen diese Aufgaben mit öffentlich-rechtlichen Mitteln, weil ihnen durch den Auftrag, der ihnen erteilt worden ist, Handlungsbefugnisse zugewachsen sind, die nur aus der öffentlichen Gewalt abgeleitet werden können. Zwar berechtigen diese Befugnisse den V-Mann nicht zur zwangsweisen Durchsetzung einer Verwaltungsanordnung, weil dieses Recht auch dem AfV nicht zusteht. Aber sie rechtfertigen die Verletzung objektiven Rechts und den Eingriff in subjektive Rechte, soweit die Befugnis der AfV reicht.

Die V-Leute müssen zur Erfüllung ihrer Aufgaben oft landesverräterische Beziehungen aufnehmen. Sie beteiligen sich sogar an den Verratshandlungen anderer Personen, schließen sich verfassungsfeindlichen und verbotenen Or-

das in Fn. 5 bis 12 zit. Schrifttum, insb. Wenzky, Polizeipraxis 1956, 225; Kohlhaas, Zulässigkeit, Brauchbarkeit und Preisgabe vertraulicher Gewährsleute im Strafverfahren, JR 57, 41; VGH München, 15. 10. 57, NJW 58, 643.

[16]) Die Notwendigkeit dazu betont Wenzky, Polizeipraxis, 1956, 225; über Spitzelmorde in der Weimarer Zeit, vgl. Weiss, S. 77 ff.

[17]) Vgl. Foote, S. 93 ff., der allerdings den Klarnamen von „Lucy" mit Selzinger angibt, während Boveri, S. 114 von Rößler spricht.

ganisationen an und wären, soweit nicht bereits der objektive oder subjektive Tatbestand der einschlägigen Delikte entfällt[18]), strafbar. In Wahrheit aber erkennt die Rechtsprechung den dem V-Mann erteilten staatlichen Auftrag als Rechtfertigungsgrund an, der die Rechtswidrigkeit ausschließt[19]). Der BGH hat nach anfänglichem Zögern[20]) diese Ansicht bestätigt und die Aufnahme von Beziehungen zu gegnerischen Nachrichtendiensten, die nach § 100e StGB strafbar ist, für nicht rechtswidrig angesehen, wenn sie vorgenommen wird „im Auftrage und mit ausdrücklicher Genehmigung einer Stelle, zu deren Aufgaben es gehört, unter bestimmten Voraussetzungen und Bedingungen solche Aufträge zu erteilen“[21]).

Auch das Eindringen des V-Mannes in die Privatsphäre, das nach bürgerlichem Recht nicht statthaft wäre, weil der V-Mann sich der Täuschung und des Verrats bedient, kann aus dem staatlichen Auftrage seine Rechtfertigung erhalten. Zwar kann sich der Staat zur Erfüllung seiner Aufgaben auch privatrechtlicher Mittel bedienen. Dann würde allenfalls ein privatrechtliches Rechtsverhältnis zwischen den Angehörigen des beobachteten Personenkreises und dem V-Mann bestehen. Das würde aber zu bedenklichen Folgerungen führen. Die Handlungen der V-Leute müßten dann in jedem Falle als rechtswidrige Verletzung objektiven Rechts und subjektiver Rechte gewertet werden, weil das bürgerliche Recht nicht einen dergestalten Einbruch in die Privatsphäre rechtfertigen kann. Man würde daher dem V-Mann von vornherein vorwerfen, Unrecht zu tun und die AfV müßten das Odium auf sich nehmen, es darauf anzulegen, fremdes Unrecht für staatliche Zwecke nutzbar zu machen. Rechnet man aber dem Staat das in seinem Auftrage erfolgende Handeln als hoheitliche Maßnahme zu, entfallen diese Bedenken. Da die AfV kraft der ihnen übertragenen Ermächtigung in die Privatsphäre eindringen dürfen, stünde auch ihren V-Leuten das gleiche Recht zu. *Dann gilt für die anonymen Mitarbeiter der AfV auch nicht ein anderes Recht als für die offiziellen Mitarbeiter*[22]), denn beide nehmen öffentliche Aufgaben mit

[18]) Für § 100e StBG nimmt dies OLG Stuttgart an, OJs 2/55, Urt. v. 5. 8. 1955, nicht veröffentlicht.

[19]) OLG Köln, OJs 5/54, Urt. vom 28. 2. 56; OLG Hamm (4) 2b OJs 27/56, Urt. vom 6. 2. 57, beide nicht veröffentl.

[20]) BGH 2 StE 17/54, Urt. v. 6. 12. 54; zur Frage des Verbotsirrtums, der jedenfalls durchgreife: BHG 2 StE 14/56, Urt. v. 9. 1. 57; 2 StE 11/56, Urt. vom 11. 9. 56; 2 StE 19/54, Urt. v. 25. 1. 55, alle nicht veröffentl.

[21]) BGH 2 StE 6/57, Urt. v. 25. 4. 57, S. 17, nicht veröffentl.

[22]) Das fordert auch Erasmus, S. 65; — dem steht nicht entgegen, daß bei der Wertung der Spionage als völkerrechtliches Delikt ein Unterschied zwischen amtlichem Vertreter und geheimem Agenten gemacht wird, weil völkerrechtlich

Mitteln wahr, die ihnen das öffentliche Recht zur Verfügung stellt. Unerheblich für diese öffentlich rechtlichen Beziehungen zwischen V-Mann und Betroffenem dürfte die Tatsache sein, daß sie in der Regel unter dem Deckmantel vorgetäuschter rechtlich unerheblicher Beziehungen, wie Freundschaft und Kameradschaft, geknüpft werden.

Dies zwingt nicht zu der Schlußfolgerung, der V-Mann sei, weil er öffentliche Gewalt ausübe, auch in jeder Beziehung als Beamter anzusehen. Zwar sind nach Art. 33 Abs. 4 GG hoheitliche Befugnisse „Angehörigen des öffentlichen Dienstes zu übertragen, die in einem öffentlich-rechtlichen Treueverhältnis stehen." Aber dieser Funktionsvorbehalt gilt nur „grundsätzlich" und nur, wenn die Aufgaben ständig übertragen werden. Letzteres kann im Einzelfalle fraglich sein. Die Besonderheiten der Arbeitsweise des V-Mannes rechtfertigen es, von dem Grundsatz, daß hoheitliche Befugnisse nur von Beamten ausgeübt werden dürfen, abzuweichen.

Vielmehr ist zu unterscheiden: 1. Die staatsrechtliche, 2. die strafrechtliche, 3. die haftungsrechtliche Beamteneigenschaft des V-Mannes. Die staatsrechtliche Beamteneigenschaft betrifft die rechtlichen Beziehungen zwischen Dienstherren und Mitarbeiter. Maßgeblich ist nach den Beamtengesetzen des Bundes und der Länder, ob der Betreffende unter Beachtung bestimmter Formalitäten zum Beamten ernannt ist. Das ist beim V-Mann in aller Regel nicht der Fall. Darum ist er auch kein Beamter im staatsrechtlichen Sinne. Seine Beziehungen zum AfV werden nach den Vorschriften des Arbeitsrechts oder des Auftragsrechts (§§ 662 ff. BGB) bestimmt.

c) Die straf- und haftungsrechtliche Beamteneigenschaft jedoch betrifft das Verhältnis eines staatlichen Bediensteten nach außen. Darum geben die formellen Merkmale des staatsrechtlichen Beamtenbegriffs nicht den Ausschlag. Anknüpfungspunkt können auch die Funktionen sein, die der Bedienstete ausübt. Hier ist das Merkmal der Ausübung öffentlicher Gewalt das maßgebliche Kriterum, um den V-Mann als Beamten im strafrechtlichen Sinne anzusprechen und seine Handlungen der Hoheitshaftung nach Art. 34 GG, § 839 BGB zu unterwerfen.

Nach § 359 StGB sind Beamte im strafrechtlichen Sinne alle diejenigen Personen, die im Dienste des Reiches oder im unmittelbaren oder mittelbaren Dienste eines Landes auf Lebenszeit, auf Zeit oder nur vorläufig

der Mißbrauch diplomatischer Privilegien in Frage steht, vgl. Oppenheim-Lauterpacht, §§ 388, 389, S. 791 ff.; Liszt-Fleischmann, S. 197; Erasmus, S. 62.

angestellt sind. Die Rechtsprechung hat den in § 359 StGB aufgestellten Begriff der Anstellung von den staatsrechtlichen Vorstellungen befreit und allein nach den Bedürfnissen des Strafrechts ausgelegt[23]). Es kommt nicht mehr darauf an, welcher Art und welcher Dauer das Anstellungsverhältnis ist. Zwar hat das RG in einer älteren Entscheidung eine Ausnahme für die Übertragung eines einzelnen Auftrages gemacht und in einem derartigen Fall die Beamteneigenschaft verneint[24]), später aber diese Einschränkung fallen lassen[25]). Für die Beamteneigenschaft ist auch unerheblich, ob die sie begründenden Merkmale für Außenstehende erkennbar sind. Rechtsgut der Amtsdelikte (§§ 331 ff. StGB) ist die Treupflicht des Amtsträgers gegenüber dem Staat nach innen und die Reinhaltung des Staatswillens vor Verfälschungen durch pflichtwidriges Verhalten seiner Organe nach außen[26]). Dieses Rechtsgut kann der geheime Mitarbeiter in gleicher Weise verletzen wie der offizielle. Da öffentlich vorgenommene Amtshandlungen vielfachen Kontrollen zugänglich und ausgesetzt sind, dürfte die Gefahr des Mißbrauchs der anvertrauten Gewalt bei den geheimen Mitarbeitern sogar höher sein. *Der Schutzgedanke der §§ 331 ff. StGF fordert daher eine Auslegung des Beamtenbegriffs, der auch die geheimen staatlichen Mitarbeiter erfaßt.* Zu Recht hat das RG es daher weder darauf abgestellt, ob die Verrichtungen Dritten gegenüber als Handlungen des Staates als Träger von Hoheitsrechten in Erscheinung treten[27]), noch darauf, ob die in Betracht kommenden Dienstgeschäfte der Öffentlichkeit bemerkbar sind[28]).

Mit den Bestimmungen, die dem Schutz des Beamten dienen, §§ 113, 114 StGB, ist diese Erkenntnis vereinbar. Wenn der Täter nicht weiß, daß er einen Beamten vor sich hat, entfällt der Vorsatz. Weiß er aber ausnahmsweise, daß sich seine Handlung gegen einen geheimen Mitarbeiter richtet, dann stehen der Bestrafung nach §§ 113, 114 StGB keine grundsätzlichen Erwägungen entgegen.

Für den weitgefaßten strafrechtlichen Beamtenbegriff ist nur noch entscheidend, ob von einer zuständigen Amtsstelle die Berufung ausgeht, öffentliche Obliegenheiten wahrzunehmen, die den Staatszwecken unmittelbar oder mittelbar dienen und ob die betreffende Person sich bereit erklärt

[23]) Schwinge, Teleologische Begriffsbildung, S. 70.
[24]) RGSt. 5, 415.
[25]) RGSt. 69, 240.
[26]) R. v. Hippel, Lehrbuch des Dt. Strafrechts, Berlin 1932, S. 309.
[27]) RG DJ 1939, 227.
[28]) RGSt. 70, 235.

hat, dieselben zu übernehmen[29]). Daher umfaßt der strafrechtliche Beamtenbegriff alle Personen, die von einer nach Bundes- oder Landesrecht zuständigen Stelle durch einen ausdrücklichen oder stillschweigenden öffentlichrechtlichen Akt zu Dienstverrichtungen berufen sind, die aus der Staatsgewalt abgeleitet sind und staatlichen Zwecken dienen[30]).

Diese Merkmale erfüllt der V-Mann. Zwischen ihm und dem AfV kommt eine Vereinbarung zustande, mag auch aus Gründen der Verschleierung die Verhandlung durch Mittelsmänner geführt werden und mag dem V-Mann nicht mit aller Deutlichkeit gesagt werden, für welche Behörde er tätig sein soll, wenn er nur weiß, daß er für eine staatliche Stelle tätig wird. Selbst wenn der V-Mann-Führer eine gewisse Selbständigkeit in der Anwerbung von Helfern hat, würde das nicht entgegenstehen, wenn das AfV nur die Auswahl genehmigt und bestätigt[31]). Die dem V-Mann übertragenen Dienstverrichtungen sind aus der Staatsgewalt abgeleitet. Das leuchtet ohne weiteres ein für die V-Mann-Führer und die anderen an verantwortlicher und leitender Stelle beschäftigten geheimen Mitarbeiter der AfV. Denn ihre Tätigkeit entfaltet sich in dem Kreis organisatorischer Maßnahmen, die zur Lösung der in Frage kommenden Staatsaufgaben getroffen worden sind. Die Wahrnehmung derartiger Aufgaben aber gehört zum Wesen öffentlicher Amtstätigkeit und begründet die strafrechtliche Beamteneigenschaft[32]). Das trifft aber auch für die einzelnen V-Männer zu, die mit dem Gegner Kontakt aufnehmen sollen. Der Eingriff in die Privatsphäre, den sie vollziehen, die mögliche Verletzung weiterer Normen objektiven Rechts ist durch den hoheitlichen Auftrag gerechtfertigt und daher Ausübung staatlichen Hoheitsrechtes[33]).

Auch für die Hoheitshaftung nach Art. 34 GG, § 839 BGB kommt es

[29]) RGSt. 39, 233 (234); vgl. auch neuerdings BGHSt. 14. 11. 1958, NJW 59, 158 und das dort genannte Schrifttum.

[30]) RGSt. 60, 139; BGHSt. 13. 11. 51, NJW 52, 191; BGHSt. 8, 21; Schönke-Schröder, § 359 Anm. II, 3 m. weit. Schrifttum.

[31]) Insoweit ähnlich liegende Fälle bejahend: RGSt. 7, 212; 30, 29; Hans. OLG 26. 11. 49, JR 50, 410.

[32]) Rohde-Ziegler, LK § 359 Anm. 6; auch Erasmus, S. 65, zählt diese, aber nur diese Personen zu den Beamten im strafrechtlichen Sinne.

[33]) Der BGH hat bisher auch in seinen Urteilen 1. Instanz zu der strafrechtlichen Haftung des V-Mannes als Beamter nicht Stellung genommen, wenn auch in den Fällen der Doppelagenten dazu Gelegenheit gewesen wäre. Sein Schweigen rechtfertigt aber noch nicht den Schluß, er sehe den V-Mann nicht als Beamten im Sinne des § 359 StGB an, da schon wegen der besonderen Verpflichtung zur Verschwiegenheit, die der V-Mann unterschreiben muß, in jedem Verratsfalle § 353 b StGB erfüllt ist, ohne daß es auf die Beamteneigenschaft ankommt.

nicht auf den staatsrechtlichen Beamtenbegriff an, der nur noch für die Eigenhaftung des Beamten von Bedeutung ist. Rechtsprechung und Lehre stellen es vielmehr beim haftungsrechtlichen Beamtenbegriff auf die Betrauung mit hoheitlichen Aufgaben ab. Die Hoheitshaftung nach diesen Vorschriften wird ausgelöst, wenn die schädigende Person mit öffentlicher Gewalt umkleidet ist, und zwar mit der Gewalt, in deren Ausübung sie pflichtwidrig handelt[34]). Da hier die äußere Form der Anstellung ebenfalls gleichgültig ist[35]), *muß dem Staat die Haftung für das Handeln seiner V-Leute, wenn sie in der Ausübung von Hoheitsrechten pflichtwidrig andere Personen schädigen, auferlegt werden.* Das gilt um so mehr, als die Rechtsprechung darauf zielt, auch über § 839 BGB hinaus dem Staat das Risiko für eine korrekte Handhabung seiner Funktionen aufzubürden[36]).

Wegen der Vielgestaltigkeit der Formen, in denen V-Leute eingesetzt werden können, wird in Grenzfällen die straf- und haftungsrechtliche Beamteneigenschaft dieser Hilfspersonen der AfV nachzuprüfen sein. Jedenfalls, wenn sie nur ganz untergeordnete Arbeiten auszuführen haben, dürfte, wie das von der Rechtsprechung für beide Beamtenbegriffe anerkannt ist[37]), die Beamteneigenschaft entfallen. Das gleiche gilt für die V-Leute privater Agentennetze, wenn sie staatlicher Führung und Beeinflussung weitgehend entzogen sind, oder wenn der V-Mann nicht erfährt, daß er für eine staatliche Stelle tätig wird, z. B. wenn man ihm sagt, er solle für eine Zeitung Nachrichten sammeln. In diesen Fällen ist die Übertragung hoheitlicher Funktionen nicht mehr vorstellbar.

d) Der Einsatz von V-Leuten ist, auch wenn grundsätzlich seine Rechtfertigung möglich ist, nur rechtens, wenn die Behörden mit äußerster Zurückhaltung von diesem Mittel des Kundschaftens Gebrauch machen. Das verlangen auch die Praktiker der Polizei[38]). Denn die Verwendung von

[34]) RGZ 105, 335; 165, 91 (98); Anschütz, Reichsverfassung, Art. 131, Anm. 5; Jeß, BK, Art. 34 Anm. II 2; Hamann, Art. 34, Anm. C 1; Enneccerus-Lehmann, § 240 II 1.

[35]) RGZ 118, 241 (243).

[36]) Forsthoff, § 16, S. 282.

[37]) RGSt. 29. 1. 42, DJ 42, 514; RGSt. 70, 236; RGZ 118, 241 (243); BGHSt. 25. 4. 53, GoldA 53, 49 = NJW 53, 1153.

[38]) Wenzky, Die Polizei, 1952, S. 169, und dort zit.: Böge, Vertrauensperson und Vigilanten, Polizeipraxis 1950, März-Heft; Kosyra, Kriminalistik, 1952, S. 163; S. 170 weist Wenzky darauf hin, es bestünden genügend Leitsätze über die Verwendung von V-Leuten, von denen allerdings die ungeschriebenen überwögen. Die internen schriftlichen Anweisungen dürften geheim sein, um den überwachten Personen keine Fingerzeige zu geben.

V-Leuten belastet den Betroffenen in besonderem Maße und kann auch für das allgemeine Wohl schädliche Folgen haben, weil diese Methode das Vertrauen der Bevölkerung in die Korrektheit, Offenheit und Lauterkeit staatlichen Handelns schwer zu erschüttern in der Lage ist.

1. Verfehlt wäre es, V-Leute zu beauftragen, bloße verfassungsfeindliche Gesinnungen zu erforschen oder verfassungfeindliche Umtriebe aufzudecken, deren derzeitige Ungefährlichkeit bereits erkannt ist, mag es auch bereits zu strafbaren Handlungen gekommen sein. In diesen Fällen kann zugewartet werden, bis es auf Grund anderer Beobachtungen gelingt, die Angelegenheit aufzuklären. Erst wenn andere Mittel der Erkundung mit Rücksicht auf die Erheblichkeit und den Grad der Wahrscheinlichkeit, mit der das öffentliche Wohl gefährdet ist, eine ausreichende Beobachtung nicht mehr sicherstellen, dürfen V-Leute angesetzt werden.

2. *In keinem Falle darf der V-Mann sich der Provokation bedienen.* Der Provokateur ist wegen Anstiftung zu dem Delikt, dessen Begehung er veranlaßt hat, strafbar. Die Strafbarkeit entfällt allerdings, wenn er es nur zu einem Versuch der Straftat kommen läßt, denn dann fehlt der Anstiftervorsatz[39]). Da jedoch gerade die §§ 80 ff. StGB bereits Handlungen für strafbar erklären und damit zu selbständigen Delikten stempeln, die weit in den Vorhof des Versuchs und der Vorbereitungshandlungen hineinreichen, zieht das Strafrecht dem Wirken des agent provocateur enge Grenzen.

Aber auch aus der fehlenden Strafdrohung darf für die restlichen Fälle nicht auf die Zulässigkeit der Provokation geschlossen werden. Zunächst stellt sich die Anstiftung zu einer mit Strafe bedrohten Handlung als eine der Möglichkeiten dar, die Privatsphäre zu durchleuchten. Denn das Verhalten des Provozierten ermöglicht Rückschlüsse auf seine Pläne und Absichten und seine charakterliche Veranlagung. Darin unterscheidet sie sich nicht von anderen, zulässigen Methoden des Nachrichtensammelns. Die Provokation geht aber weit über diese Aufgabe hinaus. Der Betroffene wird verleitet, sein Innerstes zu offenbaren; schon das kann ein Eindringen in den Kernbereich der Person sein, weil einer Veranlagung des Einzelnen, die nur als Möglichkeit eines rechtswidrigen Verhaltens besteht und noch nicht in die Außenwelt umgesetzt ist, der Sozialbezug fehlt, der sie staatlichem Kundschaften zugänglich macht.

Darüber hinaus aber verkehrt der geheime Mitarbeiter des AfV seine Aufgabe in ihr Gegenteil. Denn das Erkunden ist nur Mittel zu dem Zweck,

[39]) Schönke-Schröder, § 48, Anm. III 3; Mezger, I, S. 232.

den Staat zu schützen und Rechtsbrüche zu verhindern. Verführt der Mitarbeiter aber jemanden zu einer Straftat, dann setzt auch er die Ursache für gerade jene Rechtsbrüche, die zu verhindern er berufen war. Mag auch die Anstiftung im Einzelfall dazu dienen, den Täter zu überführen, der an sich erlaubte Zweck kann, wie der BGH eindeutig erklärt, „ein solches sittenwidriges Mittel nicht heiligen“[40]).

Zu Kritik und Besinnung rufen daher die Feststellungen des BGH in einem Landesverratsprozeß zur Schuldfrage auf: „Ebensowenig ist erkennbar, daß eine sowjetzonale Stelle mit nachrichtendienstlichen Aufträgen an ihn (sc.: den Angeklagten) herangetreten ist, bevor der Zeuge X (sc.: ein geheimer Mitarbeiter einer für England in der Bundesrepublik tätigen Abwehrbehörde) ihn zu der Tätigkeit auf diesem Gebiet angeregt hatte. Gerade der Umstand, daß er erst unter der Einwirkung von X zu seinem strafbaren Verhalten gekommen ist, läßt sein Handeln in erheblich milderem Licht erscheinen“[41]). Es bleibt zu hoffen, daß es sich bei diesen und ähnlichen Fällen um „Pannen“ handelt, deren Ursachen bereits erkannt und ausgeschaltet sind.

Der V-Mann muß sich daher mit einer Rolle begnügen, die ihn nicht als Anstifter erscheinen läßt. Er soll nur beobachten und darf allenfalls den Anschein des Gehilfen erwecken. Gelangt er in einer Vereinigung oder einem Spionagering in eine führende Position, dann würde er sein Ansehen dafür einsetzen, die ihm unterstellten Personen zur Begehung strafbarer Handlungen zu verleiten. Das geht nicht an. Daher müssen ihm führende Posten versagt bleiben.

Allerdings wird geltend gemacht, jene Fälle müßten von dem strikten Verbot der Provokation ausgenommen werden, in denen der V-Mann nicht von sich aus oder auf Anweisung eines AfV tätig wird, sondern sich darauf beschränkt, unter Billigung des AfV Aufträge einer gegnerischen verfassungsfeindlichen Organisation auszuführen. Beispiel: Die Zentrale der verfassungsfeindlichen Organisation beauftragt den V-Mann, die örtliche Leitung einer Gruppe zu übernehmen und mit ihr bestimmte Aktionen durchzuführen. Auch hier stiftet der V-Mann, der einen solchen Auftrag übernimmt, zu allen jenen Delikten, die auf seine Anweisung hin begangen werden, an, z. B. Sabotage (§ 90 StGB) oder Verbreitung verfassungsverräterischer Schriften (§ 93 StGB). Das AfV, das eine solche Tätigkeit

[40]) BGHZ 8, 83; auch Weiss bezeichnet die Provokation jeder Art als unzulässig, S. 131; Rundel, S. 24.

[41]) BGHSt. StE 14/54, Urt. v. 5. 11. 54, S. 45, nicht veröffentlicht.

billigt, läßt sich aus der Kausalreihe, die zu dem strafbaren Erfolg führt, nicht ausklammern, weil der V-Mann sich hüten müßte, ohne Deckung durch das AfV den Weisungen der gegnerischen Zentrale Folge zu leisten.

Eine solche Betrachtung ließe aber außer Ansatz, daß der V-Mann und die Mitglieder jener Gruppe nur Teil einer größeren konspirativ arbeitenden Organisation und dem Willen der Zentrale unterworfen sind. Die Zentrale dürfte auf Grund ihrer Befehlswege in aller Regel in der Lage sein, auch wenn der V-Mann seine Mitwirkung versagt, den gleichen strafbaren Erfolg zu erzielen, nur eben nicht mehr unter der durch den V-Mann vermittelten Kontrolle des AfV. Dieser Gedanke vermag zwar nicht die Kausalität des V-Mannes und des AfV im strafrechtlichen Sinne auszuschalten, legt aber materiellrechtlich die Erwägung nahe, ob in einzelnen Fällen nicht die Mitwirkung des V-Mannes in einer Führungsrolle das kleinere Übel ist, das die Rechtsordnung hinzunehmen hat. Die Beteiligung an dem strafbaren Verhalten könnte dann aus dem Gedanken der Pflichtenkollision gerechtfertigt werden. Denn das AfV hat die Pflicht, Nachrichten zu sammeln, zugleich aber auch die Pflicht, strafbare Handlungen zu verhindern, zumindest die Pflicht, nicht an strafbaren Handlungen mitzuwirken. In der konkreten hier gedachten Situation kann es jedoch nur unter Verletzung der einen Pflicht der anderen Aufgabe entsprechen. In dieser Situation greifen auch nicht die Gesichtspunkte durch, die den außerstrafrechtlichen Unrechtsgehalt der Provokation bestimmen, die Verkehrung der Behördenaufgaben in ihr Gegenteil und der Eingriff in den Kernbereich der Person. Denn auch diese Maßnahmen werden ergriffen, um Unrecht, wenn es schon gegenwärtig nicht völlig verhindert werden soll, so doch wenigstens zu beobachten, um in einem geeigneteren Zeitpunkt um so erfolgreicher zugreifen zu können. Auch tritt, wer sich einer konspirativen Gruppe anschließt und den Befehlen einer Zentrale unterwirft, in das soziale Geschehen ein und verläßt insofern bereits, ehe der V-Mann auf den Plan tritt, den staatlicher Ausforschung schlechthin verschlossenen Kernbereich der Person.

Allerdings sind, wenn man diesen Gedanken folgt, eine Reihe von Einschränkungen zu beachten: es gehört nicht mehr zur Pflicht der AfV, auch dann Nachrichten zu sammeln, wenn dies nur unter Verletzung subjektiver Rechte des Einzelnen möglich wäre. Daher liegt eine Pflichtenkollision nicht vor, wenn durch die Erfüllung des Auftrages der gegnerischen Zentrale Individualrechte verletzt würden. Ein Attentat kann das AfV nicht gutheißen. Es kann zwar billigen, daß der V-Mann die Führung einer Gruppe einstweilen übernimmt und sie den Weisungen der Zentrale folgend umorganisiert, nicht aber, daß er eine neue Gruppe aufbaut und Anhänger wirbt, denn dies dürfte ein Fall der Verkehrung der Behördenaufgabe sein.

In Fällen echter Pflichtenkollision ist nach pflichtgemäßem Ermessen abzuwägen, ob das Interesse an der Aufklärung verfassungsfeindlicher Bestrebungen schwerer wiegt als die Gefährdung öffentlicher und privater Interessen und ob die vorübergehende Mitwirkung des V-Mannes das einzige Mittel ist, die Aufklärungsaufgabe zu erfüllen. Nur wenn diese Voraussetzungen vorliegen, erscheint der Gedanke der Pflichtenkollision anwendbar. Eine schlechthin befriedigende Lösung des Problems vermag er allerdings hier nicht zu bieten.

e) Wenn der Rechtsstaat der V-Männer nicht entraten kann, dann muß er peinlich darauf achten, daß auch diese nachrichtendienstliche Methode vom Geist der Freiheit getragen wird, daß der Verfassungsgegner als Mensch geachtet und ihm auch durch die Agenten mit Distanz und Ritterlichkeit begegnet wird. Der Grenzbereich zwischen noch vertretbarem Einsatz von V-Leuten und Rechtsbruch ist letztlich rational kaum faßbar, weil privates Verhalten des V-Mannes und Erfüllung des staatlichen Auftrages in vielfachen Abwandlungen ineinander übergehen. Gerade aber in diesem Grenzbereich betätigt sich der V-Mann in der Regel, und der Staat ist stets in Gefahr, sein Gesicht zu verlieren. Es kommt daher entscheidend darauf an, ob es gelingt, zuverlässige Persönlichkeiten zu gewinnen, denen Bewahrung und Erhaltung des freiheitlichen Rechtsstaates ein ernstes Anliegen ist, die sich aber zugleich bewußt sind, auch bei dem „Verfassungsgegner" einem Menschen mit eigener Würde gegenüber zu stehen. Abenteurernaturen und labile Charaktere jedenfalls sind diesen Aufgaben nicht gewachsen, sie unterliegen zu häufig den Versuchungen nachrichtendienstlicher Tätigkeit.

Die V-Leute sind zu beaufsichtigen und straff zu führen[42]). Dazu gehört die Aufklärung ihres Vorlebens, die Schulung zu sachgerechtem Verhalten, Führung und Belehrung für den Einzelfall und ihre Ausschaltung, wenn sie sich nicht bewähren. Der Schulung und Überwachung kommt eine erhöhte Bedeutung zu, weil es der Gepflogenheit der Nachrichtendienste entspricht, auch Agenten zu verwenden, die ihrem Vorleben nach nicht als unbedingt

[42]) Das betont bereits R. v. Mohl, S. 478 ff., der eine Liste typischer Mißbräuche beim Einsatz von V-Leuten aufstellt, die auch heute noch beachtlich erscheint.

zuverlässig angesehen werden können. Denn gerade dieses Vorleben erleichtert dem Agenten oft den Zugang zu den Personen, die er überwachen soll. Die Schulung darf sich nicht darauf beschränken, die Schliche und Kniffe zu lehren, die für diese Tätigkeit erforderlich sind, sondern muß sich auch auf die vom Rechtsstaat gezogenen Grenzen nachrichtendienstlicher Methoden erstrecken.

Das AfV muß sich die Handlungen seiner V-Leute als sein Handeln zurechnen lassen. Daher muß es auch bestimmen, gegen wen, mit welchem Ziel und mit welchen Mitteln der V-Mann tätig werden soll. Der V-Mann darf nicht zu Rechtsbrüchen veranlaßt werden. Er muß aber darüber hinaus auch zurückgehalten werden, wenn er von sich aus die Grenzen nachrichtendienstlicher Befugnisse überschreiten möchte. Es wäre ihm z. B. nicht nur der Einbruch in den Aktentresor eines Gegners zu untersagen, sondern auch im Hinblick auf Art. 6 GG das Eingehen einer „Agentenehe", d. h. eine standesamtliche Eheschließung, die nur den Zweck hat, über den Ehepartner und unter Ausnutzung des von ihm entgegengebrachten Vertrauens Zugang zu dem gegnerischen Personenkreis und seinen Geheimnissen zu bekommen.

Die Nachrichten, die der V-Mann beibringt, brauchen ihre Bestätigung durch andere, außerhalb der Meldung selbst liegende Umstände, bevor sie Grundlage weiteren staatlichen Handelns sein können. Nur so ist es möglich, der Gefahr unwahrer, entstellter oder auch irrtümlicher Berichte entgegen zu treten.

§ 27

Die Verwendung von Schallaufnahme- und Lichtbildgeräten

Wie jede andere Behörde benutzen die AfV zur Erfüllung ihrer Aufgaben Hilfsmittel, die von der Technik zur Verfügung gestellt werden. Die Zulässigkeit einiger dieser Hilfsmittel ist in letzter Zeit in Frage gestellt worden. Insbesondere gilt dies für die Verwendung von Schallaufnahmegeräten[1]) und Kameras.

[1]) Den Stand des vielschichtigen Meinungsstreites legt Werhahn mit umfassenden Schrifttumsnachweisen, Ufita 57, 196 ff., dar. Vgl. ferner die zusammenfassende Darstellung von Rechtsprechung und Schrifttum von Roeber-Werhahn, Das Tonband und seine Stellung im Recht, Schriftenreihe der Ufita, Heft 6, Baden-Baden 1957. Es wird häufig der Begriff Tonbandgeräte verwendet, da es aber nicht darauf ankommt, ob der Schall auf ein Band, einen Draht oder eine Platte fixiert wird, ist diese Bezeichnung nicht korrekt.

a) Es gibt hochempfindliche Mikrofone, die in Verbindung mit Schallaufnahmegeräten über beachtliche Entfernungen hinweg jedes auch nur leise gesprochene Wort festhalten. Es gibt zuverlässig arbeitende Tonbandgeräte, die nicht größer als eine Zigarettenschachtel sind und daher unauffällig selbst auf Spazierwegen oder in Kraftfahrzeugen mitgeführt werden können. Die Fülle der Verwendungsmöglichkeiten für derartige Schallaufnahmegeräte kann zu einer erheblichen Beschneidung des Eigenraumes führen. Denn es werden die natürlichen Hindernisse, die jeder Ausforschung entgegenstehen und den Einzelnen schützend umgeben, in erheblichem Umfange beiseitegeschoben. Er kann sich der heimlichen Belauschung nicht entziehen. Als besonders erschwerend wird empfunden, daß derjenige, der die Schallaufnahme besitzt, eine Herrschaft über die Stimme des Betroffenen erlangt, die er naturgetreu jederzeit wieder erklingen lassen kann[2]). Schließlich registriert ein Gerät, das beständig aufnahmebereit ist und nicht erst von menschlicher Hand für die Aufnahme bestimmter Äußerungen eingeschaltet wird, notwendig alle Geräusche innerhalb seiner Reichweite. Die Schallaufnahme hält dann auch Gespräche fest, die mit dem konkreten Zweck, dem die Aufnahme dienen soll, nichts zu tun haben.

1. Weil das Recht verletzt wird, darüber zu bestimmen „wann, wie, wo und welche von den Persönlichkeiten ausgehenden, sinnlich wahrnehmbaren Erscheinungsformen gleich welcher Art von Dritten fixiert, wiedergegeben oder sonst benutzt" werden dürfen, ist die heimliche Schallaufnahme eine Verletzung des allgemeinen Persönlichkeitsrechts[3]). Aber nicht nur diese Entscheidungsfreiheit, sondern auch die Privat- und Geheimsphäre wird verletzt[4]).

Im bürgerlichen Recht setzt sich immer mehr die Ansicht durch, der Einzelne sei absolut gegen heimliche Schallaufnahmen zu schützen. Daher greife das Prinzip der individuellen Güter- und Interessenabwägung nicht in der Weise durch, in der es in anderen Fällen die Grenzen des Persönlichkeitsrechts bestimme[5]). Die heimliche Schallaufnahme verletzt nach dieser

[2]) Hubmann, JZ 57, 525.

[3]) KG NJW 56, 26; BGHZ 20. 5. 58, BGHZ 27, 284; vgl. auch BGHSt. 8. 2. 57, BGHSt. 10, 202; Maunz-Dürig, Art. 2 Abs. 1, Randn. 38: Das Recht, ins Unreine sprechen zu dürfen.

[4]) Siegert, NJW 57, 690; ders., Besondere Persönlichkeitsrechte als Schutz gegen ungewollte Ton- und Bildaufnahmen, Betrieb 58, 419 ff.; Neumann-Duesberg, BB 57, 865.

[5]) So aber noch KG NJW 56, 26; Heimerich, BB 56, 249; Scupin, DÖV 57, 553; Hubmann, JZ 57, 524.

Ansicht grundsätzlich stets das Persönlichkeitsrecht auf Wahrung der Privatsphäre[6]). Dies hat der BGHZ in einer bemerkenswerten Entscheidung anerkannt: Wegen der „Bedeutung, die dem Schutz der persönlichen Eigensphäre zukommt und des Umstandes, daß die heimliche Tonaufnahme zunächst mit dem Makel der Überlistung und damit der Unanständigkeit belastet ist", könne außer bei Notwehr und notwehrähnlichen Lagen nur bei ganz besonderer Gestaltung des Falles aus dem Gesichtspunkt der Interessenabwägung eine heimliche Schallaufnahme gerechtfertigt werden[7]). Danach erfährt die Privatsphäre im bürgerlichen Recht einen gesteigerten Schutz gegen heimliche Schallaufnahmen.

2. Im öffentlichen Recht ist die Frage, unter welchen Voraussetzungen Schallaufnahmen rechtens sind, noch nicht abschließend geklärt. Aus dem Fragenkomplex scheiden hier die Fälle der Aufnahme mit Willen und auch gegen den erklärten Willen des Sprechers aus. Hier interessiert nur, ob Mitarbeiter der AfV ohne Wissen des Sprechers Schallaufnahmen durchführen dürfen.

Die heimliche Schallaufnahme muß auch im öffentlichen Recht als Verletzung der Privatsphäre angesehen werden, schon weil es sich beim Schutz vor heimlichen Schallaufnahmen um ein absolut geschütztes Individualrecht handelt, das auch die Verwaltung nicht verletzen darf. Problematisch aber ist, in welchen der Schutzbereiche dieser Vorgang einzureihen ist.

Es wird die Ansicht vertreten, die heimliche Schallaufnahme verletze die Menschenwürde und verstoße daher gegen Art. 1 Abs. 1 GG. Sie sei daher durch nichts und in keinem Falle zu rechtfertigen. Siegert begründet diese Ansicht damit, ein System der heimlichen Schallaufnahmen erzeuge Furcht und Unsicherheit, weil jede Äußerung und jedes Geräusch registriert werden könne. Dieses Wecken der Angst verletze die Menschenwürde[8]). Scupin und Maunz-Dürig dagegen stellen es auf das Verbot des § 136 a StPO ab[9]).

[6]) Siegert, NJW 57, 689 und DRiZ 57, 101; Coing, WT S. 38; Werhahn, Ufita 57, 204 mit weiteren Nachweisen.

[7]) BGHZ 20. 5. 58, BGHZ 27, 284; Reinhardt, JZ 59, 45; auf die Erforderlichkeit bei Wahnehmung überwiegender berechtigter Interessen nach gewissenhafter Prüfung stellt ab die These C. 1 D 1 der Kommission der Weinheimer Tagung, WT S. 98, 99 = NJW 57, 81; ähnlich auch Siegert, GoldA 57, 267 und NJW 57, 690; Neumann-Duesberg, BB 57, 866; Pleyer, ZZP 1956, Bd. 69, 327.

[8]) DRiZ 57, 103; vgl. auch Coing, WT S. 44; Wintrich, Die Bedeutung der Menschenwürde für die Anwendung des Rechts, Bayr. VerwBl. 57, 138, zieht auch noch Art. 10 GG heran, dagegen Scupin, DÖV 57, 552.

[9]) Scupin, DÖV 57, 553; Maunz-Dürig, Art. 2 Abs. 1, Randn. 39: Hiervon gibt es keine Ausnahme!

Beide Gründe, die zur Einordnung in den gesteigerten Schutzbereich führen würden, vermögen nicht zu überzeugen. Wohl kann ein System von Schallaufnahmen, das den Staat rechtlich und tatsächlich in die Lage versetzt, schrankenlos jedes gesprochene Wort zu registrieren, gegen die Menschenwürde verstoßen. Das aber ist ein Problem, das nicht in der Schallaufnahme, sondern in ihrem Mißbrauch begründet ist. Denn nicht die Technik schadet der Menschheit, sondern die Art ihrer Verwendung schafft Nutzen oder Unheil[10]). Solange der Staat sich bei dem Gebrauch der Schallaufnahmegeräte Mäßigung auferlegt und sie nur einsetzt, soweit es für die Wahrnehmung der Gemeinschaftsaufgaben unvermeidlich erscheint und solange dabei die dem Einzelnen zu belassende Freiheitssphäre mit den Anforderungen der Gemeinschaft abgewogen wird, liegt eine Verletzung der Menschenwürde nicht vor. Der Einzelne wird noch immer als Selbstzweck geachtet und nicht zum bloßen Gegenstand eines Verfahrens gemacht[11]).

3. Auch das Verbot des § 136 a StPO steht der Verwendung von Schallaufnahmegeräten nicht entgegen, läßt man den hier nicht einschlägigen Fall beiseite, daß bei einer polizeilichen oder staatsanwaltschaftlichen Vernehmung heimlich ein Schallaufnahmegerät benutzt wird. Dort allerdings hat § 136 a StPO ein anderes Gewicht[12]).

Wird nicht mehr getan, als an einem geeigneten Ort ein Schallaufnahmegerät eingebaut, dann liegt zwar eine Täuschung vor, die belauschte Person glaubt sich unbeobachtet, was nicht der Fall ist. Aber trotz der Täuschung wird der Belauschte in der Freiheit seiner Willensentschließung und Willensbetätigung nicht beeinträchtigt. Der Einbau des Gerätes kann den Willen des Belauschten nicht beeinflussen, weil er davon nichts bemerkt. Daher greifen auch die gegen den Einsatz von V-Leuten aus § 136 a StPO entstehenden Bedenken nicht durch. Denn der V-Mann schleicht sich in das Vertrauen des Betroffenen ein und verleitet ihn zu einer Erklärung. Durch

[10]) Kohlhaas, NJW 57, 82.

[11]) Ähnlich auch E. Schmidt, Jellinek-Gedächtnisschrift, S. 640; vgl. auch oben § 6 a.

[12]) Über die Unzulässigkeit derartiger Aufnahmen und über ihre Verwendbarkeit als Beweismittel vgl. BGHSt. 1. 12. 55, NJW 56, 558; Kohlhaas, NJW 57, 84; E. Schmidt, Jellinek-Gedächtnisschrift, S. 640, m. weit. Nachw.; ders., Lehrkommentar, § 244, Erläuterung 77 ff.; ders., Zulässigkeit und Verwendbarkeit von Tonbandaufnahmen im Strafverfahren, JZ 56, 206 ff.; Feldmann (NJW 58, 1167 und 1478) und Hartnack (NJW 58, 1478): Das Tonband als Beweismittel im Strafprozeß; Rassow, Sitzungsprotokoll und Tonband, NJW 58, 653; Braven, L'emploi du magnétophone dans la procédure pénale, Schweiz. Z. für Strafrecht, 1958, 361.

die Verwendung des Gerätes hält sich der Staat dagegen nur bereit, falls es zu einer Erklärung kommt, diese auch zu hören. Gewiß würde der Belauschte nicht, oder wenigstens etwas anderes sprechen, wenn er von dem Einbau des Gerätes wüßte, aber daß er spricht, beruht auf dem eigenen Entschluß, der von der irrtümlichen Voraussetzung ausgeht, dies könne ohne Risiko geschehen.

Für die Hörfalle kann nichts anders gelten als für andere Fallen, welche die Polizei einem Täter stellt, um ihn zu überführen. Will man das Verbot des § 136 a StPO für die heimliche Schallaufnahme anwenden, dann darf man auch nicht zulassen, einem Verdächtigen andere Fallen zu bauen, etwa in eine Ladenkasse ein stark färbendes, aber zunächst unsichtbares Pulver zu streuen, das den Dieb mit ebenso großer Sicherheit überführt wie die heimliche Schallaufnahme den mit konspirativen Methoden vorgehenden Täter. Beide werden über das Unbeobachtetsein ihrer Handlungen getäuscht.

Aus dem Bereich des Verfassungsschutzes sind aus jüngster Zeit zwei Begebenheiten bekannt geworden, die in Bezug auf § 136 a StPO die gleiche rechtliche Würdigung erheischen. Die jeweils zuständigen AfV haben beide Male dem Agenten eine Falle gestellt, in die er lief. Aber nur einmal wurde zur Überführung des Täters ein Schallaufnahmegerät zur Hilfe genommen: Dallin berichtet von einem Agenten, der in Berlin einen gewissen K. aufsuchte, um ihn für einen östlichen Nachrichtendienst zu gewinnen. K. sollte Namen von Dienststellen und Angestellten einer amerikanischen Behörde preisgeben. K. übergab einige Zeit später die gewünschten Informationen dem Agenten in seiner Wohnung und ließ dabei heimlich ein Tonbandgerät laufen. Beim Verlassen des Hauses wurde der Agent verhaftet[13]). Ein anderer Agent, der Journalist F., wurde in Wiesbaden gefaßt, als er den Geheimnisträger H. zum Verrat bestimmen wollte. Diesmal aber hatten die Kriminalpolizei und ein Mitarbeiter des LfV in einem Nebenzimmer hinter der nur angelehnten Tür Posten bezogen und das Gespräch, in dessen Verlauf F. den Geheimnisträger zum Landesverrat anzustiften versuchte, belauscht[14]). Beide Agenten täuschten sich über das Risiko, das sie eingegangen waren. Sie glaubten, ihr Gespräch unbelauscht führen zu dürfen. Daß einmal die Beamten der Kriminalpolizei und des LfV zuhörten, das andere Mal aber ein Tonbandgerät lief, macht keinen Unterschied im Hinblick auf § 136 a StPO.

[13]) Dallin, S. 396.

[14]) BGHSt. 2 StE 15/54, Urt. v. 22. 10. 54, nicht veröffentl.; Boveri, S. 112.

b) Auch Hans Peters wertet die heimliche Schallaufnahme als stets unzulässigen Eingriff in das Recht auf freie Entfaltung der Persönlichkeit[15]). Da Peters das Recht auf freie Entfaltung der Persönlichkeit enger faßt, als dies hier geschehen, nämlich als Entfaltung des echten Menschentums im Sinne Guardinis[16]), und dementsprechend auch den Begriff der verfassungsmäßigen Ordnung, der dieses Recht beschränkt, enger faßt, kann er folgerichtig erklären: „Aber nur wenn und soweit die verfassungsmäßige Ordnung gestört wird, greift das Grundrecht auf freie Entfaltung der Persönlichkeit nicht durch. Die Anlegung und Benutzung von Abhöranlagen auf den vagen Verdacht hin, in einem Raum könnten Pläne zur Störung der verfassungsmäßigen Ordnung besprochen werden, reicht zur Rechtfertigung noch nicht aus, da das Gesetz klar sagt: ‚soweit er . . . nicht gegen die verfassungsmäßige Ordnung verstößt', also nicht schon: ‚verdächtigt ist zu verstoßen'"[17]).

Nach der hier entwickelten Ansicht gehört es dagegen zum Inbegriff der verfassungsmäßigen Ordnung, den gesetzmäßigen polizeilichen Eingriff, auch wenn er sich gegen den Nichtstörer richtet, zu dulden[18]). Das führt zu einer anderen Beurteilung. Der BGH hat bei der Frage, ob eine Schallaufnahme in öffentlicher Sitzung statthaft sei, insbesondere ob die Prozeßbeteiligten sie hinzunehmen hätten, nach einer gesetzlichen Grundlage für diesen ähnlich liegenden Eingriff gesucht und da sie für den von ihm zu entscheidenden Fall nicht gegeben war, eine solche Pflicht der Beteiligten verneint[19]).

Das führt zu der Erkenntnis, daß im öffentlichen Recht die Schallaufnahme statthaft sein muß, falls sie auf eine gesetzliche Grundlage gestützt werden kann. Dann aber dürfte auch die heimliche Schallaufnahme nicht in den gesteigerten, sondern nur den absoluten Schutzbereich der Privatsphäre eingreifen. Nach den zu § 136 a StPO angestellten Erwägungen kann die heimliche Schallaufnahme, trotz ihres Makels, nicht grundsätzlich von anderen heimlichen Ermittlungsmethoden gesondert werden. Daher ist, auf eine praktische Formel gebracht, zu sagen: *Die heimliche Schallaufnahme*

[15]) Unveröffentl. Gutachten vom 11. 5. 55.

[16]) Laun-Festschrift, S. 669 ff.; ders., Die Verfassungsmäßigkeit des Verbots der Beförderung von Massengütern im Fernverkehr auf der Straße, Bielefeld 1954, S. 16 ff.

[17]) Unveröffentl. Gutachten vom 11. 5. 55, dieser Teil abgedruckt bei Heimerich, BB 56, 249.

[18]) Vgl. oben § 7 b.

[19]) BGHSt. 8. 2. 57, BGHSt. 10, 202; vgl. dagegen Bayr. OLG 18. 1. 56, JZ 56, 228, kritisiert von E. Schmidt, JZ 56, 209 ff.

ist zulässig, soweit die Polizei oder ein AfV ihre Beamten auch als heimliche Lauscher entsenden dürfte.

Ob die Rechtsentwicklung in der Tat diesen Weg gehen wird, bleibt abzuwarten. Die Entscheidung des BGHZ vom 20. 5. 58 deutet allerdings darauf hin, daß der menschlichen Stimme gegen heimliche Schallaufnahmen ein gesteigerter Schutz zuteil werden muß. Wenn diese Rechtsauffassung auch im öffentlichen Recht Geltung erlangt – und die Diskriminierung einer dem Rechtsstaat so wenig gemäßen Erkundungsmethode wäre zu begrüßen – dann wäre die heimliche Fixierung der menschlichen Stimme als Eingriff in den gesteigerten Schutzbereich zu werten, der, wenn überhaupt, nur auf Grund einer Spezialermächtigung zulässig wäre[20]). Diese fehlt den AfV, es sei denn, man lese aus § 3 BVerfSchG die Spezialermächtigung zu derartigen makelbehafteten Ermittlungsmethoden, die über die polizeiliche Generalklausel hinausginge. Das aber widerspräche dem Sinn des § 3 Abs. 2 BVerfSchG und kann daher nicht rechtens sein.

Der gegenwärtigen Rechtslage angemessen erscheint die hier entwickelte Ansicht. Allerdings muß man sich bewußt bleiben, daß die heimliche Schallaufnahme ein gravierender Eingriff in die Privatsphäre ist. Der Grundsatz, daß stets das mildeste Mittel, das noch Erfolg verspricht, einzusetzen ist, wird in vielen Fällen ihre Zulässigkeit ausschließen. Zu der durch den Grundsatz der Verhältnismäßigkeit aufgegebenen Interessenabwägung gehört auch die Erwägung, daß eine jede heimliche Schallaufnahme Schaden stiftet, nicht nur als Eingriff in die Privatsphäre, sondern auch als stets bedenkliche und schwerwiegende Durchbrechung des Prinzips der Öffentlichkeit staatlichen Handelns. Insoweit wird es auf die überwiegenden staatlichen Interessen und die besondere Gefährlichkeit des überwachten Verdächtigen ankommen[21]).

c) Bei Beachtung dieser Abgrenzungen liegt nicht von vornherein ein Verstoß gegen „elementare rechtsstaatliche Grundsätze" vor. Die Versuchung liegt allerdings nahe, die unauffälligen und leicht zu verwendenden Geräte in einer Art zu benutzen, die weitere subjektive Rechte und Grundrechte in Mitleidenschaft zieht. Die Möglichkeit des Mißbrauchs kann aber nicht zu

[20]) So Peters, Gutachten aaO; vgl. auch den 1953 in den Bundestag eingebrachten Gesetzentwurf, der die heimliche Schallaufnahme pönalisieren wollte, Bundestagsdrucksache Nr. 4152, 1. Wahlperiode, abgedruckt auch bei Heimerich, BB 56, 249; Werhahn, Ufita 57, 211, der, wäre er Gesetz geworden, zu anderer Stellungnahme Anlaß gäbe.

[21]) Scholtissek, WT S. 90.

dem grundsätzlichen Verbot führen, wenn eine brauchbare Abgrenzung zwischen zulässigem und unzulässigem Gebrauch gefunden werden kann.

Praktikable Abgrenzungen ergeben sich, wenn man an die besonderen Schutzbereiche der Privatsphäre anknüpft. Kohlhaas ist der Ansicht, wer sich in einem Besuchsraum eines Gefängnisses seinem Verteidiger oder gar seinem Geistlichen anvertraue, dürfe auf die Einhaltung der elementarsten rechtsstaatlichen Grundsätze rechnen. Eine heimliche Schallaufnahme sei daher unzulässig[22]). Das ist richtig. Der Grund für das Verbot der Schallaufnahme ist aber nicht die Verwendung eines technischen Gerätes. Die Rechtswidrigkeit ergibt sich vielmehr aus dem an die staatlichen Organe gerichteten Verbot, die Vertrauensbeziehungen zwischen dem Belauschten und seinem Verteidiger oder Geistlichen zu stören. Auch durch die Vollmacht zu Eingriffen in die Privatsphäre wird das Eindringen in das Beichtgeheimnis oder das Berufsgeheimnis des Verteidigers nicht gedeckt[23]).

d) Aus der Überlegung, die von der Schutzlage ausgeht, folgt auch das Verbot, öffentliche Versammlungen mit Hilfe heimlich verwendeter Schallaufnahmegeräte zu belauschen. Auch hier handelt es sich um einen Eingriff in die Privatsphäre. Zwar gehört das, was in einer öffentlichen Versammlung sich ereignet, nicht dem persönlichen Bereich zu, da es in der Öffentlichkeit geschieht. Aber die menschliche Stimme selbst gehört zur Privatsphäre als eigentümlicher Ausdruck der Person. Daher kommt es nicht darauf an, ob die Erklärung in der Öffentlichkeit abgegeben wird. Da die Frage, ob eine heimliche Schallaufnahme in der öffentlichen Versammlung statthaft ist, noch keine Klärung gefunden hat[24]), soll dies im einzelnen hier dargelegt werden. Art. 8 GG schützt das Recht der Versammlungsfreiheit. Alle Deutschen haben das Recht, sich ohne Anmeldung oder Erlaubnis friedlich zu versammeln[25]). Das umfaßt auch das Recht, sich ohne Zeugen zu versammeln, wie ein Blick auf das Hausrecht zeigt, das die Befugnis gibt, un-

[22]) Kohlhaas, Tonbandaufnahme im Strafprozeß, DRiZ 55, 80 (82).

[23]) Vgl. oben § 23 c und d und unten § 28 d 2 und 29 c.

[24]) In der Weinheimer Tagung ist zwar in der Entschließung D 4 (WT, S. 98) gefordert worden, „der Versammlung" sei die Verwendung von Schallaufnahmegeräten mitzuteilen, Schüle scheint die Aufnahme jedoch als schlechthin unzulässig anzusehen (WT, S. 77) und Heimerich als schlechthin zulässig (WT, S. 76).

[25]) Versammlung im Sinne des Art. 8 GG ist nicht jede Menschenansammlung oder Veranstaltung, sondern nur die Zusammenkunft einer Anzahl von Menschen zu dem Zweck, öffentliche Angelegenheiten gemeinsam zu erörtern oder gemeinsam Kundgebungen zu veranstalten, Füßlein, § 1 VersGes., Anm. 3 a.

erwünschte Teilnehmer auszuschließen[26]). Damit wäre auch der Polizei der Zutritt zu der Versammlung verwehrt und es bestünde für sie keine Möglichkeit, Schallaufnahmen anzufertigen.

1. So unkompliziert liegen aber die Dinge in Wahrheit nicht. Bei öffentlichen Versammlungen haben auf Grund des § 12 des Versammlungsgesetzes vom 24. Juli 1953[27]) die in die Versammlung entsandten Polizeibeamten sogar Anspruch auf einen angemessenen Platz, wie das auch bereits in § 13 des Vereinsgesetzes vom 19. Januar 1908[28]) vorgesehen war. Darin liegt kein Eingriff in das Recht der Versammlungsfreiheit, was zur Verfassungswidrigkeit der Vorschrift führen könnte. Denn in einer öffentlichen Versammlung, das sind Versammlungen, zu denen grundsätzlich jedermann Zutritt hat, gleich, ob die Aufforderung zur Teilnahme eingeschränkt war oder nicht[29]), kann das Recht, sich ohne Zeugen zu versammeln, keine Bedeutung mehr haben. Die Veranstalter müssen sich entscheiden, ob sie sich unter Ausschluß von Zeugen und auch dann nicht-öffentlich oder öffentlich versammeln wollen. Dann aber müssen sie es hinnehmen, wenn die Öffentlichkeit, und dazu gehören auch die Organe des Staates, ihren Erörterungen folgt.

Im Einzelfalle allerdings kann sich die bloße Anwesenheit von Polizeibeamten als Eingriff in das Recht der Versammlungsfreiheit darstellen, vor allem, wenn ihre Anwesenheit die Versammlung mundtot zu machen droht. Delius sieht sogar das aus § 13 des VereinsG von 1908 folgende Recht der Polizei als „ärgste Beschränkung" an, da die Bevölkerung die Anwesenheit der Polizei als Beschränkung empfinde und weil über der Versammlung das drohende Damoklesschwert der Auflösung hänge[30]).

In dieser Allgemeinheit wird man das nicht sagen können. Denn es ist

[26]) Brecht in Brauchitsch, II, 1, S. 309, Anm. 1 zu § 13 VereinsGes. und Exkurs zu § 1 Anm. 6 m. weit. Nachw.; Delius, S. 148.

[27]) BGBl. I, S. 684.

[28]) RGBl. I, S. 151.

[29]) RGSt. 21, 418; Füßlein, § 1 VersGes., Anm. 3.

[30]) Delius, S. 148; vgl. auch W. Jellinek, S. 489; die Frage war auch zur Zeit der WV von Bedeutung, weil der Aufruf des Rates der Volksbeauftragten vom 12. November 1918 (RGBl. I, S. 1303) in Ziff. 2 mit der Anordnung „das Vereins- und Versammlungsrecht unterliegt keiner Beschränkung" eine Reihe von Bestimmungen des Vereinsgesetzes außer Kraft setzte und zu prüfen war, ob auch § 13 aaO dadurch außer Anwendung gesetzt war; vgl. dazu Füßlein, Einführung zum VersGes., S. 3; dagegen waren Anschütz, Reichsverfassung, Art. 123 Anm. 3, und Brecht, § 13 Anm. 1, S. 309, der gegenteiligen Ansicht, weil die Polizei auch die Versammlung schütze.

nicht einzusehen, warum einige Polizeibeamte in einer größeren öffentlichen Versammlung Veranstalter und Zuhörer beeinflussen sollten. Zwar haben sie das Recht, die Versammlung aufzulösen, aber erst wenn die in § 13 VersG genannten Voraussetzungen erfüllt sind. Dann aber versagt der grundrechtliche Schutz. § 13 des Vereinsges. von 1908 hatte darüber hinaus die Zahl der Polizeibeamten auf 2 beschränkt und dadurch eine Übersetzung der Versammlung durch Beamte ausgeschlossen. Eine zahlenmäßige Beschränkung enthält § 12 VersG von 1953 nicht mehr, aber desungeachtet wird die Polizeibehörde nur eine angemessene Zahl von Beamten entsenden dürfen. Außerdem aber ist in beiden Gesetzen der Zutritt von Polizeibeamten von einer weiteren Auflage abhängig gemacht: die Beamten haben sich dem Leiter der Versammlung zu erkennen zu geben.

Wiederum wäre es voreilig, hieraus zu folgern, heimliche Schallaufnahmen wären unzulässig, weil sie gegen die hier angeordnete Publizität des polizeilichen Eingriffs verstoßen würden. Denn es ist noch nicht geklärt, ob sich alle staatlichen Organe, die in amtlicher Eigenschaft eine Versammlung besuchen, auch zu erkennen geben müssen. Füßlein verneint das und meint, Personen, die von der Polizeibehörde lediglich als Beobachter entsandt würden, also ein polizeiliches Amt nicht bekleideten oder in der Versammlung keine polizeirechtlichen Funktionen ausüben sollten, fielen nicht unter diese Vorschrift[31]). Dem muß widersprochen werden. Auch wer annimmt, die unangemeldete Anwesenheit von Polizeibeamten beschränke nicht das Grundrecht der Versammlungsfreiheit, wird zugeben müssen, daß die ständige Gegenwart der Polizei sich immerhin einer Beschränkung in bedenklicher Weise nähern kann. Jedenfalls liegt diese nahe, soweit die Tätigkeit oder Anwesenheit der Beamten sich gegen die Versammlung richtet und sei es auch nur zur Beobachtung der in der Versammlung erörterten Meinungen. Etwas anderes kann gelten, wenn die polizeiliche Tätigkeit anderen Aufgaben dient, z. B. der Beobachtung einer bestimmten Person, die an der Versammlung teilnimmt. Das darf aber hier offen bleiben, weil die Anfertigung von Schallaufnahmen nur der Überwachung der Versammlung selbst dient.

Wenn nun § 12 VersG die Anwesenheit von Polizeibeamten von der Einhaltung einer bestimmten Form abhängig macht, dann kann das nur den Sinn haben, eine andere Art der Teilnahme für unzulässig zu erklären, weil sie immerhin die Gefahr setzt, als Verletzung der Versammlungsfreiheit

[31]) § 12 VersG, Anm. 1.

empfunden zu werden. Verwirklicht der Gesetzgeber aber in § 12 VersG das rechtsstaatliche Prinzip, gegenüber den Bürgern offen in Erscheinung zu treten, *dann ist die Entsendung eines heimlichen staatlichen Beobachters in eine öffentliche Versammlung mit diesem Prinzip unvereinbar und daher unzulässig.*

Dem steht nicht § 13 VersG entgegen, der auf § 12 Bezug nimmt und dem Beamten, der sich zu erkennen gegeben hat, das Recht gibt, die Versammlung unter bestimmten Voraussetzungen aufzulösen. Daraus kann nicht geschlossen werden, ein Beamter, der in keinem Falle nach § 13 aaO einschreiten werde, brauche sich nicht zu melden. Denn die Anwesenheit des Beamten dient nicht nur der Vorbereitung der Versammlungsauflösung. Von dieser Befugnis wird die Polizei nur ausnahmsweise Gebrauch machen. Die Anwesenheit der Beamten verfolgt weitere Zwecke. Sie wirkt auf hitzige Gemüter, die sich aber nicht exponieren wollen, beruhigend. Sie dient darüber hinaus der Überwachung der Versammlung und kann Grundlage für andere polizeiliche Maßnahmen sein. Schließlich dient sie der allgemeinen Information über die Ansichten und Pläne der Versammlungsteilnehmer und, was die Motive zu § 13 VereinsG von 1908 herausstellten, der Erforschung der öffentlichen Meinung[32]).Diese vielfältigen amtlichen Funktionen nimmt sowohl der Beamte, der sich zu erkennen gegeben hat, als auch der unerkannt gebliebene Beamte wahr.

Danach ist es unzulässig, daß sich ein in die Versammlung entsandter Polizeibeamter nicht zu erkennen gibt. Wird in einer Versammlung heimlich ein Schallaufnahmegerät verwendet, würde dieses Verbot umgangen werden. Das geht nicht an.

Fraglich bleibt aber, ob ein Beamter, der sich zu erkennen gegeben hat, auch seine Absicht mitteilen muß, ein Schallaufnahmegerät laufen zu lassen. Geht man von dem Gedanken aus, § 12 VersG beinhalte das Prinzip der Offenheit staatlichen Handelns, wird man diese Frage bejahen müssen. § 12 könnte jedoch damit Genüge getan sein, wenn der Beamte sich meldet. Denn dann weiß der Leiter der Versammlung, daß der Staat einen Beobachter entsandt hat. Er kann sich danach einrichten und kann auch die Versammlung davon in Kenntnis setzen, wenn er das für richtig hält. In welcher Form und mit welchen Mitteln der Beamte seine Aufgabe erfüllt, müßte unerheblich sein, denn es kann keinen Unterschied machen, ob er sich auf sein Gedächtnis verläßt oder Wort für Wort mitstenographiert. Von

[32]) Drucksache des Reichstages, 12. Legislaturperiode, 1. Session 1907, Drucks. Nr. 482, S. 35, zit. OVG 58, 289.

dem wörtlichen Stenogramm zu der mechanischen Schallaufnahme ist es aber nur noch ein kleiner Schritt, dem keine Bedeutung mehr zukommen dürfte. Dabei würde man aber übersehen, daß die Schallaufnahme in jedem Falle als Eingriff in die Privatsphäre anzusehen ist, auch wenn in der Öffentlichkeit abgegebene Erklärung aufgenommen werden. Die Beobachtung, die eine Schallaufnahme gestattet, ist intensiver als die auf das Mitstenographieren angewiesene Kontrolle. Die Schallaufnahme wird auch als schwerwiegender empfunden. Zu diesem Eingriff gibt § 12 VersG kein Recht.

Um der Schallaufnahme den gravierenden Charakter zu nehmen, muß zumindest von dem Beamten eine eindeutige Erklärung verlangt werden, wenn er ein Schallaufnahmegerät benutzen will. *Gegen den Willen der Veranstalter wird man ihn nur als berechtigt ansehen können, wenn die Voraussetzungen zu dem Eingriff in die Privatsphäre im konkreten Falle vorliegen.*

Da die AfV politisch-polizeiliche Aufgaben wahrzunehmen haben, ihnen auch nicht mehr Befugnisse zustehen als der Polizei, müssen ihre Beamten sich ebenfalls an die in § 12 VersG auferlegte Pflicht halten und sich dem Leiter zu erkennen geben. Die Sonderaufgaben der AfV und ihre organisatorische Unabhängigkeit von der Polizei kann nicht dazu führen, diese klare Vorschrift des als abschließende Regelung des Versammlungsrechts gedachten Gesetzes[33]) zu umgehen[34]).

2. Diese Erwägungen gelten nicht für öffentliche Versammlungen, die sich durch Lautsprecher- und Rundfunkübertragung nicht nur an die Versammlungsteilnehmer, sondern unmittelbar an die gesamte ansprechbare Öffentlichkeit richten. Denn in diesen Fällen kommt es den Veranstaltern auf eine Breitenwirkung an, die über die Öffentlichkeit einer Versammlung

[33]) Füßlein, § 30 VersG, Anm. 2; Mangoldt-Klein, Art. 8, Anm. III 4 a.

[34]) Konsequent weitergedacht müßten auch die geheimen Mitarbeiter der AfV, wenn sie eine Versammlung beobachten sollen, dem Leiter zu erkennen geben, daß sie „in die Versammlung entsandt“ seien, denn der Begriff Polizeibeamter ist in § 12 VersG nicht im „personalrechtlichen“ Sinne zu verstehen (Füßlein, § 12 VersG, Anm. 1). Dies dürfte noch nicht Ereignis gewesen sein, sagt aber nichts gegen die Unrichtigkeit der hier entwickelten Gedanken. Es ruft nur erneut die Unvereinbarkeit der Verwendung von geheimen Mitarbeitern mit den rechtsstaatlichen Prinzipien in das Bewußtsein — ein anerkennenswertes Bedürfnis, geheime Mitarbeiter zur Beochachtung einer öffentlichen Versammlung einzusetzen, liegt nicht vor. Den AfV bleibt die Möglichkeit, ihre offiziellen Mitarbeiter zu entsenden oder im Wege der Amtshilfe Polizeibeamte heranzuziehen, die, ohne ein Geheimnis zu offenbaren, sich legitimieren können; vgl. aber auch unten § 27 d 4 zu den erweiterten Befugnissen der AfV in der „unfriedlichen“ Versammlung. A. A. Rundel, S. 51.

hinausgeht. Dann aber müssen sie auch in Kauf nehmen, wenn erwünschte und unerwünschte Zuhörer ihr Verhalten beobachten.

3. Das VersG regelt nur die öffentlichen Versammlungen, § 1 VersG. In nichtöffentlichen Versammlungen hat die Polizei kein Recht auf ständige Anwesenheit. Das verbietet grundsätzlich auch die heimliche Durchführung von Schallaufnahmen. Allerdings ist der Polizei der Zutritt nicht schlechthin verwehrt. Ihr bleibt das Eingriffsrecht nach den allgemeinen Vorschriften. Sie darf feststellen, ob die Versammlung dem versammlungsgesetzlichen Überwachungsrecht unterliegt oder ob sonst ein Anlaß zu polizeilichem Einschreiten gegeben ist. Diese Befugnisse greifen aber nur durch, wie das Pr OVG erkannt hat, „wenn Tatsachen vorliegen, welche den Verdacht begründen, daß eine Umgehung des Gesetzes in Frage steht oder wenn anderweit begründeterweise damit gerechnet werden kann, daß gegenüber einer Versammlung die vereinsrechtliche oder eine sonstige Zuständigkeit der Polizei beteiligt sein würde“[35]).

Die Polizei ist nur befugt, vorübergehend einzudringen, mehr ist zur Überwachung nicht erforderlich[36]). Das Schallaufnahmegerät, das heimlich verwendet wird, fixiert jedoch alles, was in der Versammlung gesprochen wird, gleich, ob dies im Rahmen der Gefahrenabwehr erforderlich ist oder nicht. Dadurch überschreitet die Schallaufnahme das Maß des Zulässigen.

4. Der Schutz des Art. 8 GG versagt, wenn die Versammlung *unfriedlich* ist. Wann das der Fall ist, wird durch § 5 und 13 VersG näher bestimmt[37]). Auch die dem Recht der Vereinigungsfreiheit in Art. 9 Abs. 2 GG gesetzten Grenzen werden wegen des inneren Zusammenhanges zwischen beiden Grundrechten als Schranke des Art. 8 GG angesehen[38]). Wenn die Versammlung in diesem Sinne „unfriedlich“ ist, wird die Polizei am Einschreiten nicht durch Art. 8 GG und § 12 VersG gehindert. Dann kann auch die Polizei oder ein Mitarbeiter des AfV Schallaufnahmen anfertigen, ohne es der Versammlung bekanntzugeben. Aber es muß bereits feststehen, ob die Versammlung unfriedlich ist. Der Verdacht, die Versammlung könnte einen unfriedlichen Verlauf nehmen, beraubt sie noch nicht des grundrechtlichen Schutzes. Aber selbst in diesen Fällen können die AfV durch das Hausrecht an der Anfertigung von Schallaufnahmen gehindert sein. Der aus Art. 10

[35]) PrOVG 58, 282 (303).

[36]) Brecht, § 13 VereinsGes., Anm. 7, S. 310; vgl. auch Füßlein, Vorbem. 3 f vor § 1 VersG.

[37]) Mangoldt-Klein, Art. 8, Anm. III 4 a.

[38]) Füßlein, § 1, Vorbem. S. 18; für die WV Delius, S. 146.

und 13 folgende Schutzbereich, der den Einzelnen auch vor heimlichen Schallaufnahmen bewahrt, ist im Zusammenhang mit diesen Vorschriften zu erörtern[39]).

e) Der Staat kann auch durch die Verwendung fotografischer Geräte in die Privatsphäre eingreifen. Nach § 24 KunstUrhG dürfen die Behörden ohne Einwilligung des Berechtigten oder des Abgebildeten *Bildnisse*[40]) für *Zwecke der öffentlichen Sicherheit* vervielfältigen, verbreiten oder zur Schau stellen. Das enthält auch das Recht, derartige Aufnahmen gegen den Willen des Betroffenen anzufertigen. § 24 schützt die Privatsphäre gegenüber dem Staat nur relativ. Die Zwecke der Rechtspflege und der öffentlichen Sicherheit werden als überwiegend angesehen. Das Interesse des Einzelnen hat vor dieser „Ausnahme ohne Vorbehalt"[41]) zu weichen. Mithin können die AfV, aber auch andere Behörden zur Erfüllung ihrer Aufgaben Lichtbilder von Personen auch ohne deren Einwilligung anfertigen.

Diese weitherzige Befugnis zu fotografischen Aufnahmen, die aus einer Zeit stammt, in der das Recht an der Privatsphäre noch nicht klar erkannt war, leidet keine Ausdehnung auf die Ablichtung anderer Gegenstände, die der Privatsphäre zugehören. Insbesondere Urkunden und Aufzeichnungen vertraulichen Charakters wird man hierzu zählen müssen[42]). Ihre Ablichtung ist daher nur auf Grund gesetzlicher Ermächtigung zulässig, § 3 BVerfSchG dürfte ausreichen.

Wie bei der Verwendung von Schallaufnahmegeräten liegt die Versuchung nahe, um überhaupt Gelegenheit zur Ablichtung der Urkunde oder der beobachteten Person zu erhalten, weitere Rechte, insbesondere Eigentum, Hausrecht, Briefgeheimnis zu verletzen. Aus der Befugnis, fotografische Geräte zu verwenden, können diese Eingriffe nicht gerechtfertigt werden.

Die sich aus dem gesteigerten Schutzbereich ergebenden Beschränkungen

[39]) Vgl. unten § 28 d 2, § 29 c.

[40]) Bildnis ist ein Werk der bildenden Kunst oder Fotografie, das eine oder mehrere Personen darstellen soll, Runge, Urheber- und Verlagsrecht, Bonn 1948, S. 353.

[41]) Ulmer, Urheber- und Verlagsrecht, Berlin—Göttingen—Heidelberg 1951, § 83 III 5; anders liegen die Verhältnisse im Privatrecht, vgl. Hubmann, JZ 57, 525; BGHZ 10. 5. 57, NJW 57, 1315 = BGHZ 24, 200 ff.; vgl. auch Reinhardt, JZ 59, 42 zu der nur historisch verständlichen Trennung zwischen dem Recht, andere Personen im Bild festzuhalten und das Bild zu verbreiten.

[42]) BGHZ 15, 249; 24, 72 (79).

für die Maßnahmen der AfV werden in dem folgenden Abschnitt zu erörtern sein[43]).

Abschnitt VI:

Das Sammeln von Nachrichten im gesteigerten Schutzbereich der Privatsphäre und bei besonderen Geheimnisträgern

Durch die Grundrechte erfährt die Privatsphäre in einigen Lagen einen gesteigerten Schutz. Den Schutzbereich gilt es näher zu umreißen. Dabei wird sich herausstellen, daß die AfV nicht berechtigt sind, in diese geschützten Positionen einzudringen.

§ 28

Das Brief-, Post- und Fernmeldegeheimnis

Nach Art. 10 GG ist das Brief-, Post- und Fernmeldegeheimnis unverletztlich. Beschränkungen dürfen nur auf Grund eines Gesetzes angeordnet werden. Der Zugang zu dem Sinn dieser Vorschrift erschließt sich in der Besinnung auf ihre Aufgaben. Wohl ist in anderen Gesetzen, § 10 Ges. über Fernmeldeanlagen (FAG), § 5 Postgesetz, § 7 Postscheckgesetz und § 23 Postsparkassenordnung, von dem Postgeheimnis die Rede; §§ 299, 354, 355 StGB, § 18 FAG umkleiden das Brief- und Postgeheimnis mit strafrechtlichem Schutz. Aber diese Bestimmungen greifen nur einzelne Sachverhalte heraus, die einer gesetzlichen Regelung besonders bedürftig erscheinen. Ihr Inhalt kann daher nicht das Grundrecht des Art. 10 erschöpfen.

a) Brief- und Postgeheimnis stehen im Dienst des Rechts der freien Meinungsäußerung, das nur sinnvoll ausgeübt werden kann, wenn Meinungen nicht nur geäußert, sondern auch empfangen werden können[1]). Dieser Vorgang der Kommunikation zwischen den Einzelnen[2]) erstreckt sich über räumliche und zeitliche Abstände. Wenn der Einzelne nicht persönlich oder durch eigene Hilfskräfte den Abstand überbrücken will, ist er daher auf die Hilfe Dritter angewiesen. In einem modernen Gemeinwesen

[43]) Vgl. insbesondere unten § 30 a.

[1]) Ridder, S. 249; Mangoldt-Klein, Art. 10, Anm. II, 2.

[2]) Über die soziale gruppenbildende Funktion der Meinungsäußerung vgl. Smend, Veröffentlichung der Vereinigung deutscher Staatsrechtslehrer 4, 44 (50).

ist das eine meist nicht mehr übersehbare Zahl von Personen. Es werden daher Indiskretionen möglich, die sich der Einsicht und Beherrschung des Einzelnen entziehen. Der Staat nimmt nun für sich als ausschließliches Hoheitsrecht in Anspruch, die für eine moderne Nachrichtenübermittlung notwendigen Einrichtungen bereitzustellen und zu unterhalten[3]), und sichert dieses Recht durch den indirekten Benutzungszwang, so daß jeder, der erlaubterweise Nachrichten übermitteln will, auf die Benutzung dieser staatlichen Einrichtungen angewiesen ist[4]). Folglich laufen alle Nachrichten, die der Einzelne übermitteln lassen will, bei den Einrichtungen der Post zusammen. Da die Post als staatliche Institution errichtet ist, übersieht der Staat ihre Einrichtungen und kann im Wege des Dienstbefehls von ihren Bediensteten Handlungen und Unterlassungen verlangen.

Das gibt dem Staat eine tatsächliche Möglichkeit, sein Kontrollbedürfnis weitgehend zu befriedigen und über die Indiskretionen der mit der Nachrichtenübermittlung befaßten Personen hinaus, sich einen Zugang zu den der Post übergebenen Nachrichten zu verschaffen, wenn er nur genügend Personal einstellt, um die Briefe zu öffnen, zu lesen und, soweit erforderlich, auszuwerten.

Um die Meinungsäußerungen des Einzelnen auf dem Wege vom Absender zum Empfänger vor Indiskretionen zu bewahren, ist ein Schutz gegen beide Angriffsrichtungen erforderlich. Einmal muß verhindert werden, daß die Postbediensteten Einblick nehmen oder fremden Einblick ermöglichen, sei es aus eigener, sei es aus fremder Neugier. Zum anderen aber muß sich der Staat Regelungen unterwerfen, die sein Einblicksrecht beschränken[5]). Der ersteren Funktion dienen die strafrechtlichen Bestimmungen und die speziellen postrechtlichen Regelungen, die den Bediensteten der Post und den ihnen gleichzuachtenden Personen die Pflicht zur Wahrung des Postgeheimnisses auferlegen. Aus diesem System von Verboten folgt als Reflex objektiven Rechts der Schutz des Einzelnen vor willkürlichen Eingriffen staatlicher Organe in das Post- und Fernmeldegeheimnis, wenn man bedenkt, daß auf Grund der Abgrenzung der Zuständigkeit es anderen Staatsorganen nicht gestattet sein kann, in den Betrieb der Postbehörden einzugreifen.

[3]) § 1 PostG, § 1 FAG.

[4]) In § 1 PostG kommt es unmittelbar zum Ausdruck, im FAG liegt ein Rechtszwang für den Benutzer nicht vor, es handelt sich vielmehr um einen Zustand, der sich aus dem Fernmeldehoheitsrecht ergibt, Neugebauer, § 1 FAG, Anm. 8 VII; Forsthoff, § 21 II 1, S. 344.

[5]) Insoweit kann man von einer Institutsgarantie sprechen, Maunz, S. 78.

Laband mußte daher noch feststellen, für andere Behörden als die der Post bestehe keine Pflicht, das Briefgeheimnis zu wahren. Dennoch dürfe die Post nicht zur Verletzung des Briefgeheimnisses durch die Verwaltung oder die Gerichte gezwungen werden, abgesehen von den gesetzlich anerkannten Ausnahmefällen. „Denn das Reich kann nicht die Pflicht der von ihm selbst betriebenen Postanstalt zur Bewahrung des Briefgeheimnisses anerkennen und zugleich andere Behörden ermächtigen, die Postverwaltung zur Verletzung desselben anzuhalten"[6]).

Das Post- und Fernmeldegeheimnis wäre nur in beschränktem Umfange gesichert, nämlich gegen Handlungen, die völlig aus dem Rahmen der ordnungsgemäßen Amtshandlungen herausfielen. Offen bliebe, ob der Staat in Ausübung öffentlicher Gewalt Eingriffe in das Postgeheimnis vornehmen dürfte, die in irgendwelchen Generalklauseln ihre rechtlichen Grundlagen hätten. Hier greift das Grundrecht des Art. 10 GG ein[7]).

Art. 10 GG enthält *für alle Staatsorgane* das Verbot, in das Post- und Fernmeldegeheimnis einzudringen[8]). Das Grundrecht gibt dem Bürger einen Anspruch auf Achtung dieses Verbots, und zwar um für die erhöhte Gefährdung des Postgeheimnisses durch die rechtsmäßige staatliche Gewalt einen Ausgleich zu schaffen. *Daher darf der Staat das Zusammenlaufen aller privaten Nachrichtenübermittlungen bei den Einrichtungen der Post nicht ausnutzen, um sich in Ausübung öffentlicher Gewalt Informationen zu verschaffen, soweit nicht gesetzliche Ausnahmen vorliegen.*

b) Wenn auch Art. 10 GG dem Grundgedanken des Art. 2 Abs. 1 GG folgt und eine „räumlich erweiterte" private Geheimsphäre schafft[9]), braucht der Begriff des Postgeheimnisses nicht an den bisher entwickelten Gedanken über die Abgrenzung der Privatsphäre anzuknüpfen. Auch § 299 StGB geht von dem Verschluß des Briefes oder der Urkunde aus, ohne es auf die Zugehörigkeit des Briefinhalts zur Geheimsphäre oder den Willen des Täters, in das Geheimnis einzudringen, im einzelnen abzustellen[10]).

Ob der Inhalt einer der Post übergebenen Sendung der Privatsphäre zuzurechnen ist, könnte nur für den Einzelfall entschieden werden. Die

[6]) Laband, 3. Band, S. 58.

[7]) Klein hat die fehlende Parallelität zwischen strafrechtlichen und grundrechtlichen Bestimmungen aufgewiesen, Mangoldt-Klein, Art. 10, Anm. V 3.

[8]) Oehler, S. 607.

[9]) Ridder, S. 249; Mangoldt-Klein, Art. 10, Anm. II 2.

[10]) Nagler-Schimmerer, LK, § 299, Anm. I; Frank dagegen sieht in § 299 ein Gefährdungsdelikt, Strafgesetzbuch, Tübingen 1931, § 299, Anm. I.

Unsicherheit, die daraus folgen würde, verbietet es geradezu, von dieser Frage auszugehen. Um einen umfassenden Schutz zu gewährleisten, müssen alle äußeren Tatbestände erfaßt werden, bei denen eine Gefährdung des Geheimnisses möglich ist. Daher hat man es zu Recht bei der Entwicklung des Begriffs des Postgeheimnisses auf die äußere Tatsache der Anstaltsnutzung abgestellt. Verboten ist nicht nur die unbefugte Kenntnisnahme und weitere Mitteilung des Inhalts der Briefe und sonstiger Sendungen. Unter den Schutz des Geheimnisses fallen auch alle Tatsachen, die von der Einlieferung einer Postsendung bis zur Ablieferung an den Empfänger postdienstlich von Bedeutung sind[11]). Daher ist es der Post und ihren Bediensteten verboten, irgendeine den postalischen Verkehr betreffende Mitteilung ohne die Zustimmung des Postteilnehmers an Privatpersonen oder Behörden gelangen zu lassen[12]). Auch das Fernmeldegeheimnis[13]) umfaßt nicht nur den Inhalt des Gesprächs, sondern nach § 10 FAG die näheren Umstände des Fernmeldeverkehrs, insbesondere ob und zwischen welchen Personen ein Fernmeldeverkehr stattgefunden hat. Zu dem Einsichtsverbot tritt mithin das Mitteilungsverbot über die näheren Umstände der Anstaltsnutzung[14]).

Der Beginn des Schutzes fällt mit dem Beginn des jeweiligen Anstaltsnutzungsverhältnisses zusammen[15]) und erstreckt sich auf alle postdienstlichen Tatsachen bis zur Beendigung dieses Verhältnisses. Diese Abgrenzung des Schutzbereiches gilt auch für die Organe des Staates, die nicht zur Postverwaltung gehören, denn das in Art. 10 GG ausgesprochene Verbot richtet sich gleichermaßen gegen die Bediensteten der Post wie gegen den Staat und seine Organe[16]). Zwar ist der Begriff des Postgeheimnisses für die Fälle der Indiskretion innerhalb der Post entwickelt worden, er muß aber auch Art. 10 GG zu Grunde gelegt werden, weil die Tatsache der Anstaltsnutzung in gleicher Weise die erhöhte Gefährdung der Mitteilungen des Einzelnen durch Nachforschungen der Staatsorgane begründet.

Daher ist es unzulässig, ohne die förmlichen Voraussetzungen der §§ 99, 100 StPO von der Post eine Auskunft über die Zustellung von Briefen oder

[11]) Oehler, S. 606.

[12]) LVG Hamburg, MDR 53, 125 (126); Mangoldt-Klein, Art. 10, Anm. II 3; Bovensiepen, S. 338.

[13]) wenn man es nicht dem Postgeheimnis zurechnen will, wie dies einige Landesverfassungen tun, Art. 12 Hess. Verf. und Art. 15 Abs. 4 Satz 1 Bremer Verf.

[14]) Dazu Neugebauer, § 10 FAG, Anm. 1 I.

[15]) Hellmuth, S. 79.

[16]) Oehler, S. 607.

Zeitungen einzuholen[17]). Unzulässig dürfte es aber auch sein, im staatlichen Auftrage einem Briefträger zu folgen und festzustellen, wer bestimmte Zeitungen oder Postsendungen erhält. Zwar erteilt die Post in einem solchen Falle keine Auskunft, aber das staatliche Organ macht sich die Konzentration brieflicher Mitteilungen bei der Post zunutze, um Empfänger und Inhalt der Mitteilung auszuforschen, was Art. 10 GG verhindern soll.

Der Benutzer des Fernsprechnetzes ist geschützt. Seine Gespräche dürfen nicht abgehört werden. Das Verbot kann sich nicht nur auf das unmittelbare Einschalten in die Fernsprechleitung erstrecken, was unstreitig ist, auch der Einbau von Schallaufnahmegeräten in der Nähe einer Sprechstelle mit dem Ziel, die dort geführten Ferngespräche aufzunehmen, ist nicht statthaft. Das Anstaltsnutzungsverhältnis zwischen Post und Gesprächsteilnehmer hat bereits begonnen. Was aber im Rahmen dieses Verhältnisses der Post anvertraut ist, steht unter dem besonderen Schutz des Art. 10 GG. Dagegen spricht nicht die Erwägung, daß die Worte, die der Gesprächsteilnehmer spricht, in beschränktem Umfange zugleich tatsächlich der Umwelt zugänglich sind, weil die Schallwellen, die das Wort vermitteln, nur zu einem Bruchteil von dem Fernsprechnetz aufgenommen werden. Buchstabeninterpretation wäre es, zwischen jenen nach außen dringenden Schallwellen und den dem Netz mitgeteilten Schallwellen zu unterscheiden, deren Geheimnisschutz nicht verletzt würde, weil das Schallaufnahmegerät außerhalb des Fernsprechers angebracht ist. Das wäre unvereinbar mit dem Vertrauensschutz, den das Postgeheimnis als Ausgleich für das Postregal gewährt. Der Gesprächsteilnehmer verläßt sich darauf und muß sich darauf verlassen können, daß außer den erkennbaren Gefahren für die Geheimhaltung seines Gesprächs – vor allem Personen, die sich in der Nähe der Sprechstelle aufhalten – keine weiteren Gefahren für Indiskretionen bestehen. Mit derartigen Anlagen würde sich ein Staatsorgan die Tatsache zunutze machen, daß die privaten Mitteilungen an den Sprechstellen notwendigerweise zusammenlaufen, um Kontrollmaßnahmen in die Wege zu leiten. Das zu verhindern ist gerade die Aufgabe des Art. 10.

Das Fernmeldegeheimnis schützt nicht nur das von der Post unterhaltene Fernsprechnetz, sondern auch alle für den öffentlichen Verkehr bestimmten Fernmeldeanlagen, wie etwa das Netz der Bundesbahn, soweit deren Nachrichtenverkehr dem Publikum offen steht[18]). Auch die Nebenstellen der

[17]) Oehler, S. 606 m. weit. Nachw.

[18]) § 10 Abs. 2 FAG; Oehler, S. 607; Neugebauer, § 10 FAG, Anm. 2 II.

amtlichen Anschlüsse fallen darunter, weil diese Fernmeldeanlagen im Rahmen des Hoheitsrechts des Staates errichtet oder konzessioniert sind, §§ 1 und 2 FAG[19]). Es kann dabei nicht darauf ankommen, ob sie als posteigene, teilnehmereigene oder privateigene Nebenstellenanlage im Sinne der §§ 22 ff. FernsprechO[20]) errichtet sind. Das ist nur für die Frage des Eigentums und der Gebührenberechnung von Bedeutung, ändert aber nichts daran, daß diese Anlagen zu der Anstaltsnutzung gehören. Soweit innerhalb der Nebenstellenanlage Gespräche geführt werden, könnte man dies verneinen, aber die innerhalb der Nebenstellenanlage und jene nach außen gehenden Gespräche sind zu sehr technisch ineinander verzahnt, als daß ein Geheimnisschutz des einen ohne den Schutz des anderen möglich wäre. Man denke nur an die Fälle einer Fehlvermittlung und an die Überlagerungsströme, die auch bei vollständiger Trennung der Leitungen durch die Vermittlungsanlagen übertragen werden und mit Hilfe besonderer Einrichtungen das Abhören des Gesprächs ermöglichen[21]).

Auch die privaten Fernmeldeanlagen, die ohne Verleihung nach § 3 FAG errichtet werden können, fallen unter den Schutz des Fernmeldegeheimnisses, da diese Anlagen ebenfalls unter fernmelderechtlicher Bewachung stehen, § 6 FAG, und das Schutzbedürfnis gegen staatliche Indiskretionen ebenfalls nicht verneint werden kann, mögen auch die Gefahren geringer erscheinen[22]).

Ungenehmigte Fernmeldeanlagen allerdings, insbesondere Schwarzfunkanlagen unterliegen der uneingeschränkten Kontrolle des Staates. Art. 10 GG kann nur Fernmeldeanlagen im Auge haben, die den gesetzlichen Bestimmungen entsprechen.

Wenn mithin das gesamte öffentliche Netz einschließlich der Nebenanlagen und der privaten Fernsprechanlagen durch Art. 10 GG geschützt wird, dürfen die Behörden auch nicht die Gelegenheiten, die für Privatpersonen sich zum Mithören von Ferngesprächen bieten mögen, für staatliche Zwecke in Anspruch nehmen. Es kann offen bleiben, ob der Einzelne dies befugt oder unbefugt[23]) tun kann. Der Staat jedenfalls darf nicht

[19]) Oehler, S. 608.

[20]) v. 24. 11. 1939, Amtsbl. d. Reichspostministeriums 1939, S. 859.

[21]) Auf die enge Zusammengehörigkeit mit dem öffentlichen Netz stellt es auch Neugebauer ab, § 2 FAG, Anm. 6 I B.

[22]) Oehler, S. 607; Neugebauer sieht in § 3 nur eine allgemeine staatliche Verleihung des Fernmelderechts, § 3 FAG, Anm. 1 III.

[23]) Nach h. M. ist auf Grund des Art. 10 GG auch dem Einzelnen verboten, das Post- und Fernmeldegeheimnis zu durchbrechen, Oehler, S. 609; Mangoldt-Klein, Art. 10, Anm. VI 2.

Befugnisse, die das bürgerliche Recht geben mag, dazu benutzen, zwingende öffentlich-rechtliche Vorschriften zu umgehen[24]). Das würde aber ein AfV machen, das einen Hotelportier oder eine Person, die in einer privaten Vermittlung beschäftigt ist, auffordert, über die zufällig oder systematisch bei Beobachtung des Fernsprechverkehrs gewonnenen Erkenntnisse zu berichten. Wenn dagegen jemand von sich aus, ohne durch eine Behörde dazu veranlaßt worden zu sein, über Angelegenheiten berichtet, die dem Post- und Fernmeldegeheimnis unterliegen, kann das AfV den Bericht entgegennehmen. Die Verletzung des Geheimnisses geht dann nicht vom Staate aus.

c) Art. 10 GG gibt nicht das Recht, mit oder durch Benutzung der postalischen Einrichtungen die öffentliche Sicherheit und Ordnung zu stören[25]). Art. 10 GG macht keine Aussage darüber, unter welchen Bedingungen der Einzelne berechtigt ist, die Anlagen zu benutzen. Er garantiert daher auch dieses Recht nicht, sondern gewährleistet nur, wenn der Einzelne von den Anlagen Gebrauch macht, einen Schutz vor unerwünschten Indiskretionen. Das Recht auf Benutzung der Anlagen folgt aus dem Zulassungszwang, der wiederum seine Grundlagen in der monopolähnlichen Stellung der Post hat. Er ist das notwendige Korrelat für den indirekten Zwang zur Benutzung der Anstalt[26]). Seinen gesetzlichen Niederschlag hat der Zulassungszwang in den §§ 3 PostG, 7 FAG gefunden.

Jede Zulassung kann von Bedingungen abhängig gemacht werden. Eine der selbstverständlichen Bedingungen aber ist, daß durch oder während der Benutzung nicht die öffentliche Sicherheit und Ordnung gestört wird. Daher legt man zu Recht den Begriff der Ordnungsmäßigkeit eines Telegramms oder Ferngesprächs in § 7 FAG erweiternd aus. Nicht nur die äußere Gestalt und Form, auch der Inhalt kann gegen die Ordnung verstoßen. Zu dem Begriff der Ordnung gehört die staatliche Sicherheit, die öffentliche Ordnung, die Gesetze und die guten Sitten[27]). Daher kann ein Telegramm oder ein Gespräch, das wegen seines Inhalts gegen diese Grundsätze verstößt, von der weiteren Beförderung ausgeschlossen werden. Nach § 4 Abs. 1 Ziff. 1 PostO[28]) sind Sendungen, deren Außenseite oder sicht-

[24]) Forsthoff, § 5, S. 87.

[25]) Klein ordnet diese Beschränkung des Grundrechtes unter die aus Art. 2 Abs. 2 GG folgende verfassungsunmittelbare Vorbehaltsschranke ein, Mangoldt-Klein, Art. 10, Anm. IV 2.

[26]) Forsthoff, § 21 II 1.

[27]) Neugebauer, § 7 FAG, Anm. 4 II.

[28]) I. d. F. der Bekanntmachung v. 30. 1. 1929, RGBl. I, S. 33.

barer Inhalt gegen die Gesetze oder das öffentliche Wohl oder die Sittlichkeit verstößt, von der Postbeförderung ebenfalls ausgeschlossen.

Soweit der Verstoß bei der Erfüllung der postalischen Aufgaben erkannt wird — etwa weil der Bedienstete das Telegramm bei der Weitergabe lesen und durchsprechen muß, erscheint das unproblematisch. Die Kollision mit Art. 10 GG ergibt sich erst, wenn der Bedienstete nicht zwangsläufig von dem Inhalt Kenntnis nimmt, sondern die Sendung öffnen oder sich in das Gespräch einschalten müßte, um die Ordnungsmäßigkeit nachzuprüfen. Man kann der Postverwaltung nicht grundsätzlich das Recht absprechen, Gegenstände, die ihr zur Beförderung übergeben sind, Gespräche und Telegramme, die sie weiter vermitteln soll, auch tatsächlich auf ihre Ordnungsmäßigkeit zu prüfen. Das ist keine Maßnahme polizeilicher Natur zur Beschränkung oder Beeinflussung der Meinungsäußerung. Es dient vielmehr der Abwehr eines Mißbrauches der Staatseinrichtungen, trifft also nicht den Schutzbereich des Art. 10 GG. Aber die Kontrolle der Ordnungsmäßigkeit darf nicht dazu führen, den Geheimnisschutz wieder aufzuheben, da sich die Anstaltsgewalt nur innerhalb der Gesetze entfalten kann[29]). Das wäre der Fall, wenn man aus der Notwendigkeit, die Postsendungen auf ihre Ordnungsmäßigkeit zu prüfen, Befugnisse zu Kontrollmaßnahmen ableitete, die zu einer Verletzung des Geheimnisses führen würden[30]).

1) Die Befugnis zu Kontrollmaßnahmen folgt aus der Anstaltsgewalt, die nur solche Maßnahmen rechtfertigt, die durch den Zweck der Anstalt selbst geboten sind[31]). Da die Post nicht insgeheim Verbrecher ermitteln, sondern sich lediglich vor *ordnungswidriger Benutzung* schützen soll, darf die Kontrolle nicht ohne das Wissen des Benutzers der Postanstalt vorgenommen werden. Die Post darf sich daher nicht ohne vorherige Ankündigung in ein Gespräch einschalten[32]). Sie darf auch keine Briefe öffnen. Der Betrieb der Post kann nicht dadurch beeinträchtigt werden, daß in den ihrer Einsicht verschlossenen Sendungen Gedanken niedergelegt sind, die an anderer Stelle die Sicherheit und Ordnung gefährden. Das hat mit den Aufgaben der Post nichts zu schaffen. Sie leistet zwar ohne ihr Wissen möglicherweise Beihilfe zu einem Delikt. Aber es liegt innerhalb des

[29]) Hatschek, S. 502.

[30]) So aber anscheinend Neugebauer, § 7 FAG, Anm. 4 II B, unter Berufung auf Hatschek (2. Aufl.), S. 437; Otto Mayer, II, 336; Maas, AöR 7, 479, Der staats- und verwaltungsrechtliche Inhalt des Reichstelegrafengesetzes (S. 797) u. a. Die genannten Fundstellen können diese Ansicht in keiner Weise unterstützen.

[31]) W. Jellinek, S. 516.

[32]) Oehler, S. 616, Fußn. 32; Henrici, S. 226.

typischen Risikos, das der Staat um der Freiheit willen in Kauf genommen hat, wenn eine der Post übergebene Mitteilung Nachrichten enthält, deren Weiterleitung dem öffentlichen Interesse widerstreitet[33]). Mit dem Begriff der Ordnungsmäßigkeit kann dieses Risiko nicht wieder beseitigt werden. Es ist daher richtig, wenn § 4 Abs. 1 Ziff. 1 PostO nur solche Sendungen von der Weiterbeförderung ausschließt, deren Außenseite oder deren sichtbarer Inhalt nicht der Ordnungsmäßigkeit entspricht. Auf diese äußerliche Kontrolle hat sich die Post zu beschränken. Nur wenn andere Gründe ein Öffnen des Briefes gestatten oder wenn es sich um gebührenbegünstigte offene Sendungen handelt, bei denen der Absender mit einer Überprüfung rechnen muß[34]), kommt eine Kontrolle auch der Ordnungsmäßigkeit in Betracht.

Da die Kontrollbefugnisse der Post nur dem Ziel dienen, eine den Grundsätzen der Ordnungsmäßigkeit widersprechende Benutzung postalischer Anlagen zu verhindern, darf die Kontrolle nur dazu führen, die Benutzung für den Einzelfall zu versagen. Das Gespräch ist zu trennen, die ordnungswidrige Sendung ist dem Absender zurückzugeben. Eine Mitteilung an andere Behörden ist nicht statthaft[35]).

2) Eine Ausnahme besteht nur, wenn das *Vorhaben eines Verbrechens* entdeckt wird, das nach § 138 StGB anzeigepflichtig ist. Dann liegt eine Pflichtenkollision vor, die höherwertige Rechtspflicht ist die Anzeige, vor der die Pflicht zur Wahrung des Geheimnisses zu weichen hat. Nach pflichtgemäßem Ermessen hat der Beamte zu entscheiden, ob die Voraussetzungen des § 138 StGB gegeben sind.

Durch das Gesetz wird nur die Anzeige bei der zuständigen Behörde, also der Staatsanwaltschaft gedeckt. Diese müßte nach §§ 99, 100 StPO eine Beschlagnahmeverfügung erwirken und den Brief formell beschlagnahmen, damit er an sie herausgegeben werden kann. Nicht durch das Gesetz gedeckt ist die unmittelbare Vorlage des Briefes bei der Staatsanwaltschaft, damit diese ihn beschlagnahme. Als Abkürzung des Instanzenweges

[33]) Dagegen sieht es Bovensiepen, S. 398, als einen logisch-groben Widerspruch in sich selbst an, wenn der Staat seine Machtmittel und seine Hoheit auch denjenigen zur Verfügung stellen würde, bei denen „gewichtige Annahmen" dafür vorlägen, daß sie als a- und antisoziale Elemente ebendieselbe Rechtsordnung für sich selbst nicht respektierten.

[34]) §§ 40, 48, 37 PostO; vgl. dazu BVerwG 27. 3. 58, BVerwGE 6, 299, insbesondere zu dem Merkmal: „Sichtbar".

[35]) § 1, Abs. 2 FernsprechO; § 1 TelegrafenO; Neugebauer, S. 263. A. A. Rundel, S. 67.

von der Anzeige über die formelle Beschlagnahme bis zur Auslieferung an die Staatsanwaltschaft wäre ein solches Vorgehen nur tragbar in Fällen, die klar auf der Hand liegen und eine Verzögerung nicht gestatten[36]).

Die *Verbreitung verfassungsfeindlicher und verunglimpfender Schriften* ist nur ein Vergehen, §§ 84, 93, 95, 96 StGB. Die Reaktion der Post müßte daher bei Drucksachen verfassungsfeindlichen Inhalts in der Regel die Rückgabe an den Absender sein. Nur wenn es sich um die Vorbereitung eines bestimmten hochverräterischen Unternehmens im Sinne des § 81 StGB handelt, dessen Tatbestand bereits durch die Verbreitung von Druckschriften erfüllt werden kann[37]), entsteht die Anzeigepflicht.

Es gehört nicht zu den Aufgaben der Post festzustellen, ob eine Drucksache „ein bestimmtes hochverräterisches Unternehmen gegen die verfassungsmäßige Ordnung oder das Bundesgebiet“, § 81 StGB, vorbereitet. Ihr fehlen dazu auch die notwendigen Mittel und Kenntnisse. Der entscheidende Beamte wird den verbrecherischen Charakter der Schrift allenfalls vermuten können, wenn er sie einer bestimmten, als verfassungsfeindlich verdächtigen Gruppe zurechnet. Bei Schriften, die von der SED verbreitet werden, könnte er sich allerdings auf die Ansicht des BGH berufen, der erklärt hat, der Angriffsplan der bolschewistischen Führer der SED stehe nach Angriffsgegenstand und Angriffsziel fest. Die Schriften, die aus der sowjetischen Besatzungszone in das Bundesgebiet eingeführt würden, hätten die Aufgabe, bei der seelischen Vorbereitung dieses Planes zu helfen. Ihre Verbreitung diene mithin der Vorbereitung eines hochverräterischen Unternehmens. Die Schriften selbst unterlägen daher der Beschlagnahme nach §§ 80 Abs. 1 Nr. 1, 81 Abs. 1, 86 Abs. 1 StGB[38]).

In dieser Allgemeinheit ist jenes Urteil aber schwerlich mit den grundsätzlichen Entscheidungen des BGH zu § 81 StGB zu vereinbaren. Denn ein hochverräterisches Unternehmen ist nur dann „bestimmt“ im Sinne des § 81 StGB, „wenn der Plan des gewaltsamen Umsturzes in bestimmter Weise an die gegebenen und bestehenden politischen Zustände anknüpft, sei es, daß das Unternehmen unter den bestehenden Verhältnissen alsbald durchgeführt werden soll, sei es, daß zwar eine vorherige Änderung des Zustandes für notwendig erachtet wird, der Täter aber in der Vorstellung handelt, diese Änderung werde in naher Zukunft eintreten, sei es, daß es einen

[36]) Vgl. Bovensiepen, S. 391; Neugebauer, S. 261.

[37]) Schönke-Schröder, § 81 Anm. II 2; § 84 Anm. I.

[38]) BGHSt. StE 3/52, Urt. v. 8. 4. 52, S. 32, nur Leitsatz veröffentl.: LM Nr. 1 zu § 81.

Bestandteil des Planes bildet, auf diese für notwendig erachtete Änderung gewaltsam hinzuwirken"[39]). Diese Voraussetzungen sind bei den östlichen Propagandaschriften nicht, jedenfalls nicht grundsätzlich erfüllt. Daher hat der BGH auch zu Recht die Aktionen des „Hauptausschusses für Volksbefragung" in dem zuletzt genannten Urteil nicht als Vorbereitung eines hochverräterischen Unternehmens nach § 81 StGB angesehen[40]). Dagegen bejahte er das Merkmal der Bestimmtheit für die Aktionen im Zusammenhang mit dem „Programm der nationalen Wiedervereinigung Deutschlands", weil dieses Programm unmittelbar an die politische Lage des Jahres 1952 anknüpfte und noch im Jahre 1953 zum Sturze der Bundesregierung führen und gleichzeitig die Annahme des Generalvertrages verhindern sollte[41]). Insbesondere stellt es der BGH bei dem Verbot verfassungsfeindlicher Schriften nach § 93 StGB darauf ab, ob die verfassungsfeindliche Zielrichtung aus der Schrift selbst wenigstens in Ansatzpunkten zu erkennen sei. Der BGH ist sich der Gefährlichkeit gewisser agitatorischer Schriften durchaus bewußt, dennoch verneint er die Strafbarkeit nach § 93 StGB „wenn aus der Schrift nichts weiter als ihre Herkunft von einer verfassungsfeindlichen Vereinigung und die daraus nahezu zwangsläufig folgende Zweckbestimmung zu entnehmen ist, den Bestrebungen einer solchen Vereinigung zu dienen"[42]).

Allein die Möglichkeit, eine Schrift einer bestimmten Vereinigung zuzurechnen, die zu dem kommunistischen Lager gehört, rechtfertigt daher nicht den Bruch des Postgeheimnisses unter Berufung auf § 138 StGB. Darüber hinaus verlangt § 138 StGB auch subjektiv glaubhafte Kenntnis des Verbrechensvorhabens. Der Anzeigepflichtige muß an die Ernstlichkeit des Vorhabens glauben und mit der Ausführung der Tat rechnen[43]). Die in verfassungsfeindlichen Schriften üblichen Verleumdungen und mehr oder minder versteckten Drohungen können den Glauben an die Ernstlichkeit eines bestimmten hochverräterischen Unternehmens nicht begründen, weil in der

[39]) BGHSt. StE 68/52 und 11/54, Urt. v. 2. 8. 54, „Hochverrat und Staatsgefährdung" I, S. 55.

[40]) aaO S. 57 u. 60; H. v. Weber, Hochverrat und Staatsgefährdung, MDR 57, 584, bezeichnet die vom BGH entwickelten Anforderungen an den Begriff der Bestimmtheit als „rigorose Beschränkung" des Anwendungsbereichs des § 81 StGB; zur Rechtsprechung des BGH zu § 81 StGB vgl. auch Ruhrmann, Der Hochverrat in der Rechtsprechung des BGH, NJW 57, 281 (283).

[41]) BGHSt. 1 StE 20/54, Urt. v. 13. 6. 58, Hochverrat und Staatsgefährdung II, S. 308 (322).

[42]) BGHSt. 11. 12. 58, BGHSt. 12, 174; BGHSt. 8, 245; Willms, JZ 58, 601 ff.

[43]) RG GoldA 42, 394; RGSt. 64, 371.

Regel nicht die konkrete Gestaltung des Vorhabens erkennbar ist. Aber erst dann handelt es sich um ein bestimmtes Unternehmen[44]).

Die Post hat mithin in der Regel nicht die Möglichkeit, bei der Kontrolle der Sendungen auf ihre Ordnungsmäßigkeit wegen des Verdachts verfassungsfeindlichen Inhalts irgendwelche Sendungen an die Staatsanwaltschaft oder Polizei weiterzuleiten. Sie kann sie allenfalls an den Absender zurückgeben. Das Postgeheimnis hat sie zu wahren.

d) 1. Einschränkungen des Post- und Fernmeldegeheimnisses sind nur auf Grund eines Gesetzes zulässig. Dem BfV sind jedoch nach § 4 BVerfSchG ausdrücklich Kontrollbefugnisse versagt, die Landesgesetze haben gleichlautende Bestimmungen. Unter diesen Ausschluß fällt auch die Kontrolle des Post- und Fernmeldeverkehrs. Denn gerade diese Überwachungsmöglichkeiten werden von totalitären Staaten mißbraucht, was durch das Verbot in § 4 aaO verhindert werden soll.

Auch aus einem weiteren Grunde ist kein Raum für die Durchbrechung des Postgeheimnisses auf Grund einer Generalklausel. Wenn nach § 99, 100 StPO im Strafverfahren[45]) nur der Richter und lediglich vorläufig bei Gefahr im Verzuge der Staatsanwalt gegen einen bereits einer Straftat Beschuldigten eine Postkontrolle anordnen kann, dann muß dieses Recht der Polizei schlechthin versagt sein. Nur so kann der Notwendigkeit Rechnung getragen werden, staatliche Eingriffe in das Post- und Fernmeldegeheimnis gesetzlichen Regeln zu unterwerfen. Eine Generalklausel ließe hier einen bedenklichen Spielraum freien Ermessens, der den Wesensgehalt des Grundrechts in Frage stellte[48]).

Daher müssen sich Polizei und AfV der Rechtshilfe der Gerichte, der Staatsanwaltschaft und des Zolls bedienen, wenn sie eine Postbeschlagnahme durchgeführt wissen wollen.

2. Ein *Abhören von Ferngesprächen* ist in §§ 99, 100 StPO und auch in den sachlich zu diesen Vorschriften gehörenden § 12 FAG nicht vorgesehen. Der Richter und gegebenenfalls der Staatsanwalt können zwar Auskünfte über bereits abgewickelten Fernmeldeverkehr verlangen, § 12 FAG.

[44]) RGSt. 5, 60 (68); 41, 138 (143); BGHSt. Urt. vom 2. 8. 44, „Hochverrat und Staatsgefährdung", I, S. 55.

[45]) Ferner unter bestimmten Voraussetzungen nach § 121 KO, § 396 AO, § 7 Abs. 2 und § 78 Abs. 3 Zollges.

[48]) Vgl. dazu Mangoldt-Klein, Art. 19, Anm. V 6 c und BVerwGE 4, 188 zu der ähnlichen Frage, wer im Falle des Art. 9 GG das Vorliegen der Voraussetzungen für ein polizeiliches Einschreiten feststellen dürfe.

Die Auskunft muß sich auch auf den Inhalt des Fernmeldeverkehrs erstrecken, soweit er bekanntgeworden ist[49]). Aber es darf nicht verlangt werden, erst in Zukunft stattfindende Gespräche abzuhören. Das wird ohne Widerspruch anerkannt[50]). Als einziger geht Tillmann[51]) weiter und meint, aus §§ 99, 100 StPO folge auch das Recht, auf Band oder Platte aufgenommene Ferngespräche zu beschlagnahmen. Nach den gleichen Vorschriften sei auch die Post verpflichtet, auf Grund eines förmlichen Beschlagnahmeersuchens des Richters oder gegebenenfalls des Staatsanwalts, die Ferngespräche durch Fixierung sicherzustellen. Dabei übersieht Tillmann, daß jedes Mithören der Gespräche ein Eingriff in das Fernmeldegeheimnis und die Schallaufnahme nichts als eine technische Form des Mithörens ist. Auch ginge der „Beschlagnahmebeschluß" zunächst ins Leere, weil ein beschlagnahmefähiger Gegenstand noch nicht vorhanden ist und auch nicht vorhanden sein wird. Der Post wird vielmehr aufgegeben, das beschlagnahmefähige Beweismittel überhaupt erst zu schaffen[52]). Das geht nicht an.

3. *Mithin besteht nach dem gegenwärtigen deutschen Recht in der Bundesrepublik keine Möglichkeit, Ferngespräche mitzuhören oder auf Band aufzunehmen*[53]). Die Besatzungsmächte haben sich allerdings noch zum Schutze der Streitkräfte das Recht der Post- und Telefonüberwachung vorbehalten, Art. 2e des Besatzungsstatuts, der als „Überhang" ehemals weitergehender besatzungsrechtlicher Befugnisse noch nicht aufgehoben ist[54]). Anfang des Jahres 1957 wurden auf Grund dieses Vorbehalts noch von 10 000 amtsberechtigten Sprechstellen im Durchschnitt eine überwacht[55]). Nach § 4 des Truppenvertrages können zum Zwecke des Nachrichtendienstes mit den

[49]) Neugebauer, § 12 FAG, Anm. 4 II.

[50]) Tillmann bei Loewe-Rosenberg, Anm. 16,6 zu § 12 FAG bei §§ 99, 100 StPO; Oehler, S. 615 ff.; Neugebauer, § 12 FAG, Anm. 4 III; Aubin, NJW 55, 449.

[51]) aaO. Anm. 50.

[52]) Aubin, NJW 55, 449, dort auch Hinweise auf die praktischen und rechtlichen Schwierigkeiten bei der Durchführung einer derartigen Beschlagnahme.

[53]) In der Weimarer Republik waren durch Verordnungen des Reichspräsidenten auf Grund des Art. 48 RV zu Gunsten des Reichswehrministers und der Militärbefehlshaber (VO v. 26. 9. 1923, RGBl. I, S. 905) und des Reichsministeriums des Innern und der von ihm bestimmten Stellen (VO v. 28. 2. 1924, RGBl. I, S. 152) Eingriffsrechte geschaffen, vgl. dazu auch Henrici, S. 223. Rundel, S. 68, leitet aus § 53 StGB beschränkte Eingriffsbefugnisse der AfV ab.

[54]) Vgl. dazu Mangoldt-Klein, Art. 10 VI; zu der Besatzungsrechtslage ders., Einl. V und Vorbem. XVIII mit umfangreichen Schrifttumsangaben; Oehler, S. 620.

[55]) Erklärung des Staatssekretärs Gladenbeck im Bundesministerium für das Post- und Fernmeldewesen vor dem Deutschen Bundestag am 7. 2. 1957, Sten. Berichte des 2. Deutschen Bundestages, S. 10 875.

Drei Mächten Zusatzabkommen geschlossen werden. Die verschiedenen Nachrichtendienste sind zur Zusammenarbeit verpflichtet. Diese Zusatzabkommen und die tatsächlichen Grundsätze der Zusammenarbeit werden geheimgehalten. Ein schwerer Verstoß gegen das Recht wäre es, wenn deutsche Stellen auf diesem, der demokratischen Kontrolle entzogenen Umwege Grundrechtsbestimmungen umgehen würden, um sich Nachrichten mit Mitteln zu verschaffen, die ihnen nach deutschem Recht ausdrücklich versagt sind.

4. Der *Zoll* hat weitgehende Möglichkeiten, in das Postgeheimnis einzudringen und die Einfuhr verfassungsfeindlicher Schriften in die Bundesrepublik zu verhindern. Der Zoll darf alle beweglichen Sachen, die eingeführt werden, auch solche, die keinen wirtschaftlichen Wert verkörpern, kontrollieren. Die Kontrolle dient nämlich auch der Verhinderung der Einfuhr von Gegenständen, die aus Gründen des öffentlichen Wohls nicht eingeführt werden dürfen, § 6 Abs. 1, § 13 Abs. 1 Ziff. 1 ZollG vom 20. 3. 1939[56]). Die Post ist als Beförderer gestellungspflichtig, § 13 Abs. 3 Ziff. 1 ZollG, und hat die Untersuchung nach §§ 78 Abs. 3, 7 Abs. 2 ZollG zu dulden. Zur „inneren Zollbeschau" darf die Zollbehörde die Briefe öffnen, § 80 ZollG. Die Einfuhr verfassungsfeindlicher Schriften ist zwar nicht ausdrücklich verboten, aber das Verbot ergibt sich aus § 93 StGB; nach dieser Vorschrift ist die Einfuhr derartiger Schriften in die Bundesrepublik unter Strafe gestellt. Daher sieht der BGH den Zoll als befugt an, Sendungen aus der DDR anzuhalten, zu öffnen und der Beschlagnahme zuzuführen[57]).

Weitere Kontrollrechte der Zollbehörden folgen aus ihrer Aufgabe, den Devisenverkehr zu überwachen. Nach § 8 Interzonenüberwachungsverordnung vom 9. 7. 1951[58]), die ihrerseits auf Grund der 1. DVO zu MRG 53 erlassen ist, hat die Post alle diejenigen Sendungen aus der sowjetischen Besatzungszone, die dem Anschein nach Waren enthalten, der für den Empfänger zuständigen Zollstelle vorzuführen. Die Zollbehörde darf die Postsendungen öffnen und darf prüfen, ob der Inhalt zu Beanstandungen Anlaß gibt. Die Kontrolle beschränkt sich aber darauf, ob die zur Sicherung der Währung erlassenen Vorschriften[59]) eingehalten sind, nicht zur Abwehr ver-

[56]) RGBl. I, S. 529, ergänzt durch Gesetz v. 25. 5. 1952, BGBl. I, S. 317.

[57]) Vgl. dazu und über die Behandlung der geöffneten Briefe BGHSt. 7. 9. 56, NJW 56, 1805 = BGHSt. 9, 351 (gekürzt).

[58]) BGBl. I, S. 439 mit erster und zweiter InterzonenüberwachungsDVO v. 13. 7. 51, BundAnz. Nr. 135 und 6. 9. 1951, BundAnz. Nr. 183.

[59]) BGHSt., NJW 56, 1805.

fassungsfeindlicher Propagandaschriften. Desungeachtet wurde unter Berufung auf diese Vorschrift vielfach in das Postgeheimnis eingegriffen. Obwohl die Postbeamten nach Art. 10 GG zur Wahrung des Postgeheimnisses verpflichtet sind und daher auch bei der Durchsuchung durch den Zoll anwesend sein müssen[60]), legen sie die für eine Beschlagnahme in Betracht kommenden Sendungen dem Gericht vor. Das ist nicht zu halten. Denn § 8 Abs. 5 der InterzonenüberwachungsVO schreibt vor, daß Sendungen, deren Inhalt zu devisenrechtlichen Beanstandungen keinen Anlaß gibt, der Post zur Weiterbeförderung zurückzugeben sind. Von einer Auslieferung zur Beschlagnahme ist keine Rede.

Auf eine Anfrage hat der Bundesminister für das Post- und Fernmeldewesen mitgeteilt: „Die Zolldienststellen beschlagnahmen lediglich die in Postsendungen vorgefundenen Vermögenswerte im Sinne von Art. X c MRG 53 (Neufassung), deren Verbringung tatsächlich oder vermutlich unter Verletzung der Vorschriften des Art. I aaO stattfindet. Soweit eine Beschlagnahme der brieflichen Mitteilungen als Beweismittel notwendig erscheint, wird die Entscheidung des Richters gem. §§ 99, 100 StPO eingeholt“[61]). Da eine Verletzung des Postgeheimnisses nur im Falle des § 138 StGB statthaft ist, bezeichnet Oehler mit Recht dieses Vorgehen der Post als eine Groteske auf das Grundrecht[62]). Das Ausmaß der Beschlagnahme geht aus einer Feststellung des Amtsgerichts Hannover hervor, dem im Jahre 1955 5000 Briefe zur Beschlagnahme vorgelegt worden seien[63]).

5. Auch bei den *Beschlagnahmerechten nach §§ 99, 100 StPO* besteht die Möglichkeit zu einem Mißbrauch. Es wäre ein Fall des détournement de pouvoir, wenn die Staatsanwaltschaft ihr Ermittlungsverfahren nicht abschließt und entweder Anklage erhebt oder das Verfahren einstellt, wie es § 170 StPO vorschreibt, sondern die Ermittlungen gegen eine Person oder einen Personenkreis fortführt und sie überwacht. Es ist zwar nicht vom Gesetz vorgeschrieben, über welchen Zeitraum sich eine Ermittlung erstrekken darf, auch die Einbeziehung von Straftaten, die während des Ermittlungsverfahrens begangen wurden, ist statthaft. Aber das Verfahren darf erst einsetzen, wenn die Staatsanwaltschaft von dem Verdacht einer strafbaren Handlung Kenntnis erhält, §§ 160, 163 StPO. Das setzt aber voraus,

[60]) Art. IV e MRG 53.

[61]) Schreiben v. 31. 10. 1951 — I C 2002-1, abgedruckt bei Langen, Komm. z. DevisenG, Heidelberg, 1952, S. 69.

[62]) S. 619, Fußn. 45. Kritisch auch Lange, S. 68, 69, aaO, Fußn. 61.

[63]) Vgl. die zit. Entscheidung BGHSt. NJW 56, 1805.

daß die Tat bereits begangen oder wenigstens versucht worden ist und verbietet, zur Erforschung künftiger Straftaten Beschlagnahmen und Durchsuchungen vorzunehmen.

Die Verhütung und Erforschung künftiger Straftaten ist Aufgabe der Polizei und der AfV. Wenn ihnen nicht gestattet ist, Beschlagnahmen der Post durchzuführen, muß es dabei sein Bewenden haben. Die Staatsanwaltschaft und das Gericht dürfen ihre Machtbefugnisse nicht für diese Zwecke zur Verfügung stellen. Das aber würden sie tun, wenn eine Postbeschlagnahme nur noch den Zweck haben kann, die Person oder den Personenkreis zu überwachen, ob er demnächst eine rechtswidrige Handlung begeht, insbesondere ob er eine verfassungsfeindliche Schrift empfängt oder versendet.

e) 1. Sieht man in dem Schutz des Postgeheimnisses nicht nur ein an die Polizeiverwaltung, sondern ein an alle Staatsorgane gerichtetes Verbot[64]), dann überschneiden sich innerhalb des Bereichs der Post das Brief- und das Postgeheimnis. Da in diesem Zusammenhang nicht von Bedeutung ist, ob das Verbot des Art. 10 GG auch für Privatpersonen gilt[65]), bleibt nur der außerpostalische Raum als eigenständige Schutzaufgabe des *Briefgeheimnisses*. Aus der Verbindung mit dem Postgeheimnis ist zu folgern, daß nicht alle verschlossenen oder umschlossenen Schriftstücke unter den Schutz des Briefgeheimnisses fallen. Auch § 299 StGB unterscheidet zwischen Briefen und anderen verschlossenen Urkunden. Vielmehr werden durch das Briefgeheimnis nur Mitteilungen an einen Dritten und auch nur von ihrer Absendung bis zum Empfang geschützt. Denn nur innerhalb dieses Zeitraumes sind die Mitteilungen besonders gefährdet und bedürfen eines stärkeren Schutzes als andere Schriftstücke.

Da Art. 10 GG nur von Briefen, nicht aber von schriftlichen Mitteilungen schlechthin spricht, wird man zumindest verlangen müssen, daß die Mitteilungen umschlossen sind, damit sie des Schutzes teilhaftig werden[66]). Auf

[64]) So Oehler, S. 607; a. A. anscheinend Mangoldt-Klein, Art. 10 II 3 c, vgl. aber auch Art. 10 Anm. IV 2.

[65]) Vielfach wird heute mit unterschiedlicher Begründung eine Drittwirkung angenommen, Oehler, S. 609; Mangoldt-Klein, Art. 10, Anm. III 2; a. A. Wernicke, BK, Art. 10, Anm. II 2 b, der auf die öffentlich-rechtliche Natur des Art. 10 abstellt.

[66]) Oehler, S. 608; enger Bovensiepen, S. 387, der von vertraulichen Mitteilungen spricht, aber nicht eine Umschließung voraussetzt; vgl. auch Köhler, Arch. f. Bürgerl. Recht 7, 101; Brief sei jede vertrauliche schriftliche Kundgebung an einen Dritten.

einen Verschluß, der das Öffnen verhindert, kommt es nicht an[67]). Daß § 299 StGB den Verschluß des Briefes voraussetzt, steht nicht entgegen, weil es dort um den strafrechtlichen und nicht den verfassungsrechtlichen Schutz geht, der unter anderen Voraussetzungen gewährt werden kann.

Den Organen des Staates ist es daher grundsätzlich verwehrt, den postlosen Briefverkehr von Person zu Person, z. B. in einem Werk, der Zensur zu unterwerfen oder von dem Boten, der die Briefe zur Post bringt oder abholt, die Vorlage zu verlangen[68]). Ob der Schutz des Art. 10 GG bei einer Verletzung des staatlichen Postregals nicht durchgreift, mag dahinstehen. Denn § 2 PostG vom 28. Mai 1871 erlaubt ausdrücklich, Briefe und politische Zeitungen postlos durch „expresse Boten" zu befördern. Der für konspirative Methoden typische Einsatz von Kurieren und die Einrichtung von Kurierlinien dürfte daher nicht gegen das Postregal verstoßen.

2. Als Eingriffsrecht stehen §§ 94 ff. StPO zur Verfügung, die der Staatsanwaltschaft und ihren Hilfsorganen vielfache Handlungsmöglichkeiten einräumen, auf die hier nicht eingegangen werden kann. Den AfV stehen diese Befugnisse nicht zur Seite. Weder ihre Beamten noch ihre Agenten dürfen Briefe beschlagnahmen oder öffnen. Zu erörtern bleibt die *Behandlung der Briefe, die dem AfV und seinen Mitarbeitern übergeben werden.*

Nach § 94 StPO sind Gegenstände, die als Beweismittel für die Untersuchung von Bedeutung sein können oder der Einziehung unterliegen, in Verwahrung zu nehmen oder in anderer Weise sicherzustellen. Auch die Polizei hat auf Grund ihrer Generalklausel das Recht, zum Zwecke der Gefahrenabwehr Gegenstände sicherzustellen[69]). Das umfaßt auch das Recht, die Gegenstände, die sichergestellt oder verwahrt werden sollen, zu untersuchen. Denn die Behörde muß wissen, was mit diesen Gegenständen zu geschehen hat. Beide Bestimmungen sind für die AfV nicht anwendbar, doch ist es ihnen nicht verwehrt, ihnen zugetragene Gegenstände einstweilen in Verwahrung zu nehmen. Damit kommen sie einem elementaren Ordnungsbedürfnis nach.

Wenn der Berechtigte selbst den Gegenstand herausgibt, wird er auch damit einverstanden sein, daß sich die Behörde damit befaßt und ihn unter-

[67]) a. A. Nawiasky, Grundgedanken, S. 29: „Das Briefgeheimnis schützt nur verschlossene Schriften, aber wo immer sie sich befinden mögen." Auch beiläufig BVerwG 27. 3. 58, BVerwGE 6, 299 unter Hinweis auf § 299 StGB, das Briefgeheimnis betreffe nur verschlossene Briefe.

[68]) Oehler, S. 609.

[69]) Drews-Wacke, S. 48; RGSt. 9, 191.

sucht. Fraglich bleibt aber, ob die Behörde berechtigt ist, auch ohne eine solche Einwilligung Briefe, die nicht an sie gerichtet sind, zu öffnen. Art. 10 GG dürfte der Öffnung nicht entgegenstehen. Die Behörde ist zwar nicht Empfänger des Briefes, weil er ihr nicht mit dem Willen des Absenders zugegangen ist, wenn ein Dritter ihn der Behörde zuleitet. Aber es liegt noch in der Sphäre des Absenders, wenn derjenige, dem er den Gewahrsam oder Mitgewahrsam an dem Briefe übertragen hat, ihn der Behörde ausliefert. Diese rückt in eine empfängerähnliche Stellung ein[70]). Insoweit unterscheidet sich der vorliegende Fall von den typischen Eingriffen des Staates in das Briefgeheimnis, die Art. 10 GG abwehren will. Dort handelt es sich stets um einen Eingriff in den Vorgang der Nachrichtenübermittlung, der vom Staate ausgeht, hier aber um einen Eingriff, der von einer Person ausgeht, deren Verhalten dem Absender noch zugerechnet werden kann, mag er auch spezifisch dieses Verhalten nicht gewollt haben.

Es bleibt aber die Verbotsnorm des § 299 StGB, die das unbefugte Öffnen verschlossener Briefe unter Strafe stellt. Aus der Person des Absenders oder des Empfängers wird sich nur ausnahmsweise — als Einwilligung oder als Geschäftsführung ohne Auftrag — die Öffnung rechtfertigen lassen. Für die AfV entfällt auch der Rechtfertigungsgrund der §§ 99, 100 Abs. 3 StPO, der zugleich verdeutlicht, daß § 3 BVerfSchG nicht zur Rechtfertigung herangezogen werden kann. Lediglich der Rechtfertigungsgrund des strafrechtlichen übergesetzlichen Notstandes könnte im Einzelfalle eingreifen. Die Öffnung des Briefes müßte das einzige Mittel sein, um ein höherwertiges Rechtsgut zu erhalten. Sie dürfte also nicht vorgenommen werden, um dem Informationsauftrage der AfV nachzukommen, sondern lediglich, um konkrete Angriffe auf die verfassungsmäßige Ordnung in Zusammenarbeit mit den zuständigen Staatsorganen abzuwehren. Zwingende Gründe müssen es ausschließen, die Briefe der legalen Öffnung durch den Richter nach §§ 99, 100 Abs. 3 StPO zuzuführen.

Nur in diesen Grenzen erscheint es möglich, eine Methode als noch rechtsstaatlich anzusehen, deren sich jede Abwehr bedient: Die Abwehrbehörde schleust in das gegnerische Agentennetz V-Leute als Kuriere ein oder „dreht" Kuriere des Gegners um. Sie werden beauftragt, der Abwehrbehörde alle ihnen zur Weiterbeförderung anvertrauten Nachrichten vorzulegen. Die Abwehrbehörde prüft die Nachrichten und gibt sie unverändert oder verändert ihrem V-Mann zurück, der sie an den bestimmungsmäßigen Emp-

[70]) Ähnlich Hubmann, JZ 57, 525; a. A. Kohler, AfBR 7, 139.

fänger weiterleitet. Dadurch erhält die Abwehr im Laufe der Zeit einen Einblick in Tätigkeit und Zusammensetzung der gegnerischen Gruppe und kann sie durch eingeschmuggelte Nachrichten irreführen.

Das Bedenkliche dieses Verfahrens liegt in der Systematik, mit der das Briefgeheimnis des § 299 StGB durchbrochen wird und mit der die Vertrauensleute notwendigerweise angehalten werden, die Nachrichten auszuliefern. Die Abwehrbehörde „besticht" die Kuriere, denen sie finanzielle Zuwendungen macht und nutzt die Zwangslage, in der sie sich oft befinden, aus. Die Freiwilligkeit der Herausgabe, von der wir oben ausgegangen sind, dürfte in vielen Fällen nur noch eine Fiktion sein.

f) Auf Grund des Art. 18 GG kann das Grundrecht des Brief-, Post- und Fernmeldegeheimnisses verwirkt und durch das BVerfG zum Teil oder völlig abgesprochen werden. Der Ausspruch des BVerfG berührt das Freiheitsrecht des Art. 2 Abs. 1 GG, das nicht verwirkt werden kann, ebensowenig wie den Grundsatz der Gesetzmäßigkeit der Verwaltung. Dem Betroffenen verbleibt mithin die Privatsphäre, zu der das Brief-, Post- und Fernmeldegeheimnis ebenfalls gehören, auch wenn die grundrechtliche Verstärkung durch Art. 10 GG fortgefallen ist. Zu einem Eingriff bedarf es also weiterhin der gesetzlichen Grundlage; sie ist auch gegeben, wenn das Urteil des BVerfG Art und Dauer der Beschränkung genau bezeichnet. Dann tritt der Ausspruch des BVerfG an die Stelle des Gesetzes[71]).

Rechtliche Schwierigkeiten entstehen, wenn die Rechte unbeteiligter Dritter verletzt werden müssen. Die Überwachung des von Art. 18 GG Betroffenen greift notwendig in das Geheimnis des Dritten ein, mit dem er die Mitteilungen austauscht, gleich, ob dieser Absender oder Empfänger ist. Wenn man schon darüber hinweggehen will, was unvermeidlich ist, wenn die Aberkennung des Grundrechts des Art. 10 GG eine praktische Folge haben und Zugriffe ermöglichen soll, dürfte nur der Richter in entsprechender Anwendung von §§ 99, 100 StPO zur Durchsicht der beschlagnahmten Papiere und zum Abhören der Telefongespräche befugt sein. Die praktischen Schwierigkeiten, die sich einer durchgreifenden Überwachung entgegenstellen, und die Leichtigkeit, mit der die Kontrolle umgangen werden kann, weil es keine allgemeine Kontrolle gibt und geben darf, lassen die Wirksamkeit der hier erörterten Eingriffsmöglichkeit nach Art. 18 GG fraglich erscheinen.

[71]) Mangoldt-Klein, Art. 18, Anm. III 2 c.

§ 29

Die Unverletzlichkeit der Wohnung

a) Art. 13 Abs. 1 GG erklärt die Wohnung für unverletzlich. Der Verwaltung ist es daher verboten, ohne den Willen des Berechtigten in eine Wohnung einzudringen, es sei denn, es liege eine der Ausnahmen der Absätze 2 und 3 des Art. 13 GG vor. Mit diesem Verbot stellt das Grundgesetz den durch die Wohnung äußerlich abgegrenzten Teil der Privatsphäre unter einen besonderen Schutz. Der Einzelne soll, wie es noch in Art. 115 WV hieß, in der Wohnung „eine Freistätte" haben, die er dem Einblick des Staates verschließen kann.

Der Begriff der Wohnung wird weit gefaßt. Man versteht darunter den Inbegriff von Räumen, die eine Person zu ihrem Lebensmittelpunkt gemacht hat, ohne daß es darauf ankäme, ob diese Bestimmung zum Lebensmittelpunkt von einer gewissen Dauer sein soll. Unerheblich ist auch, ob die Räume zur Nachtruhe vorgesehen sind. Wohnung ist daher das Hotelzimmer, selbst wenn es nur als Tageszimmer gemietet wurde, und Wohnung sind auch die Geschäftsräume und die Nebenräume einer Wohnung[1]). Den Erläuterungen von Anschütz zu Art. 6 der Pr.Verf. folgend, der den Begriff der Wohnung dem des Hausrechts in § 123 StGB, § 104 StPO gleichsetzt, sieht man sogar das gesamte befriedete Besitztum als zum Begriff der Wohnung gehörend an[2]).

b) Die Vorbehalte des Absatzes 2 und 3 des Art. 13 können in zwei Gruppen eingeteilt werden: einmal geht es darum, ob der Eingriff dazu dienen soll, Wohnungen für öffentliche Zwecke oder im Interesse Dritter in Anspruch zu nehmen, zum anderen darum, ob Organe des Staates in eine Wohnung eindringen dürfen, um in derselben Amtshandlungen vorzunehmen. Hier beschäftigt uns nur die zweite Gruppe der Vorbehalte. Unter-

[1]) Kern, S. 103; PrOVG 1, 380.

[2]) Anschütz, Komm. z. Pr. Verf., Art. 6, Anm. 2 II; ders., RV, Art. 115 Anm. 1; Köttgen, S. 365; Hamann, Art. 13 Anm. C 1; Mangoldt-Klein, Art. 13 Anm. III 1; alle, ohne erneut zu prüfen, ob der Begriff des befriedeten Besitztums etwa enger ist als in § 123 StGB, wo es nur darauf ankommt, daß der berechtigte Inhaber das Besitztum in äußerlich erkennbarer Weise mittels zusammenhängender Schutzwehren gegen das willkürliche Betreten durch andere gesichert hat, wobei gleich bleibt, ob eine Verbindung mit einem Hause besteht, RGSt. 11, 294; Binding, Lehrbuch, Bes. Teil, 1. Band, 2. Aufl. Leipzig 1902, S. 122; Schönke-Schröder, § 123, Anm. III 3.

suchungen zu strafverfahrensrechtlichen Zwecken sind auf Grund und unter den Voraussetzungen des Abs. 2, Untersuchungen zu Zwecken der Verwaltung auf Grund des Abs. 3 statthaft[3]). Nach Abs. 3 kann eine Wohnung ohne gesetzliche Grundlagen in Anspruch genommen werden, wenn eine gemeine Gefahr oder eine Lebensgefahr für einzelne Personen nur auf diese Weise abgewendet werden kann. Obwohl dieses Recht jedermann zusteht[4]), kommt es für die Organe der AfV nicht in Betracht. Die Vorschrift soll für die Fälle dringenden Notstandes eine Möglichkeit zur raschen Abhilfe ohne verfahrensmäßige Hindernisse geben. Die Befugnis greift daher nur durch, wenn gegen die Quelle der gemeinen Gefahr unmittelbar vorgegangen werden soll. Aufgabe der AfV ist jedoch das Erkunden und Ausforschen, das die Abwehr lediglich vorbereitet. Die Abwehr selbst ist Aufgabe der Polizei geblieben. Nur wenn eine Gruppe bereit steht, um alsbald loszuschlagen und wenn daraus eine gemeine Gefahr entstehen kann, wird dieses Eindringerecht anwendbar sein. Dann aber ist es nicht auf die Wohnungen beschränkt, in denen diese Gruppe sich aufhält. Die gemeine Gefahr eröffnet den Zugriff auf alle Wohnungen, von denen aus die Gefahr abgewehrt werden kann.

Von dieser Notstandslage abgesehen, bedarf der Eingriff in die Wohnung einer gesetzlichen Grundlage, die wiederum nach Abs. 3 beschränkt ist auf die Fälle der Verhütung dringender Gefahren für die öffentliche Sicherheit und Ordnung. Eine gesetzliche Ermächtigung, die nicht den in Abs. 3 aufgeführten Zwecken dient, reicht daher nach dem Wortlaut des Art. 13 GG nicht aus. Führt man konsequent diesen Satz durch, dann würde eine Vielzahl von Gesetzen der allgemeinen und der besonderen Verwaltung, die ein Betreten der Wohnung auch gegen den Willen der Berechtigten gestatten, die aber nicht diesen Zwecken, insbesondere nicht der Abwehr einer dringenden Gefahr dienen, verfassungswidrig sein[5]).

Mit dem Vorwurf gegen den Verfassungsgeber, er habe diese Fälle zu regeln vergessen, nicht aber gewollt, daß die bisherigen Eingriffsmöglichkeiten fortfielen, begründet man die Fortgeltung der bisherigen Befugnisse

[3]) Blomeyer-Bartenstein, S. 359; Wernicke, Art. 13 Anm. II 2 a des BK, will dagegen bei „Gefahr im Verzuge“ auch der Verwaltung ein eigenes Untersuchungsrecht nach Abs. 2 einräumen, während richtig unter der Wendung „Gefahr im Verzuge“ nur zu verstehen ist, daß „im Verzuge“ der richterlichen Anordnung eine Gefahr begründet sein muß, Mangoldt-Klein, Art. 13 IV 2 a.

[4]) Mangoldt-Klein, Art. 13, IV 4.

[5]) Kern, S. 107, stellt diese Gesetze zusammen; vgl. auch Mangoldt-Klein, Art. 13, Anm. IV 5 b.

und nimmt an, die Verwaltungsbehörden seien im bisherigen Umfange zu Eingriffen und Einschränkungen ermächtigt[6]). Daher gelten auch die polizeilichen Generalklauseln, auf Grund deren eine Wohnung zum Zwecke der Gefahrenabwehr betreten werden darf, fort. Ob es sich um eine dringende Gefahr handelt, kann dahinstehen. Nach § 14 Pr.PVG war das Betreten einer Wohnung unter den allgemeinen Voraussetzungen gestattet[7]). Nur in der Nachtzeit war das Recht zum Betreten auf die Fälle gemeiner Gefahr beschränkt, § 16 PVG. Auch die neueren Polizeigesetze haben das generelle Recht der Polizei, am Tage die Wohnungen zum Zwecke der Gefahrenabwehr zu betreten, aufrecht erhalten. Sie bemühen sich aber, dieses Recht einzuschränken und dem Betroffenen die Möglichkeit zu geben, der Untersuchung persönlich oder durch einen Vertreter beizuwohnen. Das ist eine verfahrensmäßige Sicherung zu Gunsten des Betroffenen, die auch von § 106 StPO zwingend vorgeschrieben wird[8]). Dagegen sah man es nach dem Pr.PVG als zulässig an, wenn der Polizeibeamte sich notfalls auch heimlich in ein Grundstück einschleicht[9]). Diese Eindringerechte stehen nur der Polizei zu. Den AfV sind zudem Kontrollrechte ausdrücklich versagt. Sie haben daher kein Recht, gegen den Willen des Wohnungsberechtigten oder gar heimlich in Wohnräume einzudringen.

c) Den Beamten der AfV ist es auch verwehrt, Schallaufnahmegeräte in Wohnungen oder z. B. in Hotelzimmern einzubauen, um die Gespräche der

[6]) Mangoldt-Klein, Art. 13, Anm. IV 3 b m. weit. Nachw.; Kern, S. 105 und 108; dagegen will Wernicke, BK, Art. 13, Anm. II 2 den Begriff der Gefahr ausdehnen.

[7]) Drews-Wacke, S. 62; so noch Neufassung des Pr.PVG in Nordrhein-Westfalen vom 27. 11. 1953, § 16.

[8]) Art. 34—37 Bayr. PolizeiG stellt einzelne Fallgruppen auf, bei denen das Eindringen statthaft ist; § 25 Bad.-Württ. PolizeiG setzt eine „dringende Gefahr für Recht oder Ordnung" voraus, ähnlich §§ 31 und 32 Hess. PolizeiG: unerläßlich „zur Verhütung dringender und erheblicher Gefahren für die öffentliche Sicherheit oder Ordnung"; § 3 Niedersächs. Ges. über die öffentliche Sicherheit und Ordnung: „nur zur Abwehr einer dringenden Gefahr für die öffentliche Sicherheit und Ordnung, zur Nacht aber nur, wenn dies zur Abwehr einer gemeinen Gefahr . . . dient"; fast wortgetreu auch § 19 PVG v. Rheinl.Pfalz; allgemeiner § 5 PVG Schlesw.Holst.: „wenn sie (s. c. die Polizeibeamten) sich in rechtmäßiger Ausübung ihres Dienstes befinden und der Zweck der vorzunehmenden Diensthandlung das Betreten der Wohnung erfordert". Dieses Gesetz spricht allerdings, wie auch die Polizeigesetze von Niedersachsen und Nordrhein-Westfalen, dem Betroffenen nicht ausdrücklich das Recht auf Anwesenheit zu.

[9]) Franzen, Lehrkomm., Greifswald, 1932, S. 219; Blomeyer-Bartenstein, S. 375, 376.

Wohnungsinhaber abzuhören. *Der Einbau eines Schallaufnahmegerätes ist eine Beschränkung des Wohnrechtes, denn der Wohnung wird das Eigentümliche, was ihren Wert ausmacht, genommen.* Ihr fehlt dann die Geborgenheit und Sicherheit, die sie als Freistätte kennzeichnet, als befriedeter, vor staatlichen Eingriffen gesicherter Bezirk.

Das Schallaufnahmegerät stellt jedes gesprochene Wort dem Staat zur Verfügung. Das geschieht in einem noch weiteren Umfange, als wäre ständig ein Beamter in der Wohnung, weil man sich vor diesem immerhin noch vorsehen kann. Daher ist es gleichgültig, ob es durch irgendwelche Listen ermöglicht wird, das Schallaufnahmegerät einzubauen, ohne bereits beim Einbau das Hausrecht zu verletzen[10]). Denn die Aufnahme der Gespräche selbst verstößt gegen Art. 13 GG.

Derartige Maßnahmen sind auch nicht zulässig, wenn mit Gewißheit erwartet werden kann, daß Gespräche über verfassungsfeindliche Unternehmungen geführt werden. Denn die Beamten der AfV dürfen überhaupt nicht in eine Wohnung eindringen. Die Polizeibeamten dürfen dies nicht heimlich tun, was notwendig wäre, damit die Gespräche ohne Wissen des Belauschten aufgenommen werden können.

Soweit es nur darum geht, Beweismaterial gegen eine Gruppe zu sammeln, um ein Verfahren einleiten zu können, geschieht der Eingriff auch nicht zur Abwehr einer Gefahr. Denn es handelt sich dann um eine Maßnahme der Strafverfolgung. Diese muß vor den Bestimmungen der Strafprozeßordnung standhalten. Nach § 106 StPO ist zwar eine Untersuchung der Wohnung unter gewissen Voraussetzungen statthaft, aber der Berechtigte ist davon in Kenntnis zu setzen.

Selbst die Unterschlupfe für Verbrecher – Art. 37 Bayr.Polizei-Aufgaben-Gesetz nennt ausdrücklich die „Schlupfwinkel für verfassungsfeindliche Bestrebungen" –, die schon immer einer verschärften Kontrolle unterlagen, können nicht gegen den Willen des Berechtigten mit Schallaufnahmegeräten versehen werden. Denn die in den Polizeigesetzen vorgesehene Sonderbehandlung für solche Schlupfwinkel erleichtert nur die Voraussetzungen, unter denen diese Wohnungen zur Nachtzeit aufgesucht werden können. Von einem heimlichen Eindringen ist auch in diesen Bestimmungen keine Rede.

Der Schutz des Art. 13 GG versagt, wenn der Berechtigte das Betreten

[10]) Z. B. Einbau, bevor der Raum von dem Belauschten bezogen worden ist, Betreten der Wohnung unter einem harmlosen Vorwande.

der Wohnung gestattet. Dabei ist aber zu beachten, daß nur derjenige berechtigt ist, der den Raum zu seinem Lebensmittelpunkt bestimmt hat, also z. B. nicht der Hotelbesitzer, sondern der Hotelgast. Da es sich um ein rein tatsächliches, von der Rechtslage unabhängiges Verhältnis des Einzelnen zu dem Wohnraum handelt, das geschützt wird, sind Umgehungen, etwa indem das Zimmer, das die zu überwachende Person wahrscheinlich nehmen wird, formal von einem Mitarbeiter eines AfV gemietet, das Schallaufnahmegerät eingebaut und dann der Raum dem Betroffenen zugespielt wird, unzulässig. Denn in dem Augenblick, in dem dieser das Zimmer bezieht, wird er der Berechtigte, auf dessen Einwilligung es ankommt.

Soweit der Berechtigte einwilligt, z. B. der Hotelinhaber in den Einbau von Schallaufnahmegeräten in der Hotelhalle oder einer Gaststube, die einem unbestimmten Personenkreis offensteht, wird Art. 13 GG nicht verletzt. Tagungsräume in Hotels sind nicht Lebensmittelpunkt ihrer jeweiligen Benutzer. Wegen des exklusiven Charakters dieser Räume sollte man sie dennoch in den Schutz des Art. 13 GG einbeziehen[11]). Jedenfalls aber bleiben die Rechte nach Art. 2 Abs. 1 und ggf. Art. 8 GG, in die allerdings das AfV eingreifen kann, wenn die Voraussetzungen vorliegen.

Der Schutz des Art. 13 GG endet schließlich mit der Wohnung selbst. Geräusche, die aus der Wohnung hinausdringen, kann der „Lauscher an der Wand“ hören, für das Schallaufnahmegerät gilt nichts anderes, wenngleich ein hochempfindliches Gerät, an einer schalldurchlässigen Stelle montiert, den gleichen Effekt bringen kann wie das innerhalb der Wohnung eingebaute Gerät. Denn der Schutzbereich des Art. 13 GG ist räumlich gedacht, nur was sich innerhalb der Wohnung abspielt, soll vor staatlichem Eingriff gesichert sein. Den Schutzbereich im Wege extensiver Auslegung zu erweitern, ist nicht möglich. Denn wer den räumlichen Schutzbereich verläßt, tritt wieder in stärkerem Maße in das Gemeinschaftsleben ein. Dann aber sind seine Handlungen eher der staatlichen Regelung und damit auch der staatlichen Kenntnisnahme unterworfen.

[11]) a. A. Rundel, S. 80, der die Schutzbedürftigkeit verneint. Wie hier sah PrOVG 1, 375 — zu dem Ges. z. Schutz der persönl. Freiheit v. 12. 2. 1850 die einer geschlossenen Gesellschaft zur Verfügung gestellten Räume als Wohnung an. Nicht nur historisch beachtlich die Feststellung des OVG, welche Voraussetzungen das Eindringen der Polizei rechtfertigen: es genüge nicht die „bloße Möglichkeit, daß eine geschlossene Gesellschaft die öffentliche Ruhe, Ordnung und Sicherheit beeinträchtigt und demgemäß auch nicht die Möglichkeit, daß sich ein Verein unter dem Vorgeben geselliger Vergnügungen der polizeilichen Aufsicht bei Erörterung öffentlicher Angelegenheiten entziehen will“.

§ 30

Der Schutz vor Beschlagnahmen durch Art. 14 GG

Einen mittelbaren grundrechtlichen Schutz erfährt die Privatsphäre durch Art. 14 GG. Alle Gegenstände, in denen eine Verkörperung der Privatsphäre gesehen werden kann, insbesondere also Aufzeichnungen, Tagebücher, Briefe, Urkunden, Bilder, Filme, bespielte Tonbänder, sind zugleich körperliche Gegenstände. Sie unterliegen den sachenrechtlichen Regeln und sind daher auch Schutzobjekt des Art. 14 GG. Bereits für die Weimarer Verfassung hat das RG den verfassungsrechtlichen Eigentumsbegriff über den bürgerlich-rechtlichen Eigentumsbegriff hinaus auf alle subjektiven Privatrechte vermögensrechtlicher Art ausgedehnt. Auch der Besitz wird zu den durch das Grundrecht geschützten Vermögensrechten gezählt[1]). Dadurch schließen sich die Lücken, die entstehen würden, wenn Inhaberschaft des Rechts auf Wahrung der Privatsphäre und bürgerlich-rechtliches Eigentum auseinanderfallen. Ferner kann auch die vorübergehende Benutzung, die keine Beeinträchtigung des Eigentums im Sinne des § 903 BGB zu sein braucht, als Besitzstörung und damit als Verletzung des Art. 14 GG erfaßt werden.

a) Das Eigentum im verfassungsrechtlichen Sinne unterliegt einer Vielzahl von Beschränkungen, auf deren Systematik nicht eingegangen werden soll. Hier dürften die Inhaltsbeschränkung und die Eingriffsrechte des Staates von Bedeutung sein. Zur Inhaltsbeschränkung gehört, daß das Eigentum nicht zur Begehung strafbarer Handlungen oder zur Störung der verfassungsmäßigen Ordnung benutzt werden darf. Diese Beschränkung folgt aus dem Gesetzesvorbehalt des Art. 14 Abs. 1 GG und wird durch die sozialethische Bindung, die in Abs. 2 ausgesprochen ist, verstärkt[2]). Daher kann gesetzwidriger Gebrauch und gesetzwidrige Innehabung des Eigentums zu Reaktionen des Staates Anlaß geben. Das sind die Fälle der Einziehung der producta et instrumenta sceleris, §§ 40 ff., 152, 284 b, 295, 296 a Abs. 2, 360 Abs. 2, 367 Abs. 2 StGB und §§ 17 ff. und 54 ff. des Ordnungswidrigkeitsgesetzes vom 25. März 1952 u. ä. Einziehungen in

[1]) Mangoldt-Klein, Art. 14, III 1 b; vgl. auch BGHZ 6, 270 (276).

[2]) Auch hier bedarf es keines Rückgriffs auf Art. 2 Abs. 1 GG; anders dagegen Mangoldt-Klein, Art. 14 Anm. IV, der in Abs. 2 des Art. 14 nur eine sittliche Verpflichtung sieht, Anm. V 2 c.

Sondergesetzen, wie z. B. §§ 401, 414, 415 AO, § 40 Bundesjagdgesetz. Diese Fälle kann man als Verwirkung des Eigentums ansehen[3]). Nicht erst in der vollendeten Benutzung, sondern auch schon in der Bestimmung eines Gegenstandes zu einem Verbrechen oder Vergehen liegt ein die Verwirkung begründender Sachverhalt, § 40 StGB.

Für die polizeiliche Aufgabe der Gefahrenabwehr und Verbrechensverhütung ist es darüber hinaus aber erforderlich, Gegenstände sicherzustellen, von denen zu befürchten ist, daß sie zu Ordnungsstörungen benutzt werden oder von denen Gefahren auszugehen scheinen. Ob ein die Verwirkung begründender Tatbestand vorliegt, ist eine Frage des Einzelfalles, die zu prüfen die Polizei oft noch nicht in der Lage ist, weil sie nur im raschen Durchgreifen die Gefahr verhüten kann. Die polizeiliche Befugnis zur Beschlagnahme oder Sicherstellung von Gegenständen, die entweder aus § 14 Pr.PVG abgeleitet wird[4]) oder aber in den neueren Polizeigesetzen ausdrücklich geregelt wird[5]), läßt sich nicht aus dem Sachverhalt der Verwirkung ableiten. Es handelt sich hier um eines der gesetzlichen Eingriffsrechte.

Auf Grund der neueren polizeirechtlichen Regelungen muß dem Besitzer die Beschlagnahme eröffnet werden. Eine heimliche Wegnahme ist daher ausgeschlossen[6]). Noch stärkeren verfahrensmäßigen Sicherungen unterliegen die Eingriffsrechte zum Zwecke der Verbrechensverfolgung. Es ist eine Beschlagnahmeanordnung durch den Richter erforderlich. Nur bei Gefahr im Verzuge darf die Staatsanwaltschaft oder ihre Hilfsbeamten die Beschlagnahme selbständig anordnen, § 98 StPO. Auch hier gilt der Grundsatz, daß die Beschlagnahme dem Betroffenen zu eröffnen ist[7]).

[3]) Werner Weber, S. 365 ff.; Mangoldt-Klein, Art. 14 Anm. VI 4; ausführlich: Herbert Kröner, Die Einziehung und Art. 14 GG, NJW 59, 81 ff. vor allem zu BGHZ 27, 69 und 27, 382; Peter Gilsdorf, Die verfassungsrechtlichen Schranken der Einziehung, JZ 58, 641 ff.

[4]) Drews-Wacke, S. 48; Blomeyer-Bartenstein, S. 387; RGSt. 9, 121.

[5]) § 27 Bad.Württ.PolizeiG; Art. 23 Bayr. Polizei-Aufgabengesetz, ausdrückl. ist dort auch die Beschlagnahme von Gegenständen vorgesehen, die „zur Begehung einer verfassungsfeindlichen Handlung verwendet werden oder verwendet werden sollen"; § 23 Hess.PolizeiG; § 9 Rheinl.Pfälz.PolizeiG.

[6]) § 26 Abs. 2 Bad.Württ.PolizeiG; Art. 25 Bayr.Polizei-Aufgabengesetz; § 23 Abs. 3 Hess.PolizeiG; § 10 Abs. 2, § 8 Abs. 2 Niedersächs. VO über die Anwendung unmittelbaren Zwanges durch die Verwaltungs- und Polizeibehörden v. 15. 11. 51, Niedersächs. GuVBl. S. 221; § 10 Abs. 3 PVG Rheinl.Pfalz; vgl. auch Blomeyer-Bartenstein, S. 401.

[7]) BGHSt. 3, 395 (400); Schwarz, § 94 StPO, Anm. 2 B.

Den AfV stehen derartige Eingriffsrechte nicht zu. *Ihre Beamten oder ihre geheimen Mitarbeiter dürfen daher nicht körperliche Gegenstände für immer oder nur vorübergehend wegnehmen.* Da die V-Leute nur heimlich vorgehen könnten, würden sie zugleich das Offenheitsprinzip verletzen. Der Gedanke, der Besitzer habe den Schutz aus Art. 14 GG verwirkt, weil er den Gegenstand für eine gegen die verfassungsmäßige Ordnung gerichtete Handlung benutzt hat, hilft nicht weiter. Denn die Verwirkung kann erst festgestellt werden, wenn der Sachverhalt aufgeklärt ist. Für nachrichtendienstliche Zwecke sind die Gegenstände aber dann in der Regel ohne Bedeutung.

b) Im Grenzgebiet der mangels ausreichender gesetzlicher Grundlage unzulässigen Beschlagnahme dürfte *die heimliche, auf ganz kurze Zeit bemessene Wegnahme* liegen, die der Gewahrsamsinhaber überhaupt nicht bemerken soll und die lediglich vorgenommen wird, um den Gegenstand mit modernen technischen Hilfsmitteln zu untersuchen oder abzulichten – eine erfolgversprechende nachrichtendienstliche Methode zur unbemerkten Kontrolle gegnerischer Kurierlinien. Derartige Untersuchungen sind allem Anschein nach keine Beschlagnahme, denn der Gegenstand wird nicht auf unbestimmte Zeit dem Gewahrsam des Berechtigten entzogen, auch brachialer, gegen den Willen des Gewahrsamsinhabers gerichteter Zwang scheint nicht vorzuliegen. Vielmehr wird nur eine staatliche Verfügungsgewalt ganz beschränkter Art begründet, die zudem noch in gewissem Umfange vom Willen des Gewahrsamsinhabers mitbestimmt wird, weil die Abwehrbehörde Zeitpunkt und Dauer des Zugriffs so einrichten muß, daß der Gewahrsamsinhaber ihn nicht bemerkt. Schließlich dient die Untersuchung nicht unmittelbar der polizeilichen Sicherstellung oder der Beweissicherung.

Andererseits aber bleibt auch eine vorübergehende Wegnahme Besitzstörung, die der Einzelne, jedenfalls wenn sie von einer anderen Behörde ausginge, nicht zu dulden brauchte. Das Zeitmoment dürfte in gleicher Weise unerheblich sein wie die Frage, ob der Eingriff nur gegen den generellen oder aber den aktualisierten Gewahrsamswillen geschieht, weil der Gewahrsamsbegriff es auf derartige Unterscheidungen nicht abstellt. Zwang gegen Sachen liegt nur dann nicht vor, wenn der Berechtigte zustimmt, ein Gedanke, der hier völlig ausscheidet.

Im Einzelfall mag allerdings zweifelhaft sein, ob bei derartigen Untersuchungen überhaupt staatlicher Gewahrsam unter vorübergehender Ausschaltung des Willens des bisherigen Inhabers begründet wird, weil — ähnlich wie beim Gewahrsamsbegriff des § 242 StGB — die Grenzen fließend sind. Wenn aber staatliche Verfügungsmacht unter Ausschluß des Willens des bisherigen Inhabers begründet ist, dann wird auch in das Grundrecht des Art. 14 GG eingegriffen. Dazu bedarf es einer gesetzlichen Grundlage, die mit der Informationsfunktion der AfV noch nicht gegeben sein dürfte, weil § 3 Abs. 2 BVerfSchG dem BfV polizeiliche Befugnisse abspricht, die Beschlagnahme als Zwangsmaßnahme aber den polizeilichen Befugnissen zuzurechnen ist.

Dagegen schützt Art. 14 GG nicht gegen eine Ablichtung des Gegenstandes an Ort und Stelle, soweit damit nicht weitere Besitzstörungen verbunden sind. Denn die Ablichtung berührt den Gegenstand und seine vermögensrechtliche Lage nicht. Erst mit dem Gebrauchmachen von der Ablichtung — z. B. durch Veröffentlichung — kann eine Beeinträchtigung der Vermögenslage herbeigeführt werden. Das darf aber hier offen bleiben. Die Beeinträchtigung des Persönlichkeitsrechtes, die mit der Ablichtung verbunden sein kann, ist nicht von Art. 14 GG geschützt, da dieses Grundrecht nur die subjektiven privaten Vermögensrechte zum Gegenstande hat[8]).

Die AfV dürfen Gegenstände entgegennehmen, von denen sie wissen oder annehmen können, daß ihre Vertrauensleute sie weggenommen haben, soweit dies ohne ihren Auftrag oder ohne ihre stillschweigende Billigung geschehen ist. Denn wie oben festgestellt[9]), sind Behörden befugt, ihnen angetragene Gegenstände einstweilen in Verwahrung zu nehmen. Auch aus Art. 14 GG ergibt sich nichts anderes, da der Eingriff in das Eigentum nicht vom Staat, sondern von dem V-Mann ausgegangen und auch vom Staat nicht gewollt ist[10]) und durch die einstweilige Verwahrung nicht ausgeweitet wird. Zweck dieser Verwahrung muß allerdings sein, die Gegenstände der ordnungsgemäßen Verwahrung nach § 94 StPO oder den entsprechenden polizeilichen Bestimmungen zuzuführen oder dem Eigentümer wieder zurückzugeben. Da die Beamten des AfV in Ausübung ihrer Dienstpflicht handeln, kommt auch ein strafbares Verhalten — Hehlerei oder Unterschlagung — nicht in Betracht.

[8]) BGHZ 6, 270 ff.; Mangoldt-Klein, Art 14 Anm. III 1 c.

[9]) Vgl. oben § 28 e 2.

[10]) Vgl. dazu BGHZ 12, 52 (57); 17, 96 (101).

§ 31

Die Immunität der Bundestags- und Landtagsabgeordneten

Einen verstärkten und umfassenden Schutz gegen Nachforschungen, der die Privatsphäre einer Person nicht nur in einzelnen Lagen, sondern als Ganzes erfaßt, genießen einige bevorrechtigte Personengruppen. Nicht dazu sind hier die Schweigeberechtigten und Schweigepflichtigen zu zählen. Die Geheimnisse, die sie zu bewahren haben und die der Staat bei ihnen nicht erforschen darf, gehören zu der Privatsphäre derjenigen Personen, die ihnen die Geheimnisse anvertraut haben. Für den Schweigepflichtigen jedoch ist das Geheimnis ein Berufsgeheimnis, das er im fremden und nicht im eigenen Interesse wahrt.

a) Eine privilegierte Stellung nehmen die Abgeordneten des Bundestages und der Landtage[1]) ein. Die durch Art. 46 Abs. 2 bis 4 GG und die entsprechenden Bestimmungen der Landesverfassungen gewährte Immunität ist kein subjektives Recht des Abgeordneten, sondern ein Recht des Parlaments, dessen Funktionsfähigkeit und Ansehen als gesetzgebendes Organ und Repräsentant des Volkes sichergestellt werden soll[2]). Die Immunität der Abgeordneten kommt jedoch auch ihrer Privatsphäre zugute, mag es sich auch um ein Recht handeln, das dem Parlament zusteht.

Ohne Genehmigung des Parlaments darf ein Abgeordneter nicht wegen einer mit Strafe bedrohten Handlung zur Verantwortung gezogen werden. Dieses Verbot begründet nicht nur für das Strafverfahren selbst ein Prozeßhindernis, wie man aus dem Wortlaut entnehmen könnte. Vielmehr sind auch alle Amtshandlungen der zuständigen Behörden, die darauf abzielen, nach Feststellung einer strafbaren Handlung den Täter zu ermitteln und zu bestrafen, unzulässig. Diese weite Auslegung des privilegie-

[1]) Landtagsabgeordnete genießen in der ganzen Bundesrepublik diesen Schutz, § 152 a StPO, daher sind die Erörterungen Bockelmanns, S. 90 ff., über den Geltungsbereich der Immunität durch das 3. StrafrechtsänderungsG v. 3. 8. 53 überholt.

[2]) Anschütz, RV, Art. 37, Anm. 5; Hatschek, Staatsrecht, I, S. 528; Schneider, BK, Art. 46, Anm. II 2 a; Mangoldt-Leibholz, Art. 46, Anm. 5; Bockelmann, S. 17, m. weit. Nachw. S. 23 ff.; dagegen leitet der bayerische VerfGH aus der Stellung des Abgeordneten nach Art. 13 Abs. 2 der Bayer. Verf. das subjektive Recht des Abgeordneten ab, sein Mandat innerhalb der Schranken der Gesetze und der Verfassung völlig ungehindert auszuüben und ließ daher offen, ob auch die Immunität ein subjekt. Recht sei, VerwRspr. 1, Nr. 42, S. 135 (138).

renden Verbots war bereits für den entsprechenden Art. 31 der Bismarckschen Verfassung anerkannt[3]) und wurde für Art. 37 Abs. 1 RW übernommen[4]). In jenen Verfassungen wie auch in Art. 84 der Pr.Verfassung und den jetzigen Verfassungen einiger Länder[5]) wird zwar der Wortlaut verwendet, der Abgeordnete dürfe nicht „zur Untersuchung" gezogen werden, während Art. 46 Abs. 2 GG[6]) verbietet, einen Abgeordneten „zur Verantwortung" zu ziehen. Der Wechsel in der Formulierung bedeutet aber keine sachliche Änderung, wie schon das RG für die Bismarcksche Verfassung festgestellt[7]) und wie Bockelmann neuerdings für das Grundgesetz nachgewiesen hat[8]). Daher ist auch für Art. 46 Abs. 2 GG von dem Begriff der Immunität auszugehen, wie er für die Weimarer Verfassung entwickelt worden ist[9]).

Die Immunität begründet für die Polizei und die Staatsanwaltschaft das Verbot, Ermittlungen durchzuführen, sobald sich der Verdacht gegen einen Abgeordneten richtet. Es wird zwar im älteren Schrifttum die Ansicht vertreten, es seien nur bestimmte Untersuchungshandlungen verboten oder Ermittlungen seien insoweit statthaft, als der Beschuldigte nicht in Anspruch genommen werde[10]). Um die Entscheidungsfreiheit des Abgeordneten zu

[3]) RGSt. 23, 184 (193); 24, 205 (209); 32, 247 (249); 52, 37.

[4]) Troitzsch, S. 98, 101; Graf zu Dohna, Handbuch des deutschen Staatsrechts I, S. 444.

[5]) Art. 28 Bayr. Verf.; Art. 35 Abs. 3 Berliner Verf. v. 1. 9. 1950; Art. 15 Hamburger Verf.; Art. 96 Hess. Verf.; Art. 94 Verf. v. Rheinl.-Pfalz; Art. 48 Verf. v. Nordrhein-Westf.

[6]) und Art. 94 Bremer Verf.; Art. 17 Verf. v. Schlesw.-Holstein; so auch § 2 des Ges. betr. den Schutz der zur Vereinbarung der Pr. Verf. berufenen Versammlung vom 23. 6. 1848, GS S. 157; vgl. zur Geschichte Bockelmann, S. 9 ff., und Fuld, Ludwig, Die Immunität der Mitglieder gesetzgebender Versammlungen, AöR IV (1889), S. 342 (415 ff.).

[7]) RGSt. 24, 205 (207).

[8]) S. 40—43.

[9]) Bockelmann, S. 43; ebenso Herlan, Wilhelm, Immunitätsfragen, MDR 1950, S. 519, auf Akte der gerichtlichen Untersuchung einzuschränken, regt er jedoch an. Grundlegend zu Immunitätsfragen des Dt. Bundestages: Ritzel-Koch, Geschäftsordnung des Dt. Bundestages, 1952.

[10]) Troitzsch, S. 101, Fußn. 219, will trotz seiner sonst weitergehenden Ansicht vom Umfang der Immunität Durchsuchungen nach § 103 StPO in einem gegen den Abgeordneten gerichteten Verfahren bei Dritten zulassen und beruft sich auf Hatschek, der dieser Ansicht nicht beitritt, I, S. 534 und 563; vgl. auch die bei Weismann, Die strafprozessuale Privilegierung gesetzgeberischer Versammlungen, ZStRW 9, 379 (403), wiedergegebenen Ansichten v. Rönnes und v. Seydels zu Art. 31 der Bismarckschen Verfassung. Weismann, S. 405, stellt es selbst auf die Eröffnung des Hauptverfahrens oder der gerichtlichen Voruntersuchung ab.

erhalten, die Voraussetzung für die ungestörte Arbeit des Parlaments ist, genügt aber dieses beschränkte Verbot nicht, weil der Abgeordnete das ohne seine persönliche Beteiligung und gegen ihn gerichtete Ermittlungsverfahren in gleicher Weise als Bedrohung empfinden muß wie das Verfahren, in welchem von ihm selbst Rechenschaft gefordert wird[11]). Daher hat auch das RG keine Beschränkungen des Ermittlungsverbotes zugelassen und nicht nur die gerichtliche Untersuchung oder die unmittelbar gegen den Abgeordneten geführte Untersuchung für unzulässig angesehen, sondern Untersuchungshandlungen jeder Art. Gleich bleibt, ob sich die Handlung mittelbar oder unmittelbar gegen den Abgeordneten richtet, ob sie seine Freiheit beeinträchtigt oder nicht[12]). Da die AfV polizeiliche Erkundungsaufgaben in eigener Zuständigkeit zu lösen haben, gilt für sie das Verbot des Art. 46 Abs. 2 GG und der entsprechenden Bestimmungen der Landesverfassungen ebenfalls. Auch sie dürfen keine Untersuchungen einleiten oder weiterführen, um die Strafbarkeit eines Abgeordneten zu ermitteln. Vielmehr müssen sie, wenn sie unter diesen Umständen weitere Maßnahmen ergreifen wollen, zunächst die Aufhebung der Immunität durch das Parlament in die Wege leiten. Ebensowenig wie die Polizei können sie allerdings selbst einen Antrag bei dem Parlament, dessen Mitglied der Verdächtige ist, stellen. Das ist Aufgabe der Staatsanwaltschaft[13]).

Zu fragen bleibt, ob Maßnahmen der AfV, die nicht die Aufklärung von strafbaren Handlungen zum Ziele haben, ebenfalls nach Art. 46 Abs. 3 verboten sind, weil diese Vorschrift auch „jede andere Beschränkung der persönlichen Freiheit" von der Genehmigung des Bundestages abhängig macht. Die Entscheidung hängt davon ab, ob der Freiheitsbegriff des Art. 46 Abs. 3 GG mehr als die körperliche Bewegungsfreiheit erfaßt. Für die Weimarer Verfassung war das streitig[14]). Die richtige Auslegung folgt aus der Besinnung auf den Zweck dieser Vorschrift. Auch sie dient dem Schutz der Funktionsfähigkeit des Parlaments, die wiederum wesentlich auf der parlamentarischen Entschließungsfreiheit des Abgeordneten beruht. Seine Tätigkeit erschöpft sich nicht in einer körperlichen Anwesenheit im Sitzungssaal. Als Vertreter des ganzen Volkes, der nur seinem Gewissen unterworfen ist,

[11]) Bockelmann, S. 46.

[12]) RGSt. 24, 209; Graf zu Dohna, Handbuch des deutschen Staatsrechts, I, S. 445; Bockelmann, S. 44.

[13]) Bockelmann, S. 33.

[14]) Vgl. Poetzsch, Fritz, Vom Staatsleben unter der Weimarer Verfassung, JöR XIII, S. 126; Graf zu Dohna, S. 444.

Art. 38 Abs. 1 GG, soll er mit seiner ganzen Persönlichkeit in eigenverantwortlicher Entscheidung bei der parlamentarischen Willensbildung mitwirken. Der Schutzaufgabe des Art. 46 GG wird daher nur eine Auslegung gerecht, die den Freiheitsbegriff weit faßt. Aber es können nicht alle Eingriffe in die Persönlichkeitssphäre von der Genehmigung des Parlamentes abhängig sein. Denn dann hätte der Abgeordnete mehr Freiheiten, als er für die ungehinderte Ausübung seiner Tätigkeit bedarf und würde in gewissem Umfange eine Stellung außerhalb der Rechtsordnung erhalten. Die Begrenzung folgt wiederum aus dem Zweck des Art. 46 GG. Wie in Art. 37 Abs. 2 RV ausdrücklich erklärt war, ist die Genehmigung für Eingriffe in die Freiheitssphäre des Abgeordneten nur dann erforderlich, wenn der Eingriff den Betroffenen gerade in seiner Eigenschaft als Abgeordneten beengt. In diesem Umfange schützt die Immunität auch vor dem Verwaltungszwang[15]).

Maßnahmen der AfV, die sich gegen einen Abgeordneten richten und von einiger Intensität sind, bedeuten wegen ihrer Undurchsichtigkeit stets eine Behinderung der parlamentarischen Tätigkeit. Der Betroffene muß sich einer ständigen Beobachtung ausgesetzt sehen, wenn erst einmal das Interesse eines AfV an seiner Person wach geworden ist. Umfassende Beobachtungen sind daher unzulässig. Das Parlament könnte sie zwar genehmigen, praktisch dürfte die Nachforschung dann aber keine Bedeutung mehr haben.

b) Die Immunität entzieht den Abgeordneten nicht schlechthin der Ermittlungstätigkeit der AfV. Es ergeben sich *Ausnahmen* von diesem Verbot nach verschiedenen Richtungen. Solange sich der Verdacht nicht gegen den Abgeordneten selbst, sondern gegen andere Personen richtet, wird nicht er, sondern die verdächtige Person zur Untersuchung gezogen. In diesen Fällen ist auch grundsätzlich der Eingriff in die Privatsphäre des Abgeordneten gestattet. Auch die Ermittlungen gegen Mittäter, Teilnehmer oder Begünstiger der Tat eines Abgeordneten sind statthaft. Diese Personen werden nicht durch die Immunität gedeckt.

In diesem Falle ist es möglich, den gesamten Sachverhalt zu erforschen, auch die Straftat eines Abgeordneten aufzuklären[16]) und mittelbar in seine Privatsphäre einzugreifen, die jedoch grundsätzlich weiterhin von den Immunitätsvorschriften geschützt wird. Dieser mittelbare Eingriff ist unver-

[15]) Hatschek, I, S. 535; Bockelmann, S. 61; a. A. Nau, NJW 58, 168.
[16]) Hatschek, I, S. 534; Bockelmann, S. 54.

meidlich, soll nicht wegen der Immunität eines Abgeordneten die Strafverfolgung anderer Personen unmöglich werden, was Art. 46 Abs. 2 nicht verhindern will. Da der Verfassungsschutz es in der Hauptsache nicht mit einzelnen Tätern, sondern mit Personen zu tun hat, die in Gruppen zusammenarbeiten, gewährt die Immunität nach Art. 46 Abs. 2 GG im Ergebnis nur einen geringen Schutz gegen Nachforschungen der AfV. Es bleibt jedoch der Schutz nach Abs. 3 zu beachten, dessen Schutzbereich größer ist und auch in diesen Fällen Untersuchungshandlungen ausschließen kann, falls sie die Freiheit des Abgeordneten beeinträchtigen.

Liegt ein Verdacht gegen einen Abgeordneten vor, dann dürfen Ermittlungen angestellt werden, um ein Ersuchen an das Parlament um Aufhebung der Immunität vorzubereiten. Nach dem Legalitätsprinzip ist die Staatsanwaltschaft verpflichtet, die Verfolgungsgenehmigung zu erwirken und ist daher auch berechtigt, diejenigen Feststellungen zu treffen, die das Ersuchen rechtfertigen[17]). Die AfV sind verpflichtet, wenn es sich um Angelegenheiten des Verfassungsschutzes handelt, die Staatsanwaltschaft zu unterstützen, §§ 1 und 2 BVerfSchG. Diese Ermittlungen beschränken sich allerdings auf diejenigen Feststellungen, die für die Begründung des Ersuchens erforderlich sind. Dem Parlament muß ein bestimmter, wenn auch noch nicht erwiesener oder aufgeklärter Sachverhalt mitgeteilt werden. Der gegen den Abgeordneten bestehende Verdacht braucht noch kein hinreichender Tatverdacht im Sinne des § 203 StPO zu sein, der zur Erhebung der Anklage verpflichtet. Es würde ein Verdacht genügen, dem die Staatsanwaltschaft nach § 152 Abs. 2 StPO nachzugehen hat.

In der Praxis werden allerdings diese feinen Unterscheidungen nicht gemacht. Vielmehr wird dem Bundestag in der Regel das Ersuchen um Aufhebung der Immunität erst zugeleitet, wenn bereits alle für die Anklageerhebung wesentlichen Umstände aufgeklärt sind. Diese Praxis läßt sich mit der Erwägung stützen, daß auch ein Parlament erst dann nach sachlichen Gesichtspunkten über die Genehmigung der Strafverfolgung entscheiden kann, wenn die näheren Tatumstände bekannt sind. Diese Praxis mag auch bei den Deliktsgruppen, mit denen ein Abgeordneter noch am ehesten in Berührung kommen kann — Verkehrsdelikte und Beleidigung — mit dem Sinne der Immunitätsvorschriften vereinbar sein. Denn es geht hier um verhältnismäßig leicht übersehbare, zumindest abgrenzbare Geschehensabläufe, deren Aufklärung die Entschließungsfreiheit des Abgeordneten in

[17]) Bockelmann, S. 47.

aller Regel nicht berührt. Anders aber verhält es sich bei jenen komplexen Sachverhalten, mit denen es der Verfassungsschutz zu tun hat. Die umfassenden, möglicherweise mit nachrichtendienstlichen Methoden geführten Ermittlungen sind geeignet, die gesamte Tätigkeit des Abgeordneten einer subtilen Kontrolle zu unterwerfen und ihn dadurch in seiner Entschließungsfreiheit zu beeinträchtigen. Hier bleibt die Unterscheidung zwischen den Zielen der Ermittlung — Anklageerhebung oder aber lediglich Ersuchen um Aufhebung der Immunität — sinnvoll und durch Art. 46 Abs. 2 GG geboten.

Es dürfen daher ohne Genehmigung des Parlaments nur jene Untersuchungen vorgenommen werden, die Klarheit schaffen sollen, ob ein Gesuch um Aufhebung der Immunität der Sachlage angemessen ist. Wo Zweifel darüber, ob die Verdächtigung eines Abgeordneten Hand und Fuß hat, nicht gerade offensichtlich sind, ist nach Bockelmann ohne weitere Ermittlung die Entschließung des Parlaments herbeizuführen[18]).

Eine Genehmigung des Parlaments ist schließlich nicht erforderlich, wenn der Abgeordnete bei Begehung der Tat oder im Laufe des folgenden Tages festgenommen wird, Art. 46 Abs. 2 GG. Diese Vorschrift rechtfertigt aber auch Maßnahmen, die im Vergleich zur Festnahme weniger hart eingreifen[19]), wenn nur die Voraussetzungen zur vorläufigen Festnahme vorliegen. Daher kann der Mitarbeiter eines AfV auch einen Abgeordneten bei der Begehung einer strafbaren Handlung beobachten und weitere Nachforschungen anstellen. Erfolgt die Verhaftung nicht innerhalb der von der Verfassung eingeräumten Zeitspanne, müssen die Ermittlungen allerdings nach Ablauf des auf die Tat folgenden Tages abgebrochen werden. Denn nur während dieses Zeitraumes besteht die Möglichkeit zu einer Verhaftung oder zu einem milderen Zugriff der Strafverfolgungsorgane, der zudem davon abhängt, daß der Abgeordnete bei Begehung der Tat betroffen wurde. Die Entdeckung nach der Tat und die alsbaldige Aufnahme der Verfolgung auf Grund der auf den Täter hinweisenden Spuren reicht nicht aus[20]).

Verhindert ein staatliches Organ die Ausführung einer strafbaren Handlung, dann zieht es nicht den Täter wegen dieser mit Strafe bedrohten Handlung zur Verantwortung, da die Handlung noch nicht begangen worden ist. Daher können staatliche Organe auch gegenwärtige rechtswidrige Angriffe der Abgeordneten verhindern[21]). Diesem notwehrähnlichen Recht

[18]) Bockelmann, S. 47.
[19]) Bockelmann, S. 58.
[20]) Hatschek, I, S. 536; Bockelmann, S. 57, Fußn. 88.
[21]) Bockelmann, S. 60.

steht auch Art. 46 Abs. 3 nicht entgegen, denn wenn der Abgeordnete an der Begehung einer strafbaren Handlung gehindert wird, dann wird er nicht in seiner Eigenschaft als Abgeordneter beengt.

c) Als Ergebnis ist festzuhalten: *Der Eingriff der AfV in die Privatsphäre der Abgeordneten ist bis zur Aufhebung der Immunität grundsätzlich unzulässig, wenn er erfolgt, um den Abgeordneten zur Untersuchung zu ziehen, oder wenn er geeignet ist, ihn in seiner Eigenschaft und Aufgabe als Abgeordneter zu beengen.* Letzteres ist für alle mit nachrichtendienstlichen Methoden vorgenommenen Überwachungen von einiger Intensität anzunehmen.

Zu Lasten der *Abgeordneten als besondere Geheimnisträger*[22]) bestehen keine Ausnahmen. Zwar werden einigen Abgeordneten, vor allem im Zusammenhang mit ihrer Tätigkeit in Ausschüssen, bedeutsame Staatsgeheimnisse anvertraut. Es mag auch aus Gründen des öffentlichen Wohls geboten erscheinen, die Gefahr eines Geheimnisverrats durch intensive Überwachung nach Möglichkeit auszuschließen. Es konkurrieren jedoch zwei öffentliche Interessenkreise, einmal die Erhaltung der Entschließungsfreiheit des Mitglieds eines Verfassungsorgans und zum anderen das Sicherheitsbedürfnis. Im Prinzip hat der Verfassungsgeber bereits mit den Immunitätsbestimmungen den Interessenkonflikt zugunsten der Freiheit des Abgeordneten entschieden. Will man dies nicht gelten lassen, weil er der besonderen Situation des Abgeordneten als Geheimnisträger nicht gedacht haben mag, so wird folgendes zu berücksichtigen sein:

Der Eingriff in die Immunität des Abgeordneten erfolgt zur Aufrechterhaltung der Sicherheit, die bereits durch die bloße Tatsache gefährdet sein kann, daß einige Personen von einem Staatsgeheimnis Kenntnis haben. Die Sicherheit des Staates zu schützen obliegt ohne Zweifel der Exekutive, aber gerade dem gesetzgebenden Organ gegenüber in einer wesentlich modifizierten Form. Weil der Präsident des Bundestages das Hausrecht und die Polizeigewalt im Parlamentsgebäude ausübt (Art. 40 Abs. 2 GG) und das Parlament staatliche Eingriffe in die Freiheitssphäre seiner Mitglieder genehmigen muß (Art. 46 GG), darf die Exekutive nicht *allein* darüber befinden, ob ein Einschreiten zur Aufrechterhaltung der öffentlichen Sicherheit und Ordnung geboten ist. Sie ist vielmehr auf die Mitwirkung des Parlamentes angewiesen, das in eigener Verantwortung zu entscheiden hat. Dar-

[22]) Zu diesem Begriff vgl. unten § 33.

aus erhellt, daß dem Parlament Verantwortung und Entscheidungsbefugnis für die Aufrechterhaltung der öffentlichen Sicherheit und Ordnung in seinem eigenen Bereich, d. h. in seinem Hause und gegenüber seinen Mitgliedern von Verfassungswegen übertragen ist. Diese Eigenverantwortlichkeit folgt aus der Unabhängigkeit des Parlaments gegenüber der Exekutive, mithin einem grundlegenden Prinzip der Demokratie. Ist aber das Parlament selbst zur Entscheidung berufen, dann darf es nicht darauf ankommen, ob die Exekutive möglicherweise besser beurteilen könnte, welche Opfer an Freiheit für die Sicherheit des Staates notwendig sind, denn gegenüber Abgeordneten ist sie grundsätzlich nicht befugt, ohne Mitwirkung des Parlaments (in Form der Genehmigung) die freiheitsbeeinträchtigenden Maßnahmen zu treffen. Diese Verteilung von Zuständigkeit und Verantwortung muß auch gegenüber den Abgeordneten als besonderen Geheimnisträgern beachtet werden.

Die AfV dürfen daher dem Parlament nicht die Entscheidungsbefugnis aus der Hand nehmen. Um das berechtigte Sicherheitsbedürfnis zu befriedigen, bieten sich grundsätzlich zwei Wege an: Einmal kann bei der Wahl der Ausschußmitglieder die Frage der Zuverlässigkeit der künftigen Geheimnisträger besonders kritisch untersucht werden. Zum anderen bleibt dem Parlament auch die Möglichkeit, die Überwachung einzelner Abgeordneter zu genehmigen, wie dies Art. 46 nicht nur für die Einleitung der Strafverfolgung, sondern auch „bei jeder anderen Beschränkung der persönlichen Freiheit eines Abgeordneten“ ausdrücklich vorsieht. Eine Überwachung ohne eine solche Genehmigung wäre nicht rechtens. Zwar würde eine solche — in öffentlicher Sitzung genehmigte — Überwachung den Grundsätzen politisch-polizeilichen Handelns widersprechen, die gebieten, auch die Tatsache der Überwachung geheimzuhalten. Diese Erschwernis der Aufklärungsarbeit muß aber hingenommen werden, zumal es nicht erforderlich ist, in öffentlicher Sitzung Staatsgeheimnisse zu erörtern und auch die Geschäftsordnung des Parlaments ein vereinfachtes Genehmigungsverfahren vorsehen kann[23]).

[23]) Zu den Einzelheiten des vereinfachten Genehmigungsverfahrens des Deutschen Bundestages vgl. Heinrich Meyer, Bundestag und Immunität, Bonn, 1956, S. 36.

§ 32

Die Immunität der Exterritorialen

a) Immunität kommt auch den sog. Exterritorialen kraft der allgemeinen Regeln des Völkerrechts zu. Staatsoberhäupter fremder Staaten, ihre Gesandten und deren Geschäftspersonal, die Familienmitglieder und die Bediensteten dieser privilegierten Personen sind nicht nur vor rechtswidrigen, sondern auch vor rechtmäßigen Angriffen des Empfangsstaates geschützt[1]). Eine Vielzahl diplomatischer Vorrechte, die als allgemeine Regeln des Völkerrechts nach Art. 25 GG Bestandteil des Bundesrechtes sind, schützen diesen Personenkreis gerade auch vor staatlichen Nachforschungen. Die Gesandtschaftsgebäude dürfen von Organen des Empfangsstaates nicht betreten, Maßnahmen der Rechtsprechung und Verwaltung dürfen in diesen Gebäuden nicht vorgenommen werden, wenn der Bevorrechtigte nicht einwilligt[2]). Das Gepäck und die Post der diplomatischen Vertreter dürfen die Organe des Gaststaates nicht untersuchen, die versiegelten Gepäckstücke der Kuriere auch nicht die Organe der Staaten, durch die der Kurier an sein Ziel reisen muß[3]).

Die Exterritorialen, auf die sich die deutsche Gerichtsbarkeit nicht erstreckt, sind auch von Maßnahmen der Verwaltung, vor allem der Polizei, freigestellt[4]). Die Immunität verschafft daher einen staatsfreien Raum, der auch das Eindringen in die Privatsphäre erschwert. Es wird aber nicht ausgeschlossen. Wenn auch die Person des Exterritorialen unverletzlich ist[5]), so bleibt doch zu fragen, welche staatlichen Handlungen als Verletzung der Person gewertet werden, vor allem, ob Nachforschungen und Überwachungen dazu gehören. Das wäre nur der Fall, wenn der Exterritoriale dem Imperium des Empfangsstaates in keiner Weise unterläge, wenn er von der Staatsgewalt schlechthin freigestellt wäre. Die Fiktionstheorie, nach der ein Gesandter die unverletzliche Person seines Machtgebers darstellt[6]), könnte zu dieser Schlußfolgerung gelangen. Aber die Fiktionstheorie hat

[1]) Liszt-Fleischmann, S. 199; §§ 18, 19 GVG.

[2]) Oppenheim-Lauterpacht, § 390, S. 793.

[3]) Oppenheim-Lauterpacht, § 386, S. 790, und § 405, S. 813; Liszt-Fleischmann, S. 200.

[4]) §§ 18 ff. GVG; Oppenheim-Lauterpacht, § 393, S. 802; W. Jellinek, S. 146.

[5]) Geffken, S. 648.

[6]) Grotius, II cap 18 § 4, 5; ihr folgend z. B. noch von Liszt, Liszt-Fleischmann, S. 198.

sich nicht durchgesetzt. Der Gesandte ist bei genauerer Betrachtung nur von der Befehls- und Zwangsgewalt des Empfangsstaates in gewissem, durch das Herkommen bestimmten Umfange freigestellt[7]). Denn die Unverletzlichkeit des Exterritorialen ist ein Privileg, das in der Zweckbestimmung der diplomatischen Mission ihren Grund findet. Der diplomatische Vertreter benötigt Handlungsfreiheit, wenn er die Interessen des Absendestaates wahrnehmen soll. Zur Sicherung dieser Handlungsfreiheit dienen die Vorrechte, die eine in keiner Weise behinderte Tätigkeit des diplomatischen Vertreters für den Absendestaat gewährleisten sollen[8]). Um dieses Ziel zu erreichen, genügt es jedoch, wenn die Vorrechte als Ausnahmen und Befreiungen des als noch bestehend gedachten Imperiums des Empfangsstaates eingeräumt werden.

Die Vorrechte beruhen auf dem Völkergewohnheitsrecht. Von den in diesem Rechtskreis entwickelten Regeln werden sie bestimmt. Sie sind daher einer landesrechtlichen Regelung dem Grundsatz nach unzugänglich und von den Gesetzen des Empfangsstaates unabhängig[9]). Daher muß für die Bestimmung des Begriffs der Exterritorialität von den im Völkerrecht entwickelten Regeln und nicht von Erkenntnissen ausgegangen werden, die in einem einzelnen Lande Gültigkeit haben. Ein umfassender und genereller Schutz der Exterritorialen auch vor jenen Verwaltungsmaßnahmen, die nicht von unmittelbarem Zwang begleitet sind, läßt sich aber als Regel des Völkerrechts nicht feststellen.

b) Dagegen entspricht es der Übung, die Exterritorialen in gewissem Umfange zu überwachen und dadurch auch in ihre Privatsphäre einzudringen[10]). Das hat seinen guten Grund. Die vom Völkerrecht anerkannten Vorrechte — die bei einer solchen vorsorglichen Überwachung nicht verletzt werden dürfen — begünstigen Handlungen, die sich gegen den Empfangsstaat richten und vom Völkerrecht verboten sind, insbesondere Ausspähung

[7]) Liszt-Fleischmann, S. 198, Fußn. 3; Fleischmann distanziert sich dort ausdrücklich von der Fiktionstheorie, die v. Liszt vertreten hat; Guggenheim, I, S. 458.

[8]) Ne impediatur legatus; Beling, Exterritorialität, S. 49 m. weit. Nachw.; Guggenheim, I, S. 458.

[9]) Geffken, S. 647.

[10]) Anschaulich berichtet Robert Coulondre, Von Moskau nach Berlin, Bonn 1950, von der Überwachung, die ihm vor dem 2. Weltkrieg als französischer Diplomat in Moskau zuteil wurde und Joesten von der diskreten aber intensiven Überwachung des sowjetischen Botschaftsgebäudes in Washington, bei der Lichtbild- und Radargeräte eingesetzt werden sollen, S. 12.

und Verschwörung[11]). Die Geschichte ist reich an Beispielen für den Mißbrauch der diplomatischen Privilegien. Bereits Grotius berichtet von dem Verrat, den ein Gesandter des Tarquin in Rom verübte[12]). Zur Abwehr gegen Agenten der russischen und französischen Botschaft, die sich durch Verbindungen zu dem französischen Kriegsministerium in den Besitz der Pläne Napoleons gesetzt hatten, schlug Fouché 1810 vor, die Vorrechte durch ein einfaches Decret aufzuheben[13]). Die unerlaubten Verbindungen des deutschen Militärbevollmächtigten in Paris zum französischen Generalstab wurden 1894 durch den Fall Dreyfus bekannt.

Angesichts dieser Gefährdungen wäre eine völkerrechtliche Norm, welche die Überwachung der diplomatischen Vertreter überhaupt verbietet, nicht tragbar. Das Verbot würde auch mißachtet werden. Nur soweit die im Völkerrecht anerkannten und eingangs umrissenen Vorrechte reichen, ist das Eindringen in die Privatsphäre des Privilegierten nach Völkerrecht unzulässig.

Die Regeln des Völkerrechts können nicht die landesgesetzlichen Bestimmungen, die dem Schutz des Einzelnen dienen, außer Anwendung setzen. Auch sie verlangen Beachtung, weil jeder, also auch der Exterritoriale, durch Art. 2 Abs. 1, Art. 1 Abs. 1 GG geschützt ist. Für die Rechtslage in der Bundesrepublik ergibt sich daher ein mehrfacher Schutz, nach Landesrecht und nach Völkerrecht. Da die Schutzbereiche sich nicht in jedem Falle decken — z. B. ist die Überwachung des Briefverkehrs und das Betreten der Gesandtschaftsräume nach Völkerrecht schlechthin verboten, während nach Landesrecht unter bestimmten Voraussetzungen der Eingriff zulässig ist — ergibt sich eine doppelte Prüfung: Ist die beabsichtigte Maßnahme nach dem Recht der Bundesrepublik zulässig? Ist sie nach den Regeln des Völkerrechts zulässig? Nur wenn nach den Vorschriften beider Rechtskreise die Maßnahme statthaft ist, darf sie durchgeführt werden.

c) Die Unverletzlichkeit gibt dem Exterritorialen kein Recht, gegen die

[11]) Zur Abgrenzung der Ausspähung, die zu einem völkerrechtlichen Delikt wird, wenn ein diplomatischer Vertreter sie betreibt, von den erlaubten, offenen und vertraulichen Erkundungen, die zu den wesentlichen Aufgaben des diplomatischen Vertreters gehören, vgl. Erasmus, S. 68.

[12]) II cap. 18 § 4, 3.

[13]) Der Vorschlag scheiterte, weil Graf Hauterive in einer Denkschrift des ausw. Ministeriums darlegte, daß ohne die diplomatischen Privilegien alle internationalen Beziehungen unmöglich sein würden, Geffken, S. 647, weit. Beispiele S. 650 ff.; Erasmus, S. 60.

Gesetze des Empfangsstaates zu verstoßen[14]). Die Unverletzlichkeit besteht vielmehr nur im Bereich der legitimen und anerkannten Wirksamkeit des diplomatischen Vertreters[15]). Der Empfangsstaat ist daher nicht zur Untätigkeit verurteilt, wenn ein Exterritorialer die Gesetze verletzt oder die diplomatischen Vorrechte mißbraucht. Aus naturrechtlichen Erwägungen leitet Grotius sogar das Recht ab, den diplomatischen Vertreter zu verhören und zu verhaften, wenn es zur Verhütung eines schweren Unglückes besonders für die Öffentlichkeit oder zur Abwehr einer drohenden Gefahr erforderlich ist[16]). In den Grenzen der notwendigen Selbstverteidigung darf auch nach den Lehren des modernen Völkerrechts der Staat mit unmittelbarem Zwang gegen den Exterritorialen vorgehen und sich gegen Angriffe zur Wehr setzen. Auf die hier entwickelten engen Voraussetzungen für den Eingriff auf Grund von Notwehr und Notstand kommt es nicht an, vielmehr genügt es, wenn die unerlaubten Handlungen des Exterritorialen die Abwehrmaßnahme erfordern[17]).

Verhaftungen und Beschlagnahmen sind — außer im Falle der Notwehr nicht zulässig. Darum entfällt auch die Möglichkeit zur rechtsmäßigen Beschlagnahme auf dem „voie ordinaire". Dennoch hatte 1894 eine vom 2. Bureau des französischen Generalstabs (Bureau des renseignements) beauftragte Aufräumefrau das für Hauptmann Dreyfus verhängnisvolle und ihn belastende Borderaux aus dem Papierkorb des deutschen Militärbevollmächtigten, Oberst v. Schwartzkoppen entwendet[18]). Nicht gegen das Völkerrecht verstößt die Überwachung des Hauses, die so weit gehen kann, daß

[14]) Beling, Exterritorialität, S. 100.

[15]) Geffken, S. 652.

[16]) Quare ut obviam eatur immenti periculo si alia nulla est ratio idonea, et retineri et interrogari legati poterint, II cap 18 § 4, 6.

[17]) Guggenheim, I, S. 465: „Die Unverletzlichkeit des diplomatischen Vertreters besteht nicht, wenn sich das rechtsverletzende Individuum in Notwehr oder Notstand befindet. Desgleichen kann sie nicht geltend gemacht werden, wenn der Diplomat unerlaubte, landesrechtliche Verteidigungsmaßnahmen des Empfangsstaates erfordernde Handlungen begeht." Guggenheim verweist auf Reglement des Institut de droit international von 1929, Art. 14. Oppenheim-Lauterpacht, § 388, S. 791, Fußn. 1: „If a diplomatic envoy commits an act of violence which disturbs the international order of the receiving State in such a manner as makes it necessary to put him under restraint for the purpose of preventing similar acts, or if he conspires against the receiving State and the conspiracy can be made harmless only by putting him under restraint, he may be arrested for the time being, although he must in due time be safely sent home."
Auch Alfred Verdroß, Völkerrecht, Wien 1955, hält „Notwehr" gegen rechtswidrige Angriffe des Gesandten für zulässig, S. 259.

[18]) Thalheimer, Siegfried, Macht und Gerechtigkeit. Ein Beitrag zur Geschichte

der Gesandte von der Bevölkerung abgeschnitten ist[19]). Derartige einschneidende Kontrollmaßnahmen bilden aber die Ausnahme. Die typischen Reaktionen des Empfangsstaates gegen Delikte bevorrechtigter Personen liegen auf diplomatischer Ebene. Der Staat kann die diplomatischen Beziehungen abbrechen, die Abberufung des Hauptes der diplomatischen Vertretung oder der in die Sache verstrickten Mitglieder der Vertretung verlangen oder dem Exterritorialen die Päße zustellen[20]).

§ 33

Die verstärkte Überwachung der besonderen Geheimnisträger

Nur wenig Schutz erfahren die besonderen Geheimnisträger, in deren Privatsphäre einzudringen der Staat selbst dann für erforderlich und rechtens ansieht, wenn auf sie auch noch nicht der Schatten eines Verdachtes fällt.

Als besondere Geheimnisträger werden diejenigen Personen bezeichnet, die auf Grund ihrer Tätigkeit bei nationalen und supranationalen Behörden und in der Privatwirtschaft Kenntnis von Staatsgeheimnissen haben und zur Verschwiegenheit besonders verpflichtet sind. Gegnerische Nachrichtendienste werden immer wieder versuchen, mit ihnen in Verbindung zu treten, um Staatsgeheimnisse auszuforschen. Aus dieser Anziehungskraft, welche die Geheimnisträger auf gegnerische Nachrichtendienste ausüben, folgt das Bedürfnis des Staates nach intensiver Überwachung der Geheimnisträger. So kommt es, daß der Staat den Personen, denen er ein großes Vertrauen entgegenbringt und die er in seine wichtigsten Geheimnisse einweiht, zugleich mit erheblichem Mißtrauen begegnet und unter Umständen ihr dienstliches und privates Verhalten mit rücksichtslosen Kontrollen durchleuchtet. In Einzelfällen führt die Besorgnis vor der gegnerischen Spionage sogar dazu, den Geheimnisträger völlig von der Außenwelt abzuschneiden. Zur Verhinderung der Atomspionage haben die Vereinigten Staaten in den Atomstädten die Geheimnisträger einer Kontrolle unterworfen, die nahezu unvorstellbar

des Falles Dreyfus, München 1958 mit umfangreicher Bibliographie zum Fall D., S. 781—786.

[19]) Geffken, S. 650; dagegen darf nach Geffken, S. 661, das nicht versiegelte Gepäck der Kuriere, das grundsätzlich ebenso der Untersuchung entzogen sei, wie das versiegelte Gepäck, kontrolliert werden, wenn ein sehr begründeter Verdacht des Mißbrauchs der Privilegien vorliege.

[20]) Liszt-Fleischmann, S. 199; Erasmus S. 61.

ist. Die Menschen leben, wie Freund berichtet, „mit einem anderen Namen, losgelöst von dem Dasein der übrigen Menschheit hinter Glas und werden auf Schritt und Tritt überwacht. Die Geheimnisträger dürfen kein Geheimnis haben. Jeder Mensch ihres Umganges muß bekannt sein. ... Fernsehen und Tonband registrieren jede Lebensäußerung"[1]).

a) 1. Die rechtlichen Grundlagen für die Überwachung der besonderen Geheimnisträger finden sich in mehreren Ebenen. Man kann zunächst an die *Einwilligung* des Geheimnisträgers denken, der bei der Übernahme eines bestimmten Amtes damit rechnen muß, daß sein Privatleben überwacht wird. Die Einwilligung deckt aber nicht alle in Betracht kommenden Fälle. Sie liegt nicht vor, wenn der Einzelne auf Grund eines Dienstbefehls, z. B. einer Versetzung, zum Geheimnisträger wird oder wenn der Aufgabenkreis der Behörde, bei der er beschäftigt ist, sich erweitert und den Betreffenden mit den neuen Aufgaben auch Staatsgeheimnisse anvertraut werden. Mitarbeiter privatwirtschaftlicher Betriebe können gegen ihren Willen Geheimnisträger werden, wenn der Betrieb Rüstungsaufträge übernimmt. Zwar bliebe dem Einzelnen die Möglichkeit, um Entlassung zu bitten oder zu kündigen. Aber das Verbleiben im Amt oder in der Stellung ist nicht stets eine auf freiem Willen beruhende Einwilligung in die zu erwartenden Kontrollen. Denn die wirtschaftlichen Folgen der Entlassung, die die gesamte bürgerliche Existenz des Betroffenen in Frage stellen können, lassen oft nur wenig Wahl.

2. Die öffentlichen Bediensteten stehen in einem *besonderen Gewaltverhältnis* zum Staat, auf Grund dessen ohne Bindung an den Grundsatz der Gesetzmäßigkeit der Verwaltung in ihre Rechte eingegriffen werden darf[2]). Das besondere Gewaltverhältnis eröffnet daher auch dem Dienstherrn die Möglichkeit, ohne gesetzliche Vorschrift den Gewaltunterworfenen zu überwachen und insoweit in seine Privatsphäre einzudringen[3]). Die Kontroll-

[1]) WT, S. 20.

[2]) Otto Mayer, II, S. 182, 285; Forsthoff, § 7, A 1, S. 114 ff.; vgl. auch Thieme, Die besonderen Gewaltverhältnisse, DÖV 56, 521; Die Bundesregierung stützte auf die Treupflicht den viel diskutierten Beschluß vom 19. 9. 1950, durch den Beamten, Angestellten, Arbeitern im unmittelbaren und mittelbaren Bundesdienst jegliche Teilnahme an verfassungsfeindlichen Bestrebungen verboten wurde, vgl. dazu Koellreutter, S. 49 und die dort zit. Literatur.

[3]) Anerkannt ist, daß der Beamte den Dienstvorgesetzten über seine gesamte Diensttätigkeit und, soweit es das dienstliche Interesse fordert, auch über sein außeramtliches Verhalten Auskunft erteilen und auch ärztliche Untersuchungen und Beobachtungen zulassen muß; Brand, Arthur, Komm. z. Deutschen Beamtengesetz, 1942, § 7, Anm. 4; PrOVG 42, 429 (432); PrOVG 5. 3. 35, JW 35, 2462.

befugnisse sind zwar beschränkt. Die Anstalt darf nur das befehlen und fordern, was durch ihren Zweck geboten ist[4]). Das steht jedoch nicht der Beobachtung des Privatlebens der besonderen Geheimnisträger entgegen, da die Behörde ihre Aufgabe nur erfüllen kann, wenn sie vor Verrat ihrer wichtigsten Geheimnisse gesichert ist.

Auch der grundrechtliche Schutz versagt. Es war bereits für die Zeit der Weimarer Verfassung umstritten, in welchem Umfange der Beamte von den Grundrechten Gebrauch machen könne[5]), für das Grundgesetz ist sie erneut gestellt worden. Während Herbert Krüger die Ansicht vertritt, die Grundrechte gälten im besonderen Gewaltverhältnis in gleichem Umfange wie in dem allgemeinen Gewaltverhältnis[6]), wird nach richtiger Ansicht der Geltungsbereich der grundrechtlichen Freiheitsverbürgungen im besonderen Gewaltverhältnis eingeschränkt. Jedenfalls versagt nach diesen Ansichten der Schutz, soweit die Grundrechte durch Gesetz einschränkbar sind. Andere wollen unter Umständen auch dann die Anstaltsgewalt durchgreifen lassen, wenn ein Grundrecht unbeschränkbar gewährleistet ist[7]). *Daher steht das aus Art. 2 Abs. 1 GG folgende Recht auf Wahrung der Privatsphäre der Überwachung durch den Dienstvorgesetzten nicht entgegen.*

Die Bindung des Eingriffs an den Zweck, insbesondere aber die Fürsorgepflicht des Dienstherrn bedingen, alle Kontrollen auf das unbedingt Erforderliche einzuschränken und die Belange des Gewaltunterworfenen möglichst zu schonen[8]).

[4]) W. Jellinek, S. 516; Forsthoff, § 24 II 3, S. 444.

[5]) W. Jellinek, S. 370; Anschütz, RV, Art. 124, Anm. 3 und Art. 123, Anm. 4 g m. weit. Nachw.

[6]) Herbert Krüger, Rechtsgutachten über die Frage der Bestimmungsmensuren, Bonn 1953, S. 19; zurückhaltender in Der Verwaltungsrechtsschutz im besonderen Gewaltverhältnis, NJW 53, 1372.

[7]) Für die erstere Ansicht Forsthoff, S. 117, § 7 A 1; Füßlein in Nipperdey-Scheuner, S. 434; OVG Hamburg, DVBl. 53, 126 und 506; dagegen Winkler, Werner, Rechtsstaatsgedanke und besonderes Gewaltverhältnis, Diss. ungedr. 1957, Marburg, S. 88; Hildegard Krüger, Die Grundrechte im besonderen Gewaltverhältnis, ZBR 56, 309, verlangt für die Einschränkbarkeit der Grundrechte, daß das besondere Gewaltverhältnis im Grundgesetz institutionalisiert sei; das ist auf Grund des Art. 33 Abs. 4 und 5 für die hier anstehende Frage der Fall; vgl. auch Bachof, Veröffentl. d. Vereinig. dtsch. Staatsrechtslehrer, Bd. 12, 61; Mangoldt-Klein, Vorbem. B XVI 4 u. 5 m. weit. Schrifttum; Köhl, Gustav, Zur Frage des besonderen Gewaltverhältnisses, ZBR 1957, 121—124; Evers, S. 120.

[8]) Bundesdisziplinarhof E Bd. 2, 174.

3. Dem privaten Arbeitgeber wird man aus dem *Grundsatz der Interessenabwägung* das Recht nicht absprechen können, die Privatsphäre seiner Arbeitnehmer in beschränktem Umfange zu erforschen. Dem Arbeitgeber räumt man die Befugnis zu Torkontrollen und Leibesvisitationen ein, wenn sie aus dem Inhalt des Arbeitsvertrages folge. Zwar fordert man in der Regel eine ausdrückliche Vereinbarung, sei es im Tarifvertrag, der Betriebsvereinbarung oder dem Einzelarbeitsvertrag. Aber auch aus § 242 BGB kann ggf. die Befugnis des Arbeitgebers folgen, mit derartigen Kontrollen in die Freiheit seiner Arbeitgeber einzugreifen[9]).

4. Schließlich kommt in Betracht, daß die AfV die besonderen Geheimnisträger *kraft eigener Zuständigkeit* überwachen. Im Prinzip können dabei die AfV nur jene Befugnisse wahrnehmen, die ihnen durch das BVerfSchG und die entsprechenden Landesgesetze übertragen sind. Die zum Teil weitergehenden Möglichkeiten der Kontrolle auf Grund besonderer Gewaltverhältnisse oder Arbeitsvertrages stehen dem Dienstherrn, nicht aber dem AfV zu. Auch als ersuchte Behörde dürfen die AfV nur auf Grund eigenen Rechtes handeln, nicht auf Grund ihnen vom Dienstherrn übertragener Befugnisse, weil eine ersuchte Behörde stets ihr eigenes Recht, nicht das der beistandersuchenden Behörde ausführt[10]). Das gleiche gilt für die Dienstherrnbefugnisse, die sich aus privatrechtlichem Arbeitsvertrag ergeben. Zwar darf der Arbeitgeber sich privater Auskunfteien bedienen, deren Befugnisse nach dem Recht des Auftraggebers zu beurteilen sind[11]). Aber einer Behörde steht es nicht an, in Ausübung privater Befugnisse, die sie sich hat übertragen lassen, in die Rechte der Einzelnen einzugreifen.

Denkbar wäre nur, daß ein AfV der ersuchenden Behörde Hilfskräfte zur Verfügung stellt, die dann in Erfüllung der Behördenaufgaben auch deren Rechte ausüben. Aber dann handelt es sich um eine Hilfstätigkeit, die unter der Verantwortung der ersuchenden Behörde steht[12]).

b) Wegen der Anziehungskraft, die Geheimnisträger, auf gegnerische Nachrichtendienste ausüben, sind bei ihrer Überwachung Erkenntnisse zu erwar-

[9]) RAG ARS 6, 215; Nikisch, Arthur, Arbeitsrecht, Tübingen 1955, § 25 IV 3; ähnlich Kaskel-Dersch, Arbeitsrecht, Berlin 1957, S. 147; Nipperdey in Staudinger, Komm. z. BGB 11. Aufl. Berlin 1957, § 611, Anm. 157; RAG ARS 26, 125, zur Frage, ob ärztliche Kontrollen durchgeführt werden dürfen.

[10]) Hans Peters, S. 60.

[11]) Helle, S. 143 ff.; Haymann, Der Schutz gegen wahre üble Nachrede, zugleich ein Beitrag zum modernen Auskunfteirecht, Gruch, Beitr. 70, 61 ff.; Jaeger, Carl Hellmut, Wahrnehmung berechtigter Interessen durch Auskunfteien, NJW 56, 1224.

[12]) Für den Fall der Abordnung von Militär vgl. Otto Mayer, I, S. 310 ff.

ten. Die Staatsgeheimnisse sind stets gefährdet, weil sie Menschen anvertraut sind. Ihre Schwäche und Anfälligkeit darf nicht übersehen werden, vor allem, wenn mit Geschick und Energie Versuchungen an sie herangetragen werden. Die Gefährdung des Staatswohls kann so erheblich sein, daß eine vorsorgliche Überwachung sogar dann geboten ist, wenn noch keine konkreten Tatsachen vorliegen, die den Verdacht rechtfertigen, es sei eine Störung der öffentlichen Sicherheit und Ordnung zu befürchten. Eine bereits unter diesen Voraussetzungen eingeleitete Untersuchung verstößt nicht gegen den oben aufgestellten Grundsatz, wonach in die Privatsphäre eingreifende Nachforschungen nur angestellt werden dürfen, wenn derartige Tatsachen vorliegen[13]). Denn bereits das Wissen um das Geheimnis kann in Ausnahmesituationen bei pflichtgemäßer Prüfung eine Störung der öffentlichen Sicherheit und Ordnung besorgen lassen.

Der besondere Geheimnisträger kann daher einer *vorsorglichen Kontrolle* unterworfen werden. Aber den AfV stehen keine Mittel zur Verfügung, die über das Maß der bereits erörterten Maßnahmen hinausgehen.

Bei der Überwachung der dienstlichen Tätigkeit von Beamten als besonderen Geheimnisträgern ist zu bedenken: Auch der Beamte kann eine private Sphäre für sich beanspruchen, die jeder staatlichen Ausforschung verschlossen bleiben muß. Eine schrankenlose Inanspruchnahme seiner Person für staatliche Zwecke würde gegen Art. 1 Abs. 1 GG verstoßen[14]). Daher geht es nicht an, das Privatleben eines Beamten in einer Weise zu durchleuchten, die ihm keinen Eigenraum mehr beläßt. Die AfV dürfen nicht in die Bereiche der Privatsphäre eindringen, denen ein gesteigerter Schutz zuteil geworden ist. Darum können sie nicht ohne Wissen und Einwilligung des Geheimnisträgers in seiner Wohnung Nachforschungen anstellen lassen oder Schallaufnahmegeräte anbringen. Dagegen kann im Einverständnis mit dem Dienstherrn die dienstliche Post kontrolliert werden. Es darf auch das Arbeitszimmer des Geheimnisträgers durchsucht, ein Schallaufnahmegerät aufgestellt oder der Fernsprecher überwacht werden.

c) Die nach diesen Grundsätzen statthaften Kontrollen mögen für die Überwachung vieler Geheimnisträger ausreichen. Aber es gibt Geheimnisse, deren Wahrung dem Staat so existenznotwendig erscheint, daß er sich mit diesen zulässigen Maßnahmen nicht zufriedengeben wird. Weil im Falle ihres Verrats ein unermeßlicher Schaden entstehen kann, wird er es für un-

[13]) Vgl. oben § 13 b.
[14]) Vgl. BGHSt. 5, 225 (229).

bedenklich halten, mit schärfsten Mitteln für die Geheimhaltung Sorge zu tragen. Er wird jeden Schritt und jede Gedankenäußerung eines solchen Geheimnisträgers überwachen wollen, um jede Möglichkeit eines Verrates auszuschließen. Er kann auf die Erfolge der Atomspionage hinweisen, der es gelungen ist, über die besonderen Geheimnisträger in den Besitz der neuesten Erkenntnisse der Atomforschung und vor allem der Entwicklung der Atomwaffen zu gelangen[15]). Derartige Überwachungen sind aber nach dem Grundgesetz nicht durchführbar, weil die schrankenlose Durchleuchtung der Person die Menschenwürde verletzt.

Sie können nur statthaft sein auf der Grundlage der Einwilligung. Der Geheimnisträger verzichtet dann auf die Ausübung der Grundrechte, die einer vollständigen und umfassenden Überwachung entgegenstehen. Der freiwillige Verzicht bewahrt ihm seine Würde. Er verdient die Hochachtung aller, wenn die Sache, der er dient, und der er seine Privatsphäre zum Opfer gebracht hat, achtenswert ist. Zugang zu jenen besonders schutzbedürftigen Geheimnissen haben in aller Regel nur Menschen mit überragenden Fähigkeiten. Denn der Staat wird eine sehr sorgfältige Auswahl treffen und für diese bedeutungsvollen Aufgaben nur Personen heranziehen, von deren Eignung er überzeugt ist. Persönlichkeiten, die diesen Ansprüchen genügen, werden auch stets an anderer Stelle einen geeigneten und angemessenen Arbeitsplatz finden. Das macht sie unabhängig. Es befähigt sie, eine von äußeren Umständen nicht beeinflußte Einwilligung zu erteilen, die in manchen Fällen gegeben werden mag, um die besonders günstigen Arbeitsbedingungen wahrnehmen zu können.

d) Bei allen Eingriffen aber sind die privaten Belange des Geheimnisträgers möglichst weitgehend zu schonen. Demjenigen, dem erhöhtes Vertrauen entgegengebracht wird, *muß auch in angemessener Form die Überwachung mitgeteilt werden. Er muß auch Gelegenheit haben, sich zu negativen Auskünften zu äußern*[16]). Erst wenn das Vertrauen im Einzelfall aus begründetem Anlaß nicht mehr gerechtfertigt ist und wenn außerdem die Staatssicherheit dies dringend erfordert, kann es angehen, Ermittlungen ohne Wissen des Geheimnisträgers anzustellen.

Insbesondere ist das heimliche Sammeln von Nachrichten bei Beamten nur in wenigen Fällen statthaft. Denn aus der Treuepflicht folgt die Pflicht des

[15]) Vgl. z. B. die Fälle der Atomphysiker D. Allan Nunn May und Dr. Klaus Fuchs, Newman, S. 279 ff. und 316 ff.

[16]) Ritter v. Lex, aaO.

öffentlichen Dienstherrn, dem Beamten Gelegenheit zu geben, zu Vorwürfen Stellung zu nehmen. Das Verhältnis zwischen den Dienstvorgesetzten und seinen Beamten ist von dem Grundsatz der Offenheit und des Vertrauens beherrscht[17]). Ermittlungen ohne das Wissen des Beamten und ohne die Möglichkeit, von ihren Ergebnissen Kenntnis zu erhalten, sind nur in Ausnahmefällen erlaubt. Das folgt aus dem Recht des Beamten, in seine Personalakten einsehen zu dürfen und vor ungünstigen Eintragungen tatsächlicher Art gehört zu werden[18]) und aus den verfahrensmäßigen Sicherungen der Disziplinarverfahrensordnungen.

Personalakten sind alle amtlichen Urkunden, in denen Aufzeichnungen irgendwelcher Art über die Person des Beamten enthalten sind[19]). Daher kann der Dienstvorgesetzte nicht Material gegen seinen Untergebenen sammeln, das seiner Kenntnisnahme verschlossen bleibt. Derartige geheime Nebenakten sind schlechthin unzulässig[20]). Es dürfte auch nicht angehen, die Anlegung besonderer Akten, sog. „Sicherungsakten", aus dem Grundsatz der Güterabwägung zu rechtfertigen, weil die Staatssicherheit dies zwingend geböte. Denn es bleibt die Möglichkeit, die einschlägigen Beamtengesetze zu ändern. De lege lata gibt es Beschränkungen dieses Rechts auf Akteneinsicht nur für das förmliche Disziplinarverfahren und die Votermittlung, die dem förmlichen Verfahren vorausgeht, § 21 Bundesdisziplinarordnung. Daher kann während der Vorermittlung auch ohne Kenntnis des betroffenen Beamten Material gesammelt werden. Aber der Dienstvorgesetzte ist in sachlichem und zeitlichem Umfange auf die Vorermittlung beschränkt, die mit der Bekanntgabe des „wesentlichen Ergebnisses der Ermittlungen", auf das sie zielt, ihr Ende findet. Eine unzulässige Umgehung des Rechtes auf Akteneinsicht wäre es, unter Berufung auf § 21 aaO geheime Akten zu verwahren, um sie zu einem späteren, ungewissen Zeitpunkt zu verwenden[21]).

17) BGHZ 22, 258 (266).

18) § 90 BundesbeamtenGes. und die korrespondierenden Vorschriften der Länderbeamtengesetze, vgl. auch Art. 129 RV.

19) Anschütz, Art. 129 RV, Anm. 10; Brand, Art. 128—131 RV in Grundrechte und Grundpflichten, Berlin 1930, 2. Bd., S. 243, zu dem gleichen Begriff der „Personalnachweise" in Art. 129 RV.

20) Vgl. Brand, aaO, S. 244; Anschütz, RV, Art. 129, Anm. 10; ausgenommen sind allerdings die gesondert von den Personalakten aufbewahrten Prüfungsakten, bei diesen fehlt das Recht auf Einsicht, BVerwG 11. 7. 58, BVerwGE 7, 153 ff.; a. A. Friebe, NJW 59, 904.

21) Unter der Bezeichnung „Kragenmann" führte die Geheime Staatspolizei jahrelang eine Geheime Reichssache, die alle Nachforschungen über Hjalmar Schacht enthielt, Hagen, S. 96; ein Dienstvorgesetzter oder eine für ihn tätige Behörde dürfte nach den obigen Ausführungen nicht entsprechend vorgehen.

Auch im förmlichen Disziplinarverfahren können Akten unter hier nicht näher zu erörternden Voraussetzungen der Kenntnis des Beamten, gegen den das Verfahren eingeleitet ist, verschlossen bleiben. Aber diese Akten oder Aktenteile scheiden aus dem Verfahren aus. Weder in der Anschuldigungsschrift noch in dem Hauptverfahren dürfen sie verwendet werden[22]). Da sie daher nicht Grundlage einer den Beamten benachteiligenden Entscheidung sein können, wird sein Anspruch auf Gehör von dieser Ausnahmebestimmung nicht berührt.

Wenn auch das Recht des Beamten auf Gehör und Akteneinsicht sich gegen den Dienstherrn richtet, bei Maßnahmen der AfV daher nicht durchgreift, ohne Belang bleibt es nicht. Die Treupflicht, auf der die Rechte des Bediensteten beruhen, besteht nicht nur für die Anstellungsbehörde, sondern für den Staat. Ein staatliches Organ darf daher keine Schritte unternehmen, die mit diesen Pflichten unvereinbar sind. Das begründet für die AfV das Verbot, einen öffentlich Bediensteten fortdauernd heimlich zu überwachen oder über sein Verhalten Nachrichten zu sammeln, ohne ihn davon in Kenntnis zu setzen. Dagegen sind zeitlich begrenzte und auf die Ermittlung eines bestimmten Sachverhaltes gerichtete Maßnahmen, wie sie der Dienstvorgesetzte vor der Einleitung eines Disziplinarverfahrens oder die Polizei und die Staatsanwaltschaft bei dem Verdacht einer strafbaren Handlung ergreifen dürfen, mit den oben entwickelten Grundsätzen vereinbar.

Abschnitt VII:

Das Auswerten von Nachrichten

§ 34

Die Aufbewahrung des gesammelten Materials

a) Das Schwergewicht des Eingriffs in die Privatsphäre liegt oft nicht in dem Beobachten einer einzelnen Lebensäußerung. Die Erkundung von Einzelheiten aus dem Bereich der Privatsphäre wäre, für sich gesehen, oft nicht mehr als eine bloße Belästigung, die als unerheblich hingenommen werden kann. Zu einem rechtlich bedeutsamen Eingriff wird das Erkunden in diesen Fällen erst durch die Systematik, mit der es betrieben wird. Ebenso ist auch

[22]) Vgl. § 51 BundesdisziplinarO und DV zu § 51.

nicht jede Beschäftigung mit dem gesammelten Material ein erneuter Eingriff. Das würde dem sich im geistigen Bereich vollziehenden Vorgang nicht gerecht, der erst rechtliche Relevanz erhält, wenn er für den Einzelnen eine Beschwer bedeutet. Daher gehört das Entgegennehmen der Nachrichten, das Bewerten nach dem Grad ihrer Glaubwürdigkeit und Bedeutsamkeit und das Einordnen in geistige Zusammenhänge noch zu den Eingriffen, die in den Abschnitten V und VI erörtert worden sind. Aber auch die weitere Behandlung der gesammelten Nachrichten ist nicht in jedem Falle von rechtlicher Erheblichkeit. Eine Beschwer für den Einzelnen kann jedoch mit der Aufbewahrung und der Weitergabe der gesammelten Nachrichten verbunden sein. Diese beiden Vorgänge sind im folgenden zu erörtern.

b) Die gesammelten, bewerteten und in geistige Zusammenhänge eingeordneten Nachrichten werden von den AfV aufbewahrt, und zwar, wie das bei einer Behörde nicht anders sein darf, in zweckmäßiger Ordnung. Durch die Akten oder Karteikarten, die ein AfV über beobachtete Personen anlegt, fühlt sich der Einzelne, der meist nicht weiß, ob und mit welchem Inhalt ein Dossier geführt wird, und welche Behörde dies tut, bedroht. Zu irgendeinem Zeitpunkt, so muß er befürchten, kann das Material gegen ihn ausgespielt werden. Das Dossier, das im Panzerschrank ruht, ist zwar noch keine Verfolgungsmaßnahme, es kann aber jederzeit zur Verfolgung eines Menschen benutzt werden, und wenn aus irgendeinem Anlaß ein Sachbearbeiter das rechte Maß, die ruhige Überlegung verliert, kann schweres Unheil über den Einzelnen hereinbrechen. Geradezu katastrophale Folgen können solche Dossiers in turbulenten Zeiten hervorrufen. Denn immer liegt die Gefahr nahe, besonders aber in der undurchsichtigen Atmosphäre einer Ausnahmesituation, nicht nur den Staat vor seinen Gegnern zu schützen, sondern darüber hinaus Politik zu machen oder private Rache zu nehmen.

Welche für einen Rechtsstaat unerträglichen Zustände eine Verdächtigenliste verursachen kann, wenn die gesammelten Erkenntnisse mißbraucht werden, zeigen mit erschreckender Deutlichkeit die Verhaftungswellen im Jahre 1933. Das Amt IA im Berliner Polizei-Präsidium hatte bereits in der Weimarer Zeit die Namen aller kommunistischen Funktionäre erfaßt. Sofort nach der Machtergreifung griffen die Nationalsozialisten kurzerhand auf diese Listen zurück und führten Verhaftungen größten Ausmaßes durch. Erst nachdem dies geschehen war, unterzog man sich der Mühe zu untersuchen, ob die Verhafteten sich Straftaten, insbesondere hochverräterische Umtriebe haben zuschulden kommen lassen. Man begann also erst, nachdem die Gefängnisse überfüllt waren, wie Diehls, der an diesen Aktionen nicht unmaßgeblich beteiligt war, mit zynischem Beiklang berichtet, „die Schafe von den Böcken" zu scheiden. Hunderte von Gefangenen wurden wieder entlassen, weil ihnen nichts nachgewiesen werden konnte[1]). Bei Ausbruch des 2. Weltkrieges kam es in England zu Massenverhaftungen von Spionageverdächtigen[2]), in den Vereinigten Staaten geschah das gleiche nach dem Angriff auf Pearl Habour[3]). Nach dem 2. Weltkrieg leiteten die Schweizer Behörden eine umfassende Aktion gegen Nationalsozialisten deutscher Staatsangehörigkeit ein. Es wurde „präsumiert", sie gefährdeten die innere und äußere Sicherheit der Schweiz[4]).

Wenn auch durch Verfahrensvorschriften jetzt sichergestellt ist, daß sich Exzesse wie im Jahre 1933 schwerlich wiederholen können, solange die förmlichen Voraussetzungen für Eingriffe in die persönliche Freiheit beachtet werden, — daß einmal einem oder mehreren Sachbearbeitern die Nerven durchgehen, läßt sich nicht verhindern. Eine Bevölkerung, die derartigen schweren Mißgriffen ausgesetzt war, wird lange die Erinnerung daran behalten und jede Verdächtigenkartei und jedes geheim geführte Dossier in eine Verbindung mit jenen Vorgängen bringen. In gewissem Umfange ist das berechtigt. Die Dossiers liegen gleichsam griffbereit, die Gefahr, daß eine ungerechtfertigte Verfolgungsmaßnahme auf Grund dieser gesammelten Nachrichten eingeleitet wird, läßt sich nicht mit Sicherheit ausschließen.

Die Vulkan-Affäre und der Fall Naumann zeigen, daß auch ein Rechtsstaat nachrichtendienstlichen Mystifikationen zum Opfer fallen kann. Verfolgungsmaßnahmen, auf Grund „verdächtig dünner Akten" (Ernst v. Salomon) eingeleitet, bergen für den Einzelnen eine wesentlich größere Gefahr als Ermittlungsverfahren wegen eines unpolitischen Delikts, die der Einzelne gleichfalls hinzunehmen hat, auch wenn er unschuldig ist. Denn hier werden die rechtsstaatlichen Verfahrensgarantien alsbald voll wirksam, was bei politischen Delikten nicht selten fraglich erscheint[5]).

Ein weiterer Gesichtspunkt kommt hinzu. Das Sammeln von Nachrichten

[1]) Diehls, S. 204, 205.

[2]) Newman, S. 191.

[3]) Newman, S. 235.

[4]) Müller, Martin, S. 192 ff.

[5]) Daher ist es nicht unbedenklich, wenn der 1. Untersuchungsausschuß des 2. Dt. Bundestages in den Namenskarteien des BfV nur eine „sachgemäße Kartothek" und keine Verfolgungsmaßnahme sah, obwohl es seinen Mitgliedern versagt war, die Karteien selbst einzusehen, Drucks. 3728. Zum Fall Naumann und zur Vulkanaffäre vgl. unten § 40 b, insbes. Fn. 4.

mit Hilfe mittelbarer Methoden bringt vieles Material herbei, das für die Aufgaben des Verfassungsschutzes belanglos sein muß, aber den Einzelnen in seiner Privatsphäre beeinträchtigt. Denn bei Anwendung mittelbarer Methoden wird nicht mit gezielten Erkundungsmaßnahmen gegen den Einzelnen vorgegangen, vielmehr werden meist alle Nachrichten gesammelt, die irgendwie erreichbar sind. Erst bei der Bearbeitung des vorliegenden Materials erschließen sich die Erkenntnisse, die für die Aufgaben des Verfassungsschutzes wesentlich sind.

Schließlich besteht keine Sicherheit, ob die gesammelten Nachrichten zutreffen. An die AfV werden Denunziationen herangetragen, von den Gegnern, um die Aufklärungsarbeit zu stören, und von Denunzianten, die dem Verdächtigten schaden wollen. Mitarbeiter können sich irren oder aus Geldgier und Geltungsdrang entstellte oder falsche Nachrichten beibringen. Grundsatz eines Nachrichtendienstes muß es daher sein, jede Meldung sorgsam auf ihre Richtigkeit zu überprüfen und nach einer Bestätigung zu suchen, die außerhalb der Meldung selbst liegt[6]). Aber auch die Bestätigung ist den gleichen oder ähnlichen Fehlerursachen ausgesetzt, so daß auch für eine solche Meldung keine Gewähr der Richtigkeit besteht. Es kann immer nur ein je nach Lage des Falles verschiedener Grad der Glaubwürdigkeit festgestellt werden.

Die hier festgestellten Merkmale — die Gefahr des Mißbrauchs, die Ausdehnung der Materialsammlung auf Interna aus dem Bereich der Privatsphäre, die stets denkbare Unrichtigkeit der Nachrichten und die Heimlichkeit des Vorgehens — stempeln die *Anlage von Karteien und die Sammlung von Akten zu einem Eingriff in die Privatsphäre,* der nur auf Grund eines Gesetzes wie das BVerfSchG statthaft ist.

Der Grundsatz, daß ein Eingriff soweit wie möglich in seiner Auswirkung beschränkt werden muß, kann nicht dazu führen, die *Vernichtung des Materials* im Einzelfalle zu verlangen, auch nicht die Vernichtung einzelner unbestätigt gebliebener Meldungen[7]). Praktische Erwägungen stehen so zwingend dagegen, daß die Aufbewahrung der Akten unumgänglich und daher als erforderlicher Eingriff in die Privatsphäre erscheint. Es läßt sich nicht vorher sagen, ob nicht eine Nachricht zu einem späteren Zeitpunkt in einem

[6]) Nicolai, Nachrichtendienst, S. 14; Weiß, S. 100.

[7]) So aber wohl Bucher, 37. Sitzung des 2. Deutschen Bundestages, Sten.Berichte, S. 1741; wie hier dagegen OVG Münster, 26. 10. 54, DVBl. 55, 237 = JZ 55, 346: auf Entfernung eines innerdienstlichen Berichts aus den Verwaltungsakten könne nicht geklagt werden.

anderen Zusammenhang von Bedeutung ist, z. B. um einen Denunzianten zu überführen. Auch würde ein erneuter Anlaß zur Überprüfung einer Person auf Grund neuer Meldungen zu weiteren Eingriffen führen, wenn die Erkenntnisse, die die Loyalität des Betroffenen ergeben haben, vernichtet sind. Liegen bereits Unterlagen vor, können solche Eingriffe vermieden oder wenigstens in ihrem Ausmaß beschränkt werden.

Willkürlich und im Ergebnis vergeblich wäre auch das Verlangen, wenigstens keine Karteien oder Akten über Personen zu führen, deren Verfassungstreue nicht angezweifelt werden kann. Es wäre willkürlich, weil eine generalklauselartige Bestimmung wie der Art. 2 Abs. 1 GG, aus der das Recht auf Wahrung der Privatsphäre abgeleitet worden ist, nicht die Beantwortung der bürotechnischen Frage bringen kann, ob Namens- oder Sachkarteien zu führen sind. Das Verlangen wäre ergebnislos, weil im Bedarfsfalle bei einer genügenden Zahl von Hilfskräften oder unter Verwendung technischer Hilfsmittel aus den Sachkarteien und Akten mit Leichtigkeit das den Einzelnen betreffende Material wieder herausgezogen werden könnte.

c) *Nachrichten, die auf unrechtmäßige Weise erlangt worden sind,* können in gleicher Weise aufbewahrt und, soweit das an sich zulässig ist, auch verwendet werden. Eine Norm, die das ausdrücklich verbieten würde, besteht nicht. Es kann auch aus der Rechtsordnung nicht ein Grundsatz abgeleitet werden, der einer späteren Verwertung der illegal beschafften Nachrichten entgegen stünde. Vielmehr wird, nachdem einmal die Verletzung des Einzelinteresses geschehen ist, dem Interesse an der Wahrheitsfindung der Vorzug gegeben.

Selbst im Strafprozeß kann das Gericht seine Entscheidung auf Beweismittel stützen, die in rechtswidriger Weise beigebracht worden sind. Davon bestehen allerdings einige Ausnahmen, die für das Gerichtsverfahren zu beachten sind, weil der Angeklagte verlangen kann, daß gegen ihn prozeßordnungsgemäß vorgegangen werde[8]). Eine Beweiserhebung, die gegen die absoluten und relativen Beweisverbote verstößt, ist unzulässig[9]). Das kann sein, weil das Beweisthema, die Beweismethode oder die Beweismittel verboten sind[10]). Die Beweisverbote folgen aber nicht einem einheitlichen Prinzip, das den Schluß von dem Verfahrensverstoß auf eine für jeden Fall angeordnete Unverwertbarkeit rechtfertigen könnte. Denn sie gelten nur in

[8]) BGHSt. 9, 59 (60).
[9]) Beling, Beweisverbote, S. 13; ders., ZStrW 24, 245 (265).
[10]) Karl Peters, S. 244.

der besonderen Verknüpfung, die durch die persönlichen Verhältnisse des Angeklagten geschaffen wird. So sind Beschlagnahmen, die gegen einen Angehörigen des Angeklagten durchgeführt worden sind, nach § 97 StPO prozeßordnungswidrig. Die unter Verletzung dieser Vorschrift beigebrachten Urkunden dürfen in dem Prozeß nicht verwendet, also weder verlesen noch bei der Urteilsfällung berücksichtigt werden[11]). Aber in einem Verfahren gegen einen anderen Angeklagten, bei dem die verwandtschaftlichen Bindungen nicht bestehen, ist ihre Verwertung unbedenklich[12]). Ebenso verhält es sich mit der Berücksichtigung der Aussagen von Zeugen, die berechtigt sind, die Auskunft zu verweigern. Die Rechtsprechung hat Wege gefunden, um sogar noch in dem gleichen Prozeß eine frühere Aussage zu verwerten, obwohl der Berechtigte nunmehr von dem Auskunftsverweigerungsrecht Gebrauch macht und obwohl § 252 StPO die Verlesung jener Aussage ausdrücklich verbietet[13]). Das Gericht prüft auch nicht nach, ob der aussagebereite Zeuge gegen ein Schweigeverbot, selbst nicht, ob er gegen § 300 StGB verstößt[14]).

Die Verletzung anderer Vorschriften bleibt völlig unbeachtlich. Das Beweismaterial, das durch Beschlagnahmen und Untersuchungen, deren formelle Voraussetzungen nicht erfüllt waren, zutage gefördert wurde, ist stets verwertbar, wenn die legale Beschlagnahme nachgeholt werden könnte. Eine förmliche Neubeschlagnahme ist nicht erforderlich. Es wäre, wie das RG erklärt hat, „eine wertlose Umständlichkeit, daß das Papier zunächst unter Aufhebung der Beschlagnahme dem von der Untersuchung Betroffenen ausgehändigt, jedoch in unmittelbarem Anschluß daran auf Grund einer neuen Beschlagnahmeverfügung weggenommen wird". Daher läßt es die Anordnung der Fortdauer der Beschlagnahme genügen[15]).

Etwas anderes ergibt sich nur bei einer Verletzung des Art. 1 GG und des auf dieser Vorschrift beruhenden § 136 a StPO. Prozeßhandlungen, die gegen diese Normen verstoßen, sind schlechthin unzulässig. Beweismittel, die

[11]) RGSt. 20, 91; Tillmann in Loewe-Rosenberg, § 97, Anm. 1 d.

[12]) RGSt. 47, 195 (197); Fuchs, Beweisverbote bei der Vernehmung des Mitbeschuldigten, NJW 59, 14 wendet sich gegen die Möglichkeit, durch Anklageerhebung gegen schweigeberechtigte Zeugen und Verfahrenszusammenlegung das Aussageverweigerungsrecht praktisch zu entwerten.

[13]) RGSt. 48, 246; BGHSt. 2, 99 ff.; E. Schmidt verwirft die Argumentation als Rabulismus, Lehrkomm. I, Ziff. 371, Fußn. 200 m. weit. Nachw.; Alsberg-Nüse, Der Beweisantrag im Strafprozeß, 1956, S. 106 ff.

[14]) BGHSt. 9, 59.

[15]) RGSt. 47, 195 (197).

auf diese Weise entstanden sind, müssen aus dem Prozeß ausscheiden[16]). Aber verwertet werden dürfen die Beweismittel, die auf Grund der Hinweise der nach § 136a StPO verbotenerweise herbeigeführten Aussage aufgefunden wurden[17]).

Mag man hier eine Lücke im Schutz der Individualinteressen beklagen oder die verbleibenden Möglichkeiten für die Wahrheitsfindung begrüßen, nach der Strafprozeßordnung bleiben die meisten rechtswidrig beschafften Beweismittel formal zulässig[18]). Dann aber muß es auch rechtens sein, wenn die AfV, die in ihrem Vorgehen nicht wie das Gericht an die Einhaltung bestimmter Verfahrensvorschriften gebunden sind, die rechtswidrig beschafften Nachrichten für eine weitere Verwertung aufbewahren. Selbst wenn jene Nachrichten nicht dem Gericht als Beweismittel vorgelegt werden können, sind sie für die Auffindung legaler Beweismittel als Hinweise wertvoll und zulässig.

d) Es ist unerläßlich, die Akten vor Unbefugten sicher zu verwahren. Das geschieht auch, allerdings in erster Linie, um die Arbeit der AfV vor ihren Gegnern geheimzuhalten; aber auch, um den Einzelnen zu schützen, müssen die Akten als geheim geführt werden. Der Einzelne hat ein berechtigtes Interesse, daß die Vorschriften über Verschlußsachen eingehalten werden[19]).

Unerträglich wäre es, wenn Beamte privat Karteien führten, sich Aufzeichnungen machten oder gar besonders prekäre Akten privat aufbewahrten. Das würde der mißbräuchlichen Verwendung der gesammelten Nachrichten Tür und Tor öffnen.

Ein unrühmliches und warnendes Beispiel aus den letzten Jahren der preußischen Geheimpolizei weiß wiederum Diehls zu berichten. Im Jahre 1932 bewahrte er als Sachbearbeiter in der Abteilung IA der preußischen Polizei in seiner Wohnung Stapel von Geheimakten über politische Persön-

[16]) Karl Peters, Strafprozeß, S. 27.

[17]) Kohlhaas, NJW 57, 85; Feldmann, Verwertbarkeit widerrechtlich erlangter Beweise, NJW 59, 653; Baumann, Sperrkraft der mit unzulässigen Mitteln herbeigeführten Aussage, GoldA 59, 33; Schwarz, § 136 a StPO, Anm. 2 B; a. A. Siegert, GoldA 57, 270, der auch die mittelbare Verwendung rechtswidrig erlangter Beweismittel für unzulässig hält.

[18]) Kohlhaas, NJW 57, 85; vgl. auch Pleyer, ZZP 56, Bd. 69, S. 328 für die im Zivilprozeß entstehenden Fragen, die in ähnlicher Weise zu lösen sind.

[19]) Eine Erörterung, welchen Schutz sie bieten und ob dieser ausreicht, ist hier nicht möglich, weil die Verschlußsachenvorschrift, die eine interne Verwaltungsanweisung der Bundesregierung ist, nur für den Dienstgebrauch bestimmt ist und als „vertraulich zu behandeln" nicht veröffentlicht wird.

lichkeiten auf. Diese Akten enthielten umfangreiches Material, auch höchstpersönlicher Natur[20]). Die private Sammlung war der SS ein Dorn im Auge, zumal auch über ihre Führer Nachrichten vorlagen, deren Verwendung sie hätte völlig bloßstellen können. Nach der Machtergreifung machte ein Kommando der SS auf eigene Faust eine „Haussuchung" und nahm, wie Diehls schreibt, „die mir vertrauten Aktenstöße, die sich seit Jahren in meiner Wohnung angesammelt hatten", ohne sich mit irgendwelchen Formalitäten aufzuhalten, mit. Diehls leitete sofort eine Gegenaktion ein und konnte die SS-Leute dabei stellen, wie sie die Akten durchstöberten. Diehls nahm die Akten, die er vorfand, wieder an sich. Dabei übersah er aber, daß bereits eine Reihe von Unterlagen fehlten[21]), ein Zeichen, welchen Umfang diese Materialsammlung gehabt haben muß.

§ 35

Die Weitergabe von Nachrichten

Das Sammeln, Ordnen und Aufbewahren der Nachrichten ist nicht Selbstzweck. Es dient der Sicherung des Staates gegen verfassungsfeindliche Bestrebungen. Da die AfV keine Exekutivgewalt haben, müssen sie ihre Erkenntnisse der Regierung und den Organen der Exekutive weitergeben, damit diese die erforderlichen Schritte unternehmen können.

a) Die AfV werden entweder auf Grund eigener Initiative tätig oder sie beantworten Ersuchen oder Anfragen, die an sie gerichtet werden. Es können allgemeine Berichte, detaillierte Berichte über einzelne Personen erstattet oder die Akten selbst vorgelegt werden. Auch nach dem Empfängerkreis ergeben sich Unterscheidungen. Als Empfänger der Nachrichten kommen in Betracht andere AfV — diesen Fall regelt § 4 BVerfSchG —, die vorgesetzten Dienststellen, die Regierung, die Strafverfolgungsbehörden, die Polizei, andere Verwaltungsbehörden und Private[1]). Für unsere Untersuchung scheiden die

[20]) Hagen, S. 12.

[21]) Diehls, S. 328—330.

[1]) Ob die Berichte von den AfV unmittelbar an die zu beliefernden Stellen gegeben werden dürfen oder ob eine andere Behörde, insbesondere das Ministerium, dazwischengeschaltet wird, ist eine organisatorische Frage, die hier offen bleiben muß. Nach Ziff. 7 der Anordnung der Bundesregierung v. 7. 11. 1950, abgedr. im schriftl. Bericht des 1. Untersuchungsausschusses des 2. Deutschen Bundestages, Drucks. 3728, sind nur der Bundeskanzler und die Bundesminister befugt, Ersuchen an das BfV zu richten.

allgemeinen Berichte aus, weil sie mit der Privatsphäre des Einzelnen nichts zu schaffen haben, mögen sie auch für die Arbeit der AfV von wesentlicher Bedeutung sein[2]).

b) Das gleiche gilt für die Rechenschaftsberichte über die eigene Tätigkeit, soweit sie allgemeinen Charakter haben. Im Rahmen der Dienstaufsicht, die dem Innenminister nach § 2 BVerfSchG obliegt, kann aber eine ins einzelne gehende Berichterstattung und die Vorlage der Akten verlangt werden[3]). Erstreckt sich die Dienstaufsicht auf bestimmte Untersuchungen, die ein AfV durchgeführt hat, dann können Angelegenheiten, die der Privatsphäre einer Person zugehören, den Beamten der Dienstaufsichtsbehörde zu Gesicht kommen. Das ist kein neuerlicher Eingriff, der einer besonderen Rechtfertigung bedarf. Denn das dienstaufsichtführende Ministerium und das beaufsichtigte AfV sind Teile einer einheitlichen Staatsgewalt, die nur durch die Organisation des Verwaltungsaufbaus in mehr oder minder selbständig und unabhängig voneinander arbeitende Behörden aufgegliedert ist. Die Einheit der beiden Behörden wird durch die Befugnis zur Dienstaufsicht, die der übergeordneten Behörde zusteht, wieder hergestellt. Die weitere Bearbeitung eines Aktenstücks, das Interna aus der Privatsphäre eines Einzelnen enthält, innerhalb einer solchen Einheit aber gehört noch zu dem ursprünglichen Eingriff.

Die Befugnis zur Dienstaufsicht wird durch ihren Zweck begrenzt. Anweisungen, die nicht dieser Aufgabe dienen, liegen außerhalb der zwischen aufsichtführender und beaufsichtigter Behörde zu denkenden Einheit und können daher das Recht des Einzelnen erneut verletzten. *Werden die Akten ohne einen rechtfertigenden Anlaß herausverlangt, dann wird das Grundrecht des Art. 2 Abs. 1 GG verletzt,* die Anweisung der Dienstaufsichtsbehörde ist rechtswidrig. Erkennt der Beamte die Rechtswidrigkeit des Befehls, dann darf er ihn nicht befolgen, sondern muß seine Bedenken dem Vorgesetzten vortragen. Der Vorgesetzte und der nächsthöhere Vorgesetzte hat zwar im Regelfall zu entscheiden, ob die Bedenken begründet sind und kann den Beamten zum Gehorsam zwingen. Die Gehorsamspflicht endet jedoch, wenn das dem Beamten aufgegebene Verhalten erkennbar gegen das Strafgesetz

[2]) Das BfV hat dem Bundeskanzler und dem Bundesminister des Inneren laufend über seine Tätigkeit und über wichtige Feststellungen auch an die Bundesminister, für deren Zuständigkeit die Erkenntnisse von Bedeutung sind, zu berichten. Ziff. 6 der Anordnung der Bundesregierung v. 7. 11. 1950, vgl. Fundstelle Fußn. 1.

[3]) Schröder erklärte, von diesem Recht keinen Gebrauch zu machen, Bericht des 1. Untersuchungsausschusses des 2. Dtsch. Bundestages, Drucks. Nr. 3728.

verstößt oder die Würde des Menschen verletzt, § 56 BBG. Es sind Fälle vorstellbar, bei denen die absolute Grenze der Gehorsamspflicht erheblich wird, weil die Weitergabe der gesammelten Nachrichten nicht nur als Verletzung der Privatsphäre, sondern unmittelbar als Verletzung der Menschenwürde des Betroffenen anzusehen ist, insbesondere, wenn die Nachforschungen bis in den Kernbereich der Person vorgedrungen waren.

§ 36

Die Rufgefährdung und die Verletzung der Privatsphäre

Bei der *Weitergabe von Nachrichten an andere Behörden und an Private* kommt eine Vorlegung der Akte schon aus Gründen der Geheimhaltung nicht in Betracht. Daher kann sich der Aktenauszug oder der Bericht auf Tatsachen beschränken, die in unmittelbarem Zusammenhang mit dem Verdacht verfassungsfeindlicher Betätigung stehen. Alle anderen Interna aus dem Leben des Betroffenen können unerörtert bleiben. Sie müssen es auch, weil die Privatsphäre soweit als möglich zu schonen ist. Dennoch kann auch bei diesen, streng auf die Aufgaben des Verfassungsschutzes beschränkten Berichten und Aktenauszügen die Erörterung von Angelegenheiten aus dem Bereich der Privatsphäre unvermeidlich sein, um ein genaues Bild des Betroffenen zu zeichnen.

Darüber hinaus kann durch die Weitergabe von Nachrichten der Ruf des Betroffenen gefährdet werden. Der Ehrenschutz, der die Wertschätzung der Person in der Öffentlichkeit betrifft, gehört nicht mehr in den Problemkreis der Privatsphäre[1]). Es können auch weitere Rechtsverletzungen verursacht werden. Im Verhältnis zur Verletzung der Privatsphäre können diese Beeinträchtigungen der Rechte des Betroffenen schwerer wiegen. Sie sollen hier ebenfalls berücksichtigt werden, damit die Untersuchung nicht in der Beschränkung auf eine Teilfrage einseitig bleibt. Dabei ist zu unterscheiden zwischen den Rechtsnachteilen, die durch die AfV, und jenen Nachteilen, die erst durch die unterrichtete staatliche oder private Stelle den Einzelnen zugefügt werden können. Diese weiteren Beeinträchtigungen, sei es ein Strafverfahren, das eingeleitet, eine Genehmigung oder Erlaubnis, die versagt[2]),

[1]) Reinhardt, AcP 153, 556.

[2]) Z. B. nach § 4 PaßGesetz, vgl. aber BVerwG 3, 36: volle gerichtliche Nachprüfung, ob die Voraussetzungen für eine Versagung des Passes vorliegen oder §§ 57 Ziff. 2 a, 42 b, 44 a Gewerbeordnung; § 6 Abs. 3 Bundesentschädigungsgesetz.

eine Entlassung, die verfügt wird, sind in erster Linie durch die dafür einschlägigen Vorschriften bedingt, die hier zu erörtern sich verbietet. Nur der Einfluß der Berichte der AfV auf diese Maßnahmen gehört noch in unseren Zusammenhang.

Ein Bericht, mag er nur Tatsachen wiedergeben oder durch Tatsachen substantiierte Urteile oder reine Urteile über eine Person enthalten, beeinflußt das Persönlichkeitsbild, das der Empfänger des Berichtes von dem Betroffenen hat oder gewinnen will. Der gute Ruf und das Ansehen des Betroffenen, mithin seine Ehre, werden gefährdet, wenn der Bericht ungünstig ist oder wenn er Interna aus dem Privatleben enthält, die der allgemeinen Kenntnis verschlossen zu bleiben pflegen.

a) Das Rechtsgut der Ehre ist aber, wie aus §§ 185 ff. StGB folgt, nur beschränkt gegen Tatsachenbehauptungen und sachliche Urteile geschützt. Die rufgefährdenden Kundgebungen stehen wie keine andere denkbare Rechtsverletzung „auf der Schwelle zwischen Verwerflichkeit und Strafwürdigkeit einerseits, Nützlichkeit, ja Erforderlichkeit andererseits“[3]). Das schließt es aus, rufgefährdende Äußerungen schlechthin zu verbieten. Nur Kundgebungen der Mißachtung, die entweder zur unrechten Zeit, in unrechter Form oder mit der Absicht zu beleidigen weitergegeben werden, sind in jedem Falle nach §§ 185, 193 StGB verboten.

Vor ehrenrührigen Äußerungen, die nicht durch jene Umstände und Absichten besonders gekennzeichnet sind, gewährt das Recht nur einen relativen Schutz, der in den §§ 185 ff. StGB eine eigentümliche Ausgestaltung erfahren hat. Es durchkreuzen sich zwei Prinzipien, der Wahrheitsbeweis, §§ 186, 190—192 StGB, und die Interessenabwägung, § 193 StGB. Der Einzelne ist nicht vor ehrverletzenden Tatsachenbehauptungen geschützt, die der Wahrheit entsprechen, wobei aber § 186 StGB einschränkend verlangt, daß die Wahrheit der behaupteten Tatsache auch erwiesen wird und der Angreifer die Beweislast zu tragen hat. Der Einzelne muß sich ferner Ehrverletzungen gefallen lassen, die in „Wahrnehmung berechtigter Interessen“ erfolgen.

b) Auch im Verhältnis zwischen Staat und Bürger entsteht die Frage, wieweit die Organe des Staates berechtigt sind, in Erfüllung ihrer Aufgaben rufgefährdende Erklärungen abzugeben, sei es zwischen verschiedenen Behörden, sei es nach außen. Einen Hinweis gibt anscheinend der Wortlaut des § 193 StGB: „Dienstliche Anzeigen oder Urteile von seiten eines Beamten

[3]) Maurach, Bes.Teil, S. 133.

und ähnliche Fälle" sind nicht strafbar. Damit ist aber zunächst nur klargestellt, daß der Beamte, der in Erfüllung seiner Amtspflichten handelt, wegen Beleidigung nicht bestraft werden kann. Das ist selbstverständlich. Insoweit bedurfte es daher in § 193 StGB nicht der Erwähnung dieses Rechtfertigungsgrundes. Wann aber eine Amtspflicht für eine dienstliche Anzeige oder Urteil vorliegt, kann aus dieser Vorschrift nicht entnommen werden. Die Amtspflicht folgt aus den Aufgaben, die dem Beamten übertragen sind, hier also dem „Auswerten" von Nachrichten über verfassungsfeindliche Bestrebungen.

Die Grenzen der Amtspflicht werden hier zu untersuchen sein. Von grundsätzlicher Bedeutung ist die Frage, ob die in einer dienstlichen Äußerung enthaltene Beeinträchtigung der Ehre nur auf Grund einer gesetzlichen Eingriffsermächtigung vorgenommen werden darf oder ob das Rechtsgut der Ehre gegenüber der Exekutive nur relativen Schutz genießt. Um dies zu klären, muß auf die in § 193 StGB zum Ausdruck kommenden Entscheidungen zurückgegriffen werden.

1. § 193 StGB beinhaltet ein Prinzip der Interessenabwägung, das tatbestandsmäßigen Ehrverletzungen die Rechtswidrigkeit nimmt, wenn im Einzelfalle die Voraussetzungen dieser Vorschrift erfüllt sind[4]). Daraus hat man den Schluß gezogen, es müsse wie beim übergesetzlichen Notstand die Verletzung der Ehre das einzige Mittel sein, um ein höherwertiges Rechtsgut zu erhalten[5]). Ist das richtig, dann beschränkt sich § 193 StGB auf eine bloße Deklaration der Lehre vom übergesetzlichen Notstand, wie sie vom RG entwickelt worden ist und faßt die Rechtfertigungsgründe des Allgemeinen Teils des StGB zusammen[6]).

Aus dem Wortlaut des § 193 StGB folgt das jedoch nicht. Denn es werden auch „tadelnde Urteile über wissenschaftliche, künstlerische oder gewerbliche Leistungen" und auch Äußerungen „zur Wahrnehmung berechtigter Interessen" ohne Einschränkung auf die Ausnahmesituation des übergesetzlichen Notstandes gerechtfertigt. Daher enthält § 193 neben der deklaratorischen Zusammenfassung der allgemeinen Rechtfertigungsgründe einen eigenen

[4]) Frank, § 193, Anm. I; Maurach, Bes.Teil, § 19 II c; Schönke-Schröder, § 193, Anm. I; RGSt. 62, 83 (93), st.Rspr.; BGHZ 3, 270 (281); dagegen sieht Kern in § 193 StGB einen Entschuldigungsgrund, Materialien, S. 317.

[5]) Frank, § 193, Anm. III 2 a; Helle, S. 40; BGHZ 3, 270 (281); 8, 142 (145); dagegen Engelhard, S. 138.

[6]) RGSt. 61, 242 (254); so Liszt-Schmidt, S. 511, der allerdings den Kreis der Rechtfertigungsgründe weiter als das RG in RGSt. 61, 254 faßt.

Rechtfertigungsgrund[7]). Für die Fälle der tadelnden Beurteilung von Leistungen ist das unbestritten[8]), nicht aber für die Fälle der Wahrnehmung berechtigter Interessen. Bei der Frage, welche Interessen als berechtigt anerkannt werden können, sucht man nach einer Begrenzung. Diese ist notwendig, soll nicht die Ehre vor der Verfolgung beliebiger berechtigter Interessen schutzlos bleiben. Das nicht zu verkennende Bedürfnis nach einer Beschränkung des Anwendungsbereichs des § 193 StGB zwingt jedoch nicht zu der Annahme, dieser Vorschrift liege das Notstandsprinzip zu Grunde. Denn dieses käme nur zum Zuge, wenn das in Frage stehende Interesse gefährdet ist und die Gefährdung durch die ehrverletzende Äußerung beseitigt werden soll[9]). Damit würde § 193 StGB unzulässig eingeengt werden, denn Wahrnehmung von Interessen bedeutet nicht nur ihre Verteidigung, sondern auch ihre Förderung. Das wäre bei einer folgerichtigen Durchführung des Notstandsprinzips ausgeschlossen. In Wahrheit wenden aber die Vertreter jener Ansicht § 193 StGB auch dann an, wenn es um die Förderung eines Interesses geht. Sie vernachlässigen diesen Unterschied zwischen Verteidigung und Förderung eines Interesses, wenn sie auch den theoretischen Ausgangspunkt beibehalten. Die Strafrechtspflege z. B. dient der Förderung der staatlichen Interessen an der Verwirklichung der Rechtsordnung. Das beendete Vergehen oder Verbrechen bedroht dieses Interesse nicht mehr, es sei denn, es liege Wiederholungsgefahr vor. Dennoch billigt die Rechtsprechung jedermann das Recht zu, Handlungen, von denen er Kenntnis erhält und die er als strafbar ansieht, den Behörden anzuzeigen. Ob weitere Gefährdungen eines Interesses wenigstens zu besorgen sind, wird dabei nicht gefragt[10]). In anderen Fällen wird geprüft, ob die Verletzung der Ehre im konkreten Falle ein angemessenes Mittel gewesen sei und § 193 StGB für unanwendbar gehalten, wenn das sachlich gebotene Maß nicht eingehalten worden sei[11]). Am weitesten geht Maurach, der nicht nur die angemessene,

[7]) Maurach, Bes.Teil, S. 138; aber auch Frank, § 193, Anm. I.

[8]) Maurach, Bes.Teil, S. 139; Engelhard, S. 125.

[9]) Wick, Hans-Georg v., Das Grundprinzip der Wahrnehmung berechtigter Interessen, Breslau 1932, Strafrechtliche Abhandlungen, Band 303, S. 41, mit reichen Schrifttumsangaben zu der Notstandslehre, vor allem S. 36.

[10]) RGSt. 61, 104; RG DJ 36, 1126; BGHSt. 5. 3. 53, NJW 56, 799; Helle, S. 57; Schönke-Schröder, § 193, Anm. III 3; anders wird nur in den Fällen der Denunziation und der leichtfertigen Anzeige entschieden, Schönke-Schröder, aaO, Bockelmann, Zur Auslegung des § 164 Abs. 5 StGB, NJW 59, 1849.

[11]) BGHZ 3, 281 ff.; ebenso stellt das KG ZStrW 44, 465 zunächst die These Franks vom „gebotenen Mittel" voraus, um aber dann zu prüfen, ob das Mittel der Ehrverletzung „angemessen" sei. Für die Prüfung der Angemessenheit der Äußerung entscheiden sich auch Schönke-Schröder, § 193, Anm. III 3a, die nicht

sondern auch die „nicht unangemessene“ ehrverletzende Äußerung als gerechtfertigt ansieht: „Auch das Mittel, mit dem diese Interessen verfolgt werden, darf nicht völlig inkongruent sein; es muß m. a. W. noch ein erträgliches Kopplungsverhältnis zwischen dem Mittel (der ehrverletzenden Äußerung) und dem angestrebten Zweck bestehen“[12]).

Gestattet man auch die Förderung berechtigter Interessen und stellt man es auf die Angemessenheit des verwendeten Mittels ab, dann ist das Rechtsgut der Ehre nur relativ geschützt. Vor berechtigten Interessen, das sind Ziele, deren Verfolgung nicht im Widerspruch zu Recht oder Sitte steht[13]), muß es weichen, wenn die Handlungsweise des Täters angemessen oder wenigstens nicht unangemessen ist.

Der nur relative Schutz, der der Ehre zuteil wird, würdigt dieses Rechtsgut nicht herab. Denn gegen die formalen Beleidigungen besteht ein absoluter Schutz, der nur durch die Rechtfertigungsgründe des Allgemeinen Teils des Strafgesetzbuches in Ausnahmesituationen aufgehoben werden kann. Ebenso wird der Einzelne vor ehrenkränkenden Behauptungen geschützt, die wider besseres Wissen oder leichtfertig aufgestellt wurden. Denn solche Kundgebungen sind kein angemessenes Mittel der Interessenwahrnehmung[14]).

2. Auch im Verhältnis zwischen Staat und Bürger kommt der Ehre kein weitergehender Schutz zu. Das ist mit Art. 1 Abs. 1 GG vereinbar, weil die Würde des Menschen nicht verletzt wird, wenn seine Ehre nur zur Wahrnehmung berechtigter Interessen und nur mit angemessenen Mitteln gekränkt wird. Der Einzelne wird dann immer noch als Selbstzweck geachtet, weil seine Belange tunlichst geschont werden. Auch der Grundsatz der Gesetzmäßigkeit der Verwaltung steht dem nicht entgegen. Denn es wird in ein Rechtsgut eingegriffen, das bereits durch § 193 StGB relativiert ist.

Die von einer gesetzlichen Ermächtigung zu erfüllende Aufgabe, den Eingriff nach Art und Umfang zu beschränken und näher zu bestimmen, wird von den in § 193 StGB niedergelegten Voraussetzungen übernommen.

Da staatliche Eingriffe stets nur im öffentlichen Interesse erfolgen

zu Unrecht mehrere RG-Entscheidungen als Stütze dieser These heranziehen und alle, die der Dohnaschen Lehre vom rechten Mittel zum rechten Zweck folgen, z. B. Sauer, Die Ehre und ihre Verletzung, Berlin 1915, S. 187 ff. u. S. 232; passim auch Welzel, Strafrecht, S. 249.

[12]) Bes.Teil, S. 140.

[13]) Helle, S. 4; Frank, § 193, Anm. III 2 a; oder positiv ausgedrückt, deren Verfolgung vom Anstandsgefühl und gesunden Rechtsempfinden gebilligt wird, Schönke-Schröder, § 193, Anm. III 3 a; Maurach, S. 140.

[14]) Schönke-Schröder, § 193, III 3 a; Maurach, Bes.Teil, S. 139.

dürfen und durch den Grundsatz der Verhältnismäßigkeit beschränkt sind, ist auch kein Bedürfnis für eine weitergehende Ermächtigung zugunsten der Verwaltung einzusehen[15]). Die Behörden können daher im Rahmen ihrer Aufgabe über einzelne Personen berichten, auch wenn Ruf und Ansehen der Betroffenen in Mitleidenschaft gezogen wird. Aber sie sind in zweierlei Richtung beschränkt: *einmal müssen die Berichte in Wahrnehmung berechtigter Interessen erfolgen, zum anderen muß die Äußerung eines Verdachts, die Aufdeckung von Angelegenheiten, die der Privatsphäre zugehören, stets noch als angemessenes Mittel zu dem erstrebten Erfolg erscheinen.* Daraus ergeben sich wesentliche Einschränkungen der Befugnisse der AfV.

§ 37

Die Besonderheiten für die von den Ämtern für Verfassungsschutz weitergegebenen Nachrichten

a) Den AfV steht es nicht zu, ein endgültiges Urteil über eine Person zu fällen. Daher müssen sie die Entscheidung, welche Maßnahmen getroffen werden sollen, der mit Nachrichten belieferten Stelle überlassen. Sie dürfen nur durch eine detaillierte, auf Tatsachen beschränkte Darstellung die Grundlagen für die Entscheidung beibringen.

In der Praxis setzen nun allerdings hier erhebliche Schwierigkeiten ein. Die Glaubwürdigkeit jeder Nachricht muß bereits vom AfV nachgeprüft werden. Schon das macht eine Bewertung erforderlich, die an der Person des Betroffenen nicht vorbeigehen kann. Jeder Bericht enthält zumindest das Werturteil, die Nachrichten über eine bestimmte Person seien immerhin so glaubwürdig, daß sie der Weitergabe wert schienen. Man hilft sich mit den Wendungen, es handele sich um bestätigte oder unbestätigte Nachrichten oder durch einen Hinweis auf die sonstige Glaubwürdigkeit der Quelle. Damit scheint die Entscheidung über die zu ergreifenden Maßnahmen der mit Nachrichten belieferten Stelle überlassen zu sein.

In Wahrheit haben diese aber meist keine Möglichkeit, ihrerseits die Nach-

[15]) Dagegen ist OVG Münster 26. 10. 54, DVBl. 55, 237 = JZ 55, 346 der Ansicht, ein innerdienstlicher Bericht an eine vorgesetzte Dienststelle sei keine Ehrverletzung, weil die Mitteilung nicht öffentlich, sondern unter dem Schutz der Amtsverschwiegenheit erfolge. Nach § 186 StGB ist das Merkmal der Öffentlichkeit jedoch nur Straferschwerungsgrund. Von der Wahrnehmung berechtigter Interessen handelt das OVG nicht, vielmehr weist es darauf hin, daß gerichtliche Nachprüfung die Arbeit der Verwaltung „unerträglich" erschwere, vgl. das § 41 d 3 Gesagte.

richt zu überprüfen. Ihnen fehlen Erfahrung, Übersicht und Hilfsmittel. Wenn zu dem anerkennenswerten Streben, im Rahmen des Aufgabenbereichs jener Behörde oder jenes Betriebes Verfassungsfeinde abzuwehren, die der menschlichen Natur nicht fremde Ängstlichkeit tritt, hat das AfV bereits praktisch das Urteil gesprochen, das die belieferte Stelle nur ausführt.

Besonders deutlich wird dies im Arbeitsrecht. Der Verdacht einer strafbaren Handlung, der auf dem Arbeitnehmer ruht, kann als wichtiger Grund für eine Kündigung ausreichen, weil das Vertrauen zwischen den Vertragspartnern gestört und die Fortsetzung des Arbeitsverhältnisses dem Arbeitgeber nicht mehr zumutbar ist[1]). Teilt ein AfV dem Arbeitgeber einige Erkenntnisse mit, die sich auf eine verfassungsfeindliche Betätigung eines Arbeitnehmers beziehen, dann ist der Verdacht einer strafbaren Handlung und damit ein Kündigungsgrund gegeben. Will sich der Arbeitgeber nicht dem Vorwurf der Beihilfe oder der Begünstigung aussetzen, wird er von diesem Kündigungsrecht Gebrauch machen. Sollte es dem Arbeitnehmer später gelingen, sich von dem Verdacht reinzuwaschen, ist der Arbeitgeber nicht mehr verpflichtet, den Entlassenen wieder einzustellen, wenn er sich inzwischen anderweitig binden mußte[2]).

Der Arbeitgeber hat zwar die Verdachtsmomente zu prüfen. Hier aber wird er sich auf die Begründetheit des Verdachtes, der von einer zuständigen staatlichen Stelle geäußert wurde, verlassen dürfen. Dann aber kann der Bericht eines AfV für den Betroffenen schwere wirtschaftliche Schäden im Gefolge haben, ohne daß eine andere Stelle verantwortlich eingeschaltet wird.

b) Die Weitergabe von Nachrichten, denen nur fragwürdige Grade der Wahrscheinlichkeit zukommen, die Heimlichkeit des Vorgehens lassen die verwendeten Mittel *als staatlichem Handeln unangemessen* erscheinen. Sie schieben sich als Fremdkörper in das Verhältnis zwischen Staat und Bürger, das auf Offenheit angelegt ist und dem Einzelnen die Möglichkeit läßt, seine Rechte zu verteidigen[3]).

Der Grundsatz der Öffentlichkeit und des rechtlichen Gehörs beherrscht nicht nur den Strafprozeß. Dazu erübrigen sich alle Erörterungen. Auch im Verwaltungsverfahren tritt der Staat offen in Erscheinung. Die Polizei trägt

[1]) BGHZ 13.7.56, VI ZR 88/55, JR 57, 57 = NJW 56, 1513.

[2]) BGH aaO, Fußn. 1; Diekhof, Zur Wiedereinstellungspflicht nach beendetem Arbeitsverhältnis, Betr. 58, 869.

[3]) Die Forderung nach Öffentlichkeit des staatlichen Handelns hat bereits Feuerbach erhoben, vgl. oben § 2, Fußn. 10.

Uniform, Haussuchungen und Beschlagnahmen sind dem Betroffenen zu eröffnen[4]), Verfügungen müssen zugestellt und in vielen Fällen auch begründet werden[5]). Der Einzelne kann sich zumindest im Verwaltungsstreitverfahren zur Wehr setzen und verlangen, daß der Sachverhalt mit justizförmigen Mitteln erforscht wird.

Immer mehr gewinnt die Erkenntnis an Bedeutung, daß es nicht angeht, wenn der Staat Akten über eine Person führt, die dem Betreffenden nicht zugänglich sind. Eine Forderung der Beamtenschaft, in die Personalakten einsehen zu dürfen, fand in Art. 129 RV ihre Erfüllung. Nunmehr wird das Recht des Beamten auf Personalakteneinsicht von den Bundes- und Landesbeamtengesetzen ausdrücklich anerkannt. In den Volksschulen werden in Schülerbogen Gutachten und Berichte der Lehrer über körperliche und geistige Vorzüge oder Mängel, Eigenschaften, Leistungen und Führung der Schulpflichtigen innerhalb und außerhalb der Schule zusammengestellt und aufbewahrt. In manchen Ländern durften die Erziehungsberechtigten bis vor kurzer Zeit nicht in diese als Geheimunterlagen geführten Schülerbogen oder Grundschulgutachten einsehen. Nunmehr hat sich die Erkenntnis durchgesetzt, daß dies „mit dem Geist rechtsstaatlicher Schulverwaltung" nicht vereinbar ist und daß dem Erziehungsberechtigten daher die Einsicht gestattet werden muß[6]).

Von diesen, das Verhältnis zwischen Staat und Bürger bestimmenden Grundsätzen abzuweichen, kann angesichts der Gefährdungen, die damit für den Einzelnen gegeben sind, nur rechtens sein, wenn es *zur Verteidigung staatlicher Interessen unvermeidlich* ist. Hier führt mithin die Bedenklichkeit der Mittel, die den AfV zur Verfügung stehen, zu der gleichen Einschränkung, welche die Vertreter des Notstandsprinzips stets für die Weitergabe ehrverletzender und rufgefährdender Tatsachenbehauptungen fordern.

[4]) Vgl. oben § 30 a.

[5]) Vgl. vor allem § 44 Abs. 2 Pr.PVG.

[6]) Heckel-Seipp, Schulrechtskunde, 1957, S. 293 und 300; Erl. d. Bayr. Staatsministeriums für Unterricht und Kultus v. 1. Juli 1955 Nr. IV 27 365, Bayr. KultusMinBl. 1957, 537; Beschl. d. Bayr. Landtages v. 1. 2. 1957, zit. aaO. Dagegen war noch auf Grund des Erlasses des Bayr. Staatsministeriums f. Unterricht u. Kultus Nr. IV 25 951 v. 20. 5. 1950, Ziff. 5 — abgedr. im amtl. Schulanzeiger der Regierungsbezirke Niederbayern und Oberpfalz v. 10. Juli 1950 — den Lehrern ausdrückl. verboten, den Erziehungsberechtigten den Schülerbogen zur Einsicht zu überlassen oder über den Inhalt mündliche Mitteilungen zu machen. Vgl. auch Wiethaupt, Einsichtnahme in Behördenakten außerhalb eines Verwaltungsgerichtsverfahrens, MDR 58, 474 ff.

c) In hohem Grade bedenklich erscheint die *Weitergabe von unbestätigten Meldungen.* Das sind Nachrichten, die ein mit der Materie Vertrauter nicht als wahrscheinlich, sondern bestenfalls als möglicherweise zutreffend ansieht. Im Strafrecht ist der Grundsatz entwickelt worden, § 193 StGB greife nur dann durch, wenn der Täter pflichtgemäß geprüft habe, ob die Tatsachenbehauptung, die er verbreitet, der Wahrheit entspreche[7]). Diese Prüfungspflicht obliegt auch dem AfV. Wenn eine Überprüfung der Nachricht nicht möglich ist, müßte daher die Weitergabe unterbleiben, solange keine Bestätigung beigebracht werden kann.

Ob man jedoch in jedem Falle die Weitergabe unbestätigten Materials als rechtswidrig kennzeichnen kann, erscheint fraglich. Jedenfalls wird der Regierung über bedeutsame Vorgänge je nach Lage des Falles auch unbestätigtes Material zu Informationszwecken zu unterbreiten sein. Die Regierung wird dann in eigener Verantwortung entscheiden müssen, wie von den Nachrichten Gebrauch zu machen ist. Auch wenn es um den Schutz vitaler Interessen des Staates und besonders wichtiger Geheimnisse geht, mag es im Einzelfalle ausgeschlossen erscheinen, erst noch eine Bestätigung der Nachricht abzuwarten. Aber auch hier ist zu bedenken, daß die Weitergabe von Nachrichten nur eines der Mittel ist, mit denen Gefahren abgewendet werden können. Bestehen andere Möglichkeiten über die Gefahren, die von dem in dieser Weise Verdächtigten ausgehen können, eine Kontrolle auszuüben, dann wird von diesen Möglichkeiten Gebrauch zu machen sein. Auch wird die abwartende Überwachung die Richtigkeit oder Grundlosigkeit der unbestätigten Nachrichten erweisen.

d) Wieweit es zulässig ist, Nachrichten weiterzugeben, die mit Sicherheit den Tatsachen entsprechen, bietet das Strafrecht nur wenig Anhaltspunkte. Denn die Strafbarkeit hängt nach § 186 StGB von dem Gelingen des Wahrheitsbeweises ab. Sie ist also einer strafprozessualen Norm verhaftet, die als Beweislastregel, als Strafausschließungsgrund oder als negative Bedingung der Strafbarkeit aufgefaßt wird. Umstritten ist, ob die Wahrheit der Tatsachenbehauptung und ihr Nachweis im Prozeß die Rechtswidrigkeit berührt[8]).

[7]) RGSt. 25, 355 (357); 63, 202 (204); BGHSt. 3, 73 (75); OLG Hamm 16. 11. 53, NJW 54, 441; Schönke-Schröder, § 193, Anm. III 3 a; Helle, S. 41.

[8]) Welzel, Strafrecht, S. 247, sieht im gelungenen Wahrheitsbeweis einen Rechtfertigungsgrund; RGSt. 69, 81 und Schönke-Schröder, § 186, Anm. III, eine Bedingung der Strafbarkeit; Maurach, Bes.Teil, S. 134 u. 136, einen Strafausschließungsgrund, der „einem echten Rechtfertigungsgrund sehr nahe" kommt; Binding da-

Die Entwürfe für die Reform des StGB sehen zwar vor, auch die Verbreitung wahrer Nachrichten unter Strafe zu stellen, sei es durch Ausschluß des Wahrheitsbeweises[9]) oder Schaffung eines besonderen Indiskretionsdeliktes. Die Entwürfe schränken aber den Kreis der Nachrichten auf die familiären Inhalts oder auf Tatsachen, die die Allgemeinheit nicht berühren, ein. Sie setzen ferner voraus, daß die Tatsachen öffentlich verbreitet werden[10]). Es handelt sich also um Tatbestände, die für die Aufgaben des Verfassungsschutzes ohne Bedeutung sind, weil jede verfassungsfeindliche Betätigung notwendig die Allgemeinheit berührt, und weil die Nachrichten nicht veröffentlicht, sondern nur bestimmten Stellen weitergegeben werden.

Ein tatsächliches verfassungsfeindliches Verhalten kann nicht unter einen stärkeren Schutz gestellt werden als der Verdacht eines solchen Verhaltens. Vielmehr hat das öffentliche Interesse, im Rahmen des Erforderlichen und Zweckmäßigen die verfassungsfeindliche Betätigung allen Stellen bekanntzugeben, für die es von Bedeutung sein kann, den Vorrang. Aber auch der Verfassungsgegner ist kein Paria. Er darf und soll nur an der weiteren Ausübung seiner verfassungsfeindlichen Betätigung gehindert werden. Das schließt eine willkürliche Weitergabe von Nachrichten an beliebige Stellen aus. *Auch für die Weitergabe bereits nachgewiesener Tatsachen muß ein berechtigtes staatliches Interesse vorliegen, dessen Wahrnehmung dem AfV übertragen ist.*

e) Diese Erwägungen zeigen, daß die AfV nicht jede ihnen vorliegende Nachricht über das verfassungsfeindliche Verhalten einer Person weitergeben dürfen. Sie haben auch zu prüfen, welchen Stellen die Nachrichten zuzuleiten sind. Daher wird es in vielen Fällen ausgeschlossen sein, vorhandene Nachrichten weiterzugeben. Jede Mitteilung eines AfV, die nach außen dringt, gefährdet darüber hinaus auch den Geheimnisschutz, unter dem die AfV arbeiten. Andererseits aber gebieten die Grundsätze der Fürsorgepflicht und des Vertrauensschutzes, daß die Auskünfte sachgerecht und wahrheitsgemäß sind. Der Dritte, der auf die Richtigkeit der ihm erteilten

gegen ist der Ansicht, eine wahre Tatsache könne niemals ein Ehrangriff sein, Lehrb., Bes.Teil, 1. Bd., S. 138.

[9]) So Entwurf 1950.

[10]) So Entwürfe 1913 u. 1919; vgl. auch Beling, Wesen, Strafbarkeit und Beweis der üblen Nachrede, Tübingen 1909, S. 44 ff., der den ähnlichen Entwurf aus dem Jahre 1909 kritisiert; Engelhard, S. 187 ff.; Kern, Materialien, S. 312; Schwinge, Zur Reform des Beleidigungsrechts, GoldA 57, 309 (311).

Auskunft vertraut, soll vor Schaden bewahrt bleiben[11]). Daher obliegt die Amtspflicht zur Erteilung von richtigen Auskünften den Behörden gegenüber den Personen, denen sie Auskunft erteilt. Sie obliegt aber auch gegenüber den Personen, auf die sich die Auskunft bezieht[12]). Das RG hat den Kreis der Personen weit gezogen und stellt die Amtspflicht zur Erteilung wahrheitsgemäßer Auskunft fest gegenüber allen Personen, deren Belange nach der besonderen Natur des Amtsgeschäftes durch dieses berührt und in deren Rechtskreis dadurch eingegriffen werden kann, auch wenn sie durch die Amtsausübung nur mittelbar und unbeabsichtigt betroffen werden[13]).

Daher darf sich eine Auskunft nicht auf die Mitteilung beschränken, es lägen keine Erkenntnisse vor, wenn in Wahrheit Nachrichten vorhanden sind, aber das AfV in dem betreffenden Falle nicht zur Auskunftserteilung berechtigt ist. Angemessen und der Wahrheit entsprechend ist vielmehr die Mitteilung, das AfV sei in dem vorliegenden Falle nicht berechtigt, Auskunft zu erteilen. Um nicht Raum für Mutmaßungen zu lassen, empfiehlt sich der Zusatz, damit sei nicht gesagt, ob Erkenntnisse vorlägen oder nicht.

§ 38

Die in Betracht kommenden Empfänger von Nachrichten

a) Daß die Weitergabe von Nachrichten an die Regierung, polizeiliche Stellen und die Staatsanwaltschaft berechtigt ist, folgt aus der Stellung der AfV, denen eine wesentliche Aufgabe der politischen Polizei, das Sammeln der Nachrichten, übertragen ist. Der enge Zusammenhang der Funktionen bedingt eine gegenseitige Unterrichtung über die gewonnenen Erkenntnisse. Dem BfV ist die Zusammenarbeit mit den LfV sogar ausdrücklich vorgeschrieben, § 4 BVerfSchG. Daher ist die *Weitergabe von Nachrichten an diese Behörden stets rechtens.*

b) Anders aber ist die Frage zu beurteilen, unter welchen Voraussetzungen die AfV auch *weitere Behörden und Private* über einzelne Personen unterrichten dürfen. Dieser Problemkreis ist näher zu erörtern. Es liegt im staatlichen Interesse, daß verfassungsfeindliche Bestrebungen nicht unterstützt werden. Das setzt aber voraus, daß die verantwortlichen Stellen von

[11]) BGHZ 20. 9. 54, NJW 55, 97 = BGHZ 14, 319 (321).
[12]) RGZ 170, 129 (135).
[13]) RGZ 170, 135.

den verfassungsfeindlichen Absichten der Personen, mit denen sie zu tun haben, Kenntnis erhalten. Sie aufzuklären liegt daher im staatlichen Interesse.

Staatliches Interesse kann aber nur sein, verfassungsfeindliche Bestrebungen abzuwehren, nicht aber, mit der Weitergabe von Nachrichten beliebigen politischen oder anderweitigen staatlichen Zwecken zu dienen. Das ist nicht die Aufgabe der AfV, die ihre Zuständigkeit einzuhalten haben. Daher darf die Weitergabe von Nachrichten auch nicht auf die Vernichtung oder die Gefährdung der bürgerlichen Existenz des Verdächtigen oder des erkannten Gegners zielen. Jemanden hinter einem „Stacheldraht des Verdachts" verschwinden zu lassen[1]), wäre daher unzulässig.

Nur die in einem gerichtlichen Verfahren verhängte Freiheitsstrafe und die Aberkennung der bürgerlichen Ehrenrechte sind die Reaktionen des Staates gegen verfassungsfeindliche Handlungen, welche die gesamte bürgerliche Existenz berühren. Von diesen Mitteln abgesehen, kann der Staat nur einzelne Handlungen abwehren. Daher ist es nicht statthaft, Nachrichten über einen Gegner weiterzugeben, damit er seinen Arbeitsplatz oder seine Wohnung verliere. Nur wenn er den Arbeitsplatz oder die Wohnung als Feld der verfassungsfeindlichen Betätigung oder als Vorwand zu ihrer Abschirmung benutzt, kann es im berechtigten Interesse des Staates liegen, daß im Rahmen der Gesetze durch Kontrolle oder Kündigung der Mißbrauch abgewehrt wird.

Damit scheiden alle die Stellen als denkbare Empfänger von Nachrichten aus, die keine Gelegenheit zu einer verfassungsfeindlichen Betätigung bieten, aber auch jene, die durch Kontrahierungs- oder Zulassungszwang gebunden sind und daher auch bei Verdacht einer verfassungsfeindlichen Tätigkeit ihre Leistungen zu gewähren haben.

c) Bestätigte oder unbestätigte Meldungen dürfen nicht weitergegeben werden, um einer fernliegenden, sog. abstrakten Gefahr entgegenzutreten. Denn noch kann zugewartet werden, bis die Gefahr sich konkretisiert hat, ohne daß ein Schaden zu besorgen ist. Erst angesichts einer konkreten Gefährdung kann es erforderlich werden, daß eine mit Nachrichten belieferte Stelle Abwehrmaßnahmen ergreift. Unzulässig wäre es daher, die Einstellung bei einer Behörde unterschiedslos von einer Stellungnahme eines AfV abhängig zu machen. Ebensowenig geht es an, den Verdacht, eine bestimmte

[1]) Carlo Schmid, 37. Sitzung des 2. Deutschen Bundestags, Sten.Prot., S. 1739.

Person gehöre einer verbotenen verfassungswidrigen Vereinigung an, weiterzumelden, es sei denn, es bestehe die durch Tatsachen begründete Wahrscheinlichkeit, der Betreffende werde sich weitere Rechtsverletzungen, die eine konkrete Gefahr für das allgemeine Wohl begründen, zuschulden kommen lassen.

§ 39

Die Erteilung des Gehörs

Eine besondere Beschwer des Einzelnen liegt in der Aufbewahrung und Weitergabe von belastenden Nachrichten, zu denen der Betroffene nicht Stellung nehmen konnte. Ob und in welchem Umfange für die AfV eine Pflicht besteht, diese Beschwer zu vermeiden und das Gehör zu gewähren, soll im folgenden untersucht werden.

a) Art. 103 GG, der den Anspruch auf rechtliches Gehör sicherstellt, gilt seinem Wortlaut nach nur für das Gerichtsverfahren. Im Bereich der Verwaltung ist der Grundsatz, daß dem Betroffenen Gehör zu gewähren ist, nur mit Einschränkungen anerkannt, soweit nicht ausdrückliche gesetzliche Vorschriften die Behörde verpflichten, dem Bürger Gelegenheit zur Äußerung zu geben.

Dem Prinzip nach ist zwar die Behörde auch ohne solche gesetzlichen Vorschriften gehalten, vor beschwerenden Eingriffen den Betroffenen zu hören[1]). Aus sachlichen Gründen kann aber diese Pflicht entfallen[2]).

Diese elastischen Grundsätze gelten auch für die Maßnahmen der AfV, da sie keine Sonderrechte für sich in Anspruch nehmen dürfen. Dennoch wird dieser Gedanke abgelehnt, weil die AfV nicht dazu berufen seien, „Entscheidungen über den Staatsbürger zu treffen“[3]). Dabei werden aber die Entscheidung der mit Nachrichten belieferten Behörde und die Entscheidung des AfV, ob und in welcher Weise eine Nachricht weitergegeben werden soll, miteinander vermengt. Die AfV haben nicht zu entscheiden, ob ein

[1]) Vor allem, wenn es sich um die Entziehung eines Rechtes handelt, OVG Münster, 25. 1. 55, MDR 55, 378 = VerwRspr. 7, Nr. 231, S. 1006.

[2]) Jellinek, S. 290, der nur die Fälle der Gefahr im Verzuge ausnimmt; ohne Einschränkung dagegen Forsthoff, § 12 2 c, S. 217 m. weit. Nachw., Fußn. 4; „im allgemeinen“ habe der Einzelne Anspruch auf Gehör: BVerwG 29. 5. 1957, BVerwGE 5, 95 (98); „soweit keine sachlichen Gründe entgegenstehen“: Hess.VGH 13. 5. 56, NJW 56, 1940 m. zust. Anm. v. Hamann, der diesen Grundsatz aus Art. 103 GG ableitet; ähnlich BGHZ 14. 5. 54, DVBl. 54, 431 = DÖV 54, 438.

[3]) Ritter v. Lex, aaO.

Verwaltungsakt zu erlassen ist. Sie müssen aber entscheiden, ob vorliegende Nachrichten der zur Entscheidung über den Verwaltungsakt berufenen Behörde zugeleitet werden sollen. Aus der Aufgabe der AfV, Nachrichten zu sammeln und auszuwerten, folgt ihre Verantwortung für die Vollständigkeit und Richtigkeit der Nachrichten, die sie weitergeben.

Die AfV erfüllen ihre Aufgabe nur unvollständig, wenn sie nicht alle zur Verfügung stehenden Mittel ausschöpfen, ehe sie eine Nachricht weitergeben. Eines dieser Mittel ist jedoch die Anhörung des Betroffenen. Daher überschreiten die AfV nicht ihre Zuständigkeit, wenn sie den Betroffenen hören, bevor sie eine Nachricht über ihn weitergeben. Vielmehr handeln sie in Erfüllung ihrer Aufgaben, wenn sie erst dann darüber befinden, ob eine Nachricht weiterzugeben ist, nachdem sie den Betroffenen dazu gehört haben. Die Pflicht zur Anhörung besteht auch, weil der gute Ruf des Betroffenen durch die Weitergabe von Nachrichten beeinträchtigt wird, was nach den obigen Ausführungen nur rechtens ist, wenn seine Belange möglichst geschont werden[4]). Dazu gehört jedoch die Nachprüfung der Meldungen und die Anhörung des Betroffenen.

b) Man kann sich nicht damit bescheiden, die mit Nachrichten belieferte Stelle habe den Betroffenen zu hören[5]). Denn auch jene Stellen sind nicht in jedem Falle verpflichtet, den durch die Nachricht Verdächtigten zu dem Vorwurf zu hören oder ihm wenigstens die Gründe für die ihm ungünstige Entscheidung zu eröffnen. Diese aus rechtsstaatlichen Grundsätzen folgende Pflicht besteht zwar, wenn der Einzelne bei Vorliegen der sachlichen und persönlichen Voraussetzungen einen Rechtsanspruch auf Einräumung der begehrten Rechtsstellung hat[6]). Ist aber der Behörde ein besonders weiter Ermessensspielraum für ihre Entscheidung eingeräumt, dann gilt nach der Ansicht des BVerwG dieser Grundsatz nur mit Einschränkungen: Wenn sich die Behörde auf Grund ausreichender Unterlagen von der Vertrauenswürdigkeit und Eignung des Antragstellers positiv überzeugen müsse, sei es nicht erforderlich, negative Auskünfte auszuräumen. Dies würde nicht dazu führen, die notwendige Überzeugung von der besonderen Qualifikation des Antragstellers herbeizuführen; er brauche daher auch nicht gehört zu werden[7]).

[4]) Vgl. oben § 13 d und g und § 37.

[5]) Ritter v. Lex, aaO.

[6]) PrOVG 102, 211 (216); 103, 85 (90); BVerwG 29. 5. 1957, BVerwGE 5, 95 (98); BVerwG 8. 11. 57; BVerwGE 5, 333.

[7]) BVerwGE 5, 95 (98); ob hier das BVerwG die Frage nach der Ausräumung negativer Urteile zu Unrecht verquickt hat mit der Frage nach der Herbeischaffung

Vielfach wird auch die entscheidende Stelle nicht in der Lage sein, das Vorbringen des Betroffenen zutreffend zu würdigen, weil ihr Übersicht und Erfahrung in der Beurteilung ressortfremder Einzelfragen abgehen. Das gilt ganz besonders für das Gebiet des Verfassungsschutzes. Die notwendigen Spezialkenntnisse hat aber die auskunfterteilende Stelle.

c) 1. In allen diesen Fällen ist davon auszugehen, daß die AfV verpflichtet sind, dem Betroffenen das Gehör zu gewähren. Aber diese Pflicht kann nicht unbeschränkt bestehen. Sie gilt nicht absolut, vielmehr wird sie von dem Gebot getragen, die Einzelinteressen soweit als möglich zu schonen. Für zwei wesentliche Gruppen von Fällen ist ein Abweichen von dem Grundsatz der Erteilung des rechtlichen Gehörs statthaft. Einmal sind die Belange des Betroffenen genügend gewahrt, wenn die entscheidende Behörde verpflichtet und auch tatsächlich in der Lage ist, das Gehör zu erteilen. Das gilt vor allem für die Nachrichten, die an die Strafverfolgungsbehörden weitergegeben werden. Denn eben wegen der zum Vorwurf gemachten Handlungen wird ein gerichtliches Verfahren eingeleitet, das mit genügend rechtsstaatlichen Garantien ausgestattet ist.

2. Zum anderen muß für die AfV und die belieferte Stelle eine Ausnahme gelten, wenn durch die Gewähr des Gehörs die *Sicherheit des Staates* gefährdet würde[8]). Die Abwehr konspirativer Gruppen, die über ausgedehnte hellhörige Nachrichtendienste und durch ihre Zentralen auch über genügend Verbindungen zu anderen Gruppen verfügen, wird unmöglich, wenn einzelnen ihrer Mitglieder das gegen sie vorliegende Material zur Kenntnis gebracht wird. Sie wären gewarnt, könnten sich erneut und besser tarnen und ihre Arbeit im Verborgenen fortsetzen[9]). Daher wird für die AfV häufig die Pflicht zur Anhörung entfallen.

Wenn der Betroffene einen gesetzlichen Anspruch auf Gehör hat, ist für eine Interessenabwägung kein Raum mehr. Die entscheidende Behörde kann in diesen Fällen das Gehör nicht versagen[10]). Will sie aus Gründen der Geheimhaltung bestimmte Nachrichten nicht offenbaren, dann darf sie diese

positiver Urteile, soll offen bleiben. Die Vereinfachung ist aber bedenklich, weil jeder positiven Beurteilung ein anderes Gewicht zukommt, wenn sich negative Urteile als unbegründet herausstellen.

[8]) Ritter v. Lex, aaO.

[9]) Der frühere Bundestagsabgeordnete S.-W. soll in die DDR geflohen sein, nachdem und weil ihn das LfV Hamburg um Stellungnahme zu Verdachtsmomenten gebeten hatte, Spiegel 1955, Heft 8, S. 9.

[10]) Anders anscheinend Ritter v. Lex, aaO.

ihrer Entscheidung nicht zu Grunde legen. Für das Urteil im Strafverfahren ist das ganz selbstverständlich. Dort ist eine Verurteilung auf Grund eines Sachverhaltes, zu dem der Angeklagte nicht gehört worden ist, ausgeschlossen, Art. 103 GG. Das gleiche gilt für das Disziplinarverfahren, § 51 BundesdisziplinarO. Aber auch im Verwaltungsverfahren darf die entscheidende Behörde nicht irgendwelche Gründe vorschieben und mit dem Betroffenen erörtern, die in Wahrheit die Entscheidung nicht tragen. Würde sie auf Grund der geheim gehaltenen Informationen eine Entscheidung fällen, dann hätte sie nicht den Betroffenen, wie es vorgeschrieben ist, zur Sache, sondern zu irgend welchen für die Entscheidung in Wahrheit gleichgültigen Angelegenheiten gehört. Dadurch würde sie sein Recht auf Gehör verletzen. Sie würde auch den Anspruch des Bürgers, die Gründe zu erfahren, warum in seine Rechte eingegriffen worden ist, mißachten. Ausnahmen, die ein Abweichen vom Grundsatz des Begründungszwanges zuließen, gibt es nach der zutreffenden Rechtsprechung des BVerfG nicht[11]).

Welche Fragen sich im einzelnen für die entscheidende Behörde ergeben, gehört nicht mehr in den Zusammenhang dieser Untersuchung, die sich mit den Maßnahmen der AfV beschäftigt. Als besonders bedeutsam aber sollen einige Fragen aufgeworfen werden, die bei der Zusammenarbeit von AfV und Strafverfolgungsbehörden entstehen müssen.

§ 40

Auskünfte der Ämter für Verfassungsschutz im Strafverfahren

Das strafprozessuale Verfahren enthält zwar eine Fülle von Sicherungen gegen ungerechtfertigte Eingriffe. Aber auch diesem Verfahren können Auskünfte der AfV zu Grunde gelegt werden, die nicht in justizförmiger Weise auf ihre Richtigkeit nachgeprüft sind. Solange die Auskünfte nur als Spuren verwendet werden, auf Grund deren dann das Beweismittel gefunden wird, haben sie keine Bedeutung mehr. Sie scheiden aus dem weiteren Verfahren aus. Aber im Ermittlungsverfahren liegen die auf justizförmigem Wege erbrachten Beweise oft noch nicht vor. Auch im Hauptverfahren können sie wesentlich werden, wenn andere Beweismittel nicht oder nicht in genügendem Umfange zur Verfügung stehen.

[11]) BVerfG 16. 1. 57, BVerfGE 6, 32; vgl. auch Röhl, Das rechtliche Gehör, NJW 53, 1531 und NJW 58, 1268; Hamann, Rechtliches Gehör, AnwBl. 58, 141.

a) Haftbefehle, Beschlagnahmen und Untersuchungsanordnungen sind erforderlich, um Flucht und Verdunklungsgefahr zu verhindern und um die Beweismittel zu beschaffen. Der Richter, der diese Maßnahmen anzuordnen hat, muß aus den vorliegenden Beweismitteln die Überzeugung gewinnen, ob ein Sachverhalt vorliegt, der die Anordnung rechtfertigt. Wird von der Staatsanwaltschaft ein Haftbefehl beantragt, hat er zu entscheiden, ob ein dringender Tatverdacht, das ist eine erhebliche Wahrscheinlichkeit für die Schuld des zu Verhaftenden[1]), gegeben ist. Für den Untersuchungsbefehl genügt bereits der Verdacht, § 102 StPO. Für die Beschlagnahme werden noch geringere Voraussetzungen aufgestellt, § 94 StPO.

Der Richter darf daher nicht dem Vorbringen der Staatsanwaltschaft, das wiederum auf den Berichten der AfV beruht, ohne weiteres vertrauen. Andererseits ist für das Ermittlungsverfahren nicht vorgeschrieben, auf Grund welcher Beweismittel sich der Richter eine Überzeugung zu bilden hat. Daher ist es nicht unzulässig, wenn er sich die Überzeugung der Staatsanwaltschaft zu eigen macht und dem Antrag stattgibt, selbst wenn er keine Möglichkeit zur eigenen Nachprüfung hat. Die Sicherung des Einzelnen vor im Ergebnis unberechtigten Eingriffen ist hier geringer als im Hauptverfahren. Sie liegt letztlich nur in dem Verantwortungsbewußtsein der beteiligten Stellen, der AfV, die das Material sammeln, der Staatsanwaltschaft, die den Antrag stellt, und des Richters, der zu entscheiden hat. Die Verteilung der Verantwortung auf diese drei unabhängig arbeitenden staatlichen Organe kann nur dann den Einzelnen vor ungerechtfertigten Eingriffen bewahren, wenn alle Stellen maßvoll und im Bewußtsein ihrer Verantwortung handeln.

b) Gerichtliche Maßnahmen gegen Unschuldige, insbesondere Haftbefehle, greifen nicht nur in das Dasein des Betroffenen auf das schwerste ein. Sie untergraben auch das Vertrauen in die Rechtmäßigkeit des Staates, oft sogar stärker als es eine verfassungsfeindliche Gruppe mit einer Hetzkampagne tun könnte. Zwar kann der Einzelne Ersatz des Schadens nach dem Gesetz betr. die Entschädigung für unschuldig erlittene Untersuchungshaft vom 14. Juli 1904 verlangen, aber dieses Gesetz gewährt keinen Anspruch, wenn die Staatsanwaltschaft das Verfahren einstellt oder wenn ein Verdacht bestehen bleibt. Auch ist die Höhe des zu ersetzenden Schadens begrenzt[2]).

[1]) Loewe-Rosenberg, § 112 StPO, Anm. 5 a.

[2]) Dazu Karl Peters, S. 337; Schmidt-Leichner, Haftbefehl und Regreß, NJW 59, 841, erörtert die Möglichkeiten, einen konkurrierenden Anspruch aus § 839 BGB, Art. 34 GG durchzusetzen.

Zwar wird durch eine Verwaltungsanweisung des Bundesministers der Justiz „Über die Entschädigung für unschuldig erlittene Untersuchungshaft oder Strafvollstreckung“[3]) die bedenklichste Lücke geschlossen. Nach Ziff. A IX aaO ist „aus Gründen der Billigkeit“ Entschädigung auch in den Fällen zu leisten, in denen der Staatsanwalt das Verfahren eingestellt hat, wenn es die Unschuld des Beschuldigten ergeben oder dargetan hat, daß ein begründeter Verdacht gegen ihn nicht vorliegt. Das Risiko aber, daß ein Verdachtsmoment nicht aufgeklärt werden kann, muß der Beschuldigte weiterhin tragen.

Als Beispiel für die Undurchsichtigkeit der Verhältnisse, mit denen es der Verfassungsschutz zu tun hat und auch für die Erregung, die in der Bevölkerung durch eine Serie von Verhaftungen verursacht worden ist, sei hier auf die sog. Vulkanaffaire hingewiesen. Das BfV hatte durch einen V-Mann Zugang zu dem sog. Institut für wissenschaftliche Forschung (IwF) in Berlin, in Wahrheit ein ausländischer Nachrichtendienst. Der dem BfV als zuverlässig bekannte V-Mann mußte Berlin verlassen, hatte sich aber zuvor die Namen, die in der Agentenkartei des IwF verzeichnet waren, eingeprägt. Auf Grund seiner zuverlässigen Berichte schaltete das BfV die Strafverfolgungsbehörden ein. Es ergingen Haftbefehle gegen mehrere Personen, die nach der Kartei des IwF als Agenten angesehen werden mußten. Später stellte sich heraus, daß eine Reihe dieser angeblichen Agenten nur gutgläubige Informanten waren, deren Kenntnisse das IwF ausforschte ohne daß die Betreffenden es wußten[4]).

c) Im Hauptverfahren verbietet der Grundsatz der Unmittelbarkeit der Beweisaufnahme eine Verurteilung auf Grund von Berichten aus geheimgehaltener Quelle[5]). Aber es bleibt die Möglichkeit, Beamte als Zeugen vom Hörensagen darüber zu vernehmen, was ein V-Mann oder ein Gewährsmann berichtet hat. Der Beamte benötigt die Aussagegenehmigung seiner vorgesetzten Dienststelle. Sie kann ganz oder zum Teil verweigert werden, auch soweit der Beamte einen Vertrauens- oder Gewährsmann preisgeben müßte[6]). Das Gericht muß dies nach § 54 StPO hinnehmen und hat keine Handhabe,

[3]) v. 5. 12. 1956, BundAnz. v. 10. 12. 1956, S. 3.

[4]) Vgl. dazu Dallin, S. 399; zu den Verhaftungen durch die Abwehrbehörden der Besatzungsmächte, vgl. den Fall Naumann und dazu Kruse, Hans, Besatzungsmacht und Freiheitsrechte, Göttingen 1953, und Grimm, Friedrich, Unrecht im Rechtsstaat, Tübingen 1957; Schlüter, S. 119 ff.

[5]) RGSt. 42, 291; 72, 268 (271 ff.).

[6]) OLG Celle, HESt. 2, 79; OLG Hamm 2. 9. 55, JMBl. NRW 1956, Heft 3; BGHSt. v. 10. 7. 52, 3 StR 796/51 zit. Wenzky, Polizeipraxis, 56, 225.

die Aussage des Beamten zu erzwingen[7]). Dem Angeklagten steht dagegen das Recht zu, im Verwaltungsrechtswege die Verweigerung der Aussagegenehmigung anzufechten, wenn er dadurch beschwert ist[8]).

Nach § 62 BBG soll die Aussagegenehmigung nur versagt werden, wenn die Aussage dem Wohl des Bundes oder eines deutschen Landes Nachteile bereiten oder die Erfüllung öffentlicher Aufgaben ernstlich gefährden oder erheblich erschweren würde. Daher darf nicht grundsätzlich die Aussagegenehmigung verweigert werden, um einen V-Mann abzudecken. Ein solcher Grundsatz findet im Gesetz keine Stütze. Insbesondere im Falle von Denunziationen des Hintermannes wäre der Einzelne schutzlos. Vielmehr ist stets im Einzelfalle zu prüfen, ob die Preisgabe der Gewährsperson dem öffentlichen Interesse zuwiderläuft oder nicht[9]). Diese Voraussetzung kann aber schon dann gegeben sein, wenn die Behörde dem V-Mann Geheimhaltung zugesichert hat, um ihn vor Repressalien und Racheakten zu schützen[10]).

Auch die Herausgabe der Akten kann nicht verlangt werden, wenn die oberste Dienstbehörde erklärt, daß das Bekanntwerden des Inhalts der Akten dem Wohle des Bundes oder eines deutschen Landes Nachteile bereiten würde, § 96 StPO[11]). Daher kann das Gericht in diesen Fällen nicht alles tun, was es zur Wahrheitsermittlung für erforderlich ansieht.

Die Verurteilung auf Grund einer Zeugenaussage vom Hörensagen ist zulässig. Die Zuverlässigkeit einer solchen Aussage ist allerdings eine andere, besonders kritisch zu prüfende Frage[12]).

[7]) Anders allerdings in beschränktem Umfang nach Art. 20 Abs. 3 Bayr. BeamtenG v. 14. 12. 46, Bayr.GuVBl. 46, S. 349 und Art. 23 Württ.Bad.BeamtenG v. 19. 11. 46, RegBl. S. 349; z. B. OLG München v. 30. 12. 57, NJW 58, 1240: Preisgabe eines Steuerdenunzianten, vgl. auch § 99 VwGO, dazu unten § 42 b.

[8]) VG Wiesbaden, 24. 2. 1950, NJW 50, 799 m. zust. Anm. v. H. v. Weber, aaO; OVG Berlin 30. 3. 55, DVBl. 55, 568; vgl. auch VGH München v. 15. 10. 57, NJW 58, 643, zur Frage der Auskunftspflicht der Behörden über vertraulich erhaltene Mitteilungen: Die Auskunftserteilung sei ein Verwaltungsakt. Nach BVerwGE 8, 324 ist diese gegenüber der Staatsanwaltschaft kein Verwaltungsakt, kritisch dazu Vogel, NJW 59, 1938.

[9]) OVG Berlin, DVBl. 55, 570; LG Bremen, NJW 55, 1850.

[10]) Wenzky, Polizeipraxis 56, 225.

[11]) Vgl. dazu LG Bremen, NJW 55, 1850, das eine Beschlagnahme wenigstens dann für zulässig ansieht, wenn die oberste Dienstbehörde mit ihrer Erklärung zurückhält; so auch Loewe-Rosenberg, § 96 Anm. 6, gegen Schwarz, § 96 Anm. 1 B; E. Schmidt, Lehrkomm., II, § 96, IV 2.

[12]) Vgl. dazu insbesondere Kohlhaas, Max, Zulässigkeit, Brauchbarkeit und Preisgabe vertraulicher Gewährsleute im Strafverfahren, JR 57, 41. Mitunter reagiert die Öffentlichkeit sehr lebhaft auf Urteile, die auf dem Zeugnis der „Vertrauensperson vom Hörensagen“ beruhen, vgl. dazu die Pressestimmen zum Fall Bullerjahn, zusammengestellt und kritisiert von Hüfner, LZ 1929, 746 ff.

d) Erscheint der V-Mann vor Gericht, kann er in seiner zwielichtigen Rolle verharren. Dem Angeklagten bisher unter einem Decknamen als Helfer und Freund bekannt, enthüllt er sich nun als wesentlicher Belastungszeuge, der auf Grund seiner Beteiligung an der Tat genaue Auskünfte geben kann. Wenn ihm als Person des öffentlichen Dienstes ein Zeugnisverweigerungsrecht nach § 54 StPO zusteht, kann er sogar in der Hauptverhandlung seinen Klarnamen verschweigen, wenn auch § 62 BBG nicht unmittelbar anwendbar ist. Die Pflicht, den Namen zu verschweigen, den er von Geburt an trägt und nicht erst im Zusammenhang mit einer dienstlichen Tätigkeit erhalten hat, beruht auf einer besonderen Schweigepflicht. Auch aus § 55 StPO i. V. m. § 100 StGB könnte ein Zeugnisverweigerungsrecht abgeleitet werden.

Das Gericht könnte es auch unterlassen, den Zeugen nach seinem Klarnamen zu fragen und — vielleicht auf Grund eines Hinweises der Staatsanwaltschaft — sich mit der Aussage des Zeugen, er führe diesen oder jenen Decknamen, zufrieden geben. Mit § 68 StPO ist das nicht vereinbar; allerdings wird den Personalfragen nur instruktionelle Bedeutung beigemessen. Als Ordnungsvorschrift soll sie regelmäßig beobachtet werden, aber nach Lage des Falles darf nach der Rechtsprechung des RG ihre Befolgung auch unterlassen werden. Die Nichtbeachtung des § 68 StPO ist dann keine Gesetzesverletzung im Sinne des § 367 StPO, die die Revision begründen könnte[13]), es sei denn, die Nichtbefragung habe eine Personenverwechslung zu Folge[14]).

Die aus Gründen der Geheimhaltung und zum Schutze des Zeugen gewahrte Anonymität des V-Mannes erschwert dem Angeklagten die Verteidigung. Er kann keine Erkundungen über das Vorleben des Zeugen anstellen, um dessen Glaubwürdigkeit anzugreifen. Auch im Wiederaufnahmeverfahren kann es zu Schwierigkeiten führen, die Ladung des Zeugen zu veranlassen.

Um dem Angeklagten durch diese, für ihn unübersehbare Prozeßsituation nicht zu schaden, wird in entsprechender Anwendung des § 244 Abs. 3 StPO[15]) davon auszugehen sein, daß Tatsachen bewiesen sind, welche die Glaubwürdigkeit des Zeugen in Frage stellen. Dennoch bleibt der pseudonyme Zeuge eine Figur, für die in einem Prozeß kein Raum sein dürfte, auch wenn for-

[13]) RGSt. 40, 157.

[14]) RGSt. 55, 22; Schwarz, § 68 StPO, Anm. 1; Tillmann bei Loewe-Rosenberg, § 68 StPO, Anm. 3.

[15]) Die Frage nach dem Namen ist kein Beweisantrag, da die beantragte Beweiserhebung nur als Vorstufe für weitere Beweiserhebungen dienen soll, § 244 ist daher nicht unmittelbar anwendbar.

male Bedenken gegen seine Verwendung nicht durchgreifen. Seine Aussage muß vor allem bei dem Angeklagten, aber auch bei den Zuhörern den Eindruck erwecken, sie werde nicht von der Person in voller eigener Verantwortung getragen, sondern sei von einem im Prozeß nicht vertretenen Staatsorgan bestellt und bezahlt, um dem Gericht eine formale Grundlage für das Urteil zu geben. *Diesen Eindruck zu erwecken – auch wenn in Wahrheit die Dinge anders liegen – dürfte in einem Rechtsstaat nicht angehen.*

e) Die Überzeugungskraft anderer Beweismittel leidet ebenfalls, wenn infolge der Geheimhaltung das Gericht nicht aufklären kann, wie sie zustandegekommen sind. Der Beweiswert einer Urkunde hängt auch davon ab, ob der Weg, den sie vom Aussteller bis zu den Gerichtsakten genommen hat, noch mit Sicherheit rekonstruierbar ist. Gelingt das nicht, dann kann die Möglichkeit von Fälschungen und Irrtümern nicht ausgeschlossen werden. Je unklarer die Verhältnisse dem Gericht bleiben, desto geringerer Beweiswert kommt der Urkunde zu. Das gleiche gilt von den Objekten des Augenscheins.

Daher werden oft Beweismittel, die auf gesetzwidrige Weise beschafft sind, für das Gericht wertlos bleiben. Zwar steht, von den Fällen des § 136 a StPO abgesehen, die formale Zulässigkeit illegal beschaffter Beweismittel für die Praxis außer Frage. Wenn jedoch die Abwehrbehörden nicht über die Staatsanwaltschaft dem Gericht offenlegen, auf welchem Wege sie sich die Beweismittel verschafft haben, bleiben die beigebrachten Unterlagen ohne Beweiswert. Daher kann es vergeblich sein, bei der Beschaffung von Beweismaterial illegale Methoden anzuwenden, die den Gerichten zu unterbreiten man sich schämen müßte.

C. RECHTSSCHUTZ GEGEN MASSNAHMEN DER ÄMTER FÜR VERFASSUNGSSCHUTZ

§ 41

Die Zulässigkeit der Anfechtungsklage

Der Rechtsschutz des Einzelnen gegen ungerechtfertigte Maßnahmen der AfV ist lückenhaft, obwohl die Rechtsordnung dem Einzelnen zur Verteidigung seiner Rechte auf verschiedenen Ebenen Wege eröffnet. In Betracht kommen Anfechtungsklage, Folgenbeseitigungsanspruch, Verfassungsbeschwerde, Dienstaufsichtsbeschwerde und die parlamentarische Kontrolle, die allerdings kein Mittel des Individualrechtsschutzes ist. In der Praxis wird gegen die Maßnahmen der AfV nicht die Hilfe der Gerichte in Anspruch genommen. Denn der Bürger dürfte meist nicht in der Lage sein, die Geheimhaltung zu durchdringen und die für den Eingriff verantwortliche Behörde ausfindig zu machen. Er wird auch besorgen, seinen privaten Bereich, in dem er sich verletzt fühlt, noch einmal dem Gericht gegenüber offenlegen zu müssen. Der rechtlichen Beschränkungen und der praktischen Schwierigkeiten ungeachtet, sollen im folgenden die Möglichkeiten des Rechtsschutzes erörtert werden.

a) Die Anfechtungsklage richtet sich gegen den Bund, das Land oder die öffentlich-rechtliche Körperschaft, deren Behörde den angegriffenen Verwaltungsakt erlassen hat, § 78 VwGO. Da die LfV nicht Körperschaften sind, sondern als Landesbehörden oder als Behörden im Ressort des Innenministers der allgemeinen Verwaltung angehören, ist die Klage gegen das Land zu richten, es sei denn, nach Landesrecht wäre die Behörde, die den Verwaltungsakt erlassen hat, passiv legitimiert, § 78 Abs. 1 Ziff. 2 VwGO. Für Klagen gegen Maßnahmen des BfV ist der Bund passiv legitimiert. Nach § 52 Ziff. 2 VwGO ist das allgemeine Verwaltungsgericht zuständig, in dessen Bezirk das BfV seinen Sitz hat.

b) Die Anfechtungsklage zielt auf die Aufhebung eines belastenden Verwaltungsaktes oder auf die Verurteilung zum Erlaß eines abgelehnten oder unterlassenen Verwaltungsaktes, § 42 Abs. 1 VwGO. Hier beschäftigt uns nur die Aufhebungsklage. Wie bei jedem gerichtlichen Verfahren ist zwischen seiner Zulässigkeit und der Begründetheit des geltend gemachten Anspruchs zu unterscheiden. Zulässigkeitsvoraussetzung ist die Behauptung des Klägers, durch einen Verwaltungsakt in seinen Rechten verletzt zu sein, § 42 Abs. 2 VwGO. Ergibt sich bei der rechtlichen Würdigung des tatsächlichen Vorbringens des Klägers — die Richtigkeit unterstellt —, daß die angefochtene Maßnahme nicht als Verwaltungsakt zu werten ist, wäre daher die Klage als unzulässig abzuweisen[1]).

Es erscheint fraglich, ob und ggf. welche Maßnahmen der AfV als Verwaltungsakt anzusehen sind. Nach Otto Mayer ist Verwaltungsakt ein der Verwaltung zugehörender Ausspruch, der dem Untertanen im Einzelfall bestimmt, was für ihn rechtens sein solle[2]). Die neuere Lehre hat diese, ausdrücklich an die Begriffsbestimmung des Gerichtsurteils angelehnte Definition weiter geklärt[3]). Unter Verwaltungsakten werden alle einseitig hoheitlichen Akte verstanden, von welchen eine unmittelbare rechtliche Wirkung ausgeht, mit Ausnahme der Rechtsetzung und Rechtsprechung[4]).

Fleiner[5]) folgend, formuliert Eyermann-Fröhler, Verwaltungsakt sei die eine Rechtsnorm vollziehende, mit obrigkeitlicher Autorität vorgenommene, auf einen rechtlichen Erfolg abzielende Handlung einer Verwaltungsbehörde, die gerichtet ist an eine bestimmte Einzelperson oder an einen jeweils be-

[1]) BVerwG 21. 10. 55, BVerwGE 2, 273; 18. 10. 56, DÖV 57, 262; VGH Stuttgart 11. 2. 57, DÖV 57, 217; Bachof in Anm. zu BVerwG vom 21. 10. 56, JZ 56, 341 (342); Menger, Höchstrichterliche Rechtsprechung zum Verwaltungsrecht, VerwA 57, 353. Dagegen will Bachof unter Hinweis auf den Wortlaut des VGG, falls der Rechtsweg zu den Verwaltungsgerichten überhaupt zulässig ist, aber noch die rechtliche Qualifikation der angefochtenen Maßnahme als Verwaltungsakt in Frage steht, die R e c h t s a n s i c h t des Klägers genügen lassen, so daß das Gericht erst bei der Prüfung, ob die Klage begründet ist, zu unterscheiden hat, wie das angefochtene Handeln der Verwaltung zu werten ist, JZ 56, 342; so auch Bayr. VGH 8. 11. 56, DÖV 57, 243 (244).

[2]) Bd. I, S. 93.

[3]) Aber so noch Menger, S. 109.

[4]) Forsthoff, § 11, 1, S. 183; in Anlehnung an die Legaldefinition des § 25 MRVO 165 sieht das BVerwG als Verwaltungsakt jede Maßnahme an, die zur Regelung eines Einzelfalles auf dem Gebiete des öffentlichen Rechts getroffen wird, BVerwGE 2, 302; wenn Obermayer, S. 83, noch hinzufügt, die Handlung müsse auf einen zumindest bestimmbaren Personenkreis beschränkt bleiben, so ist das richtig, diese Voraussetzung ist aber bereits in der Begriffsbestimmung enthalten, weil Akte der Rechtsetzung ausdrücklich ausgenommen sind.

[5]) S. 183 ff.

stimmbaren Kreis von Einzelpersonen, die an dem zu regelnden Tatbestand beteiligt sind[6]).

1. *Die gegen den Einzelnen gerichteten Nachforschungen und auch die Weitergabe der den Einzelnen betreffenden Nachrichten sind, soweit sie in die Privatsphäre eingreifen, Verwaltungsakte in diesem Sinne.* Bei den Nachforschungen im Bereich der Privatsphäre wird man das zunächst fraglich finden, weil nicht ersichtlich ist, welche unmittelbare rechtliche Wirkung von diesen tatsächlichen Maßnahmen der AfV ausgehen soll. Aber bereits für die Anfechtung polizeilicher Verfügungen nach dem früheren § 127 Pr. LVG war unbestritten, daß die tatsächliche Vornahme einer Handlung, die in den Rechtskreis einer Person eingreift, insbesondere die Anwendung unmittelbaren Zwanges, der Verfügung gleichzustellen ist. In diesen Verwaltungshandlungen tatsächlicher Natur ist der Befehl enthalten, den tatsächlichen Eingriff zu dulden[7]). Wegen des Duldungsbefehls hat auch W. Jellinek derartige Eingriffe in die Privatsphäre als Verwaltungsakte angesehen: Es sei bereits die räumliche Nähe eines Polizeibeamten, der eine Frau vor einer unsanften ehelichen Aussprache schützen wolle, oder die Überwachung eines Lehrers, ob er die Polizeistunde einhalte, ein Verwaltungsakt, der den Duldungsbefehl beinhalte[8]).

In der Rechtsprechung ist anerkannt, daß die polizeilichen erkennungsdienstlichen Maßnahmen, z. B. die Abnahme von Fingerabdrücken, Aufnahme von Lichtbildern für die Verbrecherkartei und die Vornahme von Messungen auf Grund des § 81 StPO, in die Privatsphäre eingreifen und daher Verwaltungsakte sind[9]).

[6]) § 22, Anm. A I a.

[7]) PrOVG 58, 264 (266); 79, 400 (404); Eyermann-Fröhler, § 22, Anm. A I 1 b; Menger, S. 106; § 44 Pr.PVG sieht ausdrücklich vor: „Die unmittelbare Ausführung einer polizeilichen Maßnahme steht dem Erlaß einer polizeilichen Verfügung gleich"; ausdrücklich auch § 18 Abs. 2 BVerwVollstreckungsG v. 27. 4. 53, BGBl. I, S. 157.

[8]) S. 258; Gesetz usw., S. 205; a. A dagegen PrOVG 67, 321.

[9]) BVerwGE 2, 302 (303) m. Bespr. v. Blau, NJW 56, 805; dennoch verneint das BVerwG die Zulässigkeit der Anfechtungsklage, weil der von der Polizei vorsorglich erkennungsdienstlich Erfaßte verfahrensmäßig nicht besser stehen dürfe als der Beschuldigte im Strafverfahren, dem nur die Beschwerde nach der Strafprozeßordnung zustehe. Daß in dem einen Falle das Verwaltungsgerichtsverfahren mit seinen ganzen Garantien, das andere Mal nur das Beschwerdeverfahren nach der StPO zur Verfügung steht, ist aber kein Grund, um den von der Polizei erkennungsdienstlich Erfaßten rechtlos zu stellen und ihn auf die Dienstaufsichtsbeschwerde zu verweisen, wie es das Bundesverwaltungsgericht tut. Mit dem in Art. 19 Abs. 4 GG zum Ausdruck kommenden Grundsatz ist das Urteil schlechthin

2. Auch die Nachforschungen der AfV, die in die Privatsphäre eingreifen, muß der Einzelne dulden, mag auch den AfV die Befugnis zur Anwendung von Zwang fehlen. Denn es handelt sich um rechtmäßige Akte der Verwaltung, die der Einzelne als rechtens hinnehmen muß, wenn die Voraussetzungen für den Eingriff in die Privatsphäre vorliegen. Im Grunde ist es nicht anders, als würde die Polizei in die Freiheitssphäre einer Person ohne ihr Wissen eingreifen und nur, falls diese davon erfährt und sich ernstlich zur Wehr zu setzen trachtet, davon Abstand nehmen. Soweit die Vornahme der polizeilichen Handlung gelingt, ist sie ein Verwaltungsakt[10]). Einwendungen gegen die Erkenntnis, auch die unmittelbare Vollziehung eines Eingriffs sei ein Verwaltungsakt, ergeben sich nur in den Fällen, in denen der unmittelbaren Vollziehung ein den Zwang androhender Verwaltungsakt vorausgeht[11]). Da die rechtliche Wirkung bereits in dem vorhergehenden Akt enthalten ist, kommt der Vollziehung in diesem Falle keine eigene rechtliche Bedeutung mehr zu. Ist der vorhergehende Akt bereits unanfechtbar, dann kann nur noch darüber gestritten werden, ob der Vollziehung selbst Mängel anhaften[12]). Ist aber die Anfechtung des Verwaltungsaktes noch möglich, dann wird die Verwaltungsbehörde durch das Urteil in der Hauptsache auch verpflichtet, bereits durchgeführte Maßnahmen wieder rückgängig zu machen[13]). Für eine gesonderte Anfechtung der Vollziehung fehlt dann das Rechtsschutzbedürfnis[14]).

Da die Nachforschungen der AfV in der Regel ohne Wissen des Betroffenen durchgeführt werden, fallen Anordnung und Ausführung des Verwaltungsaktes zusammen. Zwar ließen sich die Nachforschungen ebenfalls in mehrere Phasen einteilen, die Entschließung des AfV, Nachforschungen einzuleiten, die Anordnung, sie durchzuführen und schließlich die Durchführung

unvereinbar; vgl. die scharfe Kritik des Urteils durch Bachof, MDR 56, 313, wie hier auch OLG Düsseldorf 8. 7. 59, NJW 59, 1790.

[10]) Frh. v. Gamm hält sogar bei der schlicht verwaltenden Tätigkeit den Rechtsweg zu den Verwaltungsgerichten für zulässig, Das Verwaltungshandeln und der Rechtsweg, NJW 57, 1055.

[11]) Zschacke, Die gesetzlichen Grundlagen des Verwaltungszwangs und die Rechtsmittel gegen Zwangsakte der Verwaltungsbehörden, MDR 53, 12 ff., entwickelt das Rechtsschutzsystem, das für diese Fälle vorgesehen ist.

[12]) Menger, S. 107; anders dagegen nach § 133 Abs. 1 Pr.LVG, vgl. dazu W. Jellinek, S. 344.

[13]) Eyermann-Fröhler, S. 182; Menger, S. 107; OVG Hamburg, 5. 3. 1951, DVBl. 51, 472; Württ.Bad.VGH 28. 11. 1950, JZ 51, 462; Bad.VGH 16. 9. 1952, DVBl. 53, 28 ff.

[14]) Menger, S. 106 m. weit. Schrifttum und Rspr.

selbst. Aber Entschließung und Anordnung bereiten nur den Verwaltungsakt vor. Sie bleiben im Bereich der Verwaltung und entfalten dem Betroffenen gegenüber noch keine unmittelbare rechtliche Wirkung. Daher sind sie selbst noch keine Verwaltungsakte, sondern innerdienstliche Vorgänge, die dem Einzelnen gegenüber keine rechtliche Wirkung entfalten.

Die Eigenschaft des Verwaltungsaktes fehlt auch jenen Maßnahmen der AfV, die nicht in eine rechtlich geschützte Sphäre des Bürgers eingreifen. Wenn sich ein AfV z. B. lediglich mit jenen Lagen des Fürsichbereichs des Einzelnen befaßt, denen überhaupt kein rechtlicher Schutz zukommt[15]), erteilt es auch keinen Duldungsbefehl. Diese Maßnahmen können nicht als Verwaltungsakt klassifiziert werden, eine Anfechtungsklage wäre daher unzulässig.

3. Ein Verwaltungsakt ist in der Regel erst wirksam, wenn er dem von ihm Betroffenen amtlich bekanntgegeben worden ist. Das folgt bereits aus der schlichten Erwägung, der Betroffene müsse erst erfahren, was für ihn rechtens sein solle, ehe von ihm die Befolgung eines Ge- oder Verbotes verlangt werden könne[16]). Auch in den Fällen, in denen diese Erwägung nicht durchgreift, soll der Staat dem Bürger offen gegenübertreten und ihn so bald als möglich von den getroffenen Maßnahmen in Kenntnis setzen. Unterbleibt jedoch eine Bekanntmachung — wie es bei den Maßnahmen der AfV die Regel sein dürfte — bleibt das staatliche Handeln ein Eingriff in die Rechtssphäre des Betroffenen. Es muß der unterlassenen Bekanntmachung ungeachtet als Verwaltungsakt gewertet werden. Zwar rechnet Menger[17]) die ordnungsgemäße Bekanntmachung zum Begriff des Verwaltungsaktes. Aber seine Ansicht steht der hier entwickelten Meinung nicht entgegen, weil er nicht an die unmittelbare Vornahme des Verwaltungsaktes gedacht hat. Entscheiden dürfte die Erwägung, daß der Begriff des Verwaltungsaktes eine Zweckschöpfung der Verwaltungsrechtswissenschaft ist. Seine nähere Ausprägung erhält der Begriff durch den Zweck, dem er im Rahmen des verwaltungsrechtlichen Systems dient. Im Zusammenhang mit der Frage des Rechtsschutzes im Verwaltungsstreitverfahren ist daher das Rechtsschutzbedürfnis des Bürgers das wesentliche Element[18]). Das äußere Kriterium der

[15]) vgl. oben § 9.

[16]) Forsthoff, § 11, 6, S. 195.

[17]) Menger, S. 110; Drews-Wacke, S. 115 passim; Baring, Zustellungsmängel, DVBl. 51, 41 ff., 75 ff., 105 ff. ist der Ansicht, nicht amtlich herausgegebene oder nicht zugegangene Verwaltungsakte seien rechtlich ein Nichts, aber auch Baring räumt ein, daß es Ausnahmefälle gebe, S. 42.

[18]) BVerwG 3. 5. 56, BVerwGE 3, 254 (262); Forsthoff, § 11, 1, S. 181.

Bekanntmachung an den Betroffenen ist in den Fällen der unmittelbaren Vornahme des Verwaltungsaktes für das Rechtsschutzbedürfnis des Bürgers gleichgültig. Da der Eingriff des Staates in Freiheit und Eigentum des Betroffenen tatsächlich wirksam wird, sobald er durchgeführt ist, und nicht erst, wenn der Betroffene davon Kenntnis erlangt, kann es auf die ordnungsgemäße Bekanntmachung nicht ankommen, um diesen Eingriff als Verwaltungsakt zu kennzeichnen[19]).

Daß der Betroffene schließlich von dem Verwaltungsakt erfahren muß, bevor er sich veranlaßt sieht, die Anfechtungsklage zu erheben, ist selbstverständlich. Der Zeitpunkt, zu dem er die Kenntnis erlangt hat, kann nur für die Frage von Bedeutung sein, ob er die Fristen gewahrt hat, innerhalb deren er das Rechtsmittel einzulegen hat.

c) In dem Streit der Meinungen, was unter *„Rechten“* zu verstehen ist, hat sich die Erkenntnis durchgesetzt, daß damit nicht subjektive Rechte gemeint sind. Dem Begriff „Recht“ im Sinne der Verwaltungsgerichtsordnung kommt vielmehr eine erweiterte Bedeutung zu, weil zunächst nur die Zulässigkeit und nicht bereits die Begründetheit der Klage in Frage steht[20]). Aufgabe des § 43 VwGO ist nicht, den subjektiven Klagegrund als eine Prozeßvoraussetzung aufzustellen, sondern die Frage der Aktivlegitimation zu regeln[21]). Daher setzt man den Begriff des Rechts hier der Rechtsstellung des Klägers gleich[22]), und sieht das Recht einer Person bereits dann als verletzt an, wenn ein der Befriedigung ihrer Eigeninteressen dienender zwingender Rechtssatz nicht oder nicht richtig angewendet wurde[23]). Andere gehen noch weiter und begnügen sich mit der Behauptung einer Rechtsverletzung im weitesten Sinne, wenn sie nur in den Lebenskreis des Klägers eingreift.

[19]) In den Fällen der Anwendung unmittelbaren Zwanges behelfen sich Drews-Wacke, S. 115, indem sie die Verfügung von dem Augenblick an als mitgeteilt gelten lassen, in welchem der Betroffene von dem polizeilichen Vorgehen erfährt; vgl. auch § 43 des früheren VGG und Huhn, Adalbert, Die Bekanntgabe an den Adressaten als Voraussetzung für die Wirksamkeit eines Verwaltungsaktes, Marburger Diss. 1952.

[20]) Über den Meinungsstand vgl. Menger, S. 117.

[21]) Ule, Gesetz über das BVerwG, 1952, § 15, Anm. 3: Ausschluß der Popularklage; wie hier: Menger, S. 122; Eyermann-Fröhler, § 23, Anm. 1.

[22]) So Wolff, Hans J., Der Abwendungsanspruch aus öffentlichen Reflexrechten in Festschrift Westf. Verwaltungsakademie, Verwaltung und Wirtschaft, Heft 1, Münster—Berlin—Bad Godesberg 1950, S. 119 (125); Menger, S. 118.

[23]) Bachof, Die Vereinheitlichung der Verwaltungsgerichtsbarkeit, DRZ 1950, 341 (345); ders. Rechtsschutz, DÖV 53, 417 (421).

Das ist der Fall, wenn eine unmittelbare Beziehung zwischen dem Kläger und dem geltend gemachten Streitgegenstand besteht[24]).

Daß Eingriffe der AfV in die absolut geschützten Rechtslagen hierzu gehören, leuchtet nach den obigen Erörterungen ohne weiteres ein. Dies gilt aber auch für jene Maßnahmen, die sich gegen die nur relativ geschützten Lagen der Privatsphäre richten. Auch hier handelt es sich um Verwaltungsakte, die der gerichtlichen Nachprüfung unterliegen. Ob die Umstände des Einzelfalles der Verwaltung ein Vorgehen gestatten, entscheidet nicht über die Zulässigkeit, sondern die Begründetheit der Klage. Es genügt daher, wenn der Kläger sich auf eine Rechtsposition beruft, die durch den Verwaltungsakt möglicherweise beeinträchtigt worden ist[25]). Daher muß es auch genügen, wenn der Kläger vorträgt, die Maßnahme eines AfV habe in eine nur relativ geschützte Rechtslage der Privatsphäre eingegriffen.

d) Es wird die Ansicht vertreten, die *Weitergabe der gesammelten Nachrichten* unterliege nicht der verwaltungsgerichtlichen Kontrolle. Denn durch die Weitergabe von Nachrichten greife die Behörde nicht unmittelbar in die Rechte des Betroffenen ein. Die Nachrichten dienten nur der Vorbereitung eines Verwaltungsaktes, erst dieser sei im Verwaltungsrechtswege angreifbar[26]).

1. Hier werden zwei Fragen miteinander vermengt. Bericht und Weisung innerhalb einer Behördenhierarchie, Auskunft, die als Amtshilfe einer anderen Behörde gegeben wird, sind innerdienstliche Vorgänge; sie entfalten keine unmittelbare rechtliche Wirkung gegenüber dem Einzelnen und sind daher auch keine Verwaltungsakte[27]). Sobald aber diese innerdienstlichen Vorgänge gestaltend in eine Rechtslage eingreifen, beinhalten sie den Duldungsbefehl, den Eingriff als rechtens hinzunehmen. Dann sind sie zugleich Verwaltungsakte[28]).

Wohl fallen Adressat und Betroffener des Verwaltungsaktes auseinander.

[24]) Eyermann-Fröhler, § 23, Anm. 1; Klein, Friedrich, Veröffentl. d. Vereinig. Dt. Staatsrechtslehrer, Bd. 8, S. 115; weiteres Schrifttum bei Menger, S. 117, Fußn. 11.

[25]) OVG Lüneburg, 10. 8. 54, FamRZ 54, 199; Bachof in Anm. zu BVerwG vom 21. 10. 55, JZ 56, 342.

[26]) Forsthoff, § 11, 1, S. 183; Bundesminister des Innern, Schröder, 37. Sitzung des 2. Deutschen Bundestages, Sten.Prot., S. 1740; OVG Münster 26. 10. 54, DVBl. 55, 237 = JZ 55, 346.

[27]) Bayr.VGH 8. 11. 56, DÖV 57, 241; Menger, S. 110; Lechner, Hans, BVerfGG, München und Berlin 1954, § 90, Anm. 2 b bb „Weisungen“.

[28]) VGH Stuttgart, 11. 2. 57, DÖV 57, 217 (219).

Als innerdienstlicher Vorgang ist die weitergegebene Nachricht an eine Behörde adressiert. Rechtlich betroffen kann aber zugleich der Einzelne sein, dem gegenüber der innerdienstliche Vorgang als Verwaltungsakt angesehen werden muß, der eine Drittwirkung entfaltet[29]). Das Auseinanderfallen von Adressat und rechtlich betroffener Person hindert nicht, den Verwaltungsakt der Anfechtungsklage zu unterwerfen. Wiederum kommt es auf die Bekanntgabe oder die rechtlichen Beziehungen zwischen dem Einzelnen und der Behörde nicht an, weil die Beteiligungsverhältnisse etwas Tatsächliches sind[30]). Insbesondere ist anerkannt, daß ehrverletzende Feststellungen und warnende Äußerungen von Behörden, die in Ausübung öffentlich-rechtlicher Tätigkeit abgegeben werden, Maßnahmen sind, die unmittelbar und rechtserheblich in die Rechtssphäre des Bürgers eingreifen. Denn sie beanspruchen, daß der Betroffene den in der Äußerung der Behörde enthaltenen Angriff auf die Ehre dulde[31]). Sie müssen daher als Verwaltungsakte qualifiziert werden, die der verwaltungsgerichtlichen Kontrolle unterliegen.

[29]) Württ.Bad. VGH. 25. 5. 50, DRZ 50, 500, unter Bezugnahme auf PrOVG 1, 327 für eine von einem Ministerium ausgegebene Warnung; vgl. für die Drittwirkung noch LVG Düsseldorf, NJW 53, 1935. Das PrOVG hat allgemeine Warnungen nicht als Polizeiverfügungen im Sinne des § 127 LVG angesehen, PrOVG 66, 316 (318); anders dagegen W. Jellinek, Gesetz usw. S. 205 mit weiteren Hinweisen auf die ältere — überholte — Rechtsprechung.

[30]) Sächs. OVG Urt. v. 18. 1. 35, Jahrb. Bd. 39, S. 1, = Reger 55, 113; Bad. VGH, Reger Bd. 49, 306: „Wie der Gerichtshof bereits wiederholt ausgesprochen hat, ist auch ein Dritter, gegen den die polizeiliche Verfügung nicht gerichtet ist, dann berechtigt, die Verfügung mit der verwaltungsgerichtlichen Klage anzufechten, wenn die Verfügung in die Rechts- und Wirkungssphäre des Dritten störend eingreift, wenn also die Verfügung auch den Dritten in seinen Rechten verletzen kann"; Forsthoff, § 26 2 a, S. 482; dort auch weitere Entscheidungen.

[31]) W. Jellinek, S. 258; Obermayer, S. 73 und 124 ff.; Menger, S. 110, Anm. 17 und VerwA 1957, 174, der die Feststellungsklage für zulässig hält, da es sich um eine sonstige Streitigkeit des öffentlichen Rechts handele; Drews-Wacke, S. 107. BGHZ 14, 222; BGHZ 30. 11. 55, DVBl. 56, 454 = NJW 56, 711; BGHZ 10. 3. 58, DÖV 58, 629 mit abl. Anm. von Obermayer, DÖV 58, 629; Siebert, Wolfgang, Zur neueren Rechtsprechung über die Abgrenzung von Zivilrechtsweg und Verwaltungsrechtsweg, DÖV 59, 733 (734); vgl. auch Helle, Über die Grenzen des negatorischen Ehrenschutzes, NJW 58, 1524; und beiläufig BVerwG 7. 11. 57, NJW 58, 394.
Wie hier auch OLG Köln, DVBl. 52, 309 = JZ 52, 221 mit Anm. von Bettermann, DVBl. 52, 312; Walz, JZ 52, 223, und Karl-Heinz Klein, DÖV 52, 285 ff. So auch bereits PrOVG 1, 327; vgl. auch Bezirksverwaltungsgericht Berlin, NJW 47/48, 280; LVG Düsseldorf, NJW 53, 1935; Württ.Bad.VGH 25. 5. 50, DRZ 50, 500 = DVBl. 50, 684.
Auf die Streitfrage, ob es sich bei amtlichen ehrenrührigen Veröffentlichungen um ein hoheitliches oder privatrechtliches Vorgehen der Verwaltung handelt, braucht hier nicht eingegangen zu werden, da Veröffentlichungen privatrechtlicher Art für

Das BVerwG ist dagegen in seinen bisherigen Urteilen der Ansicht gewesen, Weisungen und Berichte, die zwischen den Behörden ausgetauscht werden, seien keine Verwaltungsakte. Das BVerwG läßt daher eine Anfechtung dieser Erklärungen nicht zu[32]). Es hat sich bei seinen Entscheidungen nicht mit der Frage auseinandergesetzt, ob die Weisungen und Berichte neben ihrer innerdienstlichen Wirkung auch eine unmittelbare Wirkung gegenüber dem Betroffenen entfalten, indem sie ihm eine Duldungspflicht auferlegen. Da solche innerdienstlichen Weisungen zugleich auch als Verwaltungsakte angesehen werden dürfen, kann die bisherige Rechtsprechung des BVerwG nicht als endgültige Absage der hier dargelegten Ansicht verstanden werden.

Es wäre nicht rechtens, die entscheidende Behörde bereits bei der Bildung ihres Ermessens, zu der auch die Verwertung vertraulicher Auskünfte gehört, einer verwaltungsgerichtlichen Kontrolle zu unterwerfen, da ja auch die Ermessensentscheidung — in den Grenzen der Ermessensfreiheit — dem Rechtsschutz entzogen ist. Aber hier geht es um die Anfechtung von Maßnahmen der Auskunft erteilenden Behörde. Auch sie muß entscheiden, ob und welche Auskunft zu erteilen ist und sich, wenn sie mit ihren Maßnahmen Rechte des Einzelnen beeinträchtigt, die verwaltungsgerichtliche Kontrolle gefallen lassen.

Das BVerwG möchte eine Übersteigerung des gerichtlichen Schutzes, die dem Grundgesetz fremd sei, verhüten und verweist darauf, daß der Verwaltungsakt der entscheidenden Behörde vor dem Verwaltungsgericht angefochten werden könne[33]). Das trifft nicht für alle Verwaltungsakte zu. Bereits bei der Frage, wann dem Betroffenen das rechtliche Gehör erteilt werden muß, stießen wir auf Fälle, in denen die entscheidende Behörde dazu nicht verpflichtet war[34]). Auch die Klage gegen den Verwaltungsakt der ent-

die AfV nicht in Betracht kommen dürften. Unbestritten ist, daß es sich auch in diesen Fällen um Eingriffe in die Rechtssphäre des Bürgers handelt, vgl. Obermayer, S. 73, Helle, S. 140 ff.
Die Unzulässigkeit des Rechtsweges zu den ordentlichen Gerichten bei allgemeinen Warnungen als „schlicht verwaltende Hoheitstätigkeit" nimmt der BGHZ LM Nr. 29 zu § 549 ZPO an.

[32]) BVerwGE 1, 169; E. v. 18. 10. 56, DVBl. 57, 321 = MDR 57, 185; a. A. beiläufig BVerwG 7. 11. 57, BVerwGE 5, 325 (327); vgl. auch OVG Münster 30. 4. 52, DVBl. 53, 25 und 26. 10. 54, MDR 55, 315 = DVBl. 55, 237 = JZ 55, 346; OLG Köln, 19. 11. 51, DÖV 52, 284, das in der Veröffentl. ehrenrühriger Äußerungen durch Druckschrift keinen Verwaltungsakt, sondern eine Kundgebung an die Allgemeinheit und eine „Maßnahme der Regierung" sieht und dazu die in Fußn. 31 zit. Anmerkungen von Walz, Bettermann und Klein.

[33]) BVerfGE 1, 169 (171).

[34]) Vgl. oben § 39 b.

scheidenden Behörde muß scheitern, wenn es sich um die Nachprüfung von Ermessensfragen handelt, oder wenn der Betroffene keinen Anspruch auf Erlaß eines begünstigenden Verwaltungsaktes hat.

Es müssen daher bedenkliche Lücken im System des verwaltungsgerichtlichen Rechtsschutzes entstehen, wenn man den in seinem Ruf Verletzten auf die Anfechtung des Verwaltungsaktes verweist, der später auf Grund der Information ergeht. Weil das Ziel der verwaltungsgerichtlichen Klage ein anderes ist, ob der Betroffene sich gegen rufmindernde Tatsachenbehauptungen zur Wehr setzen oder ob er einen sonstigen Verwaltungsakt anfechten will, kann von der Zulässigkeit der einen Klage nicht auf die Unzulässigkeit des anderen Verfahrens geschlossen werden.

2. In einer Beziehung allerdings ist der Ansicht des BVerwG zu folgen. Es geht nicht an, *Berichte, Anregungen und Weisungen an die Strafverfolgungsbehörden*, gegen bestimmte Personen auf Grund der mitgeteilten Sachverhalte einzuschreiten, vor den Verwaltungsgerichten anzufechten. In diesen Fällen wird der Rechtsschutz durch die Strafgerichte und nicht durch die Verwaltungsgerichte erteilt[35]). Es wäre eine Überspannung des Rechtsschutzes, wenn Erklärungen einer Behörde, die der unmittelbaren Vorbereitung der Strafverfolgung dienen, zusätzlich durch die Verwaltungsgerichte überprüft werden könnten. Wohl handelt es sich nicht um Verwaltungsakte auf dem Gebiet der Strafrechtspflege, so daß schon aus diesem Grunde der Rechtsweg zu den Verwaltungsgerichten ausgeschlossen wäre, § 23 EGGVG. Denn die Behörde, deren Mitteilung in Frage steht, ist kein zur Strafverfolgung berufenes Organ. Aber diese Mitteilungen und Erklärungen dienen ausschließlich einem Verfahren, das dem Einzelnen umfassenden Rechtsschutz zuteil werden läßt und müssen daher in diesem Zusammenhang gesehen werden. Die Strafprozeßordnung konzentriert jedoch den gerichtlichen Schutz auf die Hauptverhandlung. Darum gibt es keine Beschwerde gegen Entscheidungen des Staatsanwalts[36]), soweit nicht das Gericht sie kraft ausdrücklicher Vorschrift bestätigen muß. Auch die Entscheidungen des Gerichts, die der Urteilsfällung vorausgehen, unterliegen nicht der Beschwerde, den Einzelnen besonders hart treffende Entscheidungen über Verhaftung, einstweilige Unterbringung, Beschlagnahme, Entziehung der Fahrerlaubnis und Straffestsetzung ausgenommen, § 305 StPO.

In diesem System wäre die Anfechtung vorbereitender Mitteilungen ein Fremdkörper. Über die Richtigkeit der Mitteilung muß der Strafrichter in

[35]) Für den Fall der Weisung: BVerwG 22. 11. 56, BVerwGE 4, 177.

[36]) Schwarz, Vorbem. 1 vor § 304 StPO.

der Hauptverhandlung entscheiden, wenn es zu einem Verfahren kommt. Hat die Mitteilung aber ihren Zweck, die Einleitung eines Verfahrens zu bewirken, verfehlt, besteht kein Bedürfnis nach einer besonderen Nachprüfung. Dann hat bereits die Staatsanwaltschaft zugunsten des Betroffenen entschieden.

3. Sieht man jedoch von dem Sonderfall der Berichte an die Strafverfolgungsbehörden ab, dann können die Berichte der AfV, wenn sie einzelne Personen betreffen, Verwaltungsakte sein. Denn sie können seine Ehre verletzen oder in seine Privatsphäre eingreifen. Liegt aber ein Verwaltungsakt vor, dann ist auch der Verwaltungsrechtsweg zulässig.

Eine Auslegung der Verfahrensvorschriften, die nicht zu diesem Ergebnis kommt, wäre nur schwerlich mit dem Sinn des Art. 19 Abs. 4 GG vereinbar. Sie stünde auch im Gegensatz zu Art. 12 der allgem. Erklärung der Menschenrechte[37]) und Art. 8 und 13 der Europäischen Konvention zum Schutze der Menschenrechte und Grundfreiheiten vom 4. 11. 1950, die das Privatleben schützen und jedem Menschen Anspruch auf gerichtlichen Schutz gegen derartige Eingriffe gewähren wollen.

Demgegenüber hat das Argument, die Verwaltung und die Gerichte würden durch die Anfechtbarkeit jener Maßnahmen unerträglich belastet, kein Gewicht[38]). Darüber hinaus würde es ein eigentümliches Licht auf eine Verwaltung werfen, wenn sie sich scheute, die Verantwortung für ihre Maßnahmen auch vor Gericht zu tragen.

e) Ein Mißbrauch der Verwaltungsgerichtsbarkeit braucht nicht befürchtet zu werden, weil für die Klage vor dem Verwaltungsgericht wie in jedem anderen gerichtlichen Verfahren das *Rechtsschutzbedürfnis* vorliegen muß[39]). Ob es sich hierbei um eine Prozeß- oder Rechtsschutzgewährleistungsvoraussetzung handelt, möge dahingestellt bleiben[40]). Jedenfalls kann sich das Gericht nur dann mit der Sache selbst befassen, wenn das Rechtsschutzbedürfnis gegeben ist. Um das im Einzelfall zu entscheiden, ist von der Frage nach

[37]) verkündet von der Generalversammlung der Vereinigten Nationen am 10. 12. 1948, vgl. den § 2 a zit. Wortlaut.

[38]) So aber bezüglich Mitteilungen an andere Behörden: OVG Münster, MDR 55, 315.

[39]) Eyermann-Fröhler, Vorbem. vor § 21; § 35, Anm. I 1 b; BVerwG, 13. 3. 57, BVerwGE 4, 332 (333).

[40]) Vgl. Schönke, Adolf, Das Rechtsschutzbedürfnis, Detmold—Frankfurt—Berlin 1950, S. 13 ff.

dem prozessualen Ziel auszugehen[41]). Das Anfechtungsverfahren bezweckt, den Verwaltungsakt aufzuheben und die tatsächliche Lage wieder an die Rechtslage anzupassen. Für die uns angehenden Fälle also, die Beeinträchtigung der Privatsphäre wieder zu beseitigen. Wenn der Verwaltungsakt erledigt, der Eingriff durchgeführt und die Nachforschungen abgeschlossen sind, läßt sich das vielfach nicht mehr erreichen. Die einmal geschehene Kenntnisnahme kann nicht mehr rückgängig gemacht werden. Aus dem Fehlen des Rechtsschutzbedürfnisses und aus der Sonderregelung des § 113 Abs. 1 Satz 3 VwGO würde folgen, die Anfechtungsklage gegen den bereits erledigten Verwaltungsakt sei unzulässig[42]). Dagegen hat das PrOVG Verwaltungsakte aufgehoben, die keinerlei Wirkung mehr äußern konnten und die Zulässigkeit der Klage als selbstverständlich angenommen[43]). Nach richtiger Anschauung ist die Klage gegen den bereits erledigten Verwaltungsakt dann zulässig, wenn andere Umstände hinzutreten, die das Rechtsschutzbedürfnis wiederum begründen[44]), z. B. wenn die Gefahr der Wiederholung des beeinträchtigenden Verwaltungsaktes besteht oder wenn der Kläger Schadensersatzansprüche aus Amtspflichtverletzung geltend machen will[45]). Die Klage zielt allerdings nicht mehr auf die Aufhebung des Verwaltungsaktes, sondern auf Feststellung, daß der Verwaltungsakt rechtswidrig gewesen sei[46]).

f) Die *Feststellungsklage* kommt ferner unter folgenden Voraussetzungen in Betracht:

1. Es kann die Feststellung begehrt werden, daß ein Verwaltungsakt nichtig ist, § 43 Abs. 1 VwGO.

2. Es könnte im Wege der Feststellungklage der Erlaß eines unmittelbar bevorstehenden Verwaltungsaktes – hier also unmittelbar bevorstehende

[41]) Schönke, aaO, Fußn. 40, S. 33.

[42]) Bayr.VGH 28. 5. 54, NJW 54, 1382; OVG Münster, 3. 4. 52, DÖV 53, 91 = VerwRspr. 5 Nr. 134, S. 632; Klaus Mayer, Verwaltungsgerichtlicher Rechtsschutz und erledigter Verwaltungsakt, DVBl. 56, 190.

[43]) PrOVG 58, 264.

[44]) BVerwG 8. 11. 57, BVerwGE 5, 334; 20. 5. 58, BVerwGE 6, 347; Obermayer, S. 169; für eine weitergehende Auslegung des Rechtsschutzbedürfnisses: Schüffner, Der Anspruch auf Feststellung der Unzulässigkeit eines erledigten Verwaltungsaktes, DÖV 52, 455 mit w. Nachweisen, S. 457.

[45]) Obermayer, S. 169. Ob die Absicht, Amtshaftungsansprüche geltend zu machen genügt, ist wieder fraglich, vgl. BVerwG 8. 7. 58, DVBl. 58, 714 mit ausf. Anm. Tietgen, DVBl. 58, 715.

[46]) BVerwG 20. 5. 58, BVerwGE 6, 347; VGH Stuttgart, DÖV 57, 217; Menger, VerwA 57, 358, einschränkend noch System S. 244 mit w. Nachweisen.

Überwachungsmaßnahmen und die Weitergabe von Nachrichten — verhindert werden[47]). Gegenstand der Feststellungsklage ist das behauptete öffentlich-rechtliche Verhältnis, § 43 Abs. 1 VwGO[48]). Ein solches Rechtsverhältnis ist auch die Rechtslage, die ein AfV berechtigt oder nicht berechtigt, in die Privatsphäre des Betroffenen einzugreifen. Die beabsichtigte Maßnahme könnte daher bereits vor ihrer Durchführung der verwaltungsgerichtlichen Entscheidung zugänglich gemacht werden.

Dabei ist aber folgendes zu beachten: Die Frage der Zulässigkeit dieser Feststellungsklage dürfte noch nicht endgültig entschieden sein. Bedenken ergeben sich aus der Erwägung, daß eine solche Klage der Klage auf Unterlassung eines künftigen Verwaltungsaktes gleichkommt. Diese ist jedoch nur in dem engen Rahmen des Folgenbeseitigungsanspruchs[49]) zugelassen. Als generelles Rechtsinstitut aber ist sie im Verwaltungsprozeß, der auf dem Prinzip nachträglicher Kontrolle aufbaut, etwas Systemfremdes, das nur kraft ausdrücklicher Bestimmung rechtens wäre. Eine solche Bestimmung fehlt jedoch[50]). Man wird abwarten müssen, ob die auf Art. 19 Abs. 4 GG gestützte Forderung, hier eine Lücke im verwaltungsrechtlichen Rechtsschutz zu schließen[51]), sich durchsetzen wird.

Jedenfalls müßte behauptet werden, daß ein konkreter Verwaltungsakt unmittelbar bevorstehe und es müßte ferner das berechtigte Interesse an der alsbaldigen Feststellung dargelegt werden, § 43 VwGO. Dazu dürfte gehören, daß die bevorstehende Rechtsbeeinträchtigung auf andere Weise nicht verhindert werden könne, z. B. daß die nachträgliche Kontrolle des Verwaltungsaktes im Anfechtungsverfahren trotz seines Suspensiveffektes keine Abhilfe brächte. Dieser Nachweis ist unumgänglich, weil im Feststellungsverfahren nur über bestimmte Rechtsfragen befunden werden kann, die auf

[47]) Zu dem aufgehobenen § 24 Abs. 1 VGG stellte das BVerwG 1, 80 fest, im allgemeinen Gewaltverhältnis sei die Feststellungsklage nicht ausgeschlossen, so auch VGH Stuttgart, VerwRSpr. 3, Nr. 126; Forsthoff, § 28, S. 501. A. A.: Eyermann-Fröhler, Anm. I 1 zu § 24; Menger, S. 99, Fußn. 3: Klage auf Unterlassung eines künftigen Verwaltungsaktes sei dem geltenden Recht unbekannt.

[48]) v. Turegg, Feststellungsklage im Verwaltungsstreitverfahren, MDR 52, 150 ff.; Menger, S. 237.

[49]) vgl. dazu unten § 45.

[50]) OVG Münster, 24. 11. 55, JZ 56, 419; 8. 2. 57, NJW 57, 1251; Forsthoff, § 28, S. 500; Menger, S. 99, Fußn. 3.

[51]) So Naumann, Vom vorbeugenden Rechtsschutz im Verwaltungsprozeß, W. Jellinek — Gedächtnisschrift, 1955, S. 391 ff.; Hans Heinrich Rupp, Die Beseitigungs- und Unterlassungsklage, DVBl. 58, 113 (118) ff.; Wolfgang Bergmann, Das Rechtsschutzbedürfnis bei der verwaltungsgerichtlichen Feststellungsklage, VerwA 58, 333 (337).

einem konkreten, zwischen den Parteien bestehenden Sachverhalt beruhen. Darum bliebe eine Klage, die lediglich auf die Feststellung eines Inbegriffs von Tatsachen zielte, aus denen sich z. B. die Verfassungstreue des Klägers oder die Unrichtigkeit einer Erkenntnis eines AfV ergeben würde, unzulässig. Das Rechtsschutzbedürfnis liegt erst vor, wenn das Rechtsverhältnis bereits streitig geworden ist, nicht schon dann, wenn es streitig zu werden droht. Darum dürfte es meist im Einzelfall auf Schwierigkeiten stoßen, das unmittelbare Bevorstehen eines bestimmten Verwaltungsaktes, über dessen Berechtigung gestritten wird, nachzuweisen.

§ 42

Lücken des verwaltungsgerichtlichen Rechtsschutzes

a) Im verwaltungsgerichtlichen Verfahren kann nicht nachgeprüft werden, ob die AfV von ihrem *Ermessen* zweckmäßig Gebrauch gemacht haben. Nur Ermessensfehlgebrauch und Ermessensmißbrauch unterliegen der Kontrolle der Verwaltungsgerichte, § 114 VwGO[1]). Da den AfV ein weiter Spielraum des Ermessens zusteht, scheint hier im Rechtsschutz eine erhebliche Lücke zu klaffen. Sie kann und soll nicht geschlossen werden, da zwingende Vorschriften des Verwaltungsgerichtsverfahrens entgegenstehen. Wo die Grenzen verlaufen, die Ermessensfragen von Rechts- und Tatsachenfragen trennen und den Gebrauch des Ermessens vom Ermessensfehlgebrauch und vom Ermessensmißbrauch abscheiden, kann hier nicht erörtert werden. Diese Grenzen folgen aus den Überlegungen, die in Teil B dieser Untersuchung niedergelegt sind[2]).

b) Dem Gericht ist die Wahrheitsfindung erschwert, weil ihm *geheimhaltungsbedürftige Vorgänge* verschlossen bleiben: nach § 99 VwGO kann das Gericht zur Erforschung des Sachverhaltes Akten oder Urkunden beiziehen und Auskünfte einholen. Wenn jedoch das Bekanntwerden dieser Vorgänge dem Wohl des Bundes oder eines deutschen Landes Nachteile bereiten würde, oder wenn die Vorgänge nach einem Gesetz oder ihrem Wesen nach geheimgehalten werden müssen, kann die zuständige oberste Aufsichtsbehörde die Vorlage von Akten und Urkunden und die Erteilung der Auskunft ver-

[1]) Vgl. auch Klein, Rüdiger, Die Kongruenz des verwaltungsgerichtlichen Rechtsschutzes und des Bereichs rechtlicher Mehrdeutigkeit, AöR 82, 75 ff.

[2]) Vgl. auch Forsthoff, § 5 und Eyermann-Fröhler, § 36, Anm. 3 ff.

weigern. Im Gegensatz zu früheren Regelungen muß die oberste Dienstbehörde glaubhaft machen, ob die gesetzlichen Voraussetzungen für ihre Weigerung vorliegen; das Gericht entscheidet, ob glaubhaft gemacht ist und kann es daher der Verwaltung verwehren, unter dem Deckmantel der Geheimhaltung unrechtmäßige Machenschaften zu verbergen. Aber wenn die gesetzlichen Voraussetzungen für die Geheimhaltung auch nur glaubhaft gemacht sind — bei Angelegenheiten des Verfassungsschutzes dürfte das häufig der Fall sein — hat auch das Gericht keine Möglichkeit, den entgegenstehenden Willen der obersten Aufsichtsbehörde zu überwinden. Der Vergleich des weitgreifenden Geheimnisschutzes nach § 99 VwGO mit den entsprechenden Vorschriften des § 26 Abs. 2 BVerfGG — die Beiziehung einzelner Urkunden kann unterbleiben, wenn ihre Verwendung mit der Staatssicherheit unvereinbar ist — und des § 28 Abs. 2 BVerfGG — die Aussagegenehmigung darf für Zeugen und Sachverständige nur verweigert werden, wenn das Wohl des Bundes oder eines Landes dies erfordert — zeigt, daß bei § 99 VwGO beim Zusammenstoß von privatem und öffentlichem Interesse die Staatsräson den Ausschlag gibt.

Damit wird fragwürdig, ob ein ausreichender Rechtsschutz gegen die Maßnahmen der AfV besteht, falls der Betroffene überhaupt von ihnen erfährt. Auch im Strafverfahren ist die Geheimhaltung gesichert. Aber dem Angeklagten wird noch mittelbar ein Schutz zuteil, weil die Geheimhaltung belastender Beweismittel zu seiner Freisprechung führen kann. Die Verfolgungsbehörden müssen daher ihre Beweismittel aufdecken, wenn sie Freispruch mangels Beweises vermeiden wollen. Im Verwaltungsstreitverfahren versagt diese „List der Vernunft". Eine der Rechtslage entsprechende Entscheidung kann nur gefällt werden, wenn die wesentlichen Momente des konkreten Sachverhaltes geklärt sind.

Die Regeln, wer die *objektive Beweislast* trägt, d. h., wen die Folgen treffen, wenn ungeachtet aller Aufklärungsversuche des Gerichts eine tatsächliche Behauptung nicht bewiesen werden kann, sind nur ein Notbehelf, um dem Gericht die Entscheidung zu ermöglichen, obwohl der Sachverhalt, der der Entscheidung zu Grunde gelegt werden müßte, nicht geklärt ist[3]). Soll, wie das BVerwG annimmt, der Kläger bei der Anfechtungsklage die Beweislast für die Tatsachen, aus denen sich die Rechtswidrigkeit des angefochtenen Verwaltungsaktes ergibt, tragen, weil die Rechtswidrigkeit der Verfügung

[3]) Für den Zivilprozeß führend: Rosenberg, Die Beweislast, 1956.

nachgewiesen werden müsse[4]), droht der Kampf des Einzelnen im Verwaltungsstreitverfahren ein Kampf mit ungleichen Waffen zu werden. Richtig ist, der Partei die Beweislast aufzubürden, die aus ihrer nach Verfassung und Gesetz abgegrenzten Eigensphäre heraustritt und ein Recht auf Ausdehnung dieser Eigensphäre geltend macht. Das wäre hier das AfV, das erkundend in die Privatsphäre des Einzelnen eingedrungen ist.

Kann allerdings infolge der Geheimhaltung nicht einmal die Passivlegitimation des in Anspruch genommenen AfV nachgewiesen werden, dann bleibt nur, die Klage abzuweisen.

§ 43

Die Verfassungsbeschwerde

a) Als außerordentlicher Rechtsbehelf zum Schutz und zur prozessualen Durchsetzung der Grundrechte steht dem Einzelnen die Verfassungsbeschwerde nach § 90 BVerfGG zur Verfügung. Sie kann vor dem BVerfG von demjenigen erhoben werden, der behauptet, durch die öffentliche Gewalt in einem seiner Grundrechte oder in einem diesen gleichgestellten Recht verletzt worden zu sein[1]). Ein Grundrecht ist verletzt, wenn dem Beschwerdeführer durch den Hoheitsakt eine Beschränkung auferlegt oder eine Erlaubnis verweigert oder eine Pflicht aufgebürdet wird, die ihn hindert, die von der Verfassung gewährte Freiheit zu gebrauchen oder die ihn aus sachfremden Gründen schlechter als andere behandelt[2]). Die Verfassungsbeschwerde bezweckt, die Grundrechtsverletzung zu beseitigen und führt, wenn sie begründet ist, zur Aufhebung der das Grundrecht verletzenden Maßnahme der öffentlichen Gewalt[3]).

Die Privatsphäre wird von dem Recht auf freie Entfaltung der Persönlichkeit, Art. 2 Abs. 1 GG erfaßt. Diese Vorschrift ist ein Grundrecht. Daher unterliegt ein Verwaltungsakt, der dieses Recht verletzt, der Verfassungsbeschwerde[4]). Daher können Maßnahmen der AfV, die die Privatsphäre

[4]) BVerwG 18. 4. 56, BVerwGE 3, 245; kritisch dazu Dahlinger, Die Beweislast im Verwaltungsprozeß, NJW 57, 7 und 620; Tietgen DVBl. 56, 682; 57, 84; a. A. Newerla, NJW 57, 619; ferner H. Hoffmann, DVBl. 57, 603; Ruckriegel, DÖV 58, 531; Bettermann, DVBl. 57, 84; Ule, DVBl. 59, 537 (543).

[1]) BVerfGE 2, 287; Redelberger, Die Verfassungsbeschwerde, NJW 53, 361.

[2]) Lechner, § 90 Abs. 1 Anm. 3.

[3]) Redelberger, NJW 53, 363.

[4]) BVerfG, Beschl. v. 8. 10. 1956, NJW 56, 1833; BVerfGE 16. 1. 57, BVerfGE 6, 32.

verletzen, im Wege der Verfassungsbeschwerde angegriffen werden. Eine Einschränkung ergibt sich aber für die Weitergabe von Nachrichten, die nicht zugleich die Privatsphäre berühren. Die Ehre wird durch Art. 2 Abs. 1 GG nicht geschützt. Ob die Würde der Person durch die Weitergabe von Nachrichten verletzt wird, ist eine Frage des Einzelfalles[5]). Da durch die Berichte und Mitteilungen nicht unmittelbar in andere Grundrechte eingegriffen wird, sondern der Eingriff erst vom Adressaten der Mitteilung ausgehen soll, ist die Verfassungsbeschwerde in diesen Fällen unzulässig[6]).

b) Die Verfassungsbeschwerde unterliegt *wesentlichen Einschränkungen.* Sie darf erst geltend gemacht werden, wenn der Rechtsweg gegen die Maßnahmen der öffentlichen Gewalt erschöpft ist, § 90 Abs. 2 BVerfGG. Für die hier in Betracht kommenden Fälle muß daher zunächst das Verwaltungsgerichtsverfahren bis zur letzten Instanz durchgeführt worden sein, ehe Verfassungsbeschwerde erhoben werden kann[7]). Nur, wenn die begehrte Entscheidung des BVerfG von allgemeiner Bedeutung ist, oder wenn dem Beschwerdeführer ein schwerer und unabwendbarer Nachteil entstünde, falls er zunächst auf den Rechtsweg verwiesen würde, kann das BVerfG sofort selbst entscheiden[8]).

Das BVerfG ist auch nicht eine weitere Instanz, die berechtigt wäre, die Entscheidung des Gerichts in ihrem ganzen Umfange nachzuprüfen. Die Zuständigkeit des BVerfG beschränkt sich vielmehr auf die Frage, ob der Beschwerdeführer unmittelbar in einem Grundrecht verletzt worden ist, sei es durch den angegriffenen Verwaltungsakt, sei es durch die vorhergegangene Gerichtsentscheidung[9]). Daher prüft das BVerfG nicht nach, ob das Gericht ein einfaches Gesetz richtig ausgelegt hat, sondern nur, ob durch die Auslegung dem Gesetz ein verfassungswidriger Sinn gegeben worden ist. Nur wenn die angegriffene Entscheidung auf dieser verfassungswidrigen und unrichtigen Auslegung beruht und dadurch Grundrechte verletzt sind, kann die Verfassungsbeschwerde Erfolg haben[10]). Bei der Auslegung unbestimmter Rechts-

[5]) Nach Geiger, Gesetz über das Bundesverfassungsgericht, Berlin und Frankfurt 1952, § 90 Anm. 4, fällt eine Verletzung des Art. 1 Abs. 1 ebenfalls unter § 90 BVerfGG; ebenso Lechner, § 90 Abs. 1 Anm. 3; BVerfG, NJW 56, 1833.

[6]) BVerfG Beschl. v. 2. 7. 1957, BVerfGE 7, 61.

[7]) BVerfGE 1, 4.

[8]) Über die Zurückhaltung des BVerfG bei der Anwendung des § 90 Abs. 2 Satz 2; vgl. Redelberger, NJW 53, 364 m. weit. Nachw.

[9]) BVerfGE 1, 7 (8); 4, 1 (7); BVerfG Beschl. v. 12. 4. 56, NJW 56, 745.

[10]) BVerfGE 3, 213 (220); Beschl. v. 18. 6. 57, BVerfGE 7, 53.

begriffe hat das BVerfG zu prüfen, ob der Richter von Erwägungen ausgegangen ist, die ein Grundrecht des Beschwerdeführers verletzen[11]).

Die Verfassungsbeschwerde gegen Verwaltungsakte wird aber durch diese Einschränkungen nicht berührt. Auch das folgt aus der Andersartigkeit und Selbständigkeit des Verfahrens vor dem BVerfG. Wenn auch der Rechtsweg erschöpft sein muß, bevor die Verfassungsbeschwerde eingelegt werden darf, so unterliegt in diesen Fällen nicht das letztinstanzliche Urteil der Verfassungsbeschwerde, sondern immer noch der Verwaltungsakt, der den Behauptungen des Beschwerdeführers zufolge ein Grundrecht verletzt hat[12]).

c) Das BVerfG hat den Sachverhalt selbständig zu ermitteln, ohne an die Feststellungen und die Begründung des Gerichts gebunden zu sein[13]). Für die *Beweiserhebung* stehen dem BVerfG größere Rechte zu als den Verwaltungsgerichten. Die Schwierigkeiten, die für die Wahrheitsfindung entstehen, wenn die Behörden die Aussagegenehmigung und die Herausgabe von Akten verweigern, kann das BVerfG überwinden. Es kann alle Akten beiziehen, § 27 BVerfGG. Es hat selbst zu entscheiden, ob davon abgesehen werden muß, weil die Verwendung der Urkunden mit der Staatssicherheit unvereinbar wäre, § 26 Abs. 2 BVerfGG. Die Verweigerung der Aussagegenehmigung kann durch das BVerfG für ungültig erklärt werden, was zur Folge hat, daß der als Zeuge geladene Beamte sich nicht mehr auf seine Schweigepflicht berufen darf, § 28 Abs. 2 BVerfGG[14]).

d) Aber auch das Verfahren vor dem BVerfG gibt dem Einzelnen keinen vollständigen Schutz vor Maßnahmen der AfV. Um die Flut der Verfassungsbeschwerden einzudämmen, wurde ihre Zulässigkeit davon abhängig gemacht, daß zuvor der Rechtsmittelzug erschöpft wird. Da diese Beschränkung nicht ausreichte, wurde dem BVerfG nach § 91 a der Novelle vom 21. 7. 1956 eingeräumt, auch Verfassungsbeschwerden zu verwerfen, die an sich begründet sind, wenn die Klärung einer verfassungsrechtlichen Frage

[11]) BVerfGE 4, 52 (58).

[12]) Lechner, § 90 Abs. 1 Anm. 2 b; Geiger, § 90 Anm. 6 e.

[13]) Geiger, § 90 Anm. 6 e.

[14]) Wegen der weiteren Einzelheiten des Verfahrens wird verwiesen auf die Erläuterungswerke zum BVerfGG von Geiger und Lechner; vgl. ferner Röhl, Formalien der Verfassungsbeschwerde, MDR 54, 387; ders., Zwischenbilanz der Verfassungsbeschwerde, JZ 57, 105; Stratenwerth, Strafprozessuale Zwangsmaßnahmen bei der inzidenten Normenkontrolle, JZ 57, 299; Zweigert, Die Verfassungsbeschwerde, JZ 52, 321.

nicht zu erwarten ist und die Versagung einer Sachentscheidung dem Beschwerdeführer keinen schweren und unabwendbaren Nachteil bereitet. Diese Entscheidung kann von einem Ausschuß gefällt werden und braucht, wenn der Beschwerdeführer auf das Verfahren nach § 91 a hingewiesen worden ist, auch nicht begründet zu werden. Von dem Interesse an der Klärung und Fortentwicklung des objektiven Rechts abgesehen, eröffnet also nur ein *gesteigertes Rechtsschutzbedürfnis* den Weg zum BVerfG. Dies kann schon fehlen, weil das Leben in der Zeit weitergeht, in welcher der Betroffene über Widerspruch, Anfechtungsklage, Berufung und unter Umständen Revision sein Recht durchzusetzen versucht. Möglicherweise ist es dann kein schwerer und unabwendbarer Nachteil mehr, wenn ihm das BVerfG eine Entscheidung zur Sache versagt. Ausdrücklich hat das BVerfG erklärt, „an einer bloßen Feststellung einer Grundrechtswidrigkeit besteht kein Rechtsschutzinteresse“[15])!

e) Parallel zur Verfassungsbeschwerde an das BVerfG kann auch bei dem *Bayr. Verfassungsgerichtshof* und dem *Hess. Staatsgerichtshof* Beschwerde wegen Verletzung eines durch die Landesverfassung gewährleisteten Rechts eingelegt werden. In anderen Ländern ist dieser Rechtsbehelf nicht vorgesehen. Auch der Hess. Staatsgerichtshof hat das Recht, Ermittlungen anzustellen und die Beamten von der Pflicht zur Verschwiegenheit zu befreien, nicht aber der Bayerische Verfassungsgerichtshof[16]).

§ 44

Weitere Rechtsbehelfe

a) Die *Dienstaufsichtsbeschwerde,* die der Einzelne an das betreffende AfV oder dessen vorgesetzte Dienststelle, das ist in der Regel der Minister des Innern, richten kann, ist frist- und formlos zulässig. Sie hat den wesent-

[15]) BVerfG 3. 2. 59, BVerfGE 9, 160; Grundmann, Martin Siegfried, Zum Verhältnis von § 91 a zu § 24 BVerfGG, DÖV 58, 170 ff.; Rinck, Hans-Justus, Die Vorprüfung der Verfassungsbeschwerde, NJW 59, 169 ff.; nach der Praxis des BVerfG werden stets nach § 91 a BVerfGG verworfen: offensichtlich unzulässige, offensichtlich unbegründete Beschwerden und Bagatellsachen, Rinck, aaO S. 171; vgl. auch Lechner, Ges. z. Änderung des Ges. über das BVerfG, Ergänzungsband zum Komm. 1957, § 91 a.

[16]) § 20 Hess. Ges. über d. Staatsgerichtshof v. 12. 12. 47, GVBl. 48, 3; § 17 Abs. 3 Bayr. Ges. über d. VerfGH v. 22. 7. 47, Ges. I, S. 24.

lichen Vorteil, daß auch Ermessensfragen nachgeprüft werden können. Ferner steht dem AfV und der Dienstaufsichtsbehörde das vollständige und nicht ein aus Geheimhaltungsgründen verstümmeltes Aktenmaterial zur Verfügung.

Aber die Behörde, deren Mitgliedern die richterliche Unabhängigkeit fehlt, ist nicht verpflichtet, in eine Prüfung der Sache einzutreten[1]). Aus Art. 17 GG kann nur ein Anspruch des Einzelnen auf Bescheidung abgeleitet werden. Die Behörde hat daher über die Empfangsbestätigung hinaus dem Beschwerdeführer wenigstens mitzuteilen, in welcher Art sie die Beschwerde zu erledigen gedenkt[2]).

Ob mit der Dienstaufsichtsbeschwerde einer Rechtsverletzung erfolgreich begegnet werden kann, ist daher von der rechtsstaatlichen Gesinnung der verantwortlichen Beamten abhängig. Sie können ihre korrekte Haltung gerade dadurch unter Beweis stellen, wenn sie Fehler zugeben und für Abhilfe sorgen.

b) Die *Parlamentarische Kontrolle* dient nicht dem individuellen Rechtsschutz. Da aber auch sie die Aufgabe hat, die Regierungstätigkeit zu überwachen und z. B. auf dem Umwege über die im Parlament an die Regierung gerichtete Anfrage dem Einzelnen zu seinem Recht verhelfen kann, mag sie hier genannt werden. Das Schwergewicht der parlamentarischen Kontrolle liegt bei den Untersuchungen der Ausschüsse. Aber selbst diese Ausschüsse sind durch die Geheimhaltung der Vorgänge innerhalb der AfV in der Ausübung ihrer Kontrollbefugnisse in einem Umfange behindert, der die Wirksamkeit einer parlamentarischen Überwachung zweifelhaft erscheinen läßt[3]). Die Untersuchungsausschüsse sollen dem Bundestag und den Landtagen die notwendigen sachlichen Unterlagen für ihre Entschließungen auf Grund eigener Erhebungen beschaffen. Sie haben das Recht, Beweise zu erheben, sind aber an die sinngemäße Anwendung der strafprozessualen Vorschriften

[1]) Forsthoff, § 25, 4, S. 478.

[2]) Mattern, Karl-Heinz, Petitionsrecht, in Neumann-Nipperdey-Scheuner, Grundrechte, Bd. 2, Berlin 1954, S. 629 m. weit. Nachw. Soweit Mattern auch eine Pflicht zur sachlichen Prüfung aufstellt, dürfte sich diese Pflicht auf die Prüfung der Beschwerdeschrift beschränken. Das ist noch weit von der Prüfung der Sach- und Rechtslage und einer sachgemäßen Entscheidung entfernt. Forsthoff, § 25, 4, S. 478, stellt es auf die interne Dienstregelung ab, ob die Behörde verpflichtet ist, den Beschwerdeführer zu bescheiden.

[3]) Vgl. auch oben § 15 Fußn. 2 den Selbstverzicht der Parlamente auf Kontrolle der Geheimfonds.

gebunden, Art. 44 Abs. 2 GG[4]). Daher kann die Regierung, wenn sie Aussagegenehmigung und Aktenvorlage nach §§ 54, 96 StPO verweigert, den Untersuchungsausschuß vor verschlossenen Türen stehen lassen[5]). Ehmke ist dagegen der Ansicht, §§ 54, 96 StPO seien für die Untersuchungsausschüsse unanwendbar, soweit die Beweisfrage direkt das Untersuchungsthema betreffe[6]).

Die Schutzbedürftigkeit der Staatsgeheimnisse steht dieser Auslegung des Art. 44 GG nicht zwingend entgegen. Die Abgeordneten dürfen die Staatsgeheimnisse, die ihnen bei der Untersuchung bekannt wurden, nicht preisgeben, §§ 100, 100 c, 353 c StGB[7]). Für die Sitzungen der Untersuchungsausschüsse kann die Öffentlichkeit ausgeschlossen werden, Art. 44 Abs. 1 Satz 2 GG. Daher bestehen für die Geheimhaltung der Angelegenheiten des Verfassungsschutzes keine so erheblichen Gefahren, daß im Interesse der Staatssicherheit auf eine wirksame parlamentarische Kontrolle verzichtet werden müßte. Gerade die Lückenhaftigkeit des Rechtsschutzes gegen Maßnahmen der AfV und die Gefahren für die Freiheit, die ein geheimer Nachrichtendienst mit sich bringt, machen als Ausgleich eine wirksame parlamentarische Kontrolle dringend erforderlich.

§ 45

Der Folgenbeseitigungsanspruch

Wer durch eine Maßnahme eines AfV in seinen Rechten verletzt worden ist, braucht sich nicht damit zufriedenzugeben, die gegen ihn gerichtete Maß-

4) Anschütz, RV Art. 34, Anm. 7 u. 8; Dennewitz-Schneider, BK, Art. 44, Anm. II 7—9.

5) Es wirkt nicht beruhigend, wenn der erste Untersuchungsausschuß des zweiten Bundestages — John-Ausschuß —, der prüfen sollte, ob das BfV Material über Personen des politischen Lebens gesammelt und ausgewertet habe, deren politische Betätigung nicht darauf ausgegangen sei, die verfassungsmäßige Ordnung des Bundes und der Länder zu gefährden, sich damit zufrieden gibt, daß der verantwortliche Staatssekretär nur über drei Fälle aussagt, hinsichtlich des vierten Falles aber auf die fehlende Aussagegenehmigung des Kabinetts verweist — und wenn der Untersuchungsausschuß nicht eine Karteikarte in die Hand bekam, um die Arbeit des BfV zu prüfen, weil die „Unverletzlichkeit des Amtes" Voraussetzung für die erfolgreiche Arbeit sei, insbesondere wenn er auf eine die Beweisfrage verneinende Aussage Bezug nimmt, die verantwortliche Auskunftsperson, der Innenminister, aber ebenfalls die Akten und Karteikarten nicht in der Hand gehabt hat. Schriftlicher Bericht, Drucks. 3728.

6) DÖV 56, 417.

7) Ob § 174 Abs. 2 GVG eine Handhabe bietet, die Abgeordneten zur Verschwiegenheit zu verpflichten, soll hier offen bleiben, vgl. dazu Ehmke, DÖV 56, 420.

nahme durch das Verwaltungsgericht überprüfen zu lassen. Er kann gegen den Staat auch Leistungsansprüche geltend machen. In Betracht kommen der Folgenbeseitigungsanspruch, der Schadensersatzanspruch und die Entschädigung.

a) Der Folgenbeseitigungsanspruch kann von Bedeutung werden, wenn der Betroffene die *Richtigstellung einer bei einem AfV vorliegenden Nachricht oder einer Auskunft,* die einem Dritten erteilt worden ist, begehrt. Ebenso kann er dazu dienen, dem AfV zu verbieten, eine Nachricht weiterhin zu verbreiten. Wenn auch die Auskünfte der AfV keine bindende Wirkung haben, vielmehr die mit Nachrichten belieferte Stelle sich aus eigener Verantwortung entscheiden muß, ob sie die Auskunft verwertet, können die Auskünfte eine so erhebliche tatsächliche und rechtliche Wirkung entfalten, daß der Betroffene ein Interesse daran hat, sie durch die auskunfterteilende Stelle richtigstellen zu lassen.

b) Der Grundsatz, daß der Staat die auf einem rechtswidrigen Eingriff beruhenden Rechtsbeeinträchtigungen zu beseitigen hat, wenn der Verwaltungsakt ohne Bestand ist, wird von Rechtsprechung und Lehre seit Bachofs Untersuchung anerkannt[1]). § 113 Abs. 1 VwGO zeigt einen prozessualen Weg zu seiner Durchsetzung auf. Bestritten geblieben sind aber die rechtlichen Grundlagen, die auch zugleich Auskunft über Voraussetzungen und Umfang des Folgenbeseitigungsanspruchs geben können.

Bachof leitet den Folgenbeseitigungsanspruch als Entschädigungspflicht des Staates für rechtswidrige Eingriffe aus dem Grundsatz der Gesetzmäßigkeit der Verwaltung ab. Er sieht in den Entschädigungspflichten nach §§ 717 II, 945, 302 IV und 600 II ZPO den Ausdruck eines allgemeinen Rechtsgedankens, wonach derjenige, der eine vorläufige Entscheidung auf die Gefahr einer späteren Aufhebung hin vollstrecke oder vollstrecken lasse, den da-

[1]) Bachof, S. 98 ff.; Lassar, Der Erstattungsanspruch im Verwaltungs- und Finanzrecht, Berlin 1921, lieferte zu der Teilfrage, daß der Staat das zu Unrecht Erlangte wieder herausgeben müsse, die wissenschaftliche Begründung.
BGHZ 6. 10. 55, LM, Verwaltungsrecht, Allgm., Folgenbeseitigung Nr. 1 und 2; OVG Münster, 14. 9. 56, DÖV 56, 765 = JZ 57, 34; OLG Hamm, 27. 4. 57, Deutsche Rechtsprechung V, 510 Blatt 30 b; OVG Hamburg, 5. 3. 51, DVBl. 51, 472 = DÖV 51, 502; Württ.Bad.VGH 17. 5. 51, JZ 51, 599 = DVBl. 51, 470; der Hess.VGH, 6. 10. 55, DVBl. 57, 870, leitet unmittelbar aus dem Sinn des § 22 VGG den Anspruch auf Entfernung von Verkehrsschildern ab, wenn sie den Einzelnen rechtswidrig im Gemeingebrauch zu behindern drohten.

durch einem Dritten entstandenen Schaden zu ersetzen habe. Dieser Gedanke greife auch für den Folgenbeseitigungsanspruch durch[2]).

Bettermann hat diese rechtliche Begründung angezweifelt. Als Schadensersatzanspruch verstoße der Folgenbeseitigungsanspruch gegen den Grundsatz, daß nur für schuldhafte Schadenszufügung gehaftet werde[3]). Die Ersatzpflichten nach der ZPO beruhten auf dem Gedanken, wer voreilig – nicht nur wer rechtswidrig – vollstrecke, müsse für den Schaden aufkommen. Auch sei es nicht folgerichtig, wenn Bachof den Anspruch auf die Beseitigung des unmittelbaren Schadens beschränke, da auf Grund der von ihm herangezogenen Grundlagen voller Schadensersatz verlangt werden könne. Schließlich dürfe auch der Anspruch nicht davon abhängig gemacht werden, ob der Verwaltungsakt von dem Verwaltungsgericht aufgehoben worden sei. Vielmehr müsse jede Beseitigung des Verwaltungsaktes genügen[4]).

Es vermag nicht zu überzeugen, wenn Bachof in richtiger Erkenntnis der Grenzen des Folgenbeseitigungsanspruchs erklärt, die Verwaltung würde in ihrer im Gemeininteresse erforderlichen Tätigkeit gelähmt werden, wollte man ihr über die Verpflichtung zur Beseitigung des unmittelbaren Schadens hinaus auch eine Ersatzpflicht für alle mittelbaren Folgen aufbürden[5]). Hier zeigt sich die Fragwürdigkeit des Ansatzpunktes. In Wahrheit geht es nicht darum, Schäden zu ersetzen. Vielmehr soll der Verwaltungsakt nicht nur rechtlich, sondern auch tatsächlich beseitigt werden. Denn er hat nicht nur als rechtliche Norm einen Befehl, sondern auch als tatsächliches Geschehen einen bestimmten Zustand bewirkt. Die Aufhebung des Befehls ist nur sinnvoll, wenn zugleich auch der Zustand, der auf diesem Befehl beruht, sein Ende findet und die tatsächlich geschaffene Beeinträchtigung der Rechtssphäre des Einzelnen beseitigt wird.

Folgt man dieser Erwägung, dann bietet sich der quasinegatorische Anspruch auf Beseitigung der Beeinträchtigung und auf Unterlassung bei Wiederholungsgefahr als der Rechtsgedanke an, der dem Folgenbeseitigungsanspruch als Grundlage dienen kann. Dieser Anspruch auf Beseitigung und auf Unterlassung ist in entsprechender Anwendung der §§ 12, 861, 1004 BGB im Zivilrecht entwickelt worden. Das RG sah es als ein Gebot der Gerechtigkeit an, „daß die fortdauernde widerrechtliche Beeinträchtigung ohne Rücksicht auf die Schuldfrage beseitigt werden müsse“[6]). Der Anspruch,

[2]) S. 128; so auch OVG Lüneburg, 20. 12. 51, NJW 52, 440.
[3]) DÖV 55, 531.
[4]) DÖV 55, 532.
[5]) Bachof, S. 132.
[6]) RGZ 148, 114 (123); 163, 210; BGHZ, NJW 52, 417; BGHZ 10, 104.

der nur eine fortdauernde objektiv widerrechtliche Beeinträchtigung der Rechte des Klägers voraussetzt, geht in den Fällen der Ehrverletzung und der Kreditgefährdung auf den Widerruf der beeinträchtigenden Behauptungen[7]).

Der Folgenbeseitigungsanspruch greift durch, wenn der Staat oder ein anderer Träger der öffentlichen Gewalt in deren Ausübung jemanden in seiner Rechtsstellung widerrechtlich fortdauernd beeinträchtigt. Der Anspruch geht auf Beseitigung dieser fortdauernden Rechtsbeeinträchtigung und auf Unterlassung, wenn weitere Beeinträchtigungen zu besorgen sind[8]). Er ist nicht davon abhängig, ob der rechtswidrige Verwaltungsakt durch ein Urteil des Verwaltungsgerichts aufgehoben ist, kann aber nicht mehr geltend gemacht werden, wenn der Verwaltungsakt unanfechtbar geworden ist[9]).

c) Daraus folgt für die hier einschlägigen Fälle: *Der Einzelne kann von dem AfV verlangen, daß es eine Auskunft berichtige, die es einem Dritten erteilt hat, wenn die unrichtige Auskunft eine fortwirkende Quelle neuer Rechtsbeeinträchtigungen ist.* Wie im Zivilrecht anerkannt, liegt nur dann ein Rechtsschutzbedürfnis vor, wenn der Widerruf das einzige Mittel ist, um diesen Zustand zu beseitigen[10]). Das AfV ist auch verpflichtet, *weitere Beeinträchtigungen* zu unterlassen. Es darf daher die unrichtige Auskunft nicht anderen Stellen zugänglich machen. Ist ein Verstoß gegen diese Pflicht zu besorgen, kann der Einzelne Unterlassung dahingehender Maßnahmen verlangen.

[7]) Enneccerus-Lehmann, § 252 II 3; nach der ständigen Rechtsprechung ist der Anspruch allerdings ausgeschlossen, wenn eine Amtshandlung in Frage steht. Es gehe nicht an, daß die ordentlichen Gerichte die Verwaltung zur Vornahme von Amtshandlungen verurteilten, RGZ 118, 227; 138, 62; 156, 40; 158, 264; 162, 191; RG JW 38, 113; vgl. auch BGHZ 5, 81. Da es sich nicht um eine bürgerlichrechtliche Streitigkeit handelt, wenn der Einzelne von der Verwaltung die Vornahme einer bestimmten Amtshandlung verlangt, ist der Rechtsweg zu den Zivilgerichten nach § 13 GVG in der Tat ausgeschlossen. Die RG-Entscheidungen besagen daher nichts darüber, ob im öffentlichen Recht Ansprüche auf Folgenbeseitigung bestehen, die vor den Verwaltungsgerichten geltend gemacht werden könnten.

[8]) Bettermann, DÖV 55, 536.

[9]) Bettermann, DÖV 55, 335; noch weiter geht Menger, Über die Identität des Rechtsgrundes der Staatshaftungsklagen und einiger Verwaltungsstreitsachen, Jellinek-Gedächtnisschrift, München 1955, S. 347 ff., der einen generellen Anspruch auf Wiedergutmachung widerrechtlicher Beeinträchtigungen als Satz des ungeschriebenen Rechts anerkennt, S. 350.

[10]) Vgl. RGZ 88, 129 (133); 170, 317 (320); BGHZ 17. 6. 53, NJW 53, 1386.

Der Anspruch zielt auf die Gestaltung der künftigen Rechtslage. Auf ein Verschulden der Beamten kommt es nicht an. Daher greift der Anspruch auch dann durch, wenn die Rechtswidrigkeit einer Maßnahme erst im Verlauf ihrer Durchführung erkennbar wird. Das kann der Fall sein, weil in der Zwischenzeit bessere Einsicht in die Verhältnisse gewonnen wurde und der ursprüngliche Verdacht sich nicht bestätigt hat. Der Anspruch greift auch durch, wenn im Laufe der Zeit Ereignisse eingetreten sind, die eine andere rechtliche Beurteilung der noch fortdauernden Maßnahmen erheischen[11]).

In gleicher Weise kann auch ein AfV verpflichtet werden, die Weitergabe von zutreffenden Nachrichten zu unterlassen, wenn es dadurch die Privatsphäre des Betroffenen ohne einen rechtfertigenden Grund beeinträchtigt. Auch hier ist Voraussetzung, daß eine solche Beeinträchtigung bereits erfolgt und auch für die Zukunft zu besorgen ist, das AfV werde ohne rechtfertigenden Grund die Angelegenheiten aus dem Bereich der Privatsphäre anderen Stellen zugänglich machen.

d) Der Einzelne hat aber nicht das Recht, die *Vernichtung bestimmter Nachrichten* zu verlangen oder die *Weitergabe von Nachrichten* zu verbieten, nur weil sie *unrechtmäßig erlangt* worden sind. In beiden Fällen handelt es sich nicht darum, die Rechtsbeeinträchtigung selbst, sondern die weiteren, mittelbaren Folgen der rechtswidrigen Handlung zu beseitigen. Das könnte nur auf Grund eines Schadensersatzanspruchs, nicht aber auf Grund des quasinegatorischen Folgenbeseitigungsanspruchs verlangt werden. Dieser richtet sich nur gegen die Ursache der Störung. Neumann-Duesberg sieht für die entsprechende Frage im Privatrecht zwar die Tatsache der Kenntniserlangung als die Quelle der Störung an. Sie wirke solange fort, wie der Täter seine rechtswidrig erlangte Kenntnis behalte. Neumann-Duesberg leitet daraus einen Anspruch auf Auslöschen der Kenntnis ab, der sich mangels Durchführbarkeit in ein Schweigegebot verwandle[12]). In Wahrheit liegt der gegen die Privatsphäre gerichtete Eingriff aber bereits früher, nämlich in derjenigen Handlung, die zur Kenntnisnahme führte. Ob der Täter die unrechtmäßig erlangte Kenntnis demnächst wieder vergißt oder sie im Gedächtnis bewahrt, ob das AfV die Nachricht als unwichtig zu den Akten gibt oder zur jederzeitigen Verwertung bereit hält, ist für die Charakterisierung des Eingriffs nicht ausschlaggebend.

[11]) Vgl. VG Berlin 11. 2. 55, NJW 55, 964; für die parallele Frage des Widerrufs ehrenkränkender Äußerungen, die eine fortdauernde Quelle der Ehrverletzung sind, vgl. BGHZ 14, 163 (169); 14, 222 (225); Helle, S. 11 ff.

[12]) JR 57, 325.

Diese Überlegung führt hier zu einer selbständigen Betrachtung des Eingriffs[13]). Allerdings kann das Wissen um eine Angelegenheit, die der Privatsphäre angehört, und die Möglichkeit, dieses Wissen jederzeit auszuwerten, wiederum die Privatsphäre verletzen. Es schließt sich dann der einmaligen rechtswidrigen Handlung eine fortdauernde Beeinträchtigung an, deren Beseitigung ebenfalls verlangt werden kann. Daher besteht die Ansicht des VG Berlin zu Recht, der Einzelne könne einen Anspruch auf Herausgabe oder Vernichtung erkennungsdienstlicher Unterlagen haben, wenn er zu Unrecht verdächtigt worden sei[14]). Aber dieser weitere Eingriff in die Privatsphäre unterliegt seiner eigenen Rechtfertigung, so daß der Folgenbeseitigungsanspruch scheitern kann, auch wenn die Maßnahme des AfV, welche die Kenntnisnahme ermöglichte, selbst rechtswidrig war. Entscheidend bleibt die Möglichkeit, den weiteren Eingriff zu rechtfertigen.

Der auch im öffentlichen Recht anerkannte Anspruch auf Rückgewähr des ohne Rechtsgrund Erlangten[15]) führt nicht zu einer anderen Entscheidung. Die Eigentümlichkeit der Privatsphäre gestattet nicht, diesen Rechtssatz, der seine wesentliche Bedeutung für die Herausgabe materieller Werte hat, heranzuziehen. Wenn ein Unbefugter von privaten Angelegenheiten Kenntnis erhält, erlangt er zwar etwas. Das ist aber etwas anderes als das, was der Betroffene verliert. Die Kenntnis der Angelegenheit bleibt auch dem Betroffenen. Was er aber einbüßt, das ist die Unversehrtheit seines Fürsichbereichs.

Wenn ein Rechtssatz bestünde, daß der Staat die einmal erlangte Kenntnis nicht verwerten dürfe, weil sie unter Verletzung gesetzlicher Vorschriften erzielt wurde, könnte sich auch für den Folgenbeseitigungsanspruch eine andere Ansicht durchsetzen. Aber ein solcher Grundsatz ist dem geltenden Recht unbekannt[16]).

e) Der Folgenbeseitigungsanspruch ist vor den *Verwaltungsgerichten* geltend zu machen, zu denen der Weg durch die Generalklausel der Verwaltungsgerichtsordnung eröffnet ist. Der Anspruch auf Folgenbeseitigung kann zusammen mit der Anfechtungsklage erhoben werden, doch wird er nach § 113 Abs. 1 VwGO nur zum Erfolg führen, wenn bei der Entschei-

[13]) Auch Bachof unterscheidet zwischen den mittelbaren und den unmittelbaren Folgen des rechtswidrigen Verwaltungsaktes. Es könne nur die Beseitigung der unmittelbaren Folgen verlangt werden, S. 132.

[14]) 11. 2. 55, NJW 55, 964 m. zust. Anm. v. K. H. Köhler.

[15]) Bachof, S. 100.

[16]) Vgl. oben § 34 c.

dung über die Anfechtungsklage auch die Frage der Folgenbeseitigung spruchreif ist. In anderen Fällen wird man unterscheiden müssen: wenn zur Folgenbeseitigung der Erlaß eines Verwaltungsaktes erforderlich ist — z. B. der Widerruf einer den Betroffenen beeinträchtigenden Auskunft — bietet sich die Vornahmeklage an. Der Anspruch auf rein tatsächliche Maßnahmen, aber auch auf Unterlassung wären Gegenstand der Leistungsklage, deren Zulässigkeit in § 43 Abs. 2 VwGO anerkannt ist.

§ 46

Ansprüche auf Grund des Art. 34 GG, § 839 BGB und der §§ 74, 75 Einl. ALR

Der Einzelne kann vom Staat unter den Voraussetzungen des § 839 BGB, Art. 34 GG Schadensersatz in Geld verlangen. Dieser Anspruch zielt nicht auf eine Aufhebung oder Beseitigung eines rechtswidrigen Verwaltungsaktes, sondern auf den Ausgleich von Vermögensschäden, die durch schuldhaft-pflichtwidrige Amtspflichtverletzungen verursacht worden sind. Die Privatsphäre als immaterielles Gut erfährt mithin keinen Schutz.

Insbesondere kann auf Grund dieser Vorschriften nicht die Beseitigung der mittelbaren oder unmittelbaren Folgen eines Verwaltungsaktes verlangt werden, soweit es sich nicht um Vermögensschäden handelt. Denn nach § 839 BGB können nur Leistungen verlangt werden, die der pflichtwidrig handelnde Beamte auch als Privatperson erbringen könnte. Dieser Anspruch des Einzelnen gegen den Beamten ist auf Grund des Art. 34 GG gegen den Staat geltend zu machen. Die Verfügung über das einem AfV vorliegende Material aber steht dem Beamten nicht als Privatmann zu. Er kann auch nicht in amtlicher Eigenschaft die Auskunft widerrufen[1]).

Ob der Beamte, ungeachtet des Art. 34 GG, persönlich verpflichtet ist, eine Ehrenerklärung abzugeben, wenn er einen Dritten in Ausübung hoheitlicher Gewalt beleidigt hat, ist umstritten. Die Verpflichtung des Beamten zur Zurücknahme seiner Äußerung könnte aus dem persönlichen Charakter dieser Art von Schadensersatzleistung folgen[2]).

Auch der in Anlehnung an §§ 74, 75 Einl. ALR entwickelte Rechtssatz, daß der Staat für nicht schuldhaft herbeigeführte Schäden zwar nicht vollen

[1]) Vgl. RGZ 150, 140 (142); 162, 181 (192); Klein, Karl-Heinz, DÖV 52, 295, Anm. zu OLG Köln aaO; Bettermann, DÖV 55, 529.

[2]) So LG Bonn, v. 21. 3. 58, NJW 58, 1921 mit abl. Anm. Bettermann, DÖV 58, 870. Es bliebe dann nur das Strafverfahren wegen Beleidigung.

Schadensersatz, aber einen billigen Ausgleich für den dem Betroffenen entstandenen Schaden zu leisten habe, dient nur dem Schutz des Vermögens. Für den Schutz der Privatsphäre kann er nicht herangezogen werden.

Daher gehört die Erörterung der Voraussetzungen, unter denen der Betroffene Schadensersatz oder Entschädigung für einen Vermögensschaden verlangen kann, nicht mehr in den Zusammenhang dieser Arbeit, wenngleich nicht verkannt wird, daß auch Vermögensschäden im Vollzug der Maßnahmen der AfV, die gegen die Privatsphäre einzelner Personen gerichtet sind, entstehen können.

Zusammenfassung

Privatsphäre umfaßt die Summe aller individuellen Lebensäußerungen, auszunehmen davon sind nur jene Lebensäußerungen, die der Kenntnis jedermanns offenstehen und denen die Rechtsordnung den Schutz vor Indiskretion versagt hat. Zwar sind einzelne Ausstrahlungen der Privatsphäre verkörpert — z. B. als schriftlich niedergelegte Gedankenäußerung —, die Privatsphäre selbst aber ist *immaterielles Gut*. Ihre Verletzung vollzieht sich ebenfalls in unkörperlicher Weise. Erst Nachforschungen von gewissem Umfange oder gewisser Intensität begründen den Tatbestand der Verletzung.

Die Privatsphäre ist dem allgemeinen Persönlichkeitsrecht zuzuordnen, dem durch den Grundsatz der Gesetzmäßigkeit der Verwaltung und das Grundrecht des Artikel 2 Abs. 1 in Verbindung mit Artikel 1 Abs. 1 GG ein umfassender Schutz zuteil wird. Daher bedarf der Staat einer gesetzlichen Grundlage, wenn er in den vom Begriff der Privatsphäre umfaßten Freiheitsbereich des Einzelnen eindringen will (absoluter Schutzbereich). Einer ausdrücklichen gesetzlichen Grundlage bedarf es jedoch nicht, wenn der Gesetzgeber den Schutzbereich relativiert hat, wie dies z. B. durch § 193 StGB geschehen ist (relativer Schutzbereich). Außer dem relativ und absolut geschützten Bereich der Privatsphäre gibt es einen Bereich gesteigerten Schutzes, in den einzudringen nur unter erschwerten Voraussetzungen statthaft oder schlechthin verboten ist. Dazu zählen einige durch Spezialvorschriften besonders geschützte Geheimnisse und der auf Grund des Artikel 1 Abs. 1 GG staatlichem Eingriff stets verschlossene „Kernbereich der Person".

Polizeiliche Nachforschungen, die in die Privatsphäre eingreifen, finden ihre Grundlage in der Strafprozeßordnung und der polizeilichen Generalklausel. Sie richten sich in der Regel gegen den Nichtstörer, auch wenn er der Störung der öffentlichen Sicherheit und Ordnung verdächtig ist. Aus den allgemeinen Grundsätzen des Polizeirechts ergeben sich Beschränkungen hinsichtlich des Zeitpunkts des Eingriffs, der Auswahl der Personen, gegen die Ermittlungen eingeleitet und der Mittel, die eingesetzt werden dürfen.

Das Bundesamt und die Landesämter für Verfassungsschutz (AfV) erfüllen Teilaufgaben der geheimen politischen Polizei, nämlich die Erkundung und die Beobachtung verfassungsfeindlicher Bestrebungen, vor allem der Untergrundbewegungen und der Spionagedienste. Obwohl die AfV keine Exekutivgewalt im herkömmlichen Sinne haben, folgt aus der ihnen durch § 3 BVerfSchG und die entsprechenden Landesgesetze übertragenen Aufgabe die Ermächtigung zu Eingriffen in die Privatsphäre einzelner Personen — eine Ermächtigung, die nur zu solchen Ausforschungen berechtigt, die ohne Zwangsmaßnahmen durchzuführen gelingt. Weitere ungeschriebene Befugnisse, insbesondere aus der Lehre vom Staatsnotstand oder der „Natur der Sache" stehen den AfV nicht zur Verfügung. Daher gelten auch für sie die Beschränkungen, die polizeilichem Handeln gesetzt sind. In diesem Rahmen aber können sie ihre Maßnahmen den konspirativen Methoden des Gegners angleichen. Der Eingriff in den gesteigerten Schutzbereich der Privatsphäre ist den AfV versagt.

Die auf den Erfahrungen der Nachrichtendienste beruhenden, in der Alltagspraxis der Polizei durchaus ungebräuchlichen ausgeklügelten und mitunter robusten Methoden des Nachrichtensammelns werfen eine Vielzahl von Einzelfragen auf, deren Lösung versucht wird. Da die Bundesregierung noch weitere geheime Nachrichtendienste unterhält, die keine ausreichende gesetzliche Grundlage haben, sind folgende Erkenntnisse von allgemeiner Bedeutung: Planmäßiges Beobachten und Überwachen von Personen, Einsatz von Gewährsleuten und Spitzeln (V-Leute) sind Eingriffe in die Privatsphäre und nur auf Grund eines Gesetzes und im Rahmen der Gesetze rechtens. Die V-Leute sind als geheime Mitarbeiter der AfV Beamte im straf- und haftungsrechtlichen Sinne. Da ihre Mittel Täuschung und Verrat sind, kommt ihre Verwendung nur in Betracht, wenn andere, mildere Maßnahmen keinen Erfolg versprechen und die Gefährlichkeit des erwarteten Angriffs ihre Verwendung gebietet. Gesinnungserforschung und Provokation verstoßen gegen Art. 1 Abs. 1 GG und bleiben daher in jedem Falle rechtswidrig.

Heimliche Schallaufnahmen sind zulässig, wenn die Polizei oder ein AfV auch einen heimlichen Lauscher entsenden dürfte. Die AfV dürfen aber dadurch oder dabei keine weiteren Rechte des Einzelnen verletzen, z. B. Hausrecht, Fernsprechgeheimnis, Beichtgeheimnis, Recht der Versammlungsfreiheit.

Die Immunität der Abgeordneten und Exterritorialen beschränkt die Ermittlungstätigkeit, schließt sie aber nicht aus, wenn es um die Abwehr rechtswidrigen Verhaltens geht. Die besonderen Geheimnisträger können in weiterem Umfange überwacht werden, soweit Anstaltsgewalt und Einwilligung hierzu berechtigen. Aber die Geheimnisträger müssen in angemessener Form von der Überwachung unterrichtet werden.

Die Weitergabe der gesammelten Nachrichten an Behörden und Private verletzt nur relativ geschützte Bereiche der Privatsphäre. Auch die Rufgefährdung ist gerechtfertigt, wenn sie zur Wahrnehmung berechtigter staatlicher Interessen erfolgt (§ 193 StGB). Jedoch dürfen Nachrichten, die unter Mißachtung der Grundsätze der Öffentlichkeit staatlichen Handelns und der Gewähr des Gehörs — zu letzterem sind auch die AfV grundsätzlich verpflichtet — gesammelt sind, nur weitergegeben werden, wenn dies zur Verteidigung staatlicher Interessen unvermeidlich ist.

Gegen Eingriffe der AfV in die Privatsphäre kann sich der Einzelne mit der Anfechtungsklage zur Wehr setzen, da die Eingriffe Verwaltungsakte sind, die dem Einzelnen aufgeben, den rechtmäßigen Eingriff zu dulden. Der Rechtsschutz hat jedoch so erhebliche Lücken, daß die praktische Bedeutung dieses Rechtsschutzanspruchs fraglich erscheint. Auch Verfassungsbeschwerde kann eingelegt werden, die — wenn sie überhaupt zugelassen wird — bessere Aussichten bietet, weil das BVerfG selbst befinden kann, ob die Geheimhaltung eines Vorganges unvermeidlich ist. Mit dem Folgenbeseitigungsanspruch als quasi-negatorischem Anspruch auf Beseitigung der Beeinträchtigung und auf Unterlassung bei Wiederholungsgefahr kann der Betroffene im Verwaltungsstreitverfahren die Richtigstellung einer erteilten Auskunft verlangen und dem AfV verbieten, eine unzutreffende Nachricht weiterhin zu verbreiten. Nicht verlangen kann er die Vernichtung bestimmter Nachrichten, selbst wenn sie auf unrechtmäßige Weise erlangt sind.

SCHRIFTTUMSVERZEICHNIS*

Anschütz, Gerhard: Deutsches Staatsrecht, in Holtzendorff, Enzyklopädie, Berlin 1914, IV. Bd.
— Die Verfassung des Deutschen Reiches, Berlin 1933
Apelt, Willibalt: Die Gleichheit vor dem Gesetz nach Art. 3 Abs. 1 des Grundgesetzes, JZ 51, 353
Arendt, Hannah: Elemente und Ursprünge totalitärer Herrschaft, Frankfurt am Main 1955
Aubin: Können im Rahmen des § 99 StPO Telefongespräche mit Hilfe von Tonbandgeräten „beschlagnahmt" werden? NJW 55, 449

Bachof, Otto: Die verwaltungsgerichtliche Klage auf Vornahme einer Amtshandlung, zugleich eine Untersuchung über den öffentlich-rechtlichen Folgenbeseitigungsanspruch nach Aufhebung eines widerrechtlichen Verwaltungsaktes, Tübingen 1951
Beling, Ernst: Die strafrechtliche Bedeutung der Exterritorialität, Breslau 1896
— Die Beweisverbote als Grenzen der Wahrheitserforschung im Strafprozeß, Breslau 1903
— Rechtsprechung des Reichsmilitärgerichts vom 1. Oktober 1900 bis 6. Oktober 1902, ZStrW 24, 245 ff.
Best, Werner: Die deutsche Polizei, Forschungen zum Staats- und Verwaltungsrecht, herausgegeben von Reinhard Höhn, Bd. 5, Darmstadt 1941
Bettermann, Karl August: Zur Lehre vom Folgenbeseitigungsanspruch, DÖV 55, 528
Binding, Karl: Lehrbuch des gemeinen deutschen Strafrechts, Besonnderer Teil, 1. Bd., 2. Aufl., Leipzig 1902
Blomeyer-Bartenstein-Olzog-Närger-Ruprecht: Der politische Eingriff in Freiheiten und Rechte, herausgegeben von Erich Kaufmann, Frankfurt 1951
Bockelmann, Paul: Die Unverfolgbarkeit der Abgeordneten nach deutschem Immunitätsrecht, Göttingen 1951
Boehmer, Gustav: Grundlagen der bürgerlichen Rechtsordnung, Tübingen 1951
Boldt, Gottfried: Staatsnotwehr und Staatsnotstand, ZStrW 56, 183
Bonner Kommentar, bearbeitet von Dennewitz, Hamburg 1950 mit Ergänzungslieferungen
Bovensiepen: Art. 117. Briefgeheimnis, in Nipperdey, Grundrechte und Grundpflichten, Berlin 1929, Bd. 1, S. 387.
Boveri, Margret: Der Verrat im XX. Jahrhundert, 2. Bd., Hamburg 1956
Brecht, Arnold: Vereins- und Versammlungsrecht, in v. Brauchitsch, Verwaltungsgesetze für Preußen, 2. Bd., 1. Halbbd., Berlin 1932, S. 259 ff.

*) Werke und Aufsätze, auf die höchstens ein- oder zweimal Bezug genommen wird, erscheinen mit vollem Zitat erst am Zitierort.

Bühler, Ottmar: Die subjektiven öffentlichen Rechte und ihr Schutz in der deutschen Verwaltungsrechtsprechung, Berlin-Stuttgart-Leipzig 1914
Bussmann, Kurt: Schutz des Privatlebens gegen Indiskretionen, Verhandlungen des 42. Deutschen Juristentages, Bd. 1, S. 1 ff.

Cathrein, Viktor: Moralphilosophie, Leipzig 1924
Coing, Helmut: Grundzüge der Rechtsphilosophie, Berlin 1950
— System, Geschichte und Interesse in der Privatrechtswissenschaft, JZ 51, 481
Creifelds: Straftilgung und Akteneinsicht, GoldA 57, 257

Dalcke, A.: Strafrecht und Strafverfahren, bearbeitet von Fuhrmann und Schäfer, Berlin 1955
Dallin, David J.: Die Sowjetspionage, Prinzipien und Praktiken, aus dem Englischen von Franz Wördmann, Köln 1956
Dallinger, Wilhelm: Zur Vereinheitlichung des Strafverfahrens, SJZ 50, 731
— Gerichtsverfassung und Strafverfahren, JZ 53, 432
Delius: Art. 123, 124, in Nipperdey, Grundrechte und Grundpflichten, Berlin 1930, 2. Bd., S. 138
Diehls, Rudolf: Lucifer ante Portas, Stuttgart 1950
Graf zu Dohna: Redefreiheit, Immunität und Zeugnisverweigerungsrecht, in Anschütz-Thoma, Handbuch des Deutschen Staatsrechts, Bd. 1, S. 439 ff.
Drews-Lasser: Allgemeine und politische Polizei, Kommentar, Berlin 1932
Drews-Wacke: Allgemeines Polizeirecht, Berlin-Köln 1954
Dürig, Günter: Die Menschenauffassung des Grundgesetzes, JR 52, 259
— Die Verwirkung von Grundrechten nach Art. 18 des Grundgesetzes, JZ 52, 513
— Art. 2 des Grundgesetzes und die Generalermächtigung zu allgemeinen polizeilichen Maßnahmen, AöR 79, 57 ff.
— Der Grundsatz von der Menschenwürde, AöR 81, 117 ff.
— Das Eigentum als Menschenrecht, ZStW 109, 326 ff.
— Grundrechte und Zivilrechtsprechung, Nawiasky-Festschrift, München 1956, S. 157 ff.
— Anmerkung zu Bundesverfassungsgericht vom 16. 1. 1957, JZ 57, 169 ff.

Egger: Kommentar zum Schweizerischen Zivilgesetzbuch, Zürich 1930
Ehmke, Horst: Parlamentarische Untersuchungsausschüsse und Verfassungsschutzämter, DÖV 56, 417
Engelhard, Herbert: Die Ehre als Rechtsgut im Strafrecht, Mannheim-Berlin-Leipzig 1921
Enneccerus-Nipperdey: Allgemeiner Teil des Bürgerlichen Gesetzbuches, Tübingen 1955
Erasmus, Johannes: Der geheime Nachrichtendienst, Göttingen 1955
Evers, Hans-Ulrich: Der Richter und das unsittliche Gesetz, Berlin 1956
Eyermann-Fröhler: Verwaltungsgerichtsgesetz, München und Berlin 1954

Fechner, Erich: Die private Sphäre in der Gegenwart, Recht, Staat, Wirtschaft, Bd. 3, Düsseldorf, 1951 S. 31
— Freiheit und Zwang im sozialen Rechtsstaat, Tübingen 1953
— Die soziologische Grenze der Grundrechte, Tübingen 1954
Finger: Verletzung der Geheimsphäre, vergleichende Darstellung des deutschen und ausländischen Strafrechts, Bd. 8, 1906, S. 293 ff.
Fleiner, Fritz: Institutionen des deutschen Verwaltungsrechts, Tübingen 1928

Foote, Alexander: Handbuch für Spione, ins Deutsche übertragen von Gajus, Darmstadt 1954
Forsthoff, Ernst: Lehrbuch des deutschen Verwaltungsrechts, Allgemeiner Teil, München und Berlin 1958
Frank, Reinhard: Das Strafgesetzbuch für das Deutsche Reich, Tübingen 1931
Friedrichs, Karl: Staatspolizei, in Handwörterbuch der Kriminologie, Bd. 2, Berlin und Leipzig 1936, S. 646 ff.
Füsslein, Werner: Vereins- und Versammlungsfreiheit, in Neumann-Nipperdey-Scheuner, Die Grundrechte, Bd. 2, Berlin 1954, S. 425 ff., zit. Grundrechte
— Versammlungsgesetz, Berlin-Frankfurt 1954

Geffken, F. H.: Das Gesandtschaftsrecht und die diplomatische Verkehrsform, in Handbuch des Völkerrechts, herausgegeben von Franz von Holtzendorff, 3. Bd., Hamburg 1887, S. 642 ff.
Geiger, Willi: Gesetz über das Bundesverfassungsgericht, Berlin und Frankfurt 1952
Gisevius, Hans Bernd: Bis zum bittern Ende, Hamburg 1947
Giesker, Hans: Das Recht des Privaten an der eigenen Geheimsphäre, Diss. Zürich 1904
Güde, Max: Probleme des politischen Strafrechts, Sonderdruck MDR, Hamburg o. J. (1957)
Guggenheim, Paul: Lehrbuch des Völkerrechts, Basel 1948
Haas, Diether: Freie Entfaltung der Persönlichkeit, DÖV 54, 70
Hagen, Walter: Die geheime Front, Linz und Wien 1950
Hamann, Andreas: Das Grundgesetz, Berlin 1956
— Wirtschaftswerbung im Rundfunk und Fernsehen, NJW 57, 1422

Hamel, Walter: Die Bedeutung der Grundrechte im sozialen Rechtsstaat, Berlin 1957
Hatschek, Julius: Lehrbuch des deutschen und preußischen Verwaltungsrechts, Leipzig 1931
— Deutsches und preußisches Staatsrecht, Berlin 1930
Heimerich, H.: Der Mißbrauch von Tonbandaufnahmen, BB 56, 249
Heinitz, Ernst: Staatsschutz und Grundrechte, in Veritas, Justitia, Libertas, Festschrift für die Columbia-Universität, überreicht von der Freien Universität Berlin und der Deutschen Hochschule für Politik Berlin, Berlin 1953, S. 113 ff.
Helle, Ernst: Der Schutz der persönlichen Ehre und des wirtschaftlichen Rufs im Privatrecht, Tübingen 1957
Hellmuth, H.: System des Deutschen Post-, Telegraphen- und Fernsprechverkehrsrechts im Grundriß, Nürnberg 1929
Henrici, S.: Die Strafverfolgungsbehörde und der gesetzliche Schutz des Telegraphen- und Fernsprechgeheimnisses, Kriminalistische Monatshefte 1927, 221 ff.
Hentig, Hans v.: Fouché, ein Beitrag zur Technik der politischen Polizei in nachrevolutionären Perioden, Tübingen 1919
Herrfahrdt, Heinrich: Staat und Recht im Licht letzter Werte, Zeitschrift für Politik 1956, S. 207 ff.
Huber, Ernst: Der Streit um das Wirtschaftsverfassungsrecht, DÖV 56, 97 ff und 136 ff.
Hubmann, Heinrich: Das Persönlichkeitsrecht, Münster, Köln 1953
— Der zivilrechtliche Schutz der Persönlichkeit gegen Indiskretion, JZ 57, 521

Ipsen, Hans Peter: Gleichheit, in Neumann-Nipperdey-Scheuner, Die Grundrechte, 2. Bd., Berlin 1954, S. 111 ff.

Jaspers, Karl: Vom Ursprung und Ziel der Geschichte, München 1949
Jellinek, Georg: System der öffentlichen Rechte, Freiburg 1892
Jellinek, Walter: Verwaltungsrecht, Berlin 1931
— Gesetz, Gesetzesanwendung und Zweckmäßigkeitserwägung, Tübingen 1913
Joesten, Joachim: CIA, Wie der amerikanische Geheimdienst arbeitet, München 1958

Kern, Eduard: Schutz des Lebens, der Freiheit und des Heims, in Neumann-Nipperdey-Scheuner, Die Grundrechte, 2. Bd., Berlin 1954, S. 51 ff.
— Der Ehrenschutz im künftigen Strafrecht, in Materialien zur Strafrechtsreform, 1. Bd., Bonn 1954, S. 303 ff., zit. Materialien
Klein, Friedrich: Tragweite der Generalklausel in Art. 19 Abs. 4 des Bonner Grundgesetzes, Veröffentlichungen der Vereinigung deutscher Staatsrechtslehrer, 8, 67
Koellreutter, Otto: Deutsches Staatsrecht, Stuttgart und Köln, 1953
Kohler, J.: Das Recht an Briefen, AfBR 7, 94
Kohlhaas, Max: Die Tonbandaufnahme als Beweismittel im Strafprozeß, NJW 57, 81
Köttgen, Arnold: Art. 114 und 115, in Nipperdey, Grundrechte und Grundpflichten der Reichsverfassung, Bd. 1, Berlin 1929, S. 348
Krüger, Herbert: Die Einschränkung von Grundrechten nach dem Grundgesetz, DVBl. 50, 625
— Der Wesensgehalt der Grundrechte im Sinne des Art. 19 GG, DÖV 55, 597
— Neues zur Freiheit der Persönlichkeitsentfaltung und deren Schranken, NJW 56, 201
Kühn, Rolf: Reichsabgabenordnung, Stuttgart 1956

Laband, Paul: Staatsrecht des Deutschen Reiches, Tübingen und Leipzig 1901
Larenz, Karl: Das „allgemeine Persönlichkeitsrecht“ im Recht der unerlaubten Handlungen, NJW 55, 521
Laun, Rudolf v.: Das freie Ermessen und seine Grenzen, Leipzig und Wien 1910
Lechner, Hans: Bundesverfassungsgerichtsgesetz, München und Berlin 1954
— Ergänzungsband: Gesetz zur Änderung des Gesetzes über das Bundesverfassungsgericht, München-Berlin 1957
Leipziger Kommentar zum Strafgesetzbuch, herausgegeben von Ebermeyer-Lobe-Rosenberg-Nagler, §§ 1—152 = Berlin 1957; §§ 153—370 = Berlin 1951
Lex, Ritter v.: Probleme des Verfassungsschutzes, Bulletin des Presse- und Informationsamtes der Bundesregierung vom 13. 10. 1956
Löwe-Rosenberg: Die Strafprozeßordnung und das Gerichtsverfassungsgesetz, Berlin 1953
Liszt-Fleischmann: Das Völkerrecht, Berlin 1925
Liszt-Schmidt: Lehrbuch des deutschen Strafrechts, Berlin-Leipzig 1927
Loewenstein, Karl: Staatspolitik und Verfassungsrecht in den Vereinigten Staaten 1933 bis 1954, Jahrbuch des öffentlichen Rechts, 4, 1

Mangoldt-Klein: Das Bonner Grundgesetz, 2. Aufl., Berlin und Frankfurt 1955
Mattern, Gerhard: Das Steuergeheimnis, Tübingen 1952
Maunz, Theodor: Deutsches Staatsrecht, München-Berlin 1955

— Gestalt und Recht der Polizei, Hamburg 1943
Maurach, Reinhart: Deutsches Strafrecht, Allgem. Teil, Karlsruhe 1954
Besonderer Teil, Karlsruhe 1956
Mayer, Hellmuth: Strafrecht, Allgem. Teil, Stuttgart-Köln 1953
Mayer, Otto: Deutsches Verwaltungsrecht, München-Leipzig 1924
Menger, Christian-Friedrich: System des verwaltungsgerichtlichen Rechtsschutzes, Tübingen 1954
— Höchtsrichterliche Rechtsprechung zum Verwaltungsrecht, VerwaltungsA 1957, 353
Messner, Johannes: Kulturethik, Wien-München 1954
Meyer-Anschütz: Lehrbuch des deutschen Staatsrechts, München-Leipzig 1914
Mezger, Edmund: Strafrecht, ein Lehrbuch, Berlin-München 1949
— Strafrecht I — ein Studienbuch, München-Berlin 1957, zit. Mezger I
Mohl, Robert v.: Polizeirechtswissenschaft, 3. Bd., 1866
Müller, Martin: Die Entwicklung der Bundespolizei und ihre heutige Organisation, Diss. Zürich 1949

Nawiasky, Hans: Grundgedanken des Grundgesetzes für die Bundesrepublik Deutschland, Stuttgart 1950
Neugebauer, Eberhard: Fernmelderecht und Rundfunkrecht, Berlin 1929
Neumann-Duesberg, Horst: Indiskretionsschutz, DRZ 49, 172
— Heimliche Tonbandaufnahmen von Gesprächen über Abwesende, BB 57, 865
— Schweigepflicht als Folge einer Diskretionsverletzung, JR 57, 324
— Abgrenzbarkeit des allgemeinen Persönlichkeitsrechts, NJW 57, 1341
— Besprechung zu BGHZ v. 2. 4. 57, BGHZ 24, 72, NJW 57, 1276
Neusüss-Hunkel: Die SS, Hannover-Frankfurt 1956, Schriftenreihe des Instituts für wissenschaftliche Politik in Marburg, Heft 2
Newmann, Bernard: Spione — Epics of Espionage — Übersetzung von Helmut Lindemann, Stuttgart 1952
Nicolai, W.: Nachrichtendienst, Presse und Volksstimmung im Weltkrieg, Berlin 1920
— Geheime Mächte, Berlin 1924
Niese, Werner: Narkoanalyse als doppelfunktionelle Prozeßhandlung, ZStRW 63, 199
Nipperdey, Hans Carl: Die Würde des Menschen, in Neumann-Nipperdey-Scheuner, Die Grundrechte, 2. Bd., Berlin 1954

Obermayer, Klaus: Verwaltungsakt und innerdienstlicher Rechtsakt, Stuttgart-München-Hannover 1956
Oehler, Dietrich: Postgeheimnis, in Neumann-Nipperdey-Scheuner, Grundrechte, 2. Bd., Berlin 1954, S. 605
Oetker, Fr.: Hilfeleistung in Staatsnotwehr und Staatsnotstand, GS 97, 411
Oppenheim-Lauterpacht: International Law, London-New York-Toronto 1955

Peters, Hans: Lehrbuch des Verwaltungsrechts, Berlin-Göttingen-Heidelberg 1949
— Die freie Entfaltung der Persönlichkeit als Verfassungsziel, Laun-Festschrift, Hamburg 1953, S. 669
— Der Schutz vor heimlichen Abhöranlagen, unveröffentlichtes Gutachten, Köln, 11. Mai 1955
Peters, Karl: Strafprozeß, Karlsruhe 1952

Pleyer, Klemens: Schallaufnahmen als Beweismittel im Zivilprozeß, Zeitschrift für die zivilistische Praxis 56, 321

Radbruch, Gustav: Rechtsphilosophie, Stuttgart 1956
Redeker: Grenzen des allgemeinen staatlichen Inquisitionsrechtes, DÖV 54, 109
Redelberger: Die Verfassungsbeschwerde, NJW 53, 361
Reiner, Hans: Die Ehre, Dortmund 1956
Reinhardt, Rudolf: Das Problem des allgemeinen Persönlichkeitsrechts, AcP 153, 548
— Das Persönlichkeitsrecht in der geltenden Rechtsordnung, Berlin-Leipzig 1931
— Der Streit um den Persönlichkeitsschutz, JZ 59, 41
Reinhardt-Scheuner: Verfassungsschutz des Eigentums, Tübingen 1954
Ridder, Helmut K. J.: Meinungsfreiheit, in Neumann-Nipperdey-Scheuner, Grundrechte, 2. Bd., Berlin 1954, S. 243
Riewald, Alfred: Reichsabgabenordnung, Teil II, Berlin 1951
Ritter, Johannes Martin: Der Volksgenosse als Helfer in Volksnot, GS 115, 239
Rundel, Otto: Die rechtlichen Grenzen der Nachrichtenbeschaffung durch die Ämter für Verfassungsschutz, Kölner Diss. 1959

Sauter, Fritz: Das Berufsgeheimnis und sein strafrechtlicher Schutz, Strafrechtliche Abhandlungen, Heft 123, Breslau 1910
Scupin, Hans-Ulrich: Die Zulässgikeit und Verwertbarkeit von Tonbandaufnahmen im polizeilichen Ermittlungsverfahren, DÖV 57, 548
Scheer, Hans: Das Bankgeheimnis, Beiträge zum Handelsrecht, Heft 4, Leipzig, 1931
Scheuner, Ulrich: Der Verfassungsschutz im Bonner Grundgesetz, in Festschrift für Erich Kaufmann, Stuttgart-Köln 1950, S. 313
— Politische Betätigung von Beamten gegen die freiheitliche demokratische Grundordnung, in Politische Treupflicht im öffentlichen Dienst, 3 Gutachten, herausgegeben vom Deutschen Bund für Bürgerrechte, Frankfurt 1951
Schlüter: Die große Hetze, Der nieders. Ministersturz, Gött. 1958
Schmidt, Eberhard: Die Verwendbarkeit von Tonbandaufnahmen im Strafprozeß, in Forschungen und Berichte aus dem öffentlichen Recht, Jellinek-Gedächtnisschrift, München 1955, S. 625
— Zulässigkeit und Verwendbarkeit von Tonbandaufnahmen im Strafverfahren, JZ 56, 206
— Der Arzt im Strafrecht, Leipzig 1939
— Lehrkommentar zur Strafprozeßordnung und zum Gerichtsverfassungsgesetz, Teil I, Göttingen 1952; Teil II, Göttingen 1957
— Brennende Fragen des ärztlichen Berufsgeheimnisses, München 1951
Schmitt, Carl: Verfassungslehre, Berlin 1928
Schneider, E. E.: Hessisches Polizeigesetz, Wiesbaden 1955
Scholtissek, Herbert: Innere Grenzen der Freiheitsrechte, NJW 52, 561
Scholz: Die polizeirechtliche Gefahr, VerwaltungsA Bd. 27 (1919), S. 1
Schönke-Schröder: Strafgesetzbuch, München-Berlin 1957
Schulz, Georg: Bekanntgabe von V-Leuten an die Staatsanwaltschaft, GoldA 58, 264
Schwarz, Otto: Strafprozeßordnung, München-Berlin 1955
Schwinge, Erich: Teleologische Begriffsbildung im Strafrecht, Bonn 1930
Sichtermann, Siegfried: Das Bankgeheimnis, Stuttgart 1952, zit. Sichtermann I
— Bankgeheimnis und Bankauskunft, Frankfurt 1957, zit. Sichtermann II

Siegert, Karl: Verwertung rechtmäßiger Tonbandaufnahmen im Strafverfahren, GoldA 57, 265
— Die Grenzen rechtmäßiger Tonbandaufnahmen im Strafprozeß, DRiZ 57, 101
— Die außergerichtliche Tonbandaufnahme und ihre Verwertung im Zivilprozeß, NJW 57, 689
Stock, Ulrich: Über Staatsnotwehr und Staatsnotstand, GS 101, 148
Stratenwerth, Günter: Das rechtstheoretische Problem der „Natur der Sache", Tübingen 1957
Süss, Theodor: Geheimsphäre und moderne Technik, in Lehmann-Festschrift, Berlin-Frankfurt-Tübingen, 1956 Bd. 1, S. 189

Thoma, Richard: Die juristische Bedeutung der grundrechtlichen Sätze der Deutschen Reichsverfassung, in Nipperdey, Grundrechte und Grundpflichten der Reichsverfassung, Bd. 1, Berlin 1929, S. 1
— Grundrechte und Polizeigewalt, in Preuß. OVG-Festgabe, Berlin 1925, S. 183
Thomä, Karl Eugen: Auskunfts- und Betriebsprüfungsrecht der Verwaltung, seine rechtsstaatlichen Grenzen, Heft 8 der Schriften des Betriebs-Beraters, Heidelberg 1955
Troitzsch, Wilhelm: Rechtspflege und Immunität der Abgeordneten, Rostock 1927

Vollmer, Bernhard: Volksopposition im Polizeistaat, Gestapo- und Regierungsberichte 1934—1936, Veröffentlichungen des Instituts für Zeitgeschichte, Quellen und Darstellungen der Zeitgeschichte, Bd. 2, Stuttgart 1957

Wackernagel, Jakob: Gesetzmäßigkeit der Verwaltung und persönliche Freiheit, in Die Freiheit des Bürgers im Schweizer Recht, Festgabe zur 100-Jahrfeier der Bundesverfassung, herausgegeben von den Juristischen Fakultäten der Schweizerischen Universitäten, Zürich 1948, S. 243
Wagner, Walter: Probleme des § 153 c StPO, GoldA 58, 204
Wauer-Dörr: Steuergeheimnis, Auskunftserteilung durch die Finanzämter, Einsicht in Steuerakten, Oberursel o. J.
Weber, H. v.: Der Schutz des Staates, Verhandlungen des Deutschen Juristentages, Bd. 38 E S. 1
Weber, Werner: Eigentum und Enteignung, in Neumann-Nipperdey-Scheuner, Die Grundrechte, 2. Bd., Berlin 1954
Weiss, Bernhard: Polizei und Politik, Berlin 1928
Weissenborn, Hans-Ulrich: Zur Frage des Steuergeheimnisses, NJW 57, 249
Welzel, Hans: Naturrecht und materiale Gerechtigkeit, Göttingen 1951
— Das deutsche Strafrecht, Berlin 1956
Wenzky, O.: Zur Frage des Rechtsschutzes für Vertrauenspersonen, Die Polizei — Polizei-Praxis, Fachzeitschrift für das Sicherheits- und Ordnungswesen 1956 S. 225
— Grundsatzfragen der Zusammenarbeit mit Vertrauenspersonen (Vigilanten), Die Polizei 1952, S. 169
Werhahn, Jürgen W.: Persönlichkeitsrecht und Tonbandprobleme, Archiv für Urheber-, Film-, Funk- und Theaterrecht (Ufita) 1957, 196
Wolf, Ernst: Freiheit und Würde des Menschen, in Recht, Staat und Wirtschaft, Bd. 4, Düsseldorf 1953, S. 27
Wolff, Hans.: Verwaltungsrecht I, München und Berlin 1956

Zinn-Stein: Die Verfassung des Landes Hessen, Berlin 1954

Kolibri 360 GmbH
Ferdinand-Jühlke-Straße 7
99095 Erfurt, Deutschland
produktsicherheit@kolibri360.de